DIE TRADITIONELLE ÖSTERREICHISCHE

KÜCHE

Ingrid Pernkopf | Renate Wagner-Wittula

DIE TRADITIONELLE ÖSTERREICHISCHE KÜCHE

Fotografiert von Peter Barci

pichler verlag

Inhalt

Rezepte

wurden früher gehütet wie kostbare Schätze. Das sind sie auch.
Doch unsere Welt ist eine offene geworden, die kulinarische in ganz besonderem Maße.
Daher haben uns viele bekannte Köche wunderbare Rezepte zur Verfügung gestellt.
Wir alle sind nämlich davon überzeugt, dass die österreichische Kochkunst nicht nur
Weltruf genießt, sondern durch Zusammenwirken möglichst
vieler Kräfte immer wieder Neues entsteht!

Wir danken unseren Kollegen für ihre wertvollen Beiträge

Adi Bittermann
Thomas Donleitner
Gerhard Fehrer
Hans Peter Fink
Manfred Flickinger
Patrik Fürst
Ilse Gutmann
Willi Haider
Jürgen Hametinger
Albin Hawel
Markus Höller
Irene Lechleitner
Armin Lenz
Werner Matt
Toni Mörwald
Armin Oberndorfer
Familie Ott
Christian Pernkopf
Tom Riederer
Hans Schallmeiner
Familie Schimpl
Bernhard Senkmüller
Gerd Wolfgang Sievers
Josef Steffner
Gabi Strahammer
Andi Wojta
Christoph Zangerl

Ein Dankeschön dem Küchenteam
Landhotel Grünberg am See

Andrea Dechant
Jo Durstberger
Kevin Gamper
Florian Hübsch
Sandra Hummer
Maria Miglbauer
Peter Riess
Anneliese Wartha

Liebe Leserin, lieber Leser!

Die kulinarischen Schätze eines so geschichtsträchtigen Landes wie Österreich in einem Buch mit vergleichsweise nur wenigen Seiten zu versammeln, ist wahrlich kein leichtes Unterfangen. Zu groß ist der Reichtum an Gerichten, die uns seit Kindheit an vertraut sind, einen wichtigen Teil unserer Lebenskultur ausmachen und österreichisches Brauchtum prägen. Faschingskrapfen, Martinigansl oder Weihnachtskarpfen – wir brauchen kulinarische Anker, die den Alltag durchbrechen und ihn zum Feiertag machen. Doch abseits dieser festlichen Speisen ist es vor allem die einfache Hausmannskost, die uns Heimatgefühl vermittelt. Gerät doch so mancher Auslandsösterreicher alleine bei dem Gedanken an Apfelstrudel und Schinkenfleckerl ins Schwärmen. Dieses Heimatgefühl hat sich freilich in den letzten Jahrzehnten gehörig verändert. Sowohl in politischer als auch in kulinarischer Hinsicht. Wir denken global in großen Maßstäben, die weite Welt rückt näher. Schnellimbiss-Ketten sehen in Schanghai nicht anders aus als in Manhattan, Fast Food ist sprichwörtlich in aller Munde. Ein Trend, der Familien immer seltener gemeinsam bei Tisch sitzen lässt.

Höchste Zeit, dem entschieden entgegenzutreten! Also haben wir all jene Rezepte zusammengetragen, die für uns die österreichische Küche ausmachen. (Ein Anspruch auf Vollständigkeit kann sicher nicht erhoben werden.) Dabei ist es uns ein großes Anliegen, ganz ohne Zeigefinger und moralinsauren Unterton einfach weiterzugeben, was uns allen – noch – so gut schmeckt und keinesfalls in Vergessenheit geraten sollte. Bei vielen einfachen Speisen aus dem ländlichen Raum ist dies leider ohnehin bereits der Fall. Die Mehrzahl der österreichischen Klassiker erfreut sich allerdings größter Beliebtheit, manche von ihnen auch weit über die Landesgrenzen hinaus, so dass wir hier weniger als Kulinar-Archäologen, sondern als Vermittler tätig sein durften.

Selbstverständlich haben wir beim Verfassen der Rezepte auf die modernen Ess- und Lebensgewohnheiten Rücksicht genommen. Alleine die starke Akzentuierung der Beilagen, von denen sich viele als fleischloses Hauptgericht eignen, sowie die zahlreichen Zwischengerichte sollen vor allem vegetarische Gerichte vor den Vorhang bitten. Abgesehen davon wurden die Gerichte – wo immer es uns möglich war – sowohl kalorienreduzierter als auch weniger zeitaufwändig gestaltet. Klare, übersichtliche Schritt-für-Schritt-Angaben sind selbst für nicht so Geübte problemlos nachvollziehbar. Das Anführen der jeweiligen Vor- und Zubereitungsdauer gibt auf einen Blick Auskunft, wie viel Zeit für die Gerichte zu veranschlagen ist. Bei vielen Rezepten finden Sie im Anschluss Hinweise auf unterschiedliche Interpretationen, da ja gerade das lustvolle Experimentieren Freude am Kochen vermittelt. Es kann also durchaus vorkommen, dass Sie bei der Suche nach einer passenden Beilage zum Rehragout letztlich bei süßen Erdäpfeldatschi mit Mohn und karamellisierten Apfelspalten zum Nachtisch landen.

Gewürzt wird unser Aufruf an Sie, Ihrer kulinarischen Fantasie freien Lauf zu lassen, wie immer durch kleine Essays und Geschichten mit Wissenswertem aus Österreichs Küche. Essen zum Lesen und Schmökern sozusagen. Wir hoffen, dass wir Ihnen mit diesem Buch nicht nur Freude beim Durchblättern bereiten, sondern Sie auch dazu beflügeln, das eine oder andere traditionsreiche österreichische Gericht wieder in Ihren Speiseplan aufzunehmen.
Die Auswahl dafür ist wahrhaftig groß!

In diesem Sinne wünschen wir Ihnen gutes Gelingen!

Ingrid Pernkopf
Renate Wagner-Wittula

Österreich kalt erwischt

JAUSENGERICHTE
& KALTE VORSPEISEN
VOM RINDFLEISCHSALAT
BIS ZUM FISCHNOCKERL

Linke Seite: Liptauer, Erdäpfelaufstrich, Topfenkas, Obatzter, Erdäpfelkas

Liptauer

ZUTATEN

- 60 g weiche Butter
- 200 g Topfen oder Gervais
- 100 g Brimsen (Schaffrischkäse, ersatzweise Topfen)
- ½ KL Rosenpaprikapulver
- 50 g Zwiebelwürfel
- 2 Knoblauchzehen (nach Belieben)
- je 10 g Kapern und Essiggurkerl
- 1 EL fein gehackte Petersilie
- Salz, Pfeffer aus der Mühle
- Kümmel (gemahlen oder ganz)
- Sardellenpaste nach Geschmack
- Paprikapulver und/oder fein geschnittener Schnittlauch zum Bestreuen

ZUBEREITUNG

- Die Zwiebelwürfel nach Belieben in kochendem Wasser kurz blanchieren (überbrühen) und gut abtropfen lassen. Knoblauch, Kapern sowie Essiggurkerl fein hacken.
- Butter mit Topfen und Brimsen glatt rühren. Zwiebeln sowie Knoblauch beigeben und mit Kapern, Gurkerln, Petersilie sowie den restlichen Gewürzen und Aromaten abschmecken.
- In einer Schüssel anrichten, dafür eventuell in einen Spritzsack mit großer Tülle füllen. An der Oberfläche mithilfe einer Gabel ein Muster ziehen und mit Paprikapulver und/oder Schnittlauch bestreuen. Mit knusprigem Gebäck oder Brot auftragen.

ZUBEREITUNGSZEIT: 5–10 Minuten

Österreichische Vielfalt

In zünftigen Wiener Heurigen ist es heute noch üblich, sich den Imbiss zum Vierterl Wein selbst vom Buffet zu holen. Hinter der Glasvitrine locken neben allerlei Gebratenem (Bauchfleisch, Schweinsbraten, Hendelhaxerl oder Fleischlaberl) auch feine Schinken, Käse sowie verschiedene Salate – und der obligate Liptauer. Dieser geht auf ein altes Rezept zurück, für das früher ausschließlich slowakischer Brimsen (Schaffrischkäse) verwendet wurde. Mittlerweile kommt der Frischkäse meist aus Österreich, und auch die Würzung durch Chili, Tabascosauce oder Tomatenmark ist internationaler geworden. Mitunter finden sich auch Quargel im Liptauer, manchmal auch gehackte Eier, Schinken- oder Paprikawürfel.

Obatzter

ZUTATEN

- 150 g gut gereifter Camembert (muss sich zerdrücken lassen)
- 1–2 Eckerl Schmelzkäse (15–30 g)
- 70 g weiche Butter
- 80 g Zwiebelwürfel
- Salz, Pfeffer aus der Mühle
- ½ KL Rosenpaprikapulver
- Prise Kümmel
- 50 ml Bier
- Zwiebelringe zum Garnieren
- Schnittlauch und Paprikapulver zum Bestreuen

ZUBEREITUNG

- Die Zwiebelwürfel nach Belieben in kochendem Wasser kurz blanchieren (überbrühen) und gut abtropfen lassen.
- Camembert in kleine Stücke schneiden, mit einer Gabel zerdrücken und mit Butter sowie in kleine Stückchen geschnittenem Schmelzkäse vermengen.
- Zwiebelwürfel zugeben, Bier zugießen und den Aufstrich mit Salz, Pfeffer, Paprikapulver und Kümmel würzig abschmecken.
- Gut verrühren und in eine Schüssel füllen. Nach Belieben mit Zwiebelringen garnieren und mit Schnittlauch sowie Paprikapulver bestreuen.

ZUBEREITUNGSZEIT: 5–10 Minuten

Österreichische Vielfalt

Eine bayrische Bierwirtin soll die ursprünglich ökonomisch angedachte g'schmackige Verwertung von übrig gebliebenem Käse erstmals ihren Gästen aufgetischt haben. Da der würzige Aufstrich aber nicht nur zu Bier passt, sondern auch mit Most und reschem Wein hervorragend harmoniert, hat sich Obatzter, manchmal auch Obazda oder Obatzer genannt, in der Salzburger und oberösterreichischen Jausenkultur einen Fixplatz erobert. Dort wird fallweise statt Bier auch gerne Lein-, Sonnenblumen- oder Rapsöl verwendet und der Schmelzkäse durch Frischkäse ersetzt.

Topfenkas (Topfenaufstrich)

ZUTATEN

- 200–250 g Topfen
- 80–100 g Butter
- 30–50 g Zwiebelwürfel
- 1–2 Knoblauchzehen
- 50 g Sauerrahm
- 1 TL Estragon- oder Dijonsenf
- edelsüßes Paprikapulver nach Geschmack
- 5 g Kapern
- Salz, Pfeffer aus der Mühle
- Kümmelpulver
- 1–2 EL gehackte Essiggurkerl und/oder Paprikawürferl
- geriebene Brösel von entrindetem Weißbrot nach Bedarf

ZUBEREITUNG

- Butter zeitgerecht aus dem Kühlschrank nehmen und Zimmertemperatur annehmen lassen.
- Knoblauch fein hacken und ebenso wie die Zwiebelwürfel nach Belieben in Wasser kurz blanchieren (überbrühen, wird dadurch bekömmlicher), gut abtropfen lassen. Kapern fein hacken.
- Butter mit Topfen abrühren und mit Rahm, Zwiebeln, Knoblauch und Kapern vermischen. Essiggurkerl und/oder Paprikawürferl einmengen und mit Senf, Salz, Paprikapulver, Pfeffer sowie Kümmel abschmecken.
- Nach Bedarf mit geriebenen Bröseln von entrindetem Weißbrot noch etwas sämiger binden und in einer Schüssel anrichten.
  Mit frischem Brot oder Gebäck servieren.

ZUBEREITUNGSZEIT: ca. 10 Minuten

Erdäpfelkas Erdäpfelaufstrich

ZUTATEN

- **250 g mehlige Erdäpfel**
- **60 g Zwiebeln**
- **1–2 Knoblauchzehen**
- **100 g Sauerrahm oder Joghurt**
- **Salz, weißer Pfeffer aus der Mühle**
- **Kümmel und Sardellenpaste nach Belieben**
- **1 EL gehackte Petersilie und Schnittlauch gemischt**

FÜR DIE GARNITUR NACH BELIEBEN

- **Radieschen, Paradeiser, Paprikawürferl, Grammeln**
- **Paprikapulver und grob gemahlener Pfeffer zum Bestreuen**

ZUBEREITUNG

- Erdäpfel in einem Topf mit Wasser aufstellen und weich kochen.
- Inzwischen Zwiebeln sowie Knoblauch fein hacken und nach Belieben in Wasser blanchieren (überbrühen). Gut abtropfen lassen.
- Weich gekochte Erdäpfel abgießen, kurz kalt abspülen und noch heiß schälen. Auskühlen lassen. Dann durch die Erdäpfelpresse drücken und mit Zwiebeln, Knoblauch sowie Sauerrahm vermengen. Mit Kümmel, Sardellenpaste, Salz und Pfeffer abschmecken. Abschließend Petersilie und Schnittlauch einrühren. Dabei aber nicht zu lange rühren, da die Masse sonst schnell eine gummiartige Konsistenz bekommt.
- Mindestens 1 Stunde kalt stellen.
- Erdäpfelkas in einer Schüssel anrichten, mit grob gemahlenem Pfeffer und/oder Paprikapulver bestreuen und nach Belieben mit Radieschenscheiben, Paradeiserspalten, Grammeln oder Paprika dekorieren. Mit knusprigem Bauernbrot, Laugen- oder Vollkornbrot reichen.
- **ZUBEREITUNGSZEIT:** ca. 1 ½ Stunden inkl. Eräpfelkochen und Kühlstellen

Heringsaufstrich

ZUTATEN

- **200 g weiche Butter**
- **1 gekochter Erdapfel nach Belieben**
- **50 g Topfen**
- **100 g Crème fraîche**
- **100 g eingelegte Heringsfilets (Salz-, Matjes- oder Bismarckhering)**
- **100 g Zwiebelwürfel**
- **100 g Apfelwürfel**
- **1 Msp. Dijonsenf**
- **1 Msp. Sardellenpaste**
- **Schuss Zitronensaft**
- **Pfeffer aus der Mühle**
- **Prise Zucker**
- **Butter zum Anschwitzen**
- **gehackte Dille**

ZUBEREITUNG

- Heringsfilets bei Bedarf vor der Verarbeitung kurz auswässern und gut abtropfen lassen. In kleine Würfel schneiden oder am besten faschieren (oder mit dem Wiegemesser sehr fein hacken). Nach Belieben gekochten Erdapfel durch eine Presse drücken oder mit der Gabel zerdrücken (für milderen Geschmack).
- Zwiebelwürfel nach Belieben blanchieren (mit kochendem Wasser kurz überbrühen), die fein geschnittenen Apfelwürfel in wenig Butter kurz anschwitzen. Wieder vom Herd nehmen und auskühlen lassen.
- Nun die Butter schaumig rühren und mit Topfen sowie Crème fraîche vermengen. Erdäpfelmasse einrühren. Zwiebel- und Apfelwürfel sowie Heringsmasse zugeben und mit Senf, Sardellenpaste, Zitronensaft, einer Prise Zucker und etwas Pfeffer abschmecken. Zuletzt die gehackte Dille unterrühren und etwas für die Garnitur zurückbehalten.
- In einer Schüssel anrichten und vor dem Auftragen mit Dille bestreuen. Mit frischem Brot oder Gebäck servieren.

ZUBEREITUNGSZEIT: ca. 15 Minuten
GARNITUREMPFEHLUNG: Perlzwiebeln, Gurke(rl), hart gekochte Eier, Kapern, gebratene Speckscheibe

Eiaufstrich

ZUTATEN

- 5 hart gekochte Eier
- 100 g Mayonnaise (ersatzweise Topfen oder Crème fraîche)
- 50 g Butter
- Salz, Pfeffer aus der Mühle
- ½ KL Senf
- eventuell Worcestershiresauce
- 2–3 EL Brösel von entrindetem Weißbrot
- eventuell frisch gehackte Kräuter nach Belieben
- nach Belieben etwas Crème fraîche oder Topfen zum Verfeinern

ZUBEREITUNG

- Butter rechtzeitig aus dem Kühlschrank nehmen und Zimmertemperatur annehmen lassen.
- Die hart gekochten Eier schälen und fein hacken (oder nach Belieben auch passieren).
- Butter schaumig rühren, Mayonnaise zugeben und die Eier behutsam untermengen. Mit Salz, Pfeffer, Worcestershiresauce sowie Senf abschmecken. Mit den Brotbröseln binden und abschließend die gehackten Kräuter nach Geschmack unterrühren.
- Nach Belieben mit etwas Crème fraîche oder Topfen abrunden.

ZUBEREITUNGSZEIT: ca. 5 Minuten
VERWENDUNG: als Aufstrich sowie als Basis für weitere Brotaufstriche, die etwa durch die Zugabe von gehackten Gurkerln, Kräutern, Schinken etc. zubereitet werden können

Österreichische Vielfalt

Wie andere Aufstriche auch wird Eiaufstrich in der Praxis in nahezu jeder Küche anders zubereitet. Zusätzliche Gewürze (Currypulver, Kurkuma etc.) oder geschmacksgebende Würzzutaten (Ananas- oder Paprikawürfel, Zwiebeln, Thunfisch aus der Dose, Maiskörner, Sardellenpaste oder -ringerl, Kapern, Oliven), aber auch Käse oder beliebige Kräuter verleihen dem Aufstrich stets unterschiedliche Nuancen.
Weit über Österreich hinaus bekannt ist ein Wiener Betrieb mit dem unaussprechlichen Namen Trześniewski. Seit 110 Jahren spezialisiert sich das von einem gebürtigen Krakauer in der Monarchie gegründete Imbisslokal (mit mittlerweile zahlreichen Filialen) darauf, kleine Schwarzbrotschnitten mit einer Unzahl von Eiaufstrich-Variationen zu verfeinern. Mit faschiertem oder fein gehacktem Schinken oder Salami, Matjesfilet, Räucherlachs und dazu passenden Garnituren wie Spargel, Kren, Gurkerln, Zwiebeln etc. wird die Eiaufstrich-Basis dabei entsprechend „aufgepeppt“.

Geflügelleberparfait

Lammleberparfait

Dieses Rezept stammt von Florian Hübsch.

ZUTATEN

- **300 g zugeputzte Geflügel- oder Lammleber**
- **200 ml Milch**
- **200 g flüssige bzw. zerlassene Butter**
- **4 Eier**
- **½ Mokkalöffel Pökelsalz (wenn möglich, erhält die Farbe)**
- **½ TL Majoran**
- **½ TL Thymian**
- **Salz, Pfeffer aus der Mühle**
- **geröstete, geriebene Kürbiskerne oder grob geschrotete Pfefferkörner zum Wälzen**

ZUBEREITUNG

- Die Leber fein faschieren, in einen Messbecher füllen und mit den restlichen Zutaten mit Ausnahme der Butter mit dem Mixstab mixen. Zuletzt langsam die flüssige Butter einmixen.
- Backrohr auf 140–150 °C vorheizen.
- Eine passende Form mit Frischhaltefolie auslegen und die Masse (max. einen Finger breit unter den Rand) einfüllen. Mit Frischhaltefolie verschließen und zusätzlich mit Alufolie umhüllen (Masse läuft sonst über und verbrennt an der Oberfläche). Form in ein Wasserbad mit heißem Wasser stellen, dabei muss die Form zur Hälfte im Wasserbad stehen. Im vorgeheizten Backrohr je nach Formgröße 40–60 Minuten garen.
- Aus dem Rohr nehmen und über Nacht gut durchkühlen lassen.
- Aus der Folie nehmen, in Scheiben schneiden und diese nach Belieben in geriebenen Kürbiskernen oder grob geschrotetem Pfeffer wälzen oder damit bestreuen.

VORBEREITUNGSZEIT: ca. 15 Minuten
BACKZEIT: 40–60 Minuten
BACKROHRTEMPERATUR: 140–150 °C Heißluft
GARNITUREMPFEHLUNG: getoastetes Briochegebäck, knuspriger Toast, Preiselbeerkompott, Marillenkompott etc.

Erdäpfelbrot

Dieses Rezept stammt von Annemarie Harringer aus Gmunden.

ZUTATEN FÜR 3 LAIBE

- **2 kg glattes Weizenmehl**
- **2 EL Salz**
- **500 g geschälte Erdäpfel**
- **ca. 1,5 l Wasser**
- **1 Pkg. (42 g) Germ**
- **Öl für das Backblech nach Belieben**

ZUBEREITUNG

- Mehl in eine Schüssel geben und eine Mulde eindrücken. Etwa 500 ml Wasser erwärmen, Germ darin auflösen und das Gemisch in die Mulde gießen.
- In der Zwischenzeit Erdäpfel kochen, heiß durch die Erdäpfelwiege oder Erdäpfelpresse drücken und mit den restlichen Zutaten zu einem glatten Teig verkneten.
- Den Teig auf eine leicht bemehlte Arbeitsfläche geben, dritteln und drei längliche Brotlaibe formen. Mit jeweils einigem Abstand auf ein mit Öl bestrichenes oder mit Backpapier belegtes Backblech setzen. Bei warmer Raumtemperatur ca. 40 Minuten gehen lassen.
- Backrohr auf 190 °C Heißluft vorheizen. Brote ins Rohr schieben und ca. 1 Stunde hellbraun backen. Währenddessen entweder öfter Wasser in das Backrohr spritzen oder mehrmals Dampf dazuschalten. (Ob das Brot fertig gebacken ist, erkennen Sie daran, dass es hohl klingt, wenn man daraufklopft.)
- Aus dem Ofen nehmen und abkühlen lassen. Nicht benötigtes Brot kann nach dem Auskühlen problemlos tiefgekühlt werden.

VORBEREITUNGSZEIT: ca. 1 Stunde
BACKZEIT: ca. 1 Stunde
BACKROHRTEMPERATUR: 190 °C Heißluft

Fladenbrot

ZUTATEN

- **500 g griffiges Weizenmehl (oder 200 g Roggen- und 300 g Weizenmehl gemischt)**
- **1 Pkg. Trockengerm oder ½ Pkg. Frischgerm**
- **ca. 330 ml lauwarme Milch (Wasser oder Milch mit Wasser gemischt)**
- **ca. 2 KL (10 g) Salz**
- **2 EL Olivenöl**
- **1 gestr. TL gemahlener Kümmel und Fenchel**
- **½ TL fein gehackter Rosmarin**
- **grobes Salz zum Bestreuen**
- **eventuell Gewürzöl vor oder nach dem Backen zum Bestreichen**

ZUBEREITUNG

- Germ in lauwarmer Milch auflösen und mit den restlichen Zutaten zu einem nicht zu festen Teig vermengen. Abgedeckt ca. 30 Minuten gehen lassen.
- Dann kleine Stücke abnehmen, etwas ausrollen und mit in Öl getauchten Fingerspitzen kleine Fladen formen. Auf ein mit Öl bestrichenes (oder mit Backpapier bzw. einer Backmatte ausgelegtes) Backblech legen und nochmals aufgehen lassen (eventuell mit einer Gabel stupfen, das heißt mehrmals einstechen).
- Das Backrohr auf 185–195 °C vorheizen.
- Die Fladen mit beliebigem Gewürzöl bestreichen, mit grobem Salz bestreuen und im vorgeheizten Backrohr 10–15 Minuten, je nach Dicke der Fladen, backen. Der Teig kann auch anders geformt werden – siehe Erdäpfelbrot!

VORBEREITUNGSZEIT: ca. 40 Minuten
BACKZEIT: 10–15 Minuten
BACKROHRTEMPERATUR: 185–195 °C Heißluft

Österreichische Vielfalt

Wer heute selbst Brot bäckt, muss das – im Gegensatz zu unseren Vorfahren – nicht tun, sondern will es einfach. Lässt es sich doch durch das Hinzufügen von weiteren g'schmackigen Zutaten genau auf den persönlichen Gusto abstimmen. Das Bestreuen mit grobem Salz, Kümmel, Mohn, Sesam, Sonnenblumen- oder Kürbiskernen und das Bestreichen mit Olivenöl sorgen für Pfiff an der Hülle, die Beigabe von getrockneten oder frischen Kräutern (Bärlauch, Basilikum, Petersilie, Rosmarin, Oregano, Majoran, Fenchel, Kümmel, Koriander etc.), Haferflocken, Mohn, Knoblauchscheiben, gerösteten Speck- oder Zwiebelwürfeln, grob gehackten Wal- oder Haselnüssen, klein gehackten Dörrfrüchten (Feigen, Datteln, Zwetschken, Marillen, Sauerkirschen), eingelegten Paradeisern, Oliven, Kapern oder beliebigem Pesto für ein abwechslungsreiches Innenleben".
Aus dem Teig können auch kleine Gebäckstücke (Laiberl, Semmerl etc., siehe dazu auch Foto) geformt werden.

Essigwurst

ZUTATEN

ca. 500–600 g Knacker, Extrawurst im Ganzen (ersatzweise gekochtes Rindfleisch, Rindszunge nach Belieben)

Zwiebeln nach Geschmack

FÜR DIE MARINADE

100 ml Most- oder Apfelessig

60 ml Sonnenblumen-, Kürbiskern-, Oliven- oder Rapsöl

Salz, Pfeffer aus der Mühle

100 ml Rindsuppe, Gemüsefond oder Wasser

eventuell Prise Zucker

ZUBEREITUNG

- Die Wurst ohne Haut (oder das gekochte Rindfleisch) in dünne Scheiben schneiden und auf Tellern rosettenartig auflegen.
- Für die Marinade Essig mit Öl sowie Rindsuppe vermengen und mit einer Prise Zucker nach Belieben, Salz und Pfeffer pikant abschmecken.
- Zwiebel in Ringe oder Würfel schneiden, über die Wurst verteilen und mit der Marinade beträufeln.

ZUBEREITUNGSZEIT: ca. 10 Minuten
GARNITUREMPFEHLUNG: Käferbohnen, gekochte Fisolen, Paradeiserwürfel oder Essiggurkerl

Österreichische Vielfalt

Was früher mit dem aussagekräftigen Namen „Einschiebspeise“ bezeichnet wurde, ist de facto nichts anderes als ein kleineres Gericht, das zwischendurch „eingeschoben“ wurde. Und derer gab es viele, kalte und warme. Eines davon ist die „saure Wurst“, auch Essigwurst oder Wurst in Essig und Öl genannt. Da sich die kalte Jause ideal als Weiterverwertung von diversen Resten eignet, gibt es auch zahlreiche Varianten mit anderen Fleischsorten (Rind- oder Schweinefleisch) und entsprechend abgewandelten Garnituren. Für **RINDFLEISCHSALAT MIT PILZEN** etwa wird gegartes mageres Rindfleisch aufgeschnitten, Pilze in etwas Öl angeschwitzt und wieder abgekühlt, um danach mit einem Spritzer Zitronensaft, etwas Marinade, Mayonnaise, mitunter auch Ketchup, Zwiebelwürfeln, Salz und Pfeffer abgeschmeckt zu werden.

Semmelknödel in Essig und Öl

ZUTATEN

- 4 große oder 8 kleine kalte gekochte Semmelknödel
- 2–4 hart gekochte Eier
- fein gehackte Zwiebeln oder Schalotten nach Geschmack
- frisches Gemüse nach Saison und Geschmack (Paradeiser, Paprikaschoten, Radieschen etc.)
- fein geschnittene Kräuter (Schnittlauch, Petersilie etc.)
- ca. je 60 ml Essig und Öl nach Geschmack (Sonnenblumen- oder Kürbiskernöl, Rot- oder Weißweinessig)
- Schuss kalter Gemüsefond oder Rindsuppe nach Belieben
- Salz, Pfeffer

ZUBEREITUNG

- Die kalten Knödel in dünne Scheiben schneiden und fächerförmig überlappend auf Tellern anrichten. Gemüse in Streifen oder Scheiben schneiden und mit den Zwiebeln darüber verteilen.
- Aus Öl, Essig, Salz, Pfeffer sowie Fond nach Belieben eine pikante Marinade anrühren. Über die Knödel träufeln.
- Hart gekochte Eier schälen, in Spalten oder Scheiben schneiden und die Knödel damit garnieren. Eier salzen und mit den frisch gehackten Kräutern bestreuen.

ZUBEREITUNGSZEIT: ca. 10 Minuten
GARNITUREMPFEHLUNG: gekochte (Käfer-)Bohnen, gekochte Fisolen oder Essiggurkerl
VERWENDUNG: als kleine Vorspeise oder an heißen Tagen auch als erfrischende Hauptspeise, etwa in Begleitung von kalter gekochter Zunge, Geselchtem oder kaltem gekochten Rindfleisch

Österreichische Vielfalt

Hatte während der Monarchie vor allem die böhmische Küche auf den heimischen Speiseplan großen Einfluss, so zeigt die österreichische Küche nunmehr viele mediterrane Akzente. Einer von ihnen ist das Carpaccio, das mittlerweile in allen Varianten zu finden ist, auch als **KNÖDEL-CARPACCIO**, das meist auf Rucola serviert und mit Balsamicoessig, Olivenöl, Pesto und Pinienkernen gewürzt wird.

Schinkensalat mit Käse und Nüssen

ZUTATEN FÜR 1 PORTION

- 70 g Schinken
- ½ kl. Paradeiser
- ½ kl. Apfel
- einige Walnüsse
- Marinade für Essigwurst oder Hausmarinade (s. S. 102) nach Geschmack
- Grapefruitwürfel und etwas Mayonnaise zum Abschmecken nach Belieben
- 50 g Schafkäse (oder Mozzarella)
- Vogerl- oder beliebiger Blattsalat zum Anrichten

ZUBEREITUNG

- Schinken in feine Streifen, den Apfel kleinwürfelig schneiden und die Walnüsse grob hacken. Paradeiser nach Belieben enthäuten oder ungeschält in kleine Würfel schneiden. Käse in Scheiben schneiden.
- Nun Schinken in eine Schüssel geben, mit Paradeiser- und Apfelwürfeln sowie Walnüssen vermengen. Mit der Marinade abschmecken.
- Nach Belieben noch mit Grapefruitstückchen und etwas Mayonnaise verfeinern.
- Etwas Vogerlsalat auf einem Teller anrichten, den Käse darauflegen und den Schinkensalat darauf platzieren.

ZUBEREITUNGSZEIT: 5–10 Minuten

Rindfleischsalat

ZUTATEN

- 500–600 g gekochter Tafelspitz oder gekochtes Rindfleisch
- Marinade für Essigwurst (s. S. 102)
- 2 Paradeiser
- 4 kl. Essiggurkerl
- 100–120 g rote oder weiße Zwiebeln
- 4 wachsweich gekochte Eier nach Belieben
- 1 EL fein gehackte Petersilie, Schnittlauch oder Kresse
- grob gemahlener Pfeffer

Foto linke Seite

ZUBEREITUNG

- Paradeiser in Spalten, Gurkerl in Scheiben oder fächerartig schneiden. Eier schälen und halbieren. Zwiebeln in Ringe oder Würfel schneiden.
- Das Fleisch mit der Aufschnittmaschine in dünne Scheiben schneiden und auf etwas tiefere Teller auflegen. Mit Paradeisern, Zwiebelscheiben sowie Gurkerln garnieren. Nach Belieben auch mit Eiern garnieren. Mit der Marinade beträufeln und mit grobem Pfeffer bestreuen. Zum Schluss mit den frisch gehackten Kräutern vollenden.

Österreichische Vielfalt

Rindfleisch hat in Österreich immer Saison, so manches Gemüse nur kurze Zeit. Zur Spargelzeit wird das Rindfleisch daher auch gerne mit gekochtem Spargel, Radieschen und fein geriebenem Kren serviert, gegen Herbst hin auch mit einer g'schmackigen Marinade aus Kürbiskernöl, zu der gekochte Bohnen, Erbsenschoten, Keimlinge, Radieschen und geröstete Kürbiskerne besonders gut passen.

Geflügelsalat

ZUTATEN

- 350–400 g Hühner- oder Truthahnbrust
- 100 g Champignons
- 2 reife Avocados (oder 200 g Zucchiniwürfel)
- 30 ml Zitronensaft
- 1 Apfel (oder Pfirsich- bzw. Ananaskompott)
- 80 g Mayonnaise
- 150 g Sauerrahm
- 1 TL Senf
- 10 ml Balsamicoessig
- 1–2 EL Öl oder Butter
- Salz, Pfeffer aus der Mühle

ZUBEREITUNG

- Champignons in Scheiben oder Stückchen schneiden.
- Hühnerbrust in dünne Streifen schneiden und in heißem Öl oder Butter unter wiederholtem Schwenken durchbraten. Wieder herausnehmen und Champignons im verbliebenen Fett (eventuell frisches Öl nachgießen) ebenfalls anbraten. Vom Herd nehmen und auskühlen lassen.
- Apfel schälen und in kleine Würfel schneiden. Avocados halbieren, würfelig schneiden und rasch mit Zitronensaft beträufeln. Mit Äpfeln, Hühnerfleisch und Pilzen vermengen. Mayonnaise sowie Rahm unterrühren, mit Senf, Balsamicoessig, Salz und Pfeffer abschmecken.

ZUBEREITUNGSZEIT: 10–15 Minuten

Wurstsalat mit Käse

ZUTATEN FÜR 1 PORTION

- 80–100 g Wurst im Ganzen (Extra-, Schinken-, Krakauer- oder Wienerwurst und/oder Knacker)
- 50 g Schnittkäse
- 1–2 EL Zwiebelwürfel oder -ringe
- 1 EL Paprikawürfel
- 80–100 ml Marinade für Essigwurst (s. S. 102)
- 1 gekochtes Ei
- Salz, Pfeffer aus der Mühle

GARNITUR NACH BELIEBEN

Essiggurkerl, Paradeiserspalten, Radieschen, Rettich, gekochte Bohnen oder Käferbohnen, gekochtes Gemüse, Kresse, Schnittlauch oder Petersilie

ZUBEREITUNG

- Wurst und Käse in nicht zu dünne Scheiben, dann in feine Streifen oder Würfel schneiden.
- Das gekochte Ei schälen und in Scheiben oder Spalten schneiden.
- Wurst sowie Käse mit Zwiebeln und Paprikawürfeln vermengen. Mit der Marinade abmachen. Salzen und pfeffern. Auf einem Teller anrichten und mit den Eierscheiben sowie beliebiger Garnitur dekorieren.

ZUBEREITUNGSZEIT: 5–10 Minuten

Waldorfsalat Selleriesalat

ZUTATEN

- 250 g geschälter Knollensellerie
- 150 g Äpfel
- 40 g Walnusshälften
- 100–120 g Mayonnaise
- 80–100 g Sauerrahm
- Spritzer Zitronensaft
- Salz, weißer Pfeffer

ZUM GARNIEREN NACH BELIEBEN

- Salatblätter
- Kresse oder fein geschnittene Kräuter
- eventuell noch gehackte Walnüsse zum Bestreuen
- Walnuss- oder Kürbiskernöl

ZUBEREITUNG

- Mayonnaise mit Sauerrahm, Zitronensaft, Salz und Pfeffer verrühren.
- Sellerie mit einer Aufschnittmaschine oder einem Messer in dünne Scheiben, dann in feine Streifen schneiden. In kochendem Salzwasser mit einem Spritzer Zitronensaft ca. 3 Minuten nicht zu weich kochen, abseihen, kalt abschrecken, etwas ausdrücken und auf einem Baumwolltuch oder Küchenkrepp abtrocknen lassen.
- Äpfel entkernen, schälen, in Streifen schneiden und sofort (damit sie sich nicht braun verfärben) zusammen mit dem Sellerie unter die Mayonnaise mischen. Nüsse nach Belieben zerkleinern oder hacken, einmengen und nochmals würzig abschmecken.
- In dekorativen Schalen oder Schüsseln anrichten, dabei nach Belieben auf Salatblättern platzieren. Nach Geschmack mit Walnuss- oder Kürbiskernöl beträufeln und mit Kräutern und/oder gehackten Nüssen bestreuen.

ZUBEREITUNGSZEIT: ca. 15 Minuten
VERWENDUNG: ideal als Vorspeise oder Zwischengericht (etwa mit geräucherter oder gebratener Entenbrust, geräuchertem Fisch etc.), aber auch ideal als Beilage zu Wildgeflügel- oder Wildgerichten

Russischer Salat

Gemüsemayonnaise

ZUTATEN

- 100 g Erbsen
- 200 g Karotten
- ca. 350 g Erdäpfel
- 70–90 g Essig- oder Senfgurken
- ca. 40 ml Essiggurkerlfond, ersatzweise milder Essig
- 1 TL fein geschnittene Kapern
- 150 g Mayonnaise
- evtl. 1 TL pikanter Senf
- ca. 1 gestr. EL Salz für das Kochwasser
- Salz, weißer Pfeffer
- eventuell etwas Zitronensaft
- Brösel von entrindetem Weißbrot oder aufgelöste Gelatine nach Bedarf

ZUBEREITUNG

- Erdäpfel in der Schale kochen, auskühlen lassen und schälen.
- Karotten sowie Erbsen ebenfalls in Salzwasser weich kochen (dabei nach Belieben dasselbe Kochwasser verwenden, aber gestaffelt zugeben), in kaltem Wasser abschrecken, abseihen, gut abtropfen lassen und auf einem Baumwolltuch oder Küchenpapier kurz abtrocknen lassen.
- Erdäpfel, Karotten und Gurken in gleichmäßig kleine Würfel schneiden. Mit Erbsen vermischen und mit den restlichen Zutaten in einer Schüssel vermengen.
- Mit Salz, Pfeffer, einem Schuss Zitronensaft und Senf würzig abschmecken. (Ist die Masse zu weich, mit etwas Weißbrotbröseln oder aufgelöster Gelatine festigen.)

ZUBEREITUNGSZEIT: ca. 30 Minuten

Österreichische Vielfalt

Die Zeiten der opulenten Buffets mit üppiger Mayonnaisegarnitur sind zwar vorbei, doch **GEFÜLLTE SCHINKENROLLEN, ROASTBEEFRÖLLCHEN** oder kalter Rollschinken freuen sich auch heute noch über die Begleitung von sündiger Gemüsemayonnaise. **RUSSISCHE EIER**, deren hart gekochte Dotter mit Senf und Öl cremig-pikant verrührt werden, fühlen sich auf dem Mayonnaisesockel ebenso recht wohl. Garniert wird nach Lust und Laune mit Kaviar, Sardellenringerln & Co.

Matjessalat nach Hausfrauenart

ZUTATEN

- 250–300 g Matjesfilets
- 100–150 g Apfelwürfel
- 300 g gekochte speckige Erdäpfel
- 70 g Zwiebelwürfel
- 70 g Essig- oder Senfgurken
- 200 ml Sauerrahm
- 50–100 ml Crème fraîche, Topfen oder Mayonnaise
- ½ TL Senf
- Sardellenpaste oder Sardellenringe
- 3–5 eingelegte Kapern
- Preiselbeerkompott nach Belieben
- Salz, Pfeffer
- Öl zum Anbraten
- Kresse, Dille etc. zum Bestreuen

ZUBEREITUNG

- Zwiebeln nach Belieben blanchieren (in kochendem Wasser kurz überbrühen und abtropfen lassen). Gurken in kleine Würfel schneiden, Kapern und evtl. Sardellenringe fein hacken.
- Nun Sauerrahm mit Crème fraîche, Äpfeln, Zwiebeln, Gurken, Senf, Kapern und Sardellenpaste oder -ringerln verrühren und mit Salz sowie Pfeffer abschmecken. Nach Belieben auch Preiselbeerkompott einrühren. Wenn möglich 1 Stunde kühl ziehen lassen.
- Matjesfilets in einem Sieb gut abtropfen lassen oder mit Küchenkrepp trocken tupfen.
- Erdäpfel in Scheiben schneiden und in einer Pfanne mit etwas Öl auf beiden Seiten anbraten. Herausheben, auf Küchenpapier abtropfen lassen und rosettenförmig auf Tellern anrichten.
- Matjesfilet darauf platzieren und mit der Sauce überziehen. Nach Belieben mit Kresse oder frisch gehackter Dille bestreuen und auftragen.

ZUBEREITUNGSZEIT: ca. 15 Minuten ohne Kühlstellen
GARNITUREMPFEHLUNG: hart gekochte Eier, Bohnen- oder Blattsalat, Paprikawürfel oder Radieschen

Schneller Nudelsalat

ZUTATEN

- 400 g gekochte Spiralnudeln oder andere Nudeln (ca. 170 g rohe Nudeln)
- 150 g Essiggurkerl
- 150 g Krainer, Wiener, Polnische oder andere Wurst
- 130 g Paprikaschote
- 200 g Mayonnaise
- 100 g Sauerrahm
- Schuss (10–20 ml) Essig
- Salz, Pfeffer aus der Mühle
- 1 gestrichener TL Zucker
- ca. 100 ml Gemüsefond oder Suppe (ersatzweise Wasser mit Gemüsesuppenwürfel aus dem Reformhaus)
- Schnittlauch nach Belieben
- eventuell Worcestershiresauce oder Senf zum Abrunden

ZUBEREITUNG

- Gurkerl, Paprika sowie Wurst in kleine Würferl schneiden und in einer Schüssel miteinander vermengen.
- Mayonnaise mit Sauerrahm, Essig, Fond und Zucker verrühren, mit den restlichen Zutaten vermischen und würzig abschmecken.
- Mit gehacktem Schnittlauch bestreuen und auftragen.

ZUBEREITUNGSZEIT: ca. 10 Minuten bei fertig gekochten Nudeln
GARNITUREMPFEHLUNG: Ei- oder Paradeiserscheiben, Radieschen, Kresse oder andere frisch gehackte Kräuter

Foto rechte Seite

Österreichische Vielfalt

So vielseitig das Angebot an heimischem Gemüse ist, so vielseitig kann auch die Verwendung von anderem Gemüse für diesen Salat sein. Lassen Sie Ihrer Phantasie freien Lauf!
Für **VEGETARISCHEN NUDELSALAT** ersetzen Sie die Wurst durch Käse Ihrer Wahl.

Joghurt-Gemüse-Terrine

ZUTATEN FÜR 2 NICHT ZU GROSSE FORMEN (SIEHE TIPP)

FÜR DIE GRUNDMASSE

- 330 g Joghurt
- 4 Blatt Gelatine
- 30 ml Zitronen- oder Limettensaft
- 170 ml Schlagobers
- Salz, Pfeffer aus der Mühle
- eventuell Muskatnuss und/oder Cayennepfeffer
- Vollkornbrot-, Pumpernickel- oder Kürbisbrotbrösel nach Belieben zum Wälzen
- gekochte Streifen von Gelber Rübe, Zucchini, Karotten oder Schinkenscheiben zum Auskleiden der Form nach Belieben

FÜR DIE EINLAGE GANZ NACH BELIEBEN

- 200 g gekochtes Gemüse nach Wahl
- Räucherlachsscheiben
- 1–3 EL frisch gehackte Kräuter (Petersilie, Kresse, Bärlauch, Thymian, Majoran, Basilikum)
- frisch geriebener Kren, Oliven und/oder Paradeiser (getrocknet oder frisch)

ZUBEREITUNG

- Gemüse in kleine Würfel schneiden und je nach Sorte weich kochen, kalt abschrecken und auskühlen lassen.
- Gelatineblätter in einem Topf mit kaltem Wasser ca. 10 Minuten einweichen.
- Schlagobers cremig, aber nicht ganz steif aufschlagen.
- Joghurt mit Zitronen- oder Limettensaft verrühren. Ausgedrückte Gelatine in einem kleinen Topf mit etwas Zitronensaft, Joghurt oder Schlagobers (ca. 20 ml) erwärmen und auflösen. Gelatine in die Joghurtmasse einrühren, Gemüse und/oder nach Belieben auch Kräuter zugeben und mit Salz, Pfeffer, Muskatnuss oder Cayennepfeffer würzig abschmecken. Zuletzt das geschlagene Obers unterziehen.
- Eine oder 2 kleinere Formen mit Frischhaltefolie auslegen und nach Belieben mit gekochten Zucchini-, Rüben- oder Schinkenscheiben auslegen (oder natur belassen). Masse einfüllen und dabei eventuell Räucherlachsscheiben als Einlage in der Mitte platzieren und wieder mit Joghurtmasse bedecken.
  Im Kühlschrank 3–4 Stunden (oder 1 Stunde Tiefkühlschrank) stocken lassen. Dann aus der Form nehmen, aus der Folie wickeln und in Scheiben schneiden oder mit einem heißen Löffel kleine Nockerl abstechen.
- Scheiben oder Nockerl nach Belieben in Vollkornbrot-, Pumpernickel- oder Kürbisbrotbröseln wälzen und auftragen.

ZUBEREITUNGSZEIT: 3 ½–4 ½ Stunden inkl. Kühlstellen
GARNITUREMPFEHLUNG: Spargel- oder Linsensalat, Roh- oder Hirschschinken, Räucherfische

TIPP

- Da die Terrine gekühlt etwa 3 Tage haltbar ist, lohnt es sich, gleich eine größere Menge herzustellen. Allerdings sollten dafür keine rasch verderblichen Zutaten verwendet werden. Am besten ist es, nur die Grundmasse zuzubereiten und kühlzustellen und die Terrine jeweils mit frischen Zutaten zu garnieren.

Räucherfischnockerl mit Paradeisercoulis

ZUTATEN

- 250 g Räucherfisch (Reinanke, Lachsforelle, Saibling, Forelle)
- 250 ml Schlagobers
- 2 Blatt Gelatine
- 4 cl Wermut oder Noilly Prat
- Salz, weißer Pfeffer aus der Mühle

ZUM ANRICHTEN WAHLWEISE

FÜR DIE FISCHGARNITUR

- 2 kl. Filets von geräucherter entgräteter Forelle, Reinanke oder vom Saibling
- einige Schnitten von geräuchertem Räucherlachs

FÜR DIE PARADEISERCOULIS

- ca. 300 g Paradeiser
- 20 g Butter (oder Olivenöl)
- 2–3 fein geschnittene Knoblauchzehen
- 40 g Zucker
- 60 g Honig
- 100 ml Balsamicoessig
- Prise Thymian
- Salz, weißer Pfeffer
- Prise Koriander oder Kreuzkümmel nach Geschmack

ZUBEREITUNG

- Räucherfisch sorgfältigst entgräten und faschieren oder in kleine Stücke schneiden. In einer Küchenmaschine mit etwas weniger als der Hälfte des Obers (ca. 100 ml) fein pürieren und nach Belieben passieren. Mit Salz und weißem Pfeffer würzen.
- Gelatine ca. 10 Minuten in kaltem Wasser einweichen und das restliche Obers steif schlagen.
- Gelatine herausnehmen, ausdrücken und in einem kleinen Topf in Wermut auflösen. Mit dem Schneebesen zügig unter die Fischfarce rühren. Geschlagenes Obers rasch untermengen und alles nochmals würzig abschmecken.
- Eine passende Form (oder Förmchen) mit Frischhaltefolie auslegen und die Mousse einfüllen (oder Gläser, Schalen etc. verwenden). Etwa 2–3 Stunden kühl stellen und fest werden lassen.
- Inzwischen die Paradeiser oben kreuzweise einschneiden, nur kurz in kochendes Salzwasser geben und so lange blanchieren, bis sich die Haut leicht ablösen lässt. Kalt abschrecken und Haut abziehen. Kerne eventuell entfernen und Paradeiser in kleine Würfel schneiden.
- Butter oder Öl erhitzen, Knoblauch darin hell anschwitzen, Zucker einrühren und karamellisieren. Mit Balsamicoessig ablöschen, Honig beigeben und ca. 10 Minuten je nach gewünschter Konsistenz einkochen lassen. Erst dann Paradeiserwürferl beigeben, kurz aufkochen und mit den Gewürzen abschmecken.
- Aus der durchgekühlten Mousse mit einem in heißes Wasser getauchten Löffel Nockerl ausstechen und anrichten. Nach Belieben mit den lauwarmen Paradeiserwürferln anrichten und/oder mit den Fischfilets garnieren.

ZUBEREITUNGSZEIT: ca. 20 Minuten
KÜHLZEIT: 2–3 Stunden
GARNITUREMPFEHLUNG: Blattsalat, Fenchelgemüse

Österreichische Vielfalt

Pikante Spielarten von flaumiger Mousse mit aparter Garnitur erfreuen sich in der zeitgemäßen österreichischen Küche größter Beliebtheit. Dabei spielt die Optik eine nicht zu unterschätzende Rolle. Besonders dekorativ sieht diese Vorspeise aus, wenn sie mithilfe des Spritzbeutels in Gläser oder Schalen eingefüllt wird, die zuvor mit Zucchini- oder Räucherlachsscheiben ausgelegt wurden. Ob Sie nun auch in Butter angeschwitzte Zwiebelwürfel oder frisch geriebenen Kren in die Farce einarbeiten, sollten Sie nach Gusto entscheiden – Zitronensaft sollte allerdings auf keinen Fall dazukommen, der flockt nämlich aus.

Fischterrine

ZUTATEN

- 500 g gut gekühltes entgrätetes Fischfilet ohne Haut (Forelle, Hecht, Zander, Saibling, Lachs)
- 350–400 ml eiskaltes Schlagobers
- Schuss Zitronensaft
- Salz (Steinsalz), weißer Pfeffer aus der Mühle
- Öl für die Form

FÜR DIE EINLAGE

- 200 g beliebiges Fischfilet (ersatzweise auch Garnelen, Räucherfischfilets)
- fein gehackte Dille oder Fenchelgrün zum Wälzen

ZUM EINFÄRBEN NACH WAHL

- Safranpulver oder Kurkuma
- Pinien- oder Pistazienkerne
- Basilikum- oder Kräuterpaste
- Tomatenmark

ZUBEREITUNG

- Das gut gekühlte (Masse gerinnt sonst!) Fischfilet sorgfältig entgräten und kleinwürfelig schneiden. Salzen und in der Küchenmaschine unter ständiger Zugabe von eiskaltem Obers zu einer homogenen Masse cuttern. Mit Salz, Pfeffer sowie Zitronensaft würzig abschmecken.
- Backrohr auf ca. 155 °C Heißluft vorheizen. Eine Terrinenform mit kaltem Wasser ausspülen, Alufolie einlegen und mit einem Küchentuch glatt streichen, damit die Folie in der Terrine gut anliegt. Mit einem geölten Pinsel ausstreichen.
- Fischfarce je nach Wunsch ungefärbt einfüllen oder zu je einem Teil mit Pinienkernen oder Kräuterpaste, Safran und/oder Tomatenmark einfärben und die erste Tranche in die Form füllen. Mit einer Spachtel glatt streichen. Für die Einlage Fischfilet mit Salz und Pfeffer würzen, in gehackter Dille wälzen und in die Mitte der Form legen. Mit der restlichen Farce bedecken, gut andrücken und mit einer nassen Teigkarte glatt verstreichen.
- Mit einer geölten Alufolie abdecken und im Wasserbad im vorgeheizten Backrohr ca. 25–35 Minuten (je nach Größe der Form) garen. (Oder im Dampfgarer bei 95 °C ebenfalls ca. 25–35 Minuten.) Herausnehmen, überkühlen lassen und dann einige Stunden kalt stellen. Vor dem Servieren in 1–2 cm dicke Scheiben schneiden.

VORBEREITUNGSZEIT: ca. 20 Minuten
GARZEIT: 25–35 Minuten
BACKROHRTEMPERATUR: ca. 155 °C Heißluft
GARNITUREMPFEHLUNG: Blatt- oder Spargelsalat und Joghurt- oder Sauerrahmsauce
VERWENDUNG: in Begleitung von feinen Saucen auch als warme Vorspeise

TIPPS

- Ist eine festere Konsistenz gewünscht, so mixt man etwas Eiweiß ein.
- Für weichere Konsistenz hingegen wird entrindetes, eingeweichtes Toastbrot (nicht mehr als 100 g) eingearbeitet.

Österreichische Vielfalt

Für die in der österreichischen Küche sehr beliebten **FISCHNOCKERL (HECHTNOCKERL)** werden aus der Masse mit einem Esslöffel Nockerl gestochen, die in leicht kochendem Fischfond oder Salzwasser einige Minuten garziehen. Was die Würzung der Farce betrifft, so kann hier ganz nach individuellem Gusto und verwendetem Fisch auch mit nicht so heimischen Geschmacksträgern wie Soja-, Austern- oder Worcestershiresauce, Pernod, Chilischoten, aber auch mit Fenchel, Petersilie, Ingwer, Koriander, Limettenschale oder Muskatnuss ein neuer Akzent gesetzt werden. Experimentierfreudige könnten je ein Drittel der Farce mit Safranpulver oder Kurkuma, Spinat, Basilikum-, Kräuter- oder Bärlauchpaste sowie Tomatenmark einfärben und dann abwechselnd einfüllen.

Fischtatar

ZUTATEN

- 350 g unbedingt frisches Fischfilet (Saibling, Reinanke, Forelle etc.) ohne Haut
- 60–90 g Crème fraîche oder Sauerrahm
- 2 cl Zitronensaft
- Salz (eventuell selbst hergestelltes Zitronen- oder Limettensalz)
- Pfeffer aus der Mühle
- gehackte Dille oder Zitronenmelisse nach Belieben
- 20 ml (ca. 2 EL) Sonnenblumenöl oder beliebiges Öl

FÜR DIE GARNITUR

- 300 g Zucchini oder geschälter Spargel (Enden abgeschnitten)
- Salz
- Prise Zucker
- Spritzer Zitronensaft
- Gemüsefond oder Wasser nach Bedarf
- 20 g Butter zum Anbraten

ZUBEREITUNG

- So das Filet noch nicht enthäutet ist, enthäuten und sehr sorgfältig entgräten. (Dafür zur Kontrolle mit der Fingerkuppe darüberstreichen.) Zuerst in Tranchen, dann in sehr feine Würfel schneiden. In eine Schüssel geben und mit Zitronensaft vermischen. Crème fraîche, Öl, Salz sowie Pfeffer zugeben und behutsam durchmischen. Nochmals würzig abschmecken und kühl stellen.
- Inzwischen für die Garnitur Zucchini oder Spargel in dünne Scheiben schneiden. Butter in einer Pfanne zerlassen und Gemüse darin anbraten. Mit einer Prise Zucker karamellisieren und mit Salz sowie Zitronensaft würzen. Dann unter wiederholtem Schwenken der Pfanne so lange anschwitzen, bis das Gemüse bissfest ist. Dabei bei Bedarf mit etwas Gemüsefond (oder Wasser) aufgießen. Nochmals abschmecken.
- Das kühle Tatar auf Tellern anrichten, nach Belieben mit gehackter Dille oder Zitronenmelisse bestreuen und mit den warmen Zucchini- oder Spargelstücken umgeben.

ZUBEREITUNGSZEIT: ca. 20–40 Minuten inkl. Kühlstellen
GARNITUREMPFEHLUNG: getoastetes Toast- oder Weißbrot, knusprig gebratene Erdäpfelchips, Fenchel-, Gurken- oder Blattsalat, Kräuter, Sprossen, Forellen- oder Lachskaviar

Österreichische Vielfalt

Schnellere Transportwege, die eine lückenlose Kühlkette von empfindlichen Lebensmitteln garantieren, sowie hervorragende österreichische Fischqualität lassen Herrn und Frau Österreicher Fisch immer öfter roh genießen. Je nach Saison und Geschmacksvorliebe werden dabei auch gerne Würfelchen von reifen Avocados (sofort mit Zitrone vermischt!) oder festen Paradeisern unter das Tatar gemengt und mit klein gehackten Sardellenfilets, Kapern, gehackter Petersilie, grünem Pfeffer, roten Pfefferbeeren, süßem Senf, Cognac oder Worcestershire- bzw. Sojasauce abgeschmeckt. Sushi auf Österreichisch!

Geräucherter Huchen

auf Erdäpfelsalatcreme mit Leinöl-Espuma

Dieses Rezept stammt aus dem Restaurant Holzpoldl in Lichtenberg bei Linz

ZUTATEN FÜR CA. 10 VORSPEISEN-PORTIONEN

1,5 kg geräucherter Huchen ohne Haut (oder anderer geräucherter Fisch)

FÜR DEN ERDÄPFELSALAT

- **600 g gekochte Erdäpfel**
- **60 g Zwiebelwürfel**
- **250 ml Rindsuppe**
- **3 EL Weinessig**
- **6 EL Rapsöl**
- **1 EL Estragonsenf**
- **Salz, Pfeffer aus der Mühle**

FÜR DIE ESPUMAS

- **2 EL vorbereitete Erdäpfelsalatcreme**
- **400 ml Schlagobers**
- **4–6 cl Leinöl (je nach Geschmack)**
- **Salz, Pfeffer**

ZUBEREITUNG

- Zunächst für die Erdäpfelsalatcreme Senf und Öl glatt rühren, Suppe sowie Essig zugießen und mit Salz sowie Pfeffer pikant abschmecken. Die gehackten Zwiebeln hinzufügen. Die noch warmen Erdäpfel in Scheiben schneiden und mit der Marinade vermischen. Gut durchrühren.
- Dann den Erdäpfelsalat durch ein Sieb streichen und nochmals gut nachwürzen.
- Huchen in 10 gleiche Tranchen teilen und im vorgeheizten Backrohr bei 60 °C kurz leicht erwärmen.
- Währenddessen für die Leinöl-Espumas etwa zwei Esslöffel von der passierten Erdäpfelcreme mit Obers und Leinöl verrühren und mit Salz sowie Pfeffer abschmecken. Die Creme sollte nun sehr dünnflüssig sein. In eine ISI-Flasche füllen und mit 2 Patronen aufschäumen.
- Den Erdäpfelsalat mit Hilfe einer Schablone in rechteckigen Streifen auf die Teller streichen. Den lauwarmen Huchen daraufsetzen und mit dem Leinöl-Espuma vollenden.

ZUBEREITUNGSZEIT: ca. 20 Minuten
BACKROHRTEMPERATUR: 60 °C

Mariniertes Forellenfilet

ZUTATEN

400 g entgrätete Forellenfilets mit oder ohne Haut (oder Reinanke, Saibling etc.)

130 g geschälte Karotten

FÜR DIE MARINADE

ca. 250 ml Wasser oder eine Mischung aus Wein, Most und Wasser

10–15 g Salz

je ½ TL Senf-, Koriander- und Pfefferkörner

125 ml Essig (Weißwein- oder Kräuteressig 5–6 %)

30–40 g Feinkristall-, Gelb- oder Rohzucker

eventuell beliebiger Fruchtsirup (Apfel-, weißer Trauben-, Löwenzahn- oder Zitronenmelissensirup)

Schalotten nach Belieben

ZUBEREITUNG

- Sehr sorgfältig entgrätete Fischfilets in 3–4 cm breite Stücke, Karotten mit dem Sparschäler in längliche, dünne Streifen schneiden.
- Sämtliche Körner leicht andrücken. Mit den restlichen Zutaten zu einer Marinade aufkochen und leicht einkochen lassen. Karottenstreifen zugeben und darin bissfest kochen. Wieder herausheben.
- Fischstücke mit der Hautseite nach oben in den Sud einlegen und etwas unter dem Siedepunkt je nach gewünschtem Garungsgrad zwischen 4 und 10 Minuten garziehen lassen. Filets dabei eventuell wenden. (Der Fond darf keinesfalls kochen, da sonst das Eiweiß austreten würde!)
- Karottenstreifen und Fisch in ein verschließbares Gefäß geben, mit Sud bedecken und kühl ziehen lassen. (Die Filets können einige Tage kühl gelagert werden.)

VORBEREITUNGSZEIT: ca. 5 Minuten
GARZEIT: 4–10 Minuten
GARNITUREMPFEHLUNG: Sauerrahm- oder Joghurtsauce, frische Dille und knuspriges Brot
VERWENDUNG: als kalte Vorspeise oder die lauwarmen Filets auf den Karottenstreifen anrichten

Österreichische Vielfalt

Der in Österreich als kleine Jause oder Happen äußerst beliebte Rollmops wird traditionellerweise aus mariniertem Heringsfilet gerollt, könnte aber als aparte heimische Variante auch einmal aus mariniertem Forellen- oder Saiblingsfilet zubereitet werden.

Roh marinierte Lachsforelle

auf Salat

ZUTATEN

- 300 g topfrische gut entgrätete Lachsforellenfilets ohne Haut
- 1 Zucchini (ca. 100 g)
- 40 g Radicchio
- 40 g Vogerlsalat und/oder Rucola
- ½ Mokkalöffel Salz
- ½ Mokkalöffel Zucker
- 10 ml Zitronensaft
- 20–30 ml Balsamicoessig
- 50 ml Gemüsefond, Wasser oder Suppe
- 50 g Sonnenblumen-, Raps-, Maiskeim- oder Olivenöl
- 40 g Pinienkerne oder Pistazien
- eventuell frisch geriebener Kren zum Bestreuen
- Salz, Pfeffer aus der Mühle
- Öl zum Braten
- Karotten- oder Bärlauchöl bzw. Sauerrahm zum Garnieren

ZUBEREITUNG

- Pinienkerne oder Pistazien in einer Pfanne ohne Fett unter ständigem Schwenken hell anrösten.
- Rohes Lachsforellenfilet (am besten mit einem Filetmesser) in dünne Scheiben schneiden. In die Mitte der Teller platzieren und mit Salz, Pfeffer sowie frisch geriebenem Kren nach Belieben bestreuen.
- Für den Salat die Zucchini halbieren, vierteln und in dünne Scheiben schneiden. In einer Pfanne mit wenig Öl kurz anschwitzen und wieder überkühlen lassen. Radicchio in feine Streifen schneiden, Vogerlsalat zerpflücken, zusammen mit den Zucchini in eine Schüssel geben. Öl mit Fond, Zitronensaft und Essig verrühren, mit Salz und Zucker abschmecken, eventuell mixen und den Salat damit marinieren.
- Salat über die Fischscheiben verteilen, mit Pinienkernen bestreuen und nach Belieben den Tellerrand mit feinem Öl beträufeln und/oder Sauerrahm garnieren.

ZUBEREITUNGSZEIT: 15–20 Minuten

Österreichische Vielfalt

Da in Österreich die Sitte, rohen Fisch zu verzehren, erst relativ jung ist und nicht jeden Gaumen überzeugt, wird das zarte Lachsforellenfilet mitunter auch bei 120 °C etwa 5 Minuten „angegart“.

Hausgemachte Schweinssulz

in Apfelmost-Dressing

Dieses Rezept stammt von Albin Hawel, Gasthof Mitter in Stadt Haag.

ZUTATEN

ca. 600 g Schweinsschulter
600 ml Schweinsfond (Kochfond)
100 ml Most
9 Blatt Gelatine
50 g gekochte Karotten
50 g Essiggurkerl
50 g Zwiebel

FÜR DIE GARNITUR NACH BELIEBEN

Marinade mit Mostessig zubereitet (s. Essigwurst S. 20)
gekochte Eier
Radieschen, rote Zwiebelringe, Paradeiserspalten, Zucchinistreifen, Paprikawürferl
Salz, Pfeffer (grob gemahlen)
Kresse
Kernöl zum Beträufeln

ZUBEREITUNG

- Bereits am Vortag die Schweinsschulter in einen Topf mit Wasser geben und 1 ½ Stunden bissfest, aber nicht zu weich kochen. Im Fond über Nacht auskühlen lassen.
- Am nächsten Tag das Fleisch in ca. 1 cm große Würfel schneiden und in eine Schüssel geben. Vom Kochfond ca. 600 ml bereitstellen. Karotten, Gurkerl sowie Zwiebel kleinwürfelig schneiden, zugeben und mit dem Fleisch vermengen. In eine mit Frischhaltefolie ausgekleidete passende Terrinenform füllen.
- Gelatine ca. 10 Minuten in kaltem Wasser einweichen. Kochfond mit Most erhitzen, Gelatine darin auflösen und wieder etwas abkühlen lassen. Erst dann über das Fleisch gießen und im Kühlschrank etwa 5 Stunden kühl stellen.
- Fest gewordene Sulz aus der Form stürzen, Folie abziehen und Sulz in Streifen schneiden. Anrichten, nach Belieben garnieren und mit etwas Marinade beträufeln.

VORBEREITUNGSZEIT: 1 ½ Stunden kochen und über Nacht auskühlen lassen
ZUBEREITUNGSZEIT: 20–30 Minuten, dann 5 Stunden kühl stellen

Fischsülzchen

ZUTATEN FÜR 1 KLEINE TERRINENFORM VON 5 CM HÖHE UND 40 CM LÄNGE

- 350 g entgrätete Fischfilets nach Belieben (Forelle, Zander, Lachsforelle, Saibling etc.)
- 80 g Gemüsewürfel (z. B. Karotten, Zucchini etc.)
- 30 g Sellerie- oder Fenchelwürfel
- 30 g kleinwürfelig geschnittene Petersilienwurzel oder geschälte Paradeiser
- 1 Lorbeerblatt
- 3 zerdrückte Wacholderbeeren
- 10 zerdrückte Pfefferkörner
- Prise Thymian
- Salz, Pfeffer aus der Mühle
- 120 ml Weißwein
- 250 ml würziger Fischfond, Gemüsefond oder Rindsuppe
- 20 ml Essig (5 %)
- 10 ml Zitronensaft
- 5 Blatt Gelatine
- eventuell 1 EL fein gehackte Dille

ZUBEREITUNG

- Fischfilets nochmals auf Graten hin überprüfen und dafür mit der Fingerkuppe darüberstreichen. Fisch in kleine Stücke schneiden. Die Gewürze in ein Leinen- oder Teesäckchen binden.
- In einem Topf den Weißwein mit einer Prise Salz, Pfeffer, Thymian, Zitronensaft, Fond oder Suppe, Essig und Gewürzen aufkochen und ca. 5 Minuten kochen.
- Fischstücke einlegen und darin kurz unter dem Siedepunkt garziehen lassen, der Sud darf aber nicht kochen, da er sonst trüb wird. Fischstücke wieder herausnehmen. (Oder die Fische in Olivenöl leicht anbraten.)
- Nun das Gemüse in den Sud geben und ebenfalls weich kochen. Inzwischen Gelatine einweichen, ausdrücken und dann darin auflösen.
- Die Terrinenform mit Frischhaltefolie auskleiden. Etwas Fond einfüllen, Fischstücke einlegen, eventuell Dille darübergeben, mit dem restlichen Gemüsefond aufgießen und 2–3 Stunden kalt stellen, bis die Masse fest geworden ist.
- Sulz stürzen, in Scheiben schneiden und anrichten.

ZUBEREITUNGSZEIT: 2 ½–3 Stunden
GARNITUREMPFEHLUNG: kalte Kräutersauce, Paradeiser- oder Radieschenscheiben, Blattsalat oder marinierte Linsen

Matjesterrine

ZUTATEN

- 200 g Matjesfilets
- 30 g Essiggurkerlwürfel
- 30 g Apfelwürfel
- 20 g Paprikawürfel
- 20 g Zwiebelwürfel
- 20 g Maiskörner
- 150 g Sauerrahm
- 3–4 Blatt Gelatine
- Salz, Pfeffer aus der Mühle

ZUBEREITUNG

- Fisch abtropfen lassen und in kleine Würfel schneiden. Paprika, Zwiebeln sowie Maiskörner kurz in kochendem Wasser überbrühen, kalt abschrecken und abtropfen lassen. Gelatine in kaltem Wasser einweichen.
- Sauerrahm in eine Schüssel geben. Gelatine ausdrücken, in einem kleinen Topf in wenig heißem Wasser auflösen und mit dem Schneebesen zügig unter den Sauerrahm rühren. Gemüse, Apfel- sowie Matjesstückchen untermengen. Mit Salz und Pfeffer würzen.
- Eine passende Terrinenform mit Wasser ausspülen, mit Frischhaltefolie auslegen und die Masse einfüllen. Im Kühlschrank mindestens 3 Stunden gut durchkühlen. Terrine stürzen, portionieren und anrichten.

ZUBEREITUNGSZEIT: 3–4 Stunden
GARNITUREMPFEHLUNG: frisches Brot, Radieschen- oder Paradeiserscheiben

Beef Tatar

ZUTATEN

400 g topfrisches Rindfleisch (Lungenbraten von Spitz oder Kopf, Rinderrücken, aber auch magere Teile von Schulter, schwarzem Scherzel oder Huft)

40–60 g Öl (Sonnenblumen- oder Maiskeimöl); Beef-Tatar-Fans bevorzugen 4 rohe frische Eidotter anstatt des Öls)

20–40 g fein geschnittene Schalotten- oder Zwiebelwürfel

2 TL Kapern

40 g Essig- oder Senfgurkerl

Msp. Sardellenpaste

Salz, Pfeffer aus der Mühle

ZUM ABSCHMECKEN NACH BELIEBEN

1 Mokkalöffel Estragon- oder Dijonsenf

1–2 TL Ketchup

½ Mokkalöffel edelsüßes Paprikapulver

je 1 Spritzer Wocestershire-sauce und/oder Tabascosauce

1 EL fein gehackte Petersilie, Schnittlauch, Basilikum etc.

Muskatnuss, Chili, Prise Zucker

Zitronensaft

Schuss Cognac oder Weinbrand

ZUBEREITUNG

- Die Zwiebelwürfel je nach Wunsch kurz in kochendem Wasser blanchieren (überbrühen), kalt abschrecken und abtropfen lassen. (Sie werden dadurch verträglicher.)
- Kapern und Gurkerl fein hacken.
- Fleisch kleinwürfelig schneiden, dann mit dem Wiegemesser (oder einem scharfen Messer) sehr fein wiegen bzw. schneiden (oder in einer vorgekühlten Faschiermaschine fein faschieren.) In eine Schüssel geben und mit Sardellenpaste, Zwiebeln, Kapern sowie Gurkerln vermengen, salzen und pfeffern. Nun ganz nach persönlichem Geschmack mit rohen Eidottern und einer oder mehreren Zutaten pikant abschmecken.
- Möglichst dekorativ auf Tellern anrichten, dafür beispielsweise runde Laibchen formen oder die Masse in einen Metallring pressen und auftragen. Dabei kann ein Teil der Würzzutaten extra serviert werden, damit sich jeder Gast das Beef Tatar nach seinem individuellen Geschmack abmachen kann. (Tatar aber nicht lange bei Zimmertemperatur stehen lassen!)

VORBEREITUNGSZEIT: ca. 20 Minuten
BEILAGENEMPFEHLUNG: knusprige Toasts

Österreichische Vielfalt

Dank steigender Qualität spielt Lammfleisch in der österreichischen Küche eine immer größere Rolle. So ist auch **LAMM-BEEF-TATAR** beliebt, das am besten mit schwarzen und grünen Oliven, Paprikapulver, Knoblauch, Thymian, Rosmarin, Oregano, einer Prise Zucker sowie Olivenöl, Salz, Pfeffer und Dijonsenf gewürzt wird. Da rohes Fleisch nicht jedermanns Sache ist, wird das Beef Tatar auch häufig zu Laibchen geformt und kurz angebraten.

Lauwarm marinierter Kalbskopf

mit Wiesenkräutersalat

Dieses Rezept stammt von Adi Bittermann aus dem Restaurant Bittermann in Göttlesbrunn.

ZUTATEN

- **1 küchenfertiger Kalbskopf (vom Metzger halbiert, siehe Tipp)**
- **1 Kalbszunge**
- **3 Karotten**
- **3 Zwiebeln**
- **½ Sellerie**
- **1 Stange Lauch**
- **½ Bund Petersilie**
- **2 Lorbeerblätter**
- **10 Pfefferkörner**
- **125 ml Essig**
- **Zitronensaft und Olivenöl zum Marinieren**
- **Salz, Pfeffer**

FÜR DIE GARNITUR

- **mit Balsamicoessig und Öl marinierter Wiesenkräutersalat**
- **Jungzwiebeln**
- **Paprikastreifen**
- **Brotcroûtons**

ZUBEREITUNG

- Gemüse schälen und grobwürfelig schneiden. Die Kalbskopfhälften sorgfältig waschen, abtropfen lassen und mit Zunge, Gemüse, Gewürzen sowie Essig in einem großen Topf aufstellen. Mit kaltem Wasser bedecken, aufkochen lassen, Schaum abschöpfen und ca. 3 Stunden auf kleiner Flamme weich kochen.
- Weich gekochten Kalbskopf herausnehmen, Sehnen und Haut entfernen, die Schwarte lassen und Fleisch in daumengroße Stücke schneiden. Zunge schälen und ebenfalls schneiden. Alles mit Salz, Pfeffer, etwas Zitronensaft sowie Olivenöl pikant würzen und gut durchmischen.
- Eine Terrine mit ca. 1 Liter Inhalt mit Frischhaltefolie auslegen, Fleisch einfüllen, mit Folie abdecken, gut festdrücken und im Kühlschrank einige Stunden gut durchkühlen lassen.
- Backrohr auf maximale Oberhitze vorheizen.
- Kalbskopf aus der Form stürzen, Folie entfernen und mit der Aufschnittmaschine in 3–4 mm dünne Scheiben schneiden. Diese dachziegelförmig auf feuerfesten (!) Tellern anrichten. Im vorgeheizten Backrohr bei maximaler Oberhitze oder unter der Grillschlange so lange überbacken, bis der Kalbskopf gerade leicht schmilzt.
- Wieder herausnehmen, mit Salz und Pfeffer aus Mühle würzen. Wiesenkräutersalat daraufsetzen, mit Jungzwiebel- und Paprikastreifen sowie knusprigen Brotcroûtons garnieren.

VORBEREITUNGSZEIT: ca. 8 Stunden inkl. Kühlen
KOCHZEIT: 10 Minuten
BACKROHRTEMPERATUR: maximale Oberhitze oder Grillschlange
VERWENDUNG: Die etwas aufwändige Zubereitung von Kalbskopf lohnt sich in jedem Fall, da sich Kalbskopf bestens tiefkühlen lässt. Er verliert dadurch nichts an Geschmack und ist – richtig portioniert – jederzeit griffbereit, sei es gebacken, geschmolzen oder als g'schmackige Garnitur von attraktiven Zwischengerichten.

TIPP

- Wenn Sie das Glück haben, einen wirklich vertrauenswürdigen Fleischhauer an der Hand zu haben, so können Sie den Kalbskopf freilich auch fertig kaufen. Dann einfach nur mehr gratinieren und garnieren.

Blattsalat mit gebackenem Schafkäse

ZUTATEN

- 4 Schafkäsegupferl (oder schnittfester Schaf- bzw. Ziegenkäse) à ca. 100 g
- ca. 400 g gemischter Blattsalat (Vogerl-, Eichblatt-, Eisberg- und/oder Häuptelsalat, Radicchio, Lollo Rosso, Rucola, Brunnenkresse, Löwenzahn, Chicorée etc.)
- ca. 300 ml Marinade nach Grünberg-Art s. S. 102
- 50 g Kürbiskerne
- Salz, Pfeffer aus der Mühle
- gemischte Kräuter zum Garnieren (Kresse, Bärlauch, Schnittlauch, Petersilie, Wildkräuter etc.)
- eventuell Radieschen, Paprikawürfel und Kürbiskernöl zum Garnieren
- Öl zum Herausbacken

ZUM PANIEREN

- 4 Eier
- ca. 80 g glattes Weizen- oder feines Dinkelmehl
- ca. 150 g Semmelbrösel (eventuell mit gemahlenen Kürbiskernen vermengt)

ZUBEREITUNG

- Kürbiskerne in einer Pfanne trocken (ohne Fett) rösten, beiseite stellen und auskühlen lassen. Schafkäse in 3 Stücke (Scheiben) schneiden und nach Belieben würzen. In Mehl, Ei und Bröseln zweimal (!) panieren (damit die weiche Masse nicht austritt, schnittfesten Käse nur einmal panieren).
- In einer beschichteten Pfanne in wenig Öl beidseits herausbacken und auf Küchenpapier gut abtropfen lassen.
- Inzwischen die Salate putzen, waschen und trockenschleudern oder abtropfen lassen. Mit dem vorbereiteten Dressing marinieren und auf Teller verteilen. Gebackenen Käse jeweils darauf dekorativ anrichten und mit Kürbiskernen bestreuen. Nach Belieben noch mit frischen Kräutern, Radieschen, Paprikawürfeln und Kürbiskernöl garnieren.

ZUBEREITUNGSZEIT: ca. 15 Minuten

TIPP

Damit der sehr weiche Schafkäse beim Herausbacken nicht auseinanderläuft, kann man die panierten Scheiben auch kurz tiefkühlen und dann erst herausbacken.

Österreichische Vielfalt

Die traditionelle österreichische Küche schätzt frischen Salat als Begleiter von knusprigem Schnitzerl oder cremigen Schinkenfleckerln. Die Lust an knackigen Blättern zu Beginn eines Menüs ist erst jüngeren Datums, hat sich aber mittlerweile dank des großen Zuspruchs gesundheitsbewusster Gourmets durchgesetzt. Ganz vorne im Ranking rangiert da etwa der berühmte **CÄSARSALAT (CAESAR'S SALAD)**, der zu Beginn der 1920er Jahre in Mexiko von einem Cesare Cardini für sein Restaurant „Caesar's Palace" erfunden wurde und seine Berühmtheit der pikanten Kombination von Sardinen, Knoblauch, Parmesan und obligatem „Römischem" Salat, einer Art Kochsalat, verdankt. Ohne berühmte Namen, dafür mit umso größerer Vielfalt tauchen auf den Speisekarten zeitgemäße Salatkreationen auf, die von Räucher- oder Tintenfisch über Truthahnmedaillons, Kalbsleber und Bries bis hin zu gebackenem Tofu oder marinierten Seitan-Spießchen so allerlei auf fein marinierten Salat setzen. Apropos Marinade: Auch hier macht sich eine Entwicklung der jüngsten Zeit angenehm bemerkbar. Neben dem reichen Angebot an feinem Balsamicoessig – er zählt ja bereits zum Standard jedes guten Dressings – erfahren nun auch Olivenöl & Co. schmackhafte Ergänzung durch edle, seltene Öle, wie etwa das kostbare Arganöl, Pistazienkern-, Walnuss-, Leinsamen-, Mohn- oder gar Kaktusfeigenkernöl. Lassen Sie Ihre Fantasie frei spielen und kombinieren Sie Öl, Essig und aparte Zutaten! Es kann dabei kaum etwas schiefgehen. Wer lieber auf Nummer sicher gehen möchte, drapiert für einen **BACKHENDLSALAT** schlicht ein paar Stückchen knusprig panierte Hühnerbrust auf klassisch mariniertem Vogerl-Erdäpfel-Salat. Nicht neu, aber immer wieder gut!

Löffel für Löffel

ÖSTERREICHISCHE SUPPEN
VOM GRIESSNOCKERL
BIS ZUM GEMÜSESCHÖBERL

Rindsuppe Wiener Suppentopf

ZUTATEN

- **500 g – 1 kg Rindfleischknochen**
- **500 g Rindfleisch nach Belieben (am besten Tafel-, Kruspel- oder Kavalierspitz, aber auch Schulterscherzel, Hieferscherzel, Schermrippe, Mageres Meisel etc.)**
- **500–700 g gemischtes Gemüse (Sellerie, Karotten, Lauch, Petersilienwurzel, eventuell noch Stangensellerie oder Gelbe Rübe)**
- **einige Petersilien- und/oder Liebstöckelstängel**
- **1–2 TL Grundgewürzmischung s. Seite 110 (Pfefferkörner, Lorbeer, Wacholder)**
- **eventuell einige Pimentkörner, Thymian und Majoran**
- **2–3 halbierte Zwiebeln mit Schale**
- **eventuell 2–3 angedrückte Knoblauchzehen**
- **Salz, Pfeffer aus der Mühle**
- **nach Belieben Suppenwürze (selbst gemacht oder aus dem Reformhaus) zum Abschmecken**
- **Muskatnuss**
- **Schnittlauch oder Petersilie zum Bestreuen**
- **Prise Zucker**

ZUM VERFEINERN NACH BELIEBEN

Sherry, Madeira, Weißwein, Süßwein, Cognac oder Weinbrand

ZUBEREITUNG

- Gemüse unter fließendem Wasser abbürsten (braucht dann meist nicht geschält werden, außer der Knollenansatz beim Sellerie). Knochen in einem Topf mit kaltem Wasser bedecken, einmal aufkochen lassen, abgießen und mit Wasser abschwemmen, damit die Trübstoffe ausgeschwemmt werden.
- Knochen in einem großen Topf erneut mit 5 Liter kaltem Wasser aufsetzen und aufkochen lassen. Gewürze in ein Teesäckchen oder Tee-Ei geben. Fleisch einlegen. Knoblauch, Gewürzstängel sowie Gewürze außer Zucker und Salz (wird kein Fleisch mitgekocht, kann die Suppe gesalzen werden) beigeben und nicht zugedeckt knapp unter dem Siedepunkt 2 ½–3 Stunden köcheln lassen. Währenddessen wiederholt den aufsteigenden Schaum abschöpfen und die Suppe nicht wallend kochen lassen, damit sie nicht trüb wird.
- Nach etwa 1–1 ½ Stunden die nicht geschälten Zwiebelhälften an der Schnittfläche mit einer Prise Zucker bestreuen und in einer (am besten mit Alufolie ausgelegten) Pfanne ohne Fett dunkelbraun rösten. In die Suppe geben. Das nicht zu klein geschnittene Gemüse ebenfalls zugeben. (Soll etwas Gemüse auch in der Suppe mitserviert werden, einen kleinen Teil des Gemüses nur so lange kochen, bis es bissfest ist, herausheben, würfelig schneiden und beiseite stellen.) Fleisch fertig garen (siehe auch Tafelspitz), gegen die Faser aufschneiden und in der Suppe servieren.
- Fertige Suppe durch ein Sieb seihen und am besten nochmals durch ein Etamin oder feines Baumwolltuch seihen. Nach Geschmack entfetten, dazu mit einem Schöpfer flach auf der Oberfläche eintauchen oder mit einer Papierserviette über die Oberfläche streichen und die Fettschicht dabei abtragen (oder die Suppe auskühlen lassen und die erstarrte Fettschicht entfernen).
- Suppe mit Salz, Pfeffer, Muskatnuss sowie eventuell Suppenwürze würzig abschmecken. Ganz nach Belieben und weiterer Verwendung mit einem Schuss Alkohol verfeinern und noch einmal aufkochen. Mit frisch gehacktem Schnittlauch oder Petersilie bestreut auftragen.
- Übrig gebliebene Suppe (ohne Petersilie) abkühlen lassen. Dafür am besten einen Kochlöffel unter den Topf legen und keinen zu großen Erschütterungen aussetzen, d. h. nicht umrühren oder abdecken, denn dadurch kann die Suppe rasch sauer werden.

VORBEREITUNGSZEIT: ca. 30 Minuten
KOCHZEIT: 2 ½–3 Stunden

Österreichische Vielfalt

Im Gegensatz zur französischen oder italienischen Küche verfügt die österreichische nur über ein sehr bescheidenes Repertoire an Vorspeisen, dafür über eine umso größere Vielfalt an Suppen. Basis aller Suppenfreuden ist jedoch eine vorzügliche Rindsuppe, selbst gemacht, versteht sich. Da Rindsuppen umso besser schmecken, desto mehr Fleisch und Knochen darin ausgekocht werden, ist es ratsam, gleich eine größere Menge zuzubereiten. Die ausgekühlte Suppe kann dann bequem in Frischhaltedosen oder flach aufgebreiteten Plastikbeuteln (platzsparend!) tiefgekühlt werden.
Safran verleiht einer bereits fertigen Suppe übrigens durch kurzes Mitkochen auch noch recht intensive Farbe, auch mitgekochte Löwenzahnblütenblätter wirken sich optisch recht positiv aus, ein Zuviel an Karotten und Gelben Rüben hingegen eher negativ, da die Suppe dadurch zu süßlich schmeckt. Sollte die Suppe einmal trüb geworden sein, so lässt man sie zunächst abkühlen. Dann werden 150 g rohes Gemüse und 250 g grobfasriges Fleisch oder Abschnitte faschiert, mit 3 Eiklar, etwas Wasser und Salz gut vermengt und der kalten Suppe beigegeben. Nun langsam erhitzen und nochmals 30–40 Minuten ziehen lassen – die Trübstoffe werden gebunden und die Suppe schmeckt wunderbar kräftig.

WILD- ODER GEFLÜGELSUPPE kann ebenso zubereitet werden, wobei Knochen, Parüren (Fleischabschnitte) und Gemüse zu Beginn leicht in Öl angebraten werden können, wodurch die Suppe gehaltvoller und farbintensiver wird. Übrig gebliebenes Rindfleisch kann sowohl zu Salat mit Essig und Öl als auch Fleischaufstrich oder **TELLERSULZ** verarbeitet werden. Dafür wird das Fleisch in Streifen geschnitten und auf Suppenteller verteilt, Gelatine in heißer Suppe mit recht viel Gemüse aufgelöst und über das Fleisch gegossen. Stocken lassen und genießen!

Rindsknochensuppe Kalbsknochensuppe

ZUTATEN

- 1,5 kg fleischige Rinds- oder Kalbsknochen
- 1/2 Stange Lauch
- 300 g Karotten
- 150 g Sellerie
- 150 g Petersilienwurzel
- einige Petersilienstängel
- 200–300 g Zwiebeln
- 8 Wacholderbeeren
- 1 TL schwarze Pfefferkörner
- 3 Lorbeerblätter
- etwas geriebene Muskatnuss
- frisches oder getrocknetes Liebstöckel
- Salz und hausgemachte Suppenwürze oder Streuwürze aus dem Reformhaus

ZUBEREITUNG

- In einem sehr großen Topf etwas Wasser aufstellen und zum Kochen bringen. Die Rindsknochen darin kurz überbrühen und kalt abschrecken. Wasser wieder abgießen.
- Knochen mit den Gewürzen in den Topf geben und mit sehr viel kaltem Wasser (am besten 6–7 Liter) aufstellen. Aufkochen und insgesamt ca. 3 Stunden langsam köcheln lassen.
- Währenddessen das Gemüse putzen und in grobe Stücke schneiden. Die Zwiebeln halbieren und in einer Pfanne ohne Fett an den Schnittflächen bräunen. Nach rund 90 Minuten Zwiebeln, Gemüse, Liebstöckel und Petersilienstängel zugeben. Mitköcheln lassen.
- Fertige Suppe abseihen und mit Salz sowie hausgemachter Suppenwürze abschmecken.

KOCHZEIT: ca. 3 Stunden

Grießnockerlsuppe

ZUTATEN

- **100 g Grieß**
- **35 g weiche Butter**
- **1 Ei**
- **Salz, Muskatnuss**
- **1 EL fein gehackte Petersilie**
- **heiße Suppe zum Auftragen**

ZUBEREITUNG

- Weiche Butter kurz schaumig rühren. Das Ei einrühren, Grieß einmengen und würzig abschmecken. Masse 10–15 Minuten rasten lassen.
- In einem Topf Salzwasser aufkochen lassen. Mit einem nassen Löffel kleine Nockerl abstechen, in Form bringen und ins kochende Salzwasser einlegen. Ungefähr 5 Minuten zugedeckt kochen lassen, dann mit einem Schuss kaltem Wasser oder Eiswürfeln abschrecken. Herdplatte abschalten und zugedeckt noch weitere 15 Minuten ziehen lassen.
- In die heiße Suppe geben und vor dem Servieren mit Petersilie bestreuen.

VORBEREITUNGSZEIT: ca. 20 Minuten
KOCHZEIT: 5 Minuten kochen, 15 Minuten ziehen lassen

Österreichische Vielfalt

Dieser Klassiker unter den Suppeneinlagen lässt sich durch unterschiedliche Kräuter (Thymian, Bärlauch, Basilikum, Oregano), die unter die Grießmasse gemengt werden, noch vielfältig abwandeln. Sind die Grießnockerl als Einlage für Fischsuppe gedacht, so macht sich Dille in der Masse sehr gut, ein Tupfer Forellen- oder Saiblingskaviar könnte die Krönung darauf sein.
Für **POLENTANOCKERL** verwendet man statt Grieß Polenta (Maisgrieß). Hierfür lässt man jedoch sowohl die Masse als auch die Nockerl länger ziehen.

Frittatensuppe

ZUTATEN

- 100 ml Milch
- ca. 50 g glattes Weizen- oder feines Dinkelmehl
- 1 Ei
- 1 KL zerlassene Butter nach Belieben
- Salz, Pfeffer aus der Mühle
- gehackte Kräuter nach Belieben
- Butter oder Öl zum Herausbacken
- 1 EL fein gehackte Petersilie oder Schnittlauch zum Bestreuen
- heiße Suppe zum Auftragen

ZUBEREITUNG

- Milch mit Salz sowie Pfeffer und dem Mehl zu einem glatten Teig verrühren. Etwa 30 Minuten stehen lassen. Dann zerlassene Butter nach Belieben zugeben und das Ei nur kurz unterrühren, aber nicht völlig glatt verschlagen. (Je nach Bedarf zu dünnem Teig mit etwas Mehl, zu dickem mit etwas Milch korrigieren.) Nach Geschmack auch fein gehackte Kräuter einrühren.
- Eine (am besten beschichtete) Pfanne sehr gut erhitzen, mit etwas Butter oder Öl auspinseln und etwas Teig eingießen und je nach gewünschter Stärke der Frittaten dickere oder dünnere Palatschinken backen. Dafür die Unterseite goldgelb backen, wenden (oder schupfen) und auf der zweiten Seite ebenfalls fertig backen.
- Herausheben, zusammenrollen und fein schneiden. In Teller oder Suppenschalen verteilen, mit heißer Suppe übergießen und mit Schnittlauch oder Petersilie bestreut auftragen.

VORBEREITUNGSZEIT: ca. 35 Minuten inkl. Rasten des Teigs
BACKZEIT: ca. 2 Minuten pro Palatschinke

Fleischnockerlsuppe Fleischpofesensuppe

ZUTATEN FÜR CA. 8 NOCKERL

- 200 g beliebiges Faschiertes
- ca. 125 ml Schlagobers
- 1 Ei
- Salz, Pfeffer aus der Mühle
- Muskatnuss
- eventuell Schuss Weinbrand
- frische oder getrocknete Kräuter nach Geschmack
- Rindsuppe zum Kochen und Auftragen
- Schnittlauch zum Bestreuen

FÜR DIE POFESEN

- einige Scheiben Toast- oder entrindetes Schwarzbrot
- verquirltes Ei
- Öl zum Herausbacken

ZUBEREITUNG

- Faschiertes kurz tiefkühlen, bis es leicht angefroren ist. Mit Obers und Ei in einer Küchenmaschine rasch cuttern. Mit Salz, Pfeffer, Muskatnuss, Kräutern sowie Weinbrand würzig abschmecken.
- Mit einem angefeuchteten Löffel kleine Nockerl formen, in kochendes Salzwasser oder Suppe einlegen und unter dem Siedepunkt 7–10 Minuten gar ziehen lassen.
- (Für die Pofesen die Masse zwischen Toast- oder entrindete Schwarzbrotscheiben füllen, etwas andrücken und durch ein verquirltes Ei ziehen. In heißem Öl auf beiden Seiten goldbraun backen. Auf Küchenpapier gut abtropfen lassen und in gefällige kleine Stücke schneiden.)
- Nockerl oder Pofesen in der heißen Suppe mit Schnittlauch bestreut auftragen.

VORBEREITUNGSZEIT: ca. 10 Minuten ohne Anfrieren
KOCHZEIT: 7–10 Minuten

Leberknödelsuppe

Leberspätzle

ZUTATEN

- 300 g Schweins- oder Rindsleber
- 60 g Toastbrotwürfel
- 120–150 g frische Brösel von entrindetem Schwarz- oder Weißbrot
- 2 Eier
- 40 g Zwiebelwürfel
- 60 g Butter oder Butterschmalz
- Salz, Pfeffer aus der Mühle
- Prise Majoran, Thymian, Wacholder
- etwas gehackter Knoblauch
- frisch gehackte Petersilie oder Schnittlauch
- Rindsuppe zum Kochen und Auftragen

VARIANTE LEBERSPÄTZLE

- 300 g fertige Lebermasse
- 60 ml Milch
- 30 g griffiges Weizenmehl

ZUBEREITUNG

- Die Leber fein faschieren oder gleich beim Fleischhauer faschieren lassen.
- In einer Pfanne die Zwiebelwürfel, nach Belieben auch etwas gehackte Petersilie, in Butter oder Butterschmalz anschwitzen und wieder vom Herd nehmen.
- In einer Schüssel Leber mit den angeschwitzten Zwiebeln, Bröseln, Toastbrotwürfeln und Eiern vermengen und würzig abschmecken. Etwa 20 Minuten rasten lassen.
- Dann in einem großen Topf Rindsuppe oder Salzwasser aufkochen lassen.
- Aus der Masse kleine Knödel formen, in die kochende Suppe einlegen und 10–12 Minuten mehr ziehen als wallend kochen lassen. (Dafür am besten ein Probeknöderl kochen und die Masse bei Bedarf noch mit etwas Bröseln binden.)
- Vor dem Servieren die heiße Suppe mit Petersilie oder Schnittlauch bestreuen.
- Für die Leberspätzle unter die fertige Lebermasse Milch sowie Mehl mengen und die Masse durch ein Spätzlesieb direkt in kochendes Salzwasser drücken. Einmal aufkochen lassen, kalt abschrecken und in heißer Suppe servieren.

VORBEREITUNGSZEIT: ca. 30 Minuten inkl. Rastenlassen
KOCHZEIT: Knödel 10–12 Minuten, Spätzle ca. 2 Minuten

Österreichische Vielfalt

Wie andere beliebte Suppeneinlagen auch – man denke etwa an feinen Fleischstrudel – werden auch die Leberknödel vor allem in der bäuerlichen Küche gerne als Hauptmahlzeit oder kleines Zwischengericht serviert. Dafür werden sie meist nicht gekocht, sondern in heißem Fett herausgebacken und mit würzigem Sauerkraut, warmen Linsen, Linsensalat und pikanter Kräuter- oder Krensauce aufgetragen. Leberknödel werden je nach Saison und Vorrat mitunter auch aus Wildleber, Hühner-, Enten- oder Lammleber zubereitet.

Bröselknödelsuppe

ZUTATEN

- **ca. 200 g altbackenes Gebäck oder Semmelwürfel**
- **300–350 ml Milch, je nach Trockenheit des Gebäcks**
- **2 Eier**
- **60 g weiche Butter**
- **50–60 g Semmelbrösel**
- **Salz, Pfeffer aus der Mühle**
- **Prise Muskatnuss**
- **1 EL fein gehackte Petersilie**
- **Suppe zum Auftragen**

ZUBEREITUNG

- Semmeln grob schneiden, mit Milch übergießen und einige Zeit ziehen lassen. Butter rechtzeitig aus dem Kühlschrank nehmen und Zimmertemperatur annehmen lassen. Dann Semmeln ausdrücken und passieren. Butter schaumig rühren. Semmelmasse mit Eiern, Petersilie und Bröseln zugeben, gut verrühren und würzig abschmecken. Etwa 15 Minuten ziehen lassen.
- Nun einen Probeknödel formen, in kochendem Wasser ziehen lassen und je nach Festigkeit eventuell noch etwas Flüssigkeit oder Brösel dazugeben.
- Aus der Masse kleine Knödel formen, in kochendes Salzwasser oder Suppe einlegen und ca. 6 Minuten mehr ziehen als wallend kochen lassen.
- In heißer Suppe servieren.

VORBEREITUNGSZEIT: ca. 30 Minuten
KOCHZEIT: ca. 6 Minuten
VERWENDUNG: als Einlage in klare und gebundene Suppen

Österreichische Vielfalt

Bröselknödel schwimmen gerne, aber nicht nur in Suppe, sondern auch in heißem Fett. Daher werden sie auch in heißem Schmalz herausgebacken, zuvor manchmal paniert und dann als schmackhaftes Hauptgericht verspeist. Eingearbeiteter Käse und/oder Kräuter wie Bärlauch, Basilikum (besonders als Einlage in Paradeisersuppe), Schnittlauch, Majoran oder Thymian sowie Grammeln oder Speckwürfel verfeinern die Bröselknöderl noch zusätzlich. Dabei wird die Milch je nach Geschmacksnote manchmal auch teilweise durch Most, Bier, Wein oder Rindsuppe mit etwas Obers ersetzt.

Fleischstrudelsuppe

ZUTATEN

- 1 ausgezogener Strudelteig oder 200–250 g Blätter- oder Sauerrahmteig
- 500–600 g Faschiertes (Schwein, Rind, Kalb, Wild, Lamm)
- ca. 100 ml Rindsuppe, Most, Gemüsefond oder Rotwein
- 150 g Zwiebeln
- 2–3 Knoblauchzehen
- Majoran
- Salz, Pfeffer aus der Mühle
- Cayennepfeffer
- 1–2 EL frisch gehackte Petersilie
- 2 Eier oder Crème fraîche nach Bedarf
- zerlassene Butter oder Ei zum Bestreichen
- Öl zum Anschwitzen
- Butter für das Backblech
- Suppe zum Auftragen

ZUBEREITUNG

- Zwiebeln fein hacken und in etwas Öl hell anschwitzen. Faschiertes zugeben und kräftig anbraten. Mit Suppe aufgießen und so lange am Herd köcheln, bis die Flüssigkeit zur Gänze verkocht ist. Auskühlen lassen.
- Inzwischen Knoblauch fein hacken und ebenso wie die Petersilie unter die Masse rühren. Mit Salz, Pfeffer, Cayennepfeffer und Majoran würzig abschmecken. Bei Bedarf die noch nicht optimale Masse mit Crème fraîche korrigieren oder mit Eiern binden.
- Backrohr auf 165–185 °C vorheizen und ein Backblech mit Butter ausstreichen oder mit Backpapier auslegen.
- Teig auf ein bemehltes Tuch legen (dafür vorher ausziehen oder rechteckig ausrollen). Fülle bei Strudelteig auf dem oberen Drittel verteilen. Strudel mit Hilfe des Tuches einrollen, Enden abschneiden und mit dem Teigende nach unten vorsichtig auf das Backblech legen. Bei Blätterteig Fülle in der Mitte auftragen, die beiden Teigenden übereinanderschlagen und gut festdrücken. Mit zerlassener Butter (Strudelteig) oder Ei (Blätterteig) bestreichen und etwa 40–45 Minuten backen.
- Herausheben, überkühlen lassen. In dünne Scheiben schneiden und in heißer Suppe auftragen.

VORBEREITUNGSZEIT: ca. 20 Minuten bei fertigem Teig
BACKZEIT: 40–45 Minuten
BACKROHRTEMPERATUR: 165–185 °C

Österreichische Vielfalt

Vieles, was sich in heißer Suppe gut macht, wird in der österreichischen Küche auch gerne als mehr oder weniger kleines Zwischengericht gereicht. So auch der Fleischstrudel, der sich in Begleitung von warmer Rahm-, Kren-, Paprika-, Schwammerl-, Lauch- oder Zwiebelsauce, kalter Schnittlauch-Joghurt-Sauce und frischem Salat größter Beliebtheit erfreut. Wird der Fleischstrudel als eigenständiges Gericht serviert, so kann die Fülle auch durch eingemengte Käsewürfel, rote oder grüne Paprikawürfelchen oder Kapern verfeinert werden. Der zeitgemäßen mediterranen Vorliebe entspricht die Zugabe von schwarzen Oliven, getrockneten Paradeisern, Schafkäsewürfeln, Oregano oder Rosmarin.

Schöberlsuppe

ZUTATEN

- 3 Eidotter
- 3 Eiklar
- 10 g (ca. 2 gestrichene TL) Weizenstärke
- 40 g glattes Weizen- oder feines Dinkelmehl
- 30 g zerlassene Butter
- Salz
- Pfeffer und Muskatnuss nach Belieben
- Schnittlauch nach Belieben
- heiße Suppe zum Auftragen
- Butter und Mehl für die Form

ZUBEREITUNG

- Eiklar mit Stärke und einer Prise Salz zu cremigem Schnee schlagen. Dotter verrühren und ebenso wie das Mehl und die zerlassene Butter vorsichtig unter den Schnee heben. Mit Pfeffer und Muskatnuss würzen.
- Backrohr auf 200 °C vorheizen und ein Backblech oder eine Form mit Butter ausstreichen und mit Mehl bestauben (oder mit Backpapier auslegen).
- Masse fingerhoch auftragen und im vorgeheizten Backrohr 8–10 Minuten hellbraun backen. (Die Masse kann auch in sehr kleinen dekorativen Portionsformen gebacken werden.)
- Auskühlen lassen und in beliebige Stücke schneiden. Schöberl am besten getrennt zur heißen Suppe servieren und erst bei Tisch (oder im letzten Augenblick) in die heiße Suppe geben. Nach Belieben mit gehacktem Schnittlauch bestreuen.

VORBEREITUNGSZEIT: ca. 10 Minuten
BACKZEIT: 8–10 Minuten
BACKROHRTEMPERATUR: 200 °C
VERWENDUNG: Der gebackene Schöberlteig kann auch wie eine Biskuitroulade eingerollt, mit einer pikanten Creme, Aufstrich etc. gefüllt und als schmackhafte kleine Vorspeise serviert werden.

Österreichische Vielfalt

Kein Wunder, dass Schöberl zu den beliebtesten Suppeneinlagen zählen, sind sie doch rasch zubereitet. Mit folgenden Zutaten, die zusätzlich in die Masse eingearbeitet werden, schaffen Sie ein wahres Schöberl-Panoptikum:
GEMÜSESCHÖBERL: 50 g beliebiges gekochtes, gut abgetropftes Gemüse.
PILZSCHÖBERL: 30–40 g gut abgetropfte, in etwas Butter angeschwitzte Pilze.
RÄUCHERFISCHSCHÖBERL: 40–50 g fein geschnittener Räucherfisch.
SPINATSCHÖBERL: 40 g klein geschnittener, blanchierter, gut ausgedrückter Blattspinat, der zusätzlich mit Muskatnuss und Knoblauch gewürzt wurde.
KÄSESCHÖBERL: 20–30 g fein geriebener würziger Käse.
KRÄUTERSCHÖBERL: 2 EL fein gehackte frische Kräuter wie Petersilie, Basilikum, Kerbel, Estragon, Bärlauch, Majoran, Thymian, Rosmarin, Oregano, Liebstöckel etc.
SCHINKENSCHÖBERL: Schinkenwürfel oder klein geschnittene Pökelzunge.

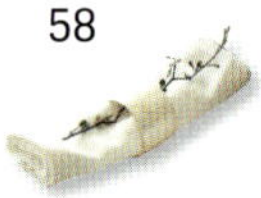

Gemüsecremesuppe

ZUTATEN

- 300–400 g gemischtes Gemüse nach Belieben (Karotten, Lauch, Petersilienwurzel, etwas Sellerie)
- 1 l Gemüsefond, Rindsuppe (oder Wasser mit hausgemachter Suppenwürze)
- 60–100 g Zwiebeln
- 1–2 gehackte Knoblauchzehen nach Belieben
- 100 ml Schlagobers oder Crème fraîche
- 2 Lorbeerblätter
- 4 angedrückte Wacholderbeeren
- Prise Muskatnuss
- Salz, weißer Pfeffer
- Maisstärke oder Mehl-Butter-Kugel bei Bedarf
- 30 g Butter oder Sonnenblumen-, Maiskeim- oder Olivenöl

ZUBEREITUNG

- Zwiebeln feinwürfelig schneiden, Gemüse putzen und in kleine Stücke schneiden.
- Zwiebeln, nach Belieben auch Knoblauch, in Butter oder Öl anschwitzen. Gemüse zugeben, kurz anschwitzen und dann mit Fond und Schlagobers aufgießen.
- Lorbeer und Wacholder am besten in ein Tee-Ei oder -säckchen geben und der Suppe hinzufügen. Mit Salz, Pfeffer und Muskatnuss würzen. Je nach Gemüse 10–20 Minuten weich kochen. Gewürze herausnehmen und die Suppe mit dem Mixstab pürieren.
- Ist die Suppe noch nicht cremig genug, mit in wenig kaltem Wasser angerührter Maisstärke oder mit einem kleinen Stück von einer Mehl-Butter-Kugel sämig einkochen lassen. Nochmals abschmecken und in vorgewärmten Tellern anrichten. Nach Belieben garnieren.

VORBEREITUNGSZEIT: ca. 10 Minuten
KOCHZEIT: 10–20 Minuten
GARNITUREMPFEHLUNG: Brotcroûtons, knusprige Speckwürfel oder -scheiben, weich gekochte Wachteleier, pochierte Eier, Eierstich, gebackene Gemüsestreifen

Österreichische Vielfalt

Der Trend zu gesunder Gemüsekost lässt auch Cremesuppen aus Karotten & Co. in neuem Licht erscheinen. Aufgepeppt durch mitunter recht exotische Gewürze und Kräuter wie Kurkuma, Currykraut oder -pulver, Koriander, Chili oder Cayennepfeffer entwickeln heimische Gemüse völlig neue Geschmacksakzente. Für **KAROTTENSUPPE** verwenden Sie etwa nur die vitaminreichen Möhren (ohne andere Gemüse) und aromatisieren mit etwas Zucker, einem Schuss Zitronensaft, Koriander oder 1 TL frisch geriebenem Ingwer. **LAUCHSUPPE** wird ausschließlich aus Lauch zubereitet und anschließend mit in Butter angeschwitzten Lauchringen garniert, **FENCHELSUPPE** hingegen gerne mit Orangenlikör und etwas abgeriebener Orangenschale aromatisiert, wobei ein Teil des Fonds gleich durch Orangensaft ersetzt werden kann. Für **BROCCOLISUPPE**, wie auch für **KARFIOLSUPPE**, wird ein kleiner Teil des Gemüses nicht püriert, sondern zum Schluss als Einlage der Suppe beigegeben. Gleiches gilt für **PAPRIKACREMESUPPE**, bei der die (am besten verschiedenfarbigen) Paprikawürfel teilweise auch als Garnitur fungieren und durch einen Schuss Cognac und etwas Ingwer besondere Pikanz verleihen. **ERBSEN- ODER MAISSUPPE** wird aus pürierten Erbsen bzw. Mais zubereitet und mit einer Prise Zucker sowie etwas Minze oder Chili verfeinert. Für **SELLERIESUPPE** wird pürierter Sellerie mit Muskatnuss und frisch geriebenem Ingwer gewürzt oder teilweise mit Apfelwürfeln kombiniert. Klassische **PETERSILIEN- CREMESUPPE** wird aus pürierter Petersilie zubereitet und mit Muskatnuss, Thymian, Bohnenkraut, Majoran oder einer Kräutermischung aromatisiert, eine etwas pfiffigere Variante hingegen mit frisch geriebenem Ingwer oder Orangensalz. Bei **ZUCCHINISUPPE** hingegen verleiht Dille oder Thymian zusätzliches Aroma, nach Geschmack auch ein Hauch Knoblauch.

Paradeisersuppe heiß und kalt

ZUTATEN

- 600 g Paradeiser (ca. 400–450 g geschälte Paradeiserwürfel ohne Flüssigkeit)
- 700 ml Rindsuppe, Geflügel- oder Gemüsefond
- 80 g Zwiebelwürfel
- 40 g Gelbe-Rüben-Würfel
- 20 g (1 EL) Zucker
- 100 ml Weißwein
- 60 g Tomatenmark
- 1 Zweig Thymian
- Salz, Pfeffer aus der Mühle
- Oregano, Rosmarin, Knoblauch, Salbei oder Wacholder nach Belieben
- 20 g (1 EL) Butter oder Öl
- ev. Maisstärke zum Binden

ZUBEREITUNG

- Paradeiser kreuzweise einschneiden, in Salzwasser kurz überbrühen, in kaltem Wasser abschrecken und die Haut abziehen. Paradeiser halbieren, Kerne entfernen und in kleine Würfel schneiden.
- Butter oder Öl in einem Topf erhitzen und Zwiebeln darin goldgelb anrösten. Rüben zugeben, ebenfalls kurz mitrösten und mit Zucker karamellisieren. Tomatenmark und Paradeiser unterrühren, mit Weißwein ablöschen und einkochen, bis die Flüssigkeit verdampft ist.
- Mit Suppe oder Fond aufgießen, Thymian zugeben und alles ca. 15 Minuten einkochen lassen. Suppe pürieren und mit Salz und Pfeffer sowie Gewürzen nach Geschmack würzig abschmecken. Eventuell mit angerührter Stärke binden. Heiß oder kalt mit beliebiger Garnitur servieren.

VORBEREITUNGSZEIT: ca. 10 Minuten
KOCHZEIT: 20–30 Minuten
GARNITUREMPFEHLUNG: Schlagobers- oder Sauerrahmtupfer, Basilikumöl oder -pesto, geröstete Schwarzbrotcroûtons; in kalte Paradeisersuppe passen pikante Topfennockerl, gebratene Fischstücke oder Flusskrebse besonders gut

Knoblauchsuppe

ZUTATEN

- 30–70 g Knoblauch
- 1 l Gemüsefond, Rindsuppe (ev. mit etwas Wein gemischt)
- 100 ml Schlagobers oder Crème fraîche
- 2 Lorbeerblätter
- 4 angedrückte Wacholderbeeren
- einige Pfefferkörner
- Salz, weißer Pfeffer
- Prise Muskatnuss
- Maisstärke, Mehl-Butter-Kugel oder altbackenes Brot zum Binden
- 30 g Butter oder Öl zum Anschwitzen

FÜR DIE GARNITUR

- Knusprige Brotwürfel

ZUBEREITUNG

- Knoblauch fein hacken und in etwas Butter oder Öl hell anschwitzen. Achtung, der Knoblauch darf nicht zu dunkel werden, da er sonst bitter schmeckt!
- Mit Suppe sowie Schlagobers aufgießen und mit Salz, Pfeffer sowie einer Prise Muskatnuss würzen. Lorbeerblätter sowie Wacholderbeeren am besten in einem Tee-Ei oder -säckchen zugeben Alles kräftig einkochen lassen und nach Belieben aufmixen oder passieren. Dafür Gewürze vorher entfernen.
- Je nach Geschmack in wenig kaltem Wasser angerührte Maisstärke, ein kleines Stück von einer Mehl-Butter-Kugel oder altbackenes Brot zugeben und die Suppe mollig einkochen lassen.
- In vorgewärmte Teller gießen und mit knusprig gerösteten Croûtons bestreuen.

VORBEREITUNGSZEIT: ca. 5 Minuten
KOCHZEIT: 10–15 Minuten

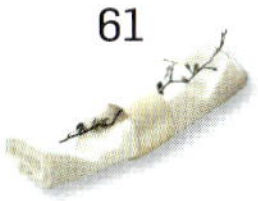

Kürbissuppe

ZUTATEN

- 350–500 g Kürbisfleisch
- 1 l Gemüsefond oder Rindsuppe
- 60–100 g Zwiebeln
- 1–2 gehackte Knoblauchzehen nach Belieben
- 100 ml Schlagobers oder Crème fraîche
- je 1 Prise Muskatnuss und Zucker
- 2 Lorbeerblätter und 4 angedrückte Wacholderbeeren nach Belieben
- Salz, weißer Pfeffer
- Maisstärke oder Mehl-Butter-Kugel bei Bedarf
- 30 g Butter oder Öl zum Anschwitzen
- Kürbiskernöl zum Abrunden
- geröstete Kürbiskerne für die Garnitur

ZUBEREITUNG

- Das Kürbisfleisch in Würfel, Zwiebeln und nach Belieben auch Knoblauch feinwürfelig schneiden. Zunächst Zwiebeln in etwas Butter oder Öl hell anschwitzen. Knoblauch und Kürbis zugeben und alles kurz durchrösten.
- Mit Fond und Schlagobers aufgießen, kräftig würzen (Lorbeerblätter und Wacholderbeeren dabei in ein Säckchen oder Tee-Ei binden) und den Kürbis weich kochen lassen. Dann die Suppe mit dem Mixstab pürieren, zuvor große Gewürze entfernen.
- Bei Bedarf die Suppe noch mit in wenig kaltem Wasser angerührter Maisstärke oder einem kleinen Stück von einer Mehl-Butter-Kugel sämig einkochen lassen. Nochmals abschmecken und in vorgewärmten Tellern anrichten. Je einen Schuss Kürbiskernöl eingießen und mit der Gabel schneckenförmig durchziehen. Nach Belieben mit gerösteten Kürbiskernen bestreuen.

VORBEREITUNGSZEIT: 5–10 Minuten
KOCHZEIT: ca. 20 Minuten
GARNITUREMPFEHLUNG: Croûtons, Schlagobershäubchen

Österreichische Vielfalt

Bis um die Mitte des vorigen Jahrhunderts führte Kürbis, bis auf wenige Ausnahmen, in der österreichischen Küche ein Schattendasein und wurde in der Landwirtschaft vor allem als kräftigendes Viehfutter verwertet. Mittlerweile hat man entdeckt, dass das Fleisch der größten Beere der Welt – Kürbis gehört botanisch gesehen zu dieser Familie – nicht nur gesund ist, sondern auch gut schmeckt. Also kommen Carotin, Vitamin A und C sowie Kalium etwa in schmackhaftem Kürbisgemüse oder cremiger Kürbissuppe auf den Teller. Nach zeitgemäßen Rezepten wird Kürbissuppe sehr gerne etwas exotisch gewürzt, indem man ihr etwa auch Curry(paste), Piment, Thymian, Ingwer und Chili beigibt und beim Aufgießen einen Teil der Flüssigkeit durch etwas Orangensaft oder Kokosmilch ersetzt. Ein Schuss Kürbiskernöl zum guten Schluss kann auf keinen Fall schaden.

Pastinakensuppe

ZUTATEN

- 350–450 g geschälte Pastinaken (eventuell zur Hälfte durch gekochte Maroni oder Erdäpfel ersetzt)
- 1 l Gemüsefond, Rindsuppe
- 60–100 g Zwiebeln
- 1–2 gehackte Knoblauchzehen nach Belieben
- 100 ml Schlagobers oder Crème fraîche
- 2 Lorbeerblätter und 4 angedrückte Wacholderbeeren nach Belieben
- Muskatnuss
- Piment
- Chili und Currypulver nach Geschmack
- Salz, weißer Pfeffer
- Maisstärke oder Mehl-Butter-Kugel bei Bedarf
- 30 g Butter oder Sonnenblumen-, Maiskeim- oder Olivenöl

ZUM ABSCHMECKEN NACH BELIEBEN

- Spritzer Balsamicoessig
- 1 EL passierte Himbeermarmelade

ZUBEREITUNG

- Zwiebeln feinwürfelig, Pastinaken würfelig schneiden, Knoblauch fein hacken.
- Zwiebeln und Knoblauch in Butter oder Öl anschwitzen. Pastinaken zugeben, kurz anschwitzen und dann mit Fond und Schlagobers aufgießen.
- Nach Belieben pikant würzen (Lorbeerblätter und Wacholderbeeren dabei in ein Säckchen oder Tee-Ei binden) und etwa 20 Minuten weich kochen. Suppe mit dem Mixstab pürieren, zuvor das Säckchen wieder entfernen.
- Je nach gewünschter Sämigkeit die Suppe noch mit in wenig kaltem Wasser angerührter Maisstärke oder einem kleinen Stück von einer Mehl-Butter-Kugel mollig einkochen lassen.
- Nach Geschmack noch mit einem kleinen Schuss Balsamicoessig sowie eingemixter Himbeermarmelade abrunden. In vorgewärmten Tellern anrichten.

VORBEREITUNGSZEIT: ca. 10 Minuten
KOCHZEIT: 20–30 Minuten

Karottensuppe mit Ingwer

Dieses Rezept stammt von Jürgen Hamedinger aus dem Gasthaus Maria vom Guten Rat in Gstaig.

ZUTATEN

- 1 l Hühner- oder Gemüsefond
- 350 g Karotten
- 50 g Lauch (nur das Weiße)
- 50 g Sellerie
- 50 g Zwiebeln oder Schalotten
- 100 ml Weißwein
- 100 ml Orangensaft
- 25 g geschälter Ingwer (je nach Geschmack mehr oder weniger)
- Salz, Pfeffer aus der Mühle
- Zucker oder Honig
- Zitronensaft
- 40 g kalte Butterwürfel
- Olivenöl zum Anschwitzen

ZUBEREITUNG

- Geschälte Karotten, Sellerie sowie die Zwiebeln oder Schalotten in gleich große Stücke, den Lauch in Streifen schneiden. Ingwer reiben oder sehr fein hacken.
- Zwiebeln und Lauch in etwas heißem Olivenöl anschwitzen. Sellerie sowie Karotten zugeben und ebenfalls anschwitzen. Mit Weißwein ablöschen und mit Hühner- oder Gemüsefond aufgießen. Orangensaft zugießen und mit Salz, Zucker, Pfeffer und geriebenem Ingwer würzen. Diesen Ansatz langsam einkochen lassen, bis das Gemüse weich und die Flüssigkeit beträchtlich eingekocht ist.
- Karottensuppe mit dem Stab- oder Standmixer (die Suppe wird feiner) aufmixen und beim Mixen die kalten Butterwürfel zugeben.
- Durch ein feines Sieb passieren, auf die richtige Konsistenz bringen und mit Salz, Pfeffer sowie Zitronensaft abschmecken.

VORBEREITUNGSZEIT: ca. 5 Minuten
KOCHZEIT: 30–40 Minuten
GARNITUREMPFEHLUNG: geschlagenes Obers mit klein gehackten eingelegten, grünen Pfefferkörnern verrühren und die Suppe nach dem Anrichten damit garnieren

Selleriecremesuppe

Sellerievelouté

Dieses Rezept stammt von Werner Matt, Doyen der österreichischen Küche und ehemaliger Hilton-Küchenchef in Wien, der diese Kreation sogar dem amerikanischen Präsidenten Ronald Reagan im Weißen Haus kredenzen durfte.

ZUTATEN FÜR 6 PORTIONEN

- **6 große Sellerieknollen à ca. 800 g**
- **2 Bund Staudensellerie mit grünen und gelben Blättern für den Deckel**
- **1 l Hühnerfond**
- **400 ml Schlagobers, davon 2 EL geschlagen**
- **60 g Butter**
- **50 g gehackte Schalotten**
- **Salz, Pfeffer aus der Mühle**
- **125 ml trockener Weißwein**
- **80 ml Portwein**
- **Spritzer Zitronensaft**
- **1 EL weißes Trüffelöl (ersatzweise Trüffelbutter) zum Verfeinern**
- **Saft von 2 Zitronen zum Wässern**

ZUBEREITUNG

- Zuerst von den gewaschenen, aber ungeschälten Sellerieknollen an der Oberseite eine ca. 2 cm starke Kappe als Deckel abschneiden. In die Mitte der Deckel mit einem Apfel-Ausstecher ein Loch von 2,5–3 cm Durchmesser ausstechen (darin werden später die Selleriestangen fixiert).
- Die Sellerieknollen mit dem Messer auf der Wurzelseite gerade schneiden (bessere Standfläche). Das Innere der Sellerieknolle von oben her vorsichtig mit einem Parisienne-Ausstecher (oder Kaffeelöffel) aushöhlen (ergibt ca. 500 g Fruchtfleisch). Selleriedeckel und -knollen in kaltes, mit Zitronensaft vermengtes Wasser geben.
- Nun Butter in einem Topf zerlassen und die Schalotten anschwitzen. Das Ausgehöhlte der Sellerieknollen beigeben, kurz mitanschwitzen und mit Salz sowie Pfeffer würzen. Mit Weißwein, Portwein und Hühnerfond auffüllen und ca. 30 Minuten kochen lassen.
- Obers zugießen und etwas einkochen lassen. Nochmals mit Salz, Pfeffer sowie einem Spritzer Zitronensaft abschmecken und mit dem Mixstab pürieren. Durch ein feines Sieb passieren, nochmals aufkochen und auf die gewünschte Konsistenz einkochen. Geschlagenes Obers darunterheben und mit Trüffelöl verfeinern.
- Währenddessen die Knollen wieder etwas erwärmen. Jeweils 2–3 Stück Staudensellerie mit grünen und gelben Blättern in die Löcher der Deckel stecken und mit einem starken Zahnstocher fixieren.
- Die Suppe in die vorgewärmten Sellerieknollen gießen, mit dem vorbereiteten Deckel abdecken und auf Teller setzen.

VORBEREITUNGSZEIT: 15–20 Minuten
KOCHZEIT: 35–45 Minuten
GARNITUREMPFEHLUNG: knusprig gebackene Selleriestreifen sowie bei Tisch über die Suppe gehobelte Trüffel

Österreichische Vielfalt

Diese bereits zur Legende gewordene Sellerievelouté von Werner Matt ist freilich eine Luxusvariante. In der Alltagsküche wird Selleriecremesuppe schlicht im Teller serviert, statt mit Schlagobers auch mit Sauerrahm verfeinert und oft auch mit knusprig gebratenen Schwarzbrotwürfeln bestreut. Gesund ist sie auf alle Fälle, ob mit oder ohne Alba-Trüffel!

Erdäpfelsuppe Gemüsesuppe

ZUTATEN

- **350 g Erdäpfel (ohne Schale gewogen) oder Gemüse nach Belieben (Karotten, Gelbe Rüben, Zucchini, Kürbis, Kohlrabi, Karfiol, Broccoli, Sellerie, Kohl oder Kraut)**
- **1 l Gemüsefond, Rindsuppe (oder Wasser mit hausgemachter Suppenwürze)**
- **100–150 g Zwiebeln**
- **80 g Speck nach Belieben**
- **100–150 g Schwammerl nach Belieben (oder eingeweichte Trockenpilze)**
- **1–2 klein geschnittene Knoblauchzehen**
- **1 Lorbeerblatt**
- **8 Pfefferkörner**
- **4 Wacholderbeeren**
- **Salz, Pfeffer**
- **Prise Kümmel**
- **frischer Majoran**
- **fein gehackte Petersilie**
- **eventuell Spritzer Essig oder etwas Weißwein**
- **Butter- oder Schweineschmalz bzw. Öl**

ZUBEREITUNG

- Erdäpfel (oder Gemüse) in 1 cm große Würfel schneiden. Lorbeerblatt, Pfefferkörner und Wacholderbeeren grob schroten und in ein Tee-Ei oder -säckchen geben.
- Zwiebeln sowie eventuell Speck in kleine Würfel schneiden und in Fett hell anschwitzen. Erdäpfel bzw. Gemüse und Knoblauch zugeben, kurz darin schwenken und mit Suppe aufgießen. Gewürze beigeben und ca. 10–15 Minuten leicht wallend weich kochen lassen. (Eingeweichte, getrocknete Pilze bereits jetzt zugeben.) Währenddessen bei Bedarf eventuell noch etwas Flüssigkeit nachgießen.
- Nach Belieben inzwischen die geschnittenen Schwammerl in etwas Butter oder Öl leicht anschwitzen und wieder vom Herd nehmen.
- Gewürzsäckchen entfernen. Suppe mit Salz, Pfeffer, Kümmel sowie einem Schuss Essig oder Wein würzig abschmecken. Frisch gehackte Kräuter untermengen und in vorgewärmten Tellern anrichten. Schwammerl darüber verteilen.

VORBEREITUNGSZEIT: ca. 10 Minuten
KOCHZEIT: 10–15 Minuten

Österreichische Vielfalt

So unterschiedlich die Bezeichnung der Hauptzutat dieser Suppe innerhalb Österreichs ist – im Osten ist ausschließlich von Erdäpfeln die Rede, im Westen von Kartoffeln, im Burgenland beispielsweise von Grumbirn oder Krummbirn –, so sehr differiert auch die Zubereitung. Für eine **GEBUNDENE ERDÄPFEL- ODER GEMÜSESUPPE** wird die Suppe entweder mit einer hellen Einbrenn zu Beginn oder ein wenig Mehl oder Stärke, das zuvor mit etwas Wasser glatt verrührt wurde, am Schluss gebunden. Die zeitgemäße österreichische Küche erzielt die Bindung durch einen am Schluss zugegebenen Schuss Schlagobers, Sauerrahm oder Crème fraîche.

Gebundene Erdäpfelsuppe

ZUTATEN

- ca. 1 l Wasser, Rindsuppe oder Gemüsefond
- 300 g roh geschälte Erdäpfel
- 50 g Butter, Butterschmalz oder Öl
- 40 g Lauch
- 30 g Zwiebeln
- 80 g Speck
- 1–2 gehackte Knoblauchzehen nach Belieben
- 100–200 ml Schlagobers (oder Crème fraîche)
- 1 Lorbeerblatt
- 5 Wacholderbeeren
- 1–1 ½ TL Salz
- Pfeffer aus der Mühle
- Muskatnuss, Majoran
- Spritzer Apfel-, Most- oder Weinessig

ZUBEREITUNG

- Erdäpfel, Lauch, Zwiebeln und Speck feinwürfelig schneiden.
- Speck-, Zwiebel- und Lauchwürfel, nach Belieben auch Knoblauch, in etwas Butter leicht anschwitzen. Erdäpfel beigeben und mit Flüssigkeit aufgießen. Lorbeerblatt und Wacholderbeeren am besten in ein Tee-Ei oder Leinensäckchen geben, Salz, Pfeffer, Muskatnuss sowie Majoran zugeben und die Suppe etwa 20 Minuten kochen lassen.
- Nun Obers zugießen und nochmals 10 Minuten kochen lassen. Gewürze entfernen und mit dem Stabmixer oder im Mixglas pürieren. Nach Belieben durch ein Sieb passieren und nochmals, eventuell auch mit einem Schuss Essig, abschmecken.
- In vorgewärmten Tassen oder Tellern anrichten und nach Geschmack garnieren.

VORBEREITUNGSZEIT: ca. 5 Minuten
KOCHZEIT: ca. 35 Minuten
GARNITUREMPFEHLUNG: knusprige Speck- oder Brotwürfel, aufgebähte Schwarzbrotscheiben, frisch gehackte Kräuter (Petersilie, Schnittlauch, Bärlauch, Basilikum, Selleriegrün oder Kresse), gebackene Zwiebel- oder Gemüseringe

Österreichische Vielfalt

Die geschmacksneutralen Erdäpfel fordern Abwandlungen geradezu heraus. Kaum eine Zutat, die sich in einer Erdäpfelsuppe nicht auch gut machen würde. Von Kräutern (Beizkraut, Liebstöckel) über vorgekochtes Gemüse (Sellerie- oder Karottenwürfel, Erbsen etc.), frische, in Butter angeschwitzte oder getrocknete Schwammerl bis hin zu Selchfleischwürfeln, Schinkenstreifen, klein geschnittenen Kaminwurzen und gekochtem, in Streifen geschnittenem Selchfleisch oder Rindfleisch reicht hier die Palette.
In der Gastronomie erhält Erdäpfelsuppe oftmals auch durch einen Schuss Trüffelöl, Räucherlachs- oder Räucherforellengarnitur sowie kurz angebratene Shrimps eine kreative Note. Dabei wird ein Teil der Flüssigkeit mitunter auch durch trockenen Weißwein ersetzt. Etwas mehr Biss bekommt die pürierte Suppe, wenn man ihr einige separat gekochte Erdäpfelwürfel beigibt oder klein geformte Knödelchen (Räucherfisch- oder Schinkenknödelchen) einlegt.

Kräuterschaumsuppe

ZUTATEN

ca. 800 ml klare Rindsuppe oder Gemüsefond (eventuell mit etwas Weißwein vermischt)
50 g frische Kräuter oder Kräuterpesto (Bärlauch, Brennnesseln, Basilikum, Brunnen- oder Bachkresse, Kerbel, Petersilie, Portulak, Majoran, Thymian, Löwenzahn, Liebstöckel, Rucola, Estragon, Spitzwegerich etc.)
½ Zwiebel oder 60–100 g Jungzwiebeln oder Schalotten
150 ml Schlagobers
Salz, Pfeffer aus der Mühle
Prise Cayennepfeffer
Schuss Zitronensaft
Muskatnuss nach Belieben
Schuss Noilly Prat oder Wermut nach Belieben
30 g kalte Butter zum Einmixen
1–2 EL Mehl
20–50 g Butter oder Oliven-, Maiskeim- bzw. Rapsöl

FÜR DIE GARNITUR

Kräuter nach Wahl
Brotcroûtons
Paprikapulver nach Belieben

ZUBEREITUNG

- Gewaschene Kräuter einige Male durchschneiden, damit sich die Blätter nicht um das Mixmesser schlingen.
- Zwiebeln in kleine Würfel schneiden und in Butter oder Öl kurz andünsten, mit Mehl stauben und gut verrühren. Mit Suppe und Obers aufgießen, dabei mit einem Schneebesen kräftig rühren, damit sich keine Klümpchen bilden (in diesem Fall mit dem Stabmixer mixen) und ca. 15 Minuten einkochen lassen.
- Je nach Geschmack mit Salz, Pfeffer, Zitronensaft, Cayennepfeffer sowie Muskatnuss würzig abschmecken. Erst kurz vor dem Servieren mit dem Stabmixer die Kräuter und die kalten Butterstücke untermixen. Nach Belieben mit einem Schuss Noilly Prat abrunden.
- Rasch in vorgewärmten Tellern oder Tassen anrichten, damit die Suppe ihre Farbe behält. (Aufgewärmte Suppe verliert an Farbe.) Nach Belieben mit fein geschnittenen Kräutern sowie Croûtons garnieren und nach Wunsch mit Paprikapulver bestreuen.

VORBEREITUNGSZEIT: ca. 5 Minuten
KOCHZEIT: ca. 15 Minuten
GARNITUREMPFEHLUNG: Obershäubchen, aber auch Räucherfischstückchen, pochiertes Ei, knusprig gebratene Erdäpfelstreifen, Paradeiserwürfel, Eierstich oder gekochte Gemüsestreifen
VERWENDUNG: wird die Suppe entsprechend sämiger eingekocht, so ergibt sich daraus eine wunderbare **KRÄUTERSAUCE** als Beilage zu Fisch- oder Fleischgerichten

Österreichische Vielfalt

Der Österreicher liebt Suppen – und gebundene Suppen im Speziellen! Nicht immer reicht das pürierte Gemüse allerdings aus, um dem Süppchen die gewünschte Molligkeit zu verleihen.
Die kalorienärmste, freilich auch zeitaufwändigste Variante ist das Einkochen der Suppe bei großer Hitze, bis sie sämig geworden ist. Rascher geht es, indem etwa eine trockene, in Würfel geschnittene Semmel oder Knödelbrot in der Suppe so lange mitgekocht wird, bis sich das Brot aufgelöst hat. Danach kann eventuell auch noch aufgemixt werden. Auch ein in der Suppe mitgekochter fein geriebener Erdapfel, etwas Reis oder 1–2 Esslöffel Erdäpfelpüreepulver verleihen zu dünner Suppe handfeste Konsistenz. Nach traditioneller Methode wird hingegen ein kleines Stück von einer Mehl-Butter-Kugel (s. Seite 109) oder etwas Maisstärke mit kaltem Wasser glatt gerührt und dann in die Suppe eingekocht.

Schwammerlsuppe

Schwammerlsauce

Dieses Rezept stammt von Anneliese Wartha aus Waldzell.

ZUTATEN

- **ca. 250 g Schwammerl (Eierschwammerl, Steinpilze, Champignons oder eine Pilzmischung)**
- **800 ml Rindsuppe (Geflügel- oder Gemüsefond oder Wasser mit hausgemachter bzw. Reformhaus-Suppenwürze)**
- **60 g Zwiebelwürfel**
- **125 g Sauerrahm, Crème fraîche oder Schlagobers**
- **ca. ½ EL Mehl (10 g)**
- **Salz, Pfeffer aus der Mühle**
- **Majoran, Thymian, Rosenpaprikapulver oder Knoblauch nach Belieben**
- **20 g (1 EL) Butter oder Öl**
- **1 EL fein gehackte Petersilie**

ZUBEREITUNG

- Schwammerl gut putzen und in kleinere Stücke schneiden.
- Butter in einer Pfanne zerlassen, Zwiebeln darin goldgelb anschwitzen und die Schwammerl zugeben. Kurz anschwitzen, dann mit Suppe aufgießen und aufkochen lassen. (Für Schwammerlsauce je nach gewünschter Saucenmenge mit weniger Suppe aufgießen.)
- Sauerrahm mit Mehl und etwas Wasser glatt rühren, in die Suppe mengen und die Suppe ca. 5 Minuten kochen lassen, bis sie schön sämig geworden ist. Mit Salz und Pfeffer, nach Belieben auch noch mit Majoran, Thymian, Rosenpaprikapulver oder Knoblauch würzig abschmecken.
- In vorgewärmten Tellern anrichten und vor dem Auftragen mit Petersilie bestreuen.

VORBEREITUNGSZEIT: ca. 5 Minuten
KOCHZEIT: ca. 15 Minuten
GARNITUREMPFEHLUNG: geröstete Brot- oder Knoblauchcroûtons aus Schwarz-, Laugen- oder Weißbrot, Erdäpfelchips, knusprige Speckwürferl

Österreichische Vielfalt

Hat hierzulande jemand „narrische Schwammerl" gegessen, so bedeutet das nicht zwangsläufig, dass der Bedauernswerte tatsächlich giftige Pilze zu sich genommen hätte, sondern nur, dass sein offenbar befremdliches Benehmen darauf schließen lassen könnte. Ein Verdacht, der nicht in ganz Österreich so formuliert werden würde. In Großteilen Österreichs werden mit Schwammerln einfach Pilze im Allgemeinen bezeichnet, weshalb sich in einer Schwammerlsuppe alle Pilze versammeln dürfen, die genießbar sind. Auch Eierschwammerl, die in Westösterreich wiederum Pfifferlinge genannt werden. Und wo das Eierschwammerl zum Pfifferling wird, steht auch meist keine Schwammerl-, sondern eine Pilzsuppe auf dem Speiseplan. In der Steiermark wiederum wachsen die Pilze in einer solchen Üppigkeit und Größe, dass man dort mitunter nicht mehr von Schwammerln, sondern von Schwämmen spricht, weshalb die aromatische Suppe von Pilzen einfach **SCHWAMMSUPPE** genannt wird. Was man dazu reicht? Sterz natürlich!

Weinsuppe

Mostsuppe

ZUTATEN

- 700 ml kräftige Rindsuppe
- 300 ml Weißwein (oder Most)
- 5 Pimentkörner
- 150 ml Schlagobers zum Einkochen
- 2 cm Zimtrinde
- 100 ml Schlagobers zum Binden
- 3 Eidotter
- Prise Muskatnuss
- Zucker nach Geschmack
- Salz, Pfeffer aus der Mühle
- 1 EL Schnittlauchröllchen
- ev. Maisstärke zum Binden

ZUBEREITUNG

- Den Wein oder Most in einen Topf gießen, Suppe, Zimt sowie Piment zugeben und ca. 5 Minuten kochen lassen.
- Gewürze wieder entfernen, 150 ml Obers zugießen und abermals ca. 5 Minuten einkochen lassen. Mit Salz, Pfeffer, Muskatnuss und eventuell Zucker würzig abschmecken, eventuell mit angerührter Stärke leicht binden.
- Die restlichen 100 ml Obers mit den Dottern verrühren, Suppe von der Kochstelle nehmen und das Dotter-Obers-Gemisch mit dem Schneebesen oder Mixer einrühren und die Suppe damit binden. Nicht mehr aufkochen lassen.
- In vorgewärmte Teller füllen und mit Schnittlauch bestreut servieren.

KOCHZEIT: ca. 15 Minuten
GARNITUREMPFEHLUNG: Schlagobershaube mit Zimt, in Butter getoastete, mit Zimt bestrichene Weißbrotscheiben, mit Salz, Anis oder Kürbiskernen bestreute Blätterteigstangerl, Scheiben von schwarzen Nüssen, glacierte Rhabarberscheiben

Österreichische Vielfalt

In Österreich hat Weinsuppe möglicherweise nicht jene Popularität, die sie etwa in Südtirol genießt, geschätzt wird sie allerdings durchaus. Sogar so, dass sie in Mostgegenden gerne mit Most zubereitet wird. Für diese Variante eignet sich eine raffinierte Einlage aus in Butter und Zucker karamellisierten Apfelspalten besonders gut. Auch Oberskren als letzter Tupfen auf dem i oder fein geschnittenes Gemüse wird gerne als Einlage gereicht, um die Weihnachtszeit wird wiederum auch Kletzenbrot in dünne Scheiben geschnitten, im Rohr gebäht und in der Weinsuppe serviert.

Spargelsuppe

ZUTATEN

- 1 Bund weißer Spargel (ca. 500 g), am besten Bruchspargel
- 1 l Spargelfond (s. Tipp), Gemüsefond oder Wasser mit Suppenwürfel aus dem Reformhaus
- 150–250 ml trockener Weißwein
- 200–300 ml Schlagobers, je nach gewünschter Sämigkeit
- 1 TL Salz
- Prise Zucker
- Muskatnuss, weißer Pfeffer
- Butter zum Andünsten
- 30–40 g Mehl oder Stärke zum Binden (oder etwas von der Mehl-Butter-Kugel) nach Bedarf
- 50 g eiskalte Butterwürfel
- Schnittlauch oder Kresse zum Bestreuen

ZUBEREITUNG

- Das holzige Ende der Spargelstangen entfernen (ungefähr das untere Drittel), Spargel schälen und in kleine Stücke schneiden. Dabei die Spargelspitzen zur Seite legen.
- In einem Topf etwas Butter schmelzen lassen und den Spargel – ohne Spitzen – kurz hell anschwitzen. Wein zugießen und einkochen lassen, bis die Flüssigkeit nahezu zur Gänze verdampft ist. Erst dann Fond sowie Schlagobers eingießen und alles einmal aufkochen lassen. Etwa 15–20 Minuten köcheln lassen, bis der Spargel weich geworden ist.
- Inzwischen die Spargelspitzen in etwas leicht gesalzenem Wasser knackig, aber nicht zu weich kochen. Abseihen und zugedeckt bereitstellen.
- Suppe mit weich gekochtem Spargel vom Herd nehmen, aufmixen, abseihen und passieren. Mit Salz, weißem Pfeffer, Muskatnuss sowie einer Prise Zucker abschmecken.
- Je nach gewünschter Molligkeit die Suppe mit etwas in wenig kaltem Wasser angerührter Stärke oder Mehl (oder Mehl-Butter-Kugel) binden und kurz einkochen lassen. Vor dem Anrichten die in Flöckchen geschnittene eiskalte Butter einmixen.
- Spargelsuppe in vorgewärmten Tellern oder Schalen anrichten und die Spargelspitzen zugeben. Nach Belieben mit gehacktem Schnittlauch oder Kresse bestreuen.

VORBEREITUNGSZEIT: ca. 5 Minuten
KOCHZEIT: ca. 20 Minuten
GARNITUREMPFEHLUNG: Karottenchips, Brotcroûtons, in Backteig knusprig gebackene Spargelstückchen

TIPP

- **SPARGELFOND** bereiten Sie zu, indem Sie den Spargel vor dem Schälen gut waschen und die Schalen sowie Abschnitte danach in etwas Butter anschwitzen, mit Weißwein ablöschen und Wasser zugießen. Kräftig würzen und ca. 30 Minuten leicht köcheln lassen. Der abgeseihte Fond eignet sich auch zum Abschmecken und Verfeinern von Spargelgerichten.

Maronisuppe

ZUTATEN

- ca. 800 ml Gemüsefond oder Rindsuppe
- 200–250 g Maronipüree (oder gekochte Maroni)
- 50 g Erdäpfelwürfel
- 50 g Selleriewürfel
- 2 Schalotten (oder ½ Zwiebel)
- 200 ml Milch
- 100 ml Weißwein
- 125 ml Obers
- Salz, Pfeffer aus der Mühle
- Prise Zitronenschale
- Zimt
- 1 EL glattes Weizen- od. feines Dinkelmehl
- Butter zum Anschwitzen

FÜR DIE GARNITUR

- geröstete Briochewürfel
- einige gekochte Maroni

ZUBEREITUNG

- Schalotten fein hacken und in etwas Butter hell anschwitzen. Sellerie- und Erdäpfelwürfel einmengen, kurz durchrösten und mit Mehl stauben. Rasch mit Weißwein ablöschen, kurz einkochen lassen und mit Milch sowie Gemüsefond aufgießen. Etwa 15 Minuten kochen lassen, bis das Gemüse weich gekocht ist.
- Suppe mit dem Mixstab mixen und die Maroni einrühren, dafür bei Bedarf ganze Maroni in Stückchen schneiden. Schlagobers zugießen und die Suppe weitere 10 Minuten kochen. Mit Zimt, einer Prise abgeriebener Zitronenschale, Salz und Pfeffer würzig abschmecken.
- Erst kurz vor dem Anrichten nochmals aufmixen. In vorgewärmten Tellern anrichten und nach Belieben mit gerösteten Briochewürfeln und gehackten Maronistückchen garnieren.

VORBEREITUNGSZEIT: ca. 5 Minuten
KOCHZEIT: 25–30 Minuten
GARNITUREMPFEHLUNG: gehackte Petersilie, Obershäubchen

Brotsuppe mit Most

Dieses Rezept stammt von Albin Hawel, Gasthof Mitter in Stadt Haag

ZUTATEN

- ca. 1 l leichte Rindsuppe
- 100–120 g Schwarzbrot
- 30–40 g Zwiebeln
- 30–40 g Speck
- 100 ml Most
- 1–2 Knoblauchzehen
- Salz, Muskatnuss
- Butter nach Bedarf
- Schnittlauch oder Petersilie zum Garnieren

ZUBEREITUNG

- Zwiebeln und Knoblauch fein hacken, Speck feinwürfelig schneiden. Schwarzbrot in Würfel schneiden und in wenig oder gar keiner Butter knusprig rösten, aus der Pfanne nehmen und warm halten.
- Speckwürfel ebenfalls in der Pfanne kurz anrösten, dann Zwiebelwürfel sowie Knoblauch beigeben und hell anschwitzen.
- Suppe und Most in einen Topf gießen und erhitzen. Mit Salz und Muskatnuss nach Bedarf abschmecken.
- Inzwischen die warmen Brotwürfel in vorgewärmte Teller oder Tassen geben, Zwiebel- und Speckwürfel darüber verteilen und die heiße Suppe darübergießen. Mit frisch gehackten Kräutern garnieren.

VORBEREITUNGSZEIT: ca. 5 Minuten
KOCHZEIT: ca. 10 Minuten
GARNITUREMPFEHLUNG: fein geschnittene, in Butter sautierte Jungzwiebeln

Schwarzbrotsuppe

Brot-Eintropfsuppe

ZUTATEN

- ca. 1 l Gemüsefond (ersatzweise Wasser mit Suppenwürze aus dem Reformhaus)
- 80 g Schwarzbrot (mit oder ohne Rinde)
- 30 g Butter oder Butterschmalz
- 100–150 ml Schlagobers
- Salz, Pfeffer aus der Mühle
- Prise Kümmelpulver oder Koriander
- Schnittlauch zum Bestreuen
- 2–3 EL Schnittlauch

FÜR DIE BROT-EINTROPFSUPPE

- zusätzlich 4 Eier

ZUBEREITUNG

- Brot in kleine Würfel oder Stücke schneiden. Butter in einem Topf erhitzen, Brot zugeben und kurz anschwitzen. Mit Fond aufgießen und ca. 10 Minuten kochen lassen.
- Mit einem Stabmixer mixen. Schlagobers einrühren und nochmals einige Zeit kochen lassen, bis die Suppe schön sämig geworden ist. Mit Salz, Pfeffer, Kümmel oder Koriander würzig abschmecken.
- Mit Schnittlauch bestreut servieren.
- Für die Brot-Eintropfsuppe die Eier in einer Schüssel verschlagen und unter ständigem Rühren mit dem Schneebesen in die kochende Suppe einrühren. Noch einmal kurz aufkochen lassen und anrichten.

VORBEREITUNGSZEIT: ca. 5 Minuten
KOCHZEIT: ca. 15–20 Minuten
GARNITUREMPFEHLUNG: würzige Wurst- oder Würstlscheiben, Speckwürfel, dünn geschnittene Kübelspeckscheiben oder in Butter geschwenkte Pilze

Österreichische Vielfalt

Brot ist ein kostbares Lebensmittel. Im Gegensatz zu unseren Vorfahren gehen wir heute mitunter recht sorglos damit um. Früher landete übrig gebliebenes Brot keinesfalls in der Biotonne, sondern in einfachen, aber schmackhaften Speisen. Eine davon ist die Brotsuppe, die je nach Gegend auch unterschiedlich gewürzt wird. Ob mit oder ohne Kümmel, Knoblauch oder Rahm – sie macht satt und schmeckt gut. In einigen Regionen werden auch zuerst Zwiebel- oder Lauchwürfel in Butter angeschwitzt, ehe das Brot dazukommt. Die Verwendung von Schlagobers ist freilich eher ein Zugeständnis an unseren zeitgemäßen Gaumen.

Rahmsuppe

ZUTATEN

- 1 l Wasser oder Gemüsefond
- 250 g Sauerrahm
- Schuss Essig
- 1–2 EL Weizen- oder feines Dinkelmehl
- Kümmel
- Salz, Pfeffer aus der Mühle
- Gemüsesuppenwürze aus dem Reformhaus oder hausgemacht nach Bedarf
- Prise Zucker
- Schnittlauchröllchen zum Bestreuen

ZUBEREITUNG

- In einem Topf Wasser oder Gemüsefond mit einer – je nach Geschmack – mehr oder weniger kräftigen Prise Kümmel, Salz und einem Schuss Essig aufkochen.
- In einer kleinen Schüssel den Rahm mit Mehl und einem kleinen Schuss Wasser glatt rühren und in die kochende Flüssigkeit einrühren. Ebenfalls aufkochen und dann noch weitere 5 Minuten kochen lassen. Bei der Verwendung von Wasser noch mit Suppenwürze, Salz sowie Pfeffer aromatisieren, je nach Vorliebe mit einer Prise Zucker abrunden.
- In vorgewärmten Tellern anrichten und mit Schnittlauch bestreuen.

KOCHZEIT: ca. 10 Minuten
GARNITUREMPFEHLUNG: in Butter knusprig geröstete Brotwürferl, Karotten- oder Erdäpfelwürfel und je ein pochiertes Ei

Österreichische Vielfalt

Klares Wasser mit Rahm zu verkochen, ist neben der Brotsuppe eine der „Ursuppen" unserer Kulinargeschichte. Im Burgenland als **WEISSE SUPPE**, in Oberösterreich als **SAURE SUPP´N** und in Niederösterreich als **STO- ODER STOSSSUPPE** bekannt, gibt es je nach Region die unterschiedlichsten Varianten mit mehr oder weniger Rahm, saurer oder Buttermilch. So fügt man etwa für **LUNGAUER RAHMSUPPE** zusätzlich noch Lorbeerblatt und Fenchel zu. Bei der Salzburger **SCHOTTSUPPE** handelt es sich um eine Variante, bei der Schotten (das ist aus Buttermilch zubereiteter Topfen) mit Rahm und Wasser aufgekocht und dann über Brotscheiben gegossen wird. Nach moderneren Rezepten wird die Rahmsuppe auch gerne aus (zumindest teilweise) Schlagobers und kräftiger Rindsuppe zubereitet. Frische Kräuter, gekochte Erdäpfelwürfel, in Butter angeschwitzte Pilze oder Zwiebeln setzen zusätzliche Geschmacksakzente. Will man es Haubenköchen gleichtun, so aromatisiert man die Suppe nach dem Anrichten mit einem Schuss wertvollen Öls – etwa Walnuss-, Mandel-, Kürbiskern- oder Leinöl – oder garniert das Süppchen mit ein paar Teelöffelchen Saiblings- oder Forellenkaviar.

Stosuppe mit Erdäpfelsterz

und gepökelter Kalbszunge

Dieses Rezept stammt von Patrick Fürst aus der Kochschule Toni Mörwald.

ZUTATEN

- 750 ml Hühnerfond (oder Rindsuppe)
- 500 ml Sauermilch
- 20 g Mehl
- 250 g Sauerrahm
- Kümmel
- Salz

FÜR DEN ERDÄPFELSTERZ

- 2 mittlere festkochende Erdäpfel
- ½ Zwiebel
- 1 EL Schmalz
- Salz, Pfeffer
- Majoran
- Kümmel

FÜR DIE KALBSZUNGE

- 1 Kalbszunge und 50 g Pökelsalz (oder bereits gepökelte Zunge kaufen)
- 250 ml Wasser
- 1 Karotte
- 1 Lorbeerblatt
- 2 Wacholderbeeren
- 1 Zweig Thymian
- 5 Pfefferkörner

ZUBEREITUNG

- Bereits 1 Woche im Voraus die Kalbszunge gemeinsam mit dem Pökelsalz in ein schmales Gefäß geben. Mit Wasser bedecken und 1 Woche im Kühlschrank pökeln (ziehen lassen). Dann die Kalbszunge mit dem Sud, der würfelig geschnittenen Karotte sowie den Gewürzen in einen Topf geben. Mit Wasser auffüllen und ca. 1 ½ Stunden kochen. Herausheben, kurz kalt abspülen und die Haut abziehen. Zunge mit Hilfe einer Aufschnittmaschine in feine Scheiben schneiden.
- Währenddessen für den Sterz die Erdäpfel in der Schale kochen. Dann schälen und in Spalten schneiden. Zwiebel in feine Streifen schneiden und in Schmalz hellbraun rösten. Erdäpfel dazugeben und etwas mitrösten. Mit Salz, Pfeffer, Majoran und Kümmel würzen.
- Für die Suppe Hühnerfond mit Kümmel und Salz aufkochen. Sauermilch, Mehl sowie Sauerrahm glatt rühren und anschließend in die Suppe einrühren. Einmal aufkochen lassen.
- Erdäpfelsterz und Suppe auf vorgewärmte Teller verteilen. Die Kalbszungenstreifen daraufsetzen.

VORBEREITUNGSZEIT: 1 Woche für das Pökeln der Zunge
GARZEIT: Zunge 1 ½ Stunden, Erdäpfelsterz ca. 30 Minuten, Suppe 10 Minuten

Grießsuppe

ZUTATEN

- 40 g Weizengrieß
- 50 g Weißes einer Lauchstange
- 10 g Sonnenblumen-, Raps-, Maiskeim- oder Olivenöl oder Butter
- 850 ml Rindsuppe, Kalbs-, Geflügel- oder Gemüsefond
- 150 ml Schlagobers
- 1 EL gehackte Petersilie
- Muskatnuss
- Salz, Pfeffer

ZUBEREITUNG

- Lauch halbieren, waschen und in schmale Streifen schneiden.
- Öl in einem Topf erhitzen und den Lauch anschwitzen. Grieß zugeben, kurz mitrösten und mit kalter Suppe (oder Fond) sowie Obers aufgießen. Aufkochen lassen, dann die Temperatur reduzieren und ca. 5 Minuten leicht köcheln lassen.
- Mit Salz, Pfeffer sowie Muskatnuss abschmecken und zuletzt die frisch gehackte Petersilie zugeben.

VORBEREITUNGSZEIT: ca. 2 Minuten
KOCHZEIT: ca. 10 Minuten

Österreichische Vielfalt

Das in diesem Rezept verwendete Schlagobers fand den Weg in die Grießsuppe erst in jüngerer Zeit. Früher wurde diese einfache Suppe, die mitunter auch als kräftigendes Frühstück verspeist wurde, meist mit Wasser oder Selchsuppe zubereitet, hin und wieder auch mit gebratenen Speckwürferln oder Karottenstreifen als Einlage serviert. In Gegenden, wo man stolz auf reiche Maisernten ist, wird für **POLENTASUPPE** statt Grieß Polenta (Maisgrieß) verwendet und die Suppe nach Lust und Laune auch durch gekochte Zuckermaiskörner (ca. 200 g) zusätzlich verfeinert. Selbiges vermögen übrigens auch ein in die Suppe eingerührtes Ei und/oder feine Öle (Kräuter- oder Trüffelöl), Rucola sowie Mangold.

Erbsensuppe aus getrockneten Erbsen

Foto linke Seite

ZUTATEN

- 250 g Trockenerbsen
- 1,5 l Rindsuppe (Selchfleischsuppe, Geflügel- oder Gemüsefond etc.)
- 1 Lorbeerblatt
- Thymian
- 1 Speckschwarte
- 100 g rohe Erdäpfelwürfel
- Salz, Pfeffer aus der Mühle
- Schlagobers oder Crème fraîche zum Abrunden nach Belieben

ZUBEREITUNG

- Bereits am Vorabend die getrockneten Erbsen in kaltem Wasser einweichen und über Nacht stehen lassen. Am nächsten Tag in ein Sieb gießen und mit kaltem Wasser abspülen.
- Erbsen in einen Topf geben, Suppe zugießen und mit der Speckschwarte, Thymian und Lorbeerblatt ca. 40 Minuten kochen, bis die Erbsen fast weich sind.
- Nun Erdäpfel dazugeben und weiterkochen, bis diese ebenfalls weich sind. Gewürze sowie Speckschwarte entfernen und Suppe mit dem Mixstab pürieren.
- Mit Salz und Pfeffer würzig abschmecken und nach Belieben mit Schlagobers oder Crème fraîche abrunden. In heiße Tassen oder Teller füllen und nach Belieben garnieren. (Bei neuerlichem Aufwärmen mit etwas frischer Suppe oder Wasser verdünnen, da die Suppe eindickt.)

VORBEREITUNGSZEIT: über Nacht einweichen
KOCHZEIT: ca. 1 Stunde
GARNITUREMPFEHLUNG: gekochte in Scheiben geschnittene Würstel, geröstete Brotwürfel (Knoblauchcroûtons), frisch gehackte Petersilie oder Schnittlauch

Gerstlsuppe

Dieses Rezept hat Ingrid Pernkopf von ihrer „Station" im Hotel Montana in Oberlech mitgebracht, wo sie – statt auf Hochzeitsreise zu flittern – gemeinsam mit ihrem Mann Franz vor vielen Jahren gearbeitet hat.

ZUTATEN FÜR 6 PORTIONEN

- **100 g Rollgerste**
- **ca. 1,5 l Rindsuppe (Lamm-, Kalbs-, Geflügel-, Selch- oder Gemüsefond, ersatzweise Wasser mit hausgemachter oder Reformhaus-Suppenwürze)**
- **30 g glattes Weizen- oder feines Dinkelmehl (oder fein gemahlene Gerste)**
- **Prise Muskatnuss**
- **Salz, Pfeffer aus der Mühle**
- **2 Eidotter nach Belieben**
- **60 ml Schlagobers oder Crème fraîche**
- **frisch gehackte Petersilie, Schnittlauch oder beliebige Kräuter zum Bestreuen**
- **40 g Butter oder Butterschmalz**

ZUM ABSCHMECKEN NACH BELIEBEN

- **3 Knoblauchzehen**
- **Majoran, Thymian**
- **Schuss Essig**
- **Prise Zucker**

ZUBEREITUNG

- Bereits am Vorabend Rollgerste in kaltem Wasser einweichen. Am nächsten Tag in ein Sieb leeren und mit kaltem Wasser abspülen.
- Butter in einer Pfanne zerlassen, Rollgerste darin anschwitzen, nach Belieben auch Knoblauch zugeben und mit Mehl stauben. Kurz durchrösten, mit Suppe aufgießen und unter mehrmaligem Rühren 20–25 Minuten langsam kochen lassen, bis die Gerste weich ist. Dabei nach Geschmack auch Majoran, Thymian (evtl. in einem Tee-Ei) mitkochen. Mit Salz, Pfeffer, Muskatnuss und evtl. einem Schuss Essig sowie einer kleinen Prise Zucker würzig abschmecken.
- Nach Belieben Dotter in einer Tasse mit Obers verrühren. Die Suppe von der Kochstelle nehmen, Dottermasse (oder nur Obers) mit einem Schneebesen oder Mixstab in die heiße Suppe einrühren bzw. einmixen und die Suppe damit legieren (binden), aber nicht mehr kochen.
- Vor dem Servieren mit frisch gehackten Kräutern bestreuen.

VORBEREITUNGSZEIT: über Nacht einweichen
KOCHZEIT: ca. 30 Minuten
GARNITUREMPFEHLUNG: Butterflocken, feines Öl (Kürbiskern-, Oliven-, Walnuss- oder Leinöl), Grammeln, knusprige Speckwürfel, frittierte Petersilie

Österreichische Vielfalt

Rollgerste war früher vor allem im ländlichen Raum ein äußerst beliebtes Nahrungsmittel, machte sie doch satt und konnte relativ einfach – ganz nach Vorrat und Geschmack – variiert werden. Mal wurde sie als ziemlich fester Eintopf, mal als flüssigere Suppe oder auch als Salat zubereitet. Zu Beginn mitgeröstete Speck- und Zwiebelwürfel, allerlei Gewürze wie etwa Liebstöckel, Gewürznelke, Lorbeer, Koriander, Chili, Piment oder Safran, aber auch gekochte Gemüsewürfel (Karotte, Lauch, Sellerie, Gelbe Rübe, Pastinake, Erdäpfel, Spargel, Zucchini, Karfiol, Kohlrabi, Kohl- oder Mangoldblätter) lassen die Gerstlsuppe in jeweils neuem „Gewand" erscheinen. Stehen Selchripperl auf dem Speiseplan, so wird die Suppe auch gerne mit dem Kochsud zubereitet und das Fleisch zumindest teilweise in der Suppe serviert.
In kleineren Dimensionen serviert, taucht die Suppe mittlerweile sogar in noblen Gourmettempeln auf, wo sie durch Streifen von gegartem Saibling oder anderem Fischfilet, aber auch Räucherlachs oder Räucherfisch sowie Forellen- oder Saiblingskaviar den letzten Schliff erhält.
Für einen **GERSTLEINTOPF** verdoppelt man die Rollgerstenmenge, fügt einiges an Gemüse hinzu und serviert als Einlage etwas gekochtes, würfelig geschnittenes Fleisch (Lamm-, Rind- oder Kalbfleisch, Zunge, Würstel etc.).
Für **ROLLGERSTENSALAT** werden 200 g Gerste mit etwas Gemüse weich gekocht, abgegossen und mit kaltem Wasser abgespült. Mit insgesamt ca. 350 g Paprika-, Paradeiser- und Gemüsewürfeln in eine Schüssel geben und mit Salatmarinade abschmecken und ca. 1 Stunde ziehen lassen.

Geflügeleinmachsuppe Gebundene Hühnersuppe

ZUTATEN

- Geflügelteile nach Belieben (z. B. ½ Huhn, Ente oder Gänseteile)
- Suppengemüse (120 g Karotten, 70 g Sellerie, 40 g Zwiebeln, 60 g Lauch)
- 1 Lorbeerblatt
- 5 Pfefferkörner
- 4 Wacholderbeeren
- 2 EL Butter oder Butterschmalz
- 3–4 EL glattes Weizen- oder feines Dinkelmehl
- 1 Knoblauchzehe
- Salz, Pfeffer aus der Mühle
- Prise Muskatnuss
- 100 ml Schlagobers oder Crème fraîche
- 1 EL gehackte Petersilie

FÜR DIE GARNITUR NACH BELIEBEN

- in Butter geröstete Croûtons oder dünne Brotscheiben
- separat gekochtes Gemüse (Erbsen, Mais oder Zucchiniwürfel)

ZUBEREITUNG

- Geflügelteile waschen, in einen Topf geben und mit Wasser bedecken. Wacholderbeeren leicht andrücken und mit dem Lorbeerblatt sowie Pfefferkörnern zugeben. Gemüse ebenfalls einlegen, salzen und das Fleisch weich kochen.
- Dann die Geflügelteile herausheben und die Suppe abseihen. Das Fleisch auslösen und in mundgerechte, kleine Stücke schneiden.
- Knoblauch fein hacken und in einem Topf in Butter anschwitzen. Mehl darüberstreuen, zu einer hellen Einbrenn anrösten und mit einem guten Liter (ca. 1,3 l) abgeseihtem Kochfond aufgießen. Obers zugießen und mit Pfeffer, Muskatnuss sowie Salz abschmecken. Die Suppe mollig einkochen lassen.
- Fleisch zugeben und noch einmal kurz aufkochen lassen. Mitgekochtes Gemüse nach Belieben kleinwürfelig schneiden und der Suppe zugeben. In vorgewärmten Tellern anrichten, mit Petersilie bestreuen und nach Belieben garnieren.

KOCHZEIT: je nach Geflügelart ca. 45 Minuten für Huhn, entsprechend länger bei Ente oder Gans
GARNITUREMPFEHLUNG: Bröselknöderl

Österreichische Vielfalt

Gebundene Suppen, so genannte Einmachsuppen, sind fixer Bestandteil des österreichischen Suppenreigens und werden auch aus anderem Fleisch, etwa vom Kalb oder Lamm, aber auch aus Gemüse zubereitet. Ob duftige Knöderl, knusprige Croûtons oder zarte Innereienstückchen, wie etwa Kalbsbries, die Suppe verfeinern, bleibt letztlich Geschmacksache.

Pikante Hühnersuppe

mit Nudeln und Gemüse

Dieses Rezept stammt von Hans Peter Fink, der in seinem Gasthaus Haberl und Fink´s Echte Delikatessen in Ilz dafür natürlich steirisches Geflügel verarbeitet.

ZUTATEN FÜR 6 PORTIONEN

- 1 frisches Suppenhuhn mit ca. 1 kg (siehe Tipp)
- Suppengemüse (1 kl. Karotte, das Weiße von 1 Stange Lauch, 1 Stange Staudensellerie und einige Petersilienstängel)
- Champignonschalen nach Belieben
- 1 kl. Lorbeerblatt
- 1 kl. Thymianzweig
- 1 Gewürznelke
- 10 weiße Pfefferkörner
- Salz
- 6 cl Sojasauce
- etwas Tabascosauce oder
- frischer Chili

FÜR DIE EINLAGE

- 200 g gekochte Suppennudeln
- 100 g Karotten
- 100 g Kohlrabi
- 40 g junge Erbsenschoten nach Belieben
- Kerbelblättchen und etwas Schnittlauch

ZUBEREITUNG

- Das Suppenhuhn in einem passenden Topf mit etwa 3 Liter kaltem Wasser aufstellen. Langsam zum Kochen bringen und dabei ständig abschäumen. Dann auf kleinem Feuer ca. 1 ½ Stunden nur noch ziehen, aber nicht richtig kochen lassen.
- Nun das Gemüse, nach Belieben auch Champignonschalen (sie verfeinern die Suppe) und die Gewürze außer den Pfefferkörnern zugeben. Nochmals 1 Stunde ziehen lassen. Etwa 10 Minuten vor dem Ende der Garzeit die Pfefferkörner sowie etwas Salz beigeben und fertig ziehen lassen.
- Inzwischen für die Einlage Karotten und Kohlrabi klein schneiden und in etwas entnommener Hühnersuppe weich kochen. Erbsenschoten in Streifen schneiden und in Salzwasser kochen. Suppennudeln nach Anleitung ebenfalls kochen und wieder abseihen.
- Das Huhn herausheben, Hühnerfleisch auslösen und in dünne Scheiben schneiden. Hühnersuppe durch ein feines Sieb langsam abseihen. Mit Chili oder Tabasco- und Sojasauce abschmecken. Hühnerfleisch bei Bedarf nochmals leicht anwärmen und mit Gemüse sowie Suppennudeln in tiefe Teller geben. Die heiße Suppe darübergießen. Mit Kräutern garnieren und rasch servieren.

KOCHZEIT: gute 2 Stunden

TIPP

- Nehmen Sie für die Suppe kein ausgewachsenes Legehuhn, sondern lieber ein Masthähnchen – das Fleisch bleibt auch nach dem Kochen zart. Achten Sie auf erstklassiges Gemüse, das dem Hühnergeschmack eine feine und ausgeprägte Würze entgegensetzen kann!

Gulaschsuppe

ZUTATEN

- 1,5 l Rindsuppe (ersatzweise Wasser und hausgemachte Suppenwürze)
- 400 g Rindfleisch (von Hals, Schulter oder kleinen Abschnittstücken)
- 150–200 g Zwiebelwürfel
- 30 ml Öl (Butter- oder Schweineschmalz)
- 2 TL Rosenpaprikapulver
- 2 TL Tomatenmark
- 200 ml Rotwein
- 1 Lorbeerblatt
- ½ TL Kümmelpulver
- 200 g Erdäpfel
- 20 g Mehl und 50 ml Wasser zum Binden nach Belieben
- etwas Gewürzmischung für Geflügel und Fleischgerichte, s. S. 111 (ersatzweise Salz, Pfeffer, Thymian, Majoran und Rosmarin)
- Salz

ZUBEREITUNG

- Fleisch in kleine Würfel schneiden und erst kurz vor dem Anbraten mit etwas Gewürzmischung würzen.
- In einem breiten, hohen Topf das Öl ziemlich stark erhitzen, Fleisch zugeben und bei großer Hitze ca. 5 Minuten von allen Seiten anbraten. Die Zwiebelwürfel einmengen und mitrösten. Sobald diese braun sind, Paprikapulver und Tomatenmark einrühren, nur kurz mitbraten und mit Rotwein ablöschen. Diesen fast gänzlich einkochen lassen. Mit Rindsuppe aufgießen, Lorbeerblatt sowie Kümmel zugeben und je nach Größe und Qualität des Fleisches 45–70 Minuten weich köcheln lassen.
- Erst jetzt Gewürze und die würfelig geschnittenen Erdäpfel zugeben und nochmals ca. 15 Minuten mitkochen, bis Fleisch und Erdäpfel weich sind.
- Je nach gewünschter Molligkeit das Mehl mit wenig Wasser glatt rühren, zugeben und die Suppe sämig einkochen lassen.
- Vor dem Servieren nochmals abschmecken und in vorgewärmten Tellern anrichten.

VORBEREITUNGSZEIT: ca. 5 Minuten
KOCHZEIT: 1–1 ½ Stunden
GARNITUREMPFEHLUNG: Paprikawürfel (rot, gelb, grün)

Österreichische Vielfalt

Wie das Gulasch, so ist auch die Gulaschsuppe von Geschmacksvorlieben und liebgewordenen Gewohnheiten abhängig. In manchen Haushalten geht es nie ohne Würstel, Speck und/oder gekochte Bohnen, die gegen Schluss zugegeben werden und der Gulaschsuppe somit ein deftigeres Aroma verleihen. Diesseits des Knoblauchäquators (er verläuft irgendwo im Oberösterreichischen bei Linz) wird Gulaschsuppe auch mit Knoblauch gewürzt, beidseitig davon manchmal auch mit Zwiebeln, Chilischoten und einer Extraprise scharfem Paprikapulver, Cayennepfeffer oder Tabascosauce. Auch die Zugabe von Rotwein oder mehr Wasser sowie das Aromatisieren durch mitgekochte Karotten- und Selleriewürfel und etwas Essig ist letztlich Geschmacksache. Keine Geschmacksache, sondern Faktum ist die Tatsache, dass Gulaschsuppe im Kühlschrank mindestens 5 Tage haltbar ist und mit jedem Aufwärmen besser schmeckt.

Gebundene Fischsuppe nach Grünberg-Art

ZUTATEN
FÜR 6–8 PORTIONEN

- 1,5 l warmer Fischfond s. S. 88
- 200 g Fischfilets
- 40 g Butter
- ca. 50–60 g glattes Weizen- oder feines Dinkelmehl
- 1 kleine Zwiebel
- 125 ml Weißwein
- etwas Zitronensaft
- 100 g Crème fraîche
- 250 ml Schlagobers
- Brotcroûtons und Fenchel- oder Dillkraut zum Garnieren
- Knoblauchöl zum Beträufeln

ZUBEREITUNG

- Die Zwiebel fein schneiden und in heißer Butter glasig dünsten.
- Mit Mehl stauben, mit Weißwein ablöschen und sofort mit warmem Fond aufgießen, dabei mit dem Schneebesen zügig rühren, damit die Einbrenn nicht klumpt (sollten sich dennoch Klümpchen bilden, mit dem Mixstab mixen). Aufkochen und ca. 15 Minuten köcheln lassen.
- Dann Schlagobers sowie Crème fraîche einrühren und nochmals ca. 15 Minuten sämig einkochen. Aufmixen, würzig abschmecken und mit etwas Zitronensaft abrunden.
- Währenddessen die Fischfilets in kleine Würfel oder Streifen schneiden. In die heiße Suppe einlegen und einige Minuten darin ziehen lassen, aber nicht kochen (sie zerfallen sonst).
- In vorgewärmte Teller gießen, mit gerösteten Brotcroûtons und fein gehacktem Fenchel- oder Dillkraut bestreut servieren. Nach Belieben mit Knoblauchöl beträufeln.

VORBEREITUNGSZEIT: 3 Minuten bei fertigem Fond
KOCHZEIT: ca. 40 Minuten
GARNITUREMPFEHLUNG: gekochte Gemüsestreifen oder Würferl von Lauch, Fenchel, Zucchini, Roter Rübe oder entkernten, geschälten Paradeisern

Österreichische Vielfalt

Mit einigen wenigen Ausnahmen, wie etwa der burgenländischen Halászlé oder der Fischbeuschelsuppe, hatten Fischsuppen in der österreichischen Küche keine große Tradition. Dank steigendem Gesundheitsbewusstsein und mediterraner Einflüsse hat sich das in den letzten Jahren allerdings verändert. Österreichs Seen und Flüsse bieten auch reichlich Rohstoff dafür, was nicht heißt, dass nicht ab und an auch Shrimps, Muscheln oder festfleischige Meeresfische im Süppchen auftauchen könnten. Zeitgemäße Fischsuppen werden – je nach verwendetem Fisch – auch oft mit frischem Koriander, Dill, Estragon, Bärlauch und Kerbel, aber auch mit Anis, Ingwer, Safran, Curry, Kurkuma oder sogar Orangensaft und heller Sojasauce aromatisiert.

Klare Fischsuppe

ZUTATEN

- ca. 1,5 l Wasser
- ca. 750 g Karkassen (Kopf, Gräten und Fischabfälle von Hecht, Lachsforelle, Saibling etc.)
- ca. 130 g gewaschene Zwiebeln mit Schale
- je 70 g Stangensellerie und Lauch (oder Karotten, Fenchelknolle, Paradeiser, Champignons, Kräuterstängel etc.)
- 200–300 ml trockener Weißwein
- 2 Lorbeerblätter
- 10 zerdrückte Pfefferkörner
- 4 angedrückte Wacholderbeeren
- 10–20 ml Zitronensaft
- Stein- oder Meersalz
- einige Safranfäden
- etwas Pernod oder Noilly Prat zum Vollenden
- eventuell hausgemachte Suppenwürze oder Gemüsewürfel aus dem Reformhaus

FÜR DIE EINLAGE

- 400–450 g beliebige Fischfilets
- 150 g nicht zu weich gekochter Fenchel oder beliebiges Gemüse
- 60–80 g gehäutete Cocktailparadeiser

ZUBEREITUNG

- Fischkarkassen unter fließendem Wasser ca. 5 Minuten wässern, Wasser abgießen.
- Gewürze zerkleinern oder mahlen und am besten in ein Tee-Ei oder -Säckchen geben, mit dem grob geschnittenen Gemüse, Karkassen und restlichen Zutaten in einen Topf geben und ca. 40 Minuten unter dem Siedepunkt leicht köcheln lassen. Währenddessen bei Bedarf noch etwas Wasser nachgießen und aufsteigenden Schaum mehrmals abschöpfen.
- Von der Kochstelle nehmen und 30 Minuten stehen lassen.
- Fond während der Zubereitung nicht umrühren, da er sonst trüb wird!
- Dann durch ein Etamin (befeuchtetes Küchentuch oder feinmaschiges Sieb) abseihen und als Suppe servieren (dafür nochmals erwärmen) oder als Fischfond weiterverarbeiten. Eventuell Fett von der Oberfläche abheben.
- Inzwischen für die Einlage die sorgfältig geputzten und in Streifen geschnittenen Fischfilets gesondert wenige Minuten in etwas Fischfond garziehen lassen. In vorgewärmten Tellern anrichten und mit der nochmals erhitzten Fischsuppe übergießen. Gemüse dazugeben.

VORBEREITUNGSZEIT: ca. 5 Minuten
KOCHZEIT: ca. 40 Minuten, 30 Minuten rasten lassen
GARNITUREMPFEHLUNG: Dille, Safranfäden, passende gekochte Teigtascherl, gekochte Krebserl oder Knoblauchtoast
VERWENDUNG: wenn nicht als sofort gereichte Suppe als Basis für Fischsauce; dafür den Fond mit etwas Obers verrühren und sämig einkochen lassen

Österreichs wichtigste Nebensache

BEILAGEN VOM
ERDÄPFELSALAT BIS ZUM
KASPRESSKNÖDEL

Linke Seite: Gekochte Erdäpfelnudeln, Erdäpfelrösti, Erdäpfelstrudel
gebackene Erdäpfelknödel, Rösterdäpfel, gebackene Erdäpfelnudeln

Krautsalat

ZUTATEN

- 1 Krautkopf (ca. 600 g)
- 150 ml Gemüsefond, Rindsuppe (ersatzweise Wasser mit Suppenwürze)
- 60 ml Öl
- 50 ml Essig mit 5 % nach Geschmack (Apfel-, Most-, Kräuter- oder Weißweinessig)
- 1 gestr. KL Salz
- weißer Pfeffer aus der Mühle
- Prise Zucker
- Kümmelpulver

ZUBEREITUNG

- Vom Kraut die äußeren Blätter entfernen, Kraut vierteln und den Strunk herausschneiden. Kraut auf einem Krauthobel hobeln oder mit dem Messer sehr fein schneiden.
- Nun das Kraut entweder einsalzen, stehen lassen und danach ausdrücken oder das Kraut in kochendem Salzwasser kurz überbrühen, wieder abgießen und gut abtropfen lassen. Nach Bedarf mit einem Küchentuch sanft ausdrücken. (Zartes Frühkraut muss weder eingesalzen noch überbrüht werden.)
- Aus Fond oder Suppe, Öl und Essig eine Marinade anrühren. Mit Salz, Pfeffer und je einer Prise Zucker und Kümmel würzen. Das Kraut mit der Marinade gut vermengen und dabei das Kraut gut durchdrücken. (Frisch- bzw. Frühkraut nicht zu lange vermengen, da es besonders weich ist und sonst sehr matschig wird.)

ZUBEREITUNGSZEIT: ca. 20 Minuten
GARNITUREMPFEHLUNG: knusprig gebratene Speckwürfel

Österreichische Vielfalt

Krautsalat ist ein fixer Bestandteil der deftigen Küche, federt er durch seine pikante Säure doch üppige Gerichte wie Schweinsbraten oder Knödel bestens ab. Ob er nun kalt oder warm serviert wird, ist letztlich Geschmacksache. Für **WARMEN KRAUTSALAT** wird das Kraut vor dem Marinieren kurz in Salz-Kümmel-Wasser gekocht und manchmal auch noch zusätzlich mit angeschwitzten Zwiebeln, Knoblauch oder gehackten Kräutern verfeinert. Kommen auch noch knusprige Speckwürferl dazu, wird beim warmen Krautsalat allerdings die Ölmenge etwas reduziert. Nach einem Mühlviertler Rezept wird das Kraut nicht gekocht, sondern einige Male mit kochendem Wasser übergossen, abseits des Herds einfach stehen gelassen und wieder abgegossen. In Kärnten hingegen findet sich noch mitunter Kraut, das mit saurer oder Buttermilch abgemacht wird.

Gurkensalat Zucchinisalat

ZUTATEN

- 600 g Salatgurken (oder Zucchini)
- 20 ml Weißwein-, Apfel-, Kräuter-, Most- oder beliebiger Essig
- 40 ml Öl (Sonnenblumen-, Maiskeim- oder Rapsöl)
- eventuell 1–2 fein geschnittene Knoblauchzehen oder etwas Knoblauchpaste
- Salz, Pfeffer aus der Mühle
- Prise Zucker
- eventuell Crème fraîche, Joghurt oder Sauerrahm zum Verfeinern
- Öl zum Braten für Zucchinisalat

ZUBEREITUNG

- Die Gurken schälen, halbieren und Kerne entfernen. In ca. 2–3 mm dicke Scheiben schneiden, mit etwas Salz bestreuen und ca. 15 Minuten ziehen lassen. Dann die Flüssigkeit vorsichtig auspressen. (Für Zucchinisalat die Zucchini ungeschält in 5 mm dicke Würfel oder in Scheiben schneiden, in Öl kurz anbraten und auskühlen lassen.)
- Öl, Essig und nach Belieben auch Knoblauch zu einer Marinade verrühren. Pikant abschmecken.
- Gurken oder Zucchini mit der Marinade vermengen und nochmals würzig abschmecken. Nach Wunsch noch mit etwas Crème fraîche, Joghurt oder Sauerrahm verfeinern.

ZUBEREITUNGSZEIT: ca. 20 Minuten inkl. Ziehenlassen
GARNITUREMPFEHLUNG: mit Rosenpaprikapulver, rosa Pfefferkörnern, Dill, Borretsch, Estragon, Bohnenkraut, Schnittlauch oder Kresse bestreuen

Linsensalat

ZUTATEN

- 200 g getrocknete Linsen
- 2 Lorbeerblätter
- 1 Zweig Bohnenkraut oder Thymian
- 80 g Zwiebelwürfel
- 150 g gemischte Paprikawürfel
- ca. 30 ml Weißwein-, Apfel-, Most- oder Kräuteressig
- 40 ml Öl
- 50 ml Gemüsefond, Rindsuppe oder Wasser
- Salz, Pfeffer aus der Mühle
- Senf
- Prise Zucker
- frisch gehackte Kräuter nach Belieben (Petersilie, Schnittlauch, Bohnenkraut, Thymian etc.)

ZUBEREITUNG

- Bereits am Vorabend die Linsen in reichlich Wasser einweichen. Dann Wasser abgießen und in reichlich frischem Wasser mit Lorbeerblättern und Bohnenkraut – aber ohne Salz!! – je nach Sorte bis zu ca. 60 Minuten weich kochen.
- Linsen abseihen und überkühlen lassen.
- Zwiebelwürfel nach Belieben blanchieren (kurz überbrühen), abtropfen lassen und mit den Paprikawürfeln unter die abgetropften, überkühlten Linsen mischen. Mit Essig, Öl und Gemüsefond marinieren.
- Mit Salz, Pfeffer, einer Prise Zucker und Senf würzig abschmecken. Mit frisch gehackten Kräutern nach Belieben verfeinern.

VORBEREITUNGSZEIT: über Nacht weichen lassen
GARZEIT: bis zu 60 Minuten, je nach Sorte

Paradeisersalat

ZUTATEN

- 600 g feste Paradeiser (Kirsch-, Birnen-, Cherry-, Cocktail-, Eier- oder Fleischparadeiser)
- 100 g rote oder weiße Zwiebelwürfel
- 20–30 ml Weißwein-, Apfel-, Most- oder Kräuteressig
- 40 ml Öl (Sonnenblumen-, Maiskeim- oder Rapsöl)
- Salz, Pfeffer aus der Mühle
- Prise Zucker
- nach Belieben fein geschnittener Schnittlauch, Basilikum, Salbei, Kresse, Rucola, Petersilie oder Kerbel zum Bestreuen

ZUBEREITUNG

- Nach Belieben Zwiebelwürfel in Wasser kurz blanchieren (überbrühen), kalt abspülen und abtropfen lassen.
- Paradeiser waschen, den Stielansatz entfernen und in ca. 4 mm dicke Scheiben oder schmale Spalten schneiden. (Die Paradeiser können nach Belieben auch vorher gehäutet und entkernt werden.)
- Für die Marinade Essig mit Öl verrühren, mit einer Prise Zucker, Salz und Pfeffer würzen. Marinade über die Paradeiser gießen und ca. 20 Minuten marinieren (ziehen lassen).
- Nochmals durchmischen, mit Zwiebeln sowie Kräutern bestreuen und auftragen.

ZUBEREITUNGSZEIT: ca. 30 Minuten inkl. Ziehenlassen

Österreichische Vielfalt

Dass die Wiener Küche mitunter von der österreichischen abweicht, zeigt sich unter anderem bei der Verarbeitung von Paradeisern. Während neue, vor allem mediterran beeinflusste Paradeiserrezepte eher auf eine pikante Note setzen, bevorzugt die Wiener Küche auch heute noch stets eine kleine „Zuckerspitze". Ob Paradeisersauce zu den gefüllten Paprika oder erfrischender Paradeisersalat – eine Prise Zucker muss hinein!

Fisolensalat

ZUTATEN

- 600 g Fisolen
- 100 g rote oder weiße Zwiebelwürfel
- 20–30 ml Weißwein-, Apfel-, Most- oder Kräuteressig
- 40 ml Öl (Sonnenblumen-, Maiskeim- oder Rapsöl)
- Salz, Pfeffer aus der Mühle
- fein gehackte Kräuter nach Wunsch zum Bestreuen

ZUBEREITUNG

- Fisolen vorbereiten (Enden entfernen) und in Salzwasser nicht zu weich kochen (sie sollen noch Biss haben). Abgießen, kalt abschrecken und abtropfen lassen. In mundgerechte Stücke schneiden.
- Währenddessen die Zwiebelwürfel nach Geschmack in Wasser kurz blanchieren (überbrühen), kalt abspülen und abtropfen lassen.
- Für die Marinade Essig mit Öl verrühren, mit Salz und Pfeffer würzen. Fisolen mit der Marinade vermengen und ca. 20 Minuten marinieren (ziehen lassen).
- Nochmals durchmischen, mit Zwiebeln sowie Kräutern bestreuen und auftragen.

ZUBEREITUNGSZEIT: ca. 30 Minuten inkl. Ziehenlassen

Österreichische Vielfalt

Bohnensalat zählt zu jenen Salaten, die durch ein paar Tricks rasch zu einer eigenständigen kleinen Mahlzeit abgewandelt werden können. Sehr beliebt ist etwa die Variante, in der die Bohnen mit gekochtem Rindfleisch, hart gekochten Eiern und Paradeisern kombiniert werden. Oft werden auch in Scheiben geschnittene Semmelknödel unter den Bohnensalat gemischt. Hat der Bohnensalat einen „Solo-Auftritt", so wird manchmal mit gebratenen Speckwürfeln, Paprikastreifen, gekochten Kürbiswürfeln oder Erdäpfelwürfeln verfeinert. In puncto Würzung kommen Curry, Kreuzkümmel und Ingwer sowie frisch gehackte Kräuter, wie etwa Petersilie, Schnittlauch, Bohnenkraut oder Thymian, zum Einsatz.

Steirischer Käferbohnensalat

ZUTATEN

- 500 g Käferbohnen (weiße oder andere Bohnen)
- 2 Lorbeerblätter
- 1 Zweig Thymian oder Bohnenkraut
- 120 g Zwiebelwürfel
- ca. 150 ml Salatmarinade mit Kernöl
- Steinsalz, Pfeffer aus der Mühle
- etwas Knoblauch

ZUBEREITUNG

- Bereits am Vorabend die Bohnen in Wasser einweichen. Am nächsten Tag die Bohnen mit Wasser, Lorbeerblättern, Thymian oder Bohnenkraut aufstellen und weich kochen.
- Kurz kalt abschrecken, abtropfen lassen und noch lauwarm mit der Marinade übergießen und gut durchmischen.
- Zwiebelwürfel und eventuell auch gehackten Knoblauch kurz in Wasser blanchieren (überkochen), abtropfen lassen und untermischen. Nochmals mit Salz und Pfeffer würzig abschmecken.

Foto linke Seite

Rote-Rüben-Salat

ZUTATEN

- 800 g Rote Rüben (ca. 680 g geschält)
- 2 EL frisch geriebener Kren
- 100–120 ml Weißwein-, Apfel-, Most- oder Kräuteressig
- Salz, Pfeffer aus der Mühle
- Prise Zucker
- Prise Kümmelpulver
- Öl nach Belieben

ZUBEREITUNG

- Die Roten Rüben waschen und je nach Größe 50–90 Minuten weich kochen oder in Alufolie eingepackt im Rohr weich garen. Kurz mit kaltem Wasser abschrecken und (am besten mit Einweghandschuhen) schälen.
- Gekochte Rüben in Scheiben oder Streifen schneiden.
- Essig mit Salz, Pfeffer, Zucker und Kümmel aufkochen und noch heiß unter die Rüben mengen. Kren untermischen und mindestens 6 Stunden ziehen lassen.
- Vor dem Anrichten eventuell mit Öl beträufeln.

GARZEIT: 60–90 Minuten, je nach Größe
ZUBEREITUNGSZEIT: ca. 6 Stunden inkl. Ziehenlassen

Österreichische Vielfalt

Als erstklassiger Vitaminlieferant – Rote Rüben enthalten reichlich Pro-Vitamin A, Vitamin B1, B2 und C sowie jede Menge andere gesunde Mineralstoffe – werden Rote Rüben vor allem immer dann gegessen, wenn die kalte Jahreszeit mit frischen Vitaminbomben geizt. Um ein wenig Abwechslung in den Salat zu bringen, wird dann auch manchmal mit Orangen- oder Zitronensaft, Honig oder Apfelsaft abgeschmeckt, statt der erwähnten Marinade mit Kürbiskernöl, Knoblauch und Weinessig mariniert, mitunter kommen gemahlene Nelken dazu, dann wieder Estragon, Piment oder gar klein gehackte Kapern – gesund bleibt der schmackhafte Salat in jedem Fall.

Erdäpfelsalat

ZUTATEN

- ca. 1,25 kg speckige Erdäpfel
- 50 ml Weißwein-, Apfel-, Most- oder Kräuteressig
- 60–80 g weiße oder rote Zwiebelwürfel
- ca. 40 ml Sonnenblumen-, Maiskeim- oder Rapsöl
- 150–450 ml heiße Rindsuppe, Gemüsefond (Wasser mit Suppenwürze) je nach Sorte und Wärme der Erdäpfel
- ca. 1 KL Senf
- Salz, Pfeffer aus der Mühle

ZUBEREITUNG

- Erdäpfel waschen und mit der Schale in Salzwasser kochen.
- Inzwischen nach Belieben die Zwiebelwürfel in siedendem Wasser kurz blanchieren (überbrühen) und wieder abtropfen lassen.
- Gekochte Erdäpfel kurz überkühlen lassen, noch warm schälen und in nicht zu dünne Scheiben (ca. ½ cm dick) schneiden.
- In einer Schüssel den Essig mit Öl, Senf, Salz, Pfeffer, Zwiebeln und anfangs nur wenig Rindsuppe zu einem Dressing verrühren. Die noch warmen Erdäpfel einmengen, durchrühren und würzig abschmecken. Bei Bedarf nun noch etwas Suppe zugießen – je wärmer die Erdäpfel bei der Verarbeitung sind, umso mehr Flüssigkeit nehmen sie auf. Nochmals abschmecken und mit Pfeffer bestreut auftragen.

ZUBEREITUNGSZEIT: ca. 30 Minuten
GARNITUREMPFEHLUNG: Vogerlsalat

Österreichische Vielfalt

Wiener Schnitzerl, Backhenderl oder faschierte Laiberl – sie alle verlangen nach der Molligkeit eines lauwarmen Erdäpfelsalates. Wie dieser am besten zuzubereiten ist, darüber streiten selbst Spitzenköche mitunter ganz heftig. Wenig durchgemischt soll er werden, damit die Erdäpfel ganz bleiben, sagen die einen, kräftig und lange gerührt muss er für die andere Fakultät werden, die eher cremigen Salat schätzt. Für so manche Genießer hingegen kommt Erdäpfelsalat überhaupt nur dann auf den Tisch, wenn er mit ordentlich viel Mayonnaise angerührt wird, die eventuell mit Joghurt oder Sauerrahm gestreckt werden kann. In diesem Fall spricht man ganz einfach von **MAYONNAISESALAT** – dass Erdäpfel auch dabei sind, versteht sich für Kenner von selbst.

Rettichsalat mit Karotten

ZUTATEN

- 350 g geschälter Rettich
- 250 g geschälte Karotten oder Gelbe Rüben
- 100 g geschälter Apfel

FÜR DIE MARINADE

- 100 g Topfen, Crème fraîche oder Sauerrahm
- 50 g Mayonnaise
- 40 g Honig
- Salz, Pfeffer aus der Mühle
- ca. 30 ml Zitronensaft oder Essig

ZUM ANRICHTEN

- marinierter Blattsalat
- frische Kräuter (Petersilie, Schnittlauch, Kresse etc.)
- eventuell einige karamellisierte Apfelspalten und geröstete Sesamsamen

ZUBEREITUNG

- Zunächst für die Marinade Mayonnaise mit Topfen und Honig glatt rühren. Mit Salz, Pfeffer und etwas Zitronensaft würzen.
- Apfel, Rettich und Karotten jeweils nicht zu fein raspeln und mit der vorbereiteten Marinade vermengen. Nochmals würzig abschmecken.
- Blattsalat auf Tellern anrichten, Rettichsalat darauf drapieren und mit Kräutern sowie nach Belieben auch mit karamellisierten Apfelspalten sowie gerösteten Sesamsamen dekorieren.

ZUBEREITUNGSZEIT: ca. 10 Minuten

Österreichische Vielfalt

Der erfrischende Geschmack von Rettich wird auch gerne mit eingelegten Ananas oder Pfirsichen kombiniert und durch in Rum marinierte Rosinen ergänzt. Auch Chilischote, blanchierte Frühlingszwiebeln, Lauch, Soja- oder Worcestershiresauce, Sesamöl oder Koriander bringen Schwung in diesen Rohkostsalat. Für reinen Rettichsalat, also ohne anderes Gemüse, werden ca. 700 g Rettich geraspelt.

Marinaden & Pikantes zum Würzen

Salatmarinade

ZUTATEN FÜR CA. 600 ML

- 300 ml klare Gemüsesuppe oder -fond (ersatzweise Rindsuppe)
- 150–200 ml Öl (Maiskeim-, Sonnenblumen-, Oliven- oder Rapsöl), je nach gewünschter Konsistenz
- je 50 ml Balsamico- und Weißweinessig (oder nur 100 ml Balsamicoessig)
- ½ TL Salz
- Pfeffer
- ½ Mokkalöffel Senf
- Prise Zucker (oder Honig)

ZUBEREITUNG

- Gemüsesuppe in einen Topf geben und lau erwärmen. Wieder vom Herd nehmen.
- Eine Prise Zucker oder Honig zugeben und darin auflösen.
- Mit Salz, Pfeffer und Senf verrühren. Essig und Öl unter Schlagen mit einem Schneebesen dazurühren. Nochmals würzig abschmecken.
- In ein gut verschließbares Glas füllen und kühl aufbewahren. Vor dem Gebrauch durchrühren oder gut schütteln.

VERWENDUNG: ideales Dressing für Blattsalate sowie Salatkompositionen

Österreichische Vielfalt

Selten ein Gericht, an dem sich die Geister so scheiden wie marinierte Salate. Während zuckersüßes Salatdressing in vielen Wiener Wirtshäusern nach wie vor zum guten Ton gehört, wird man damit im Westen Österreichs eher auf Ablehnung stoßen. Gleiches gilt vom „Bad“ zu berichten, in dem die Salatblätter schwimmen dürfen oder eben ganz und gar nicht. Über derlei Probleme ist die zeitgemäße Salatküche allerdings erhaben. Sie setzt auf topfrische Grundprodukte sowie größtmögliche Abwechslung und Vielfalt in Sachen Verfeinerung. Also wird der „Grundsalat“ durch allerlei Kräuter, gekräuterte Salze, erlesene Öle und Essigspielarten sowie knusprige Kerne wie Sonnenblumen-, Kürbis-, Pinien- oder Walnusskerne, Sesam, aber auch mit Oliven, Kapern, Essiggurkerln, blanchierten Zwiebel- oder Schalottenwürfeln, hart gekochten Eiern, gehäuteten Paradeiserwürfeln oder gehacktem Knoblauch „aufgepeppt“.

Salatmarinade mit Ei

ZUTATEN FÜR CA. 2 L

- 150 ml Milch (oder zur Hälfte mit Wasser gemischt)
- 2 Eier
- 30 g Estragonsenf
- 50 g Steinsalz oder Salz
- 50 g Zucker
- ½ KL weißer Pfeffer
- 20 g gehackte Knoblauchzehen
- 500 ml Wasser
- 20–30 g Maizena mit 50 ml Wasser angerührt
- ca. 100 ml Rotweinessig 6 %
- 100 ml Weißweinessig 6 %
- ca. 1 l Sonnenblumen- oder Maiskeimöl, je nach gewünschter Sämigkeit

ZUBEREITUNG

- Eier in eine Schüssel schlagen.
- In einem Topf die Milch mit Knoblauch aufkochen. Maizena mit Wasser verrühren und in die Knoblauchmilch einkochen, gut aufkochen lassen und wieder von der Kochstelle nehmen.
- Milch mit dem Mixstab aufmixen und währenddessen die Eier einfließen lassen, dabei ständig mixen, damit die Eier nicht stocken.
- Senf und Gewürze beigeben, Wasser sowie Essige einrühren und mit dem Mixstab das Öl einmixen, bis ein sämiges Dressing entstanden ist.
- Abkühlen lassen, abfüllen und 1 Tag „reifen" (stehen) lassen.

VERWENDUNG: für Blattsalate und zum Verfeinern von Salatkreationen

Marinade nach Grünberg-Art

ZUTATEN FÜR CA. 1,5 L

- ca. 750 ml Sonnenblumenöl
- 200–250 ml Rotweinessig (evtl. mit etwas Balsamicoessig gemischt), Weißwein-, Apfel- oder Mostessig (5 %)
- ca. 1 l Wasser oder Gemüsefond
- 30–50 g passierte Ribiselmarmelade
- 1–2 gehackte Knoblauchzehen
- 30–50 g Zwiebelwürfel
- 30 g Zucker
- 40 g Salz
- 1/4 Mokkalöffel weißer Pfeffer aus der Mühle
- 20–30 g Maisstärke (Maizena)
- 30–50 g Senf

ZUBEREITUNG

- In einem Topf 500 ml Wasser aufstellen, Knoblauch sowie Zwiebeln zugeben und so lange kochen, bis die Zwiebeln weich sind. Mit dem Stabmixer mixen und nach Belieben auch passieren.
- Stärke mit 100 ml Wasser glatt rühren, mit dem Schneebesen in die kochende Flüssigkeit einrühren und gut aufkochen lassen. (Vorsicht: Spritzgefahr!) Topf dabei mehrmals anheben oder von der Kochstelle nehmen. Dann vom Herd nehmen und etwas überkühlen lassen.
- Nun Marmelade, Salz, Pfeffer, Zucker, Senf, restliches Wasser bzw. Gemüsefond und zunächst 200 ml Essig zugeben, den Mixstab einschalten und das Öl wie bei einer Mayonnaise langsam zugießen und mit dem Mixstab einmixen. Bei Bedarf noch etwas Essig zugeben. (Die Sauce ist anfangs durch die Wärme noch etwas dünnflüssig, wird dann aber dickflüssiger. Je mehr Öl zugegeben wird, desto sämiger wird die Marinade.)
- Je nach weiterer Verwendung mit Wasser oder Fond noch verdünnen und abkühlen lassen. In saubere Flaschen füllen, Verschluss nur aufsetzen, aber nicht hermetisch verschließen und im Kühlschrank vor dem Gebrauch mindestens 1 Tag ziehen lassen. Die Marinade ist bis zu 3 Wochen lagerfähig. Vor der Verwendung die Flasche gut verschließen und schütteln.

VERWENDUNG: Dressing für Blattsalate, Paradeisersalat, Kraut-, Karotten-, diverse Gemüsesalate, aber auch Wurstsalat

Honig-Balsamico-Dressing

ZUTATEN

- 50–100 g Honig
- 100 ml Wasser
- 100 ml Balsamicoessig (6 %)
- ½ Mokkalöffel Salz
- ½ Mokkalöffel Senf
- Salz, Pfeffer aus der Mühle

ZUBEREITUNG

- Honig in einem kleinen Topf erwärmen.
- Wasser sowie Balsamicoessig zugießen und alles unter wiederholtem Rühren mit dem Schneebesen ca. 10 Minuten auf die Hälfte einkochen lassen.
- Dann vom Feuer nehmen und mit Senf, Salz sowie Pfeffer pikant abschmecken.

ZUBEREITUNGSZEIT: ca. 10 Minuten
VERWENDUNG: nicht nur als Dressing, sondern auch zum Glacieren von Enten- oder Gänsebrüsten sowie anderen Vorspeisen (siehe unten)

Österreichische Vielfalt

Die Wunderwaffe Balsamicoessig stammt ursprünglich aus der italienischen Provinz Modena, hat allerdings die österreichische Salatküche mittlerweile fest im Griff. Kein Wunder, kann doch Österreich auf renommierte Essig-Produzenten stolz sein, die auch international besten Ruf genießen und hervorragende Qualität erzeugen. Also wird mit heimischem Spitzenessig nach Balsamicoart nicht nur mariniert, sondern auch so manch feines Sößchen damit abgeschmeckt oder edle Vorspeisengerichte verfeinert. Für eine **BALSAMICO-GLACE** zum Überziehen von (Geflügelleber-)Terrinen etwa kocht man zusätzlich noch ein ganz klein wenig (10 g) Bitterschokolade mit ein, aber auch 150 g Himbeeren, die mit 20 ml Himbeer- statt Balsamicoessig verkocht und dann passiert werden, geben ein wunderbares Dressing ab. Wird die Balsamico-Flüssigkeit nicht so stark eingekocht und dafür mit Ingwer, Knoblauch, Kümmel, Rosmarin und/oder Orangenschale gewürzt, so harmoniert das schmackhafte Endergebnis hervorragend mit gebratener Gänse- oder Entenbrust.

Sauerrahmdressing

ZUTATEN FÜR CA. 500 ML

- 250 g Sauerrahm
- 250 g Joghurt
- Prise Cayennepfeffer
- 1 gestr. TL Salz
- eventuell 1–2 Knoblauchzehen
- 1 cl Zitronensaft
- 1 KL gehackte Petersilie oder andere Kräuter
- Gemüsefond oder Wasser zum Verdünnen

ZUM VERFEINERN NACH BELIEBEN

Estragon- oder Dijonsenf, Paprikapulver, Honig, gehackte Nüsse, blanchierte Zwiebelwürfel, fein geriebener Kren, Kapern, Oliven, Essiggurkerl

ZUBEREITUNG

- Nach Belieben Knoblauch fein hacken. Joghurt mit Sauerrahm glatt rühren und mit Salz, Pfeffer, einem Schuss Zitronensaft sowie Knoblauch nach Wunsch würzen.
- Gehackte Petersilie oder Kräuter einrühren und nach Bedarf noch etwas mit Fond oder wenig Wasser verdünnen.
- In ein verschließbares Glas füllen und im Kühlschrank aufbewahren.

VERWENDUNG: eignet sich vor allem zum Marinieren von Blattsalaten

TIPP

- Wenn Sie Schnittlauch in die Marinade geben, so sollte diese sofort verwendet werden, andernfalls entwickelt das Dressing eine unangenehme Geschmacksnote.

Karottenöl

Dieses Rezept stammt von Sandra Hummer.

ZUTATEN

500 g Karotten mit Schale	
250 ml Öl	

ZUBEREITUNG

- Die ungeschälten, aber geputzten Karotten entsaften (ergibt ca. 250 ml Saft).
- Saft in einen Topf geben und unter ständigem Rühren ca. 15 Minuten köcheln lassen. Vom Herd nehmen und überkühlen lassen. Dann mit dem Mixstab das Öl einmixen.

ZUBEREITUNGSZEIT: ca. 15 Minuten
VERWENDUNG: für Salatmarinaden sowie zum Aromatisieren diverser Gerichte

TIPP

- Die beim Entsaften übrig gebliebene Karottenmasse (Fruchtkuchen) nicht wegwerfen, sondern auf einem Papier oder einer Silikonmatte aufgebreitet trocknen lassen, dann fein vermahlen und Gewürzsalz oder Gewürzmischung damit verfeinern.

Gemüseöl

ZUTATEN

500 g gut gereinigte Schalen von beliebigem Wurzelgemüse	
250 ml Öl	

ZUM VERFEINERN NACH BELIEBEN

Anis oder Fenchel	
20 ml Pernod	
Paprikapulver, Curry, Löwenzahnblütenblätter oder Kurkuma	

ZUBEREITUNG

- Schalen in einer Küchenmaschine (Cutter) mixen oder sehr klein schneiden.
- Mit Öl vermengen, nach Wunsch auch Anis oder Fenchel einrühren und auf kleiner Hitze ca. 30 Minuten nicht kochen, sondern ziehen lassen. Von der Kochstelle nehmen, durch ein feines Sieb abseihen und nach Belieben mit Paprikapulver etc. einfärben. Nach Geschmack Pernod zugießen und nochmals 10 Minuten ziehen lassen. Kühl einige Tage ziehen lassen.

ZUBEREITUNGSZEIT: ca. 30 Minuten
VERWENDUNG: für Salatmarinaden und zum Verfeinern diverser Gerichte

Bärlauchpaste Kräuterpaste

ZUTATEN

- 100 g frische Bärlauchblätter (oder andere beliebige Kräuter)
- 100–150 g neutrales Öl (evtl. zur Hälfte mit flüssiger Butter gemischt)
- ca. 2 g Salz

ZUBEREITUNG

- Bärlauchblätter waschen und gut abtropfen lassen.
- In einer Küchenmaschine (Moulinette oder Cutter) Bärlauchblätter mit Öl und Salz fein hacken. (Wird das Öl erst danach zugegossen und die Blätter alleine gemixt, so werden sie bitter.)
- In ein Glas füllen, mit Öl bedecken und kühl stellen. Oder für eine geplante Vorratshaltung in Frischhalte- oder Eiswürfelbeutel füllen, mit einer Klammer verschließen, flach auflegen und tiefkühlen. (Bei Bedarf kann die Paste bequem entnommen werden.)

VERWENDUNG: zum Verfeinern von Suppen, Saucen oder Knödelfüllungen, zum Würzen von Salatsaucen und dgl. sowie zum Beträufeln von pikanten Gerichten

Österreichische Vielfalt

Zur Saison, sprich im Frühling, grassiert in österreichischen Küchen die große Lust am Verarbeiten der nach Knoblauch duftenden grünen Blätter des Bärlauchs, die allerdings keinesfalls mit den recht ähnlich aussehenden, aber giftigen Maiglöckchen- oder Herbstzeitlosenblättern verwechselt werden dürfen. Kaum ein Gericht, das auf die Verfeinerung durch Bärlauchpaste verzichten muss. Werden dafür die Bärlauchblätter vor dem Mixen noch kurz in heißem Salzwasser überbrüht, so reduziert man nicht nur den für manche Gaumen doch sehr intensiven Geschmack, sondern erhält auch die leuchtend grüne Farbe. Für Bärlauchpesto wird die Paste mit geriebenem würzigen Bergkäse und gemahlenen Mandeln vermengt.

Lauchpaste

ZUTATEN

- 100 g Lauch (nur der grüne Teil, ersatzweise auch Fenchel oder Jungzwiebeln)
- 100–120 g Öl oder Butter und Öl gemischt
- Prise Salz
- etwas Zitronensaft

ZUBEREITUNG

- Lauch in Salzwasser relativ weich kochen. In kaltem oder Eiswasser abschrecken und gut abtropfen lassen.
- In einer Küchenmaschine mit Öl oder Butter, Salz und einem Schuss Zitronensaft pürieren bzw. cuttern. Nochmals abschmecken, in kleine Gläser füllen und kalt stellen.

VERWENDUNG: zum Einmixen und Verfeinern von Saucen oder Suppen

Knoblauchpaste

ZUTATEN

- 3–5 klein geschnittene Knoblauchzehen
- 1 (ca. 100 g) gekochter Erdapfel
- 1 rote Paprikaschote
- 70–100 ml Fisch- oder Gemüsefond (je nach Verwendung, ersatzweise Wasser)
- ca. 100 ml Sonnenblumenöl
- Salz, Pfeffer aus der Mühle
- Spritzer Zitronen- oder Limettensaft
- eventuell etwas rote, nicht zu scharfe Pfefferonischote

ZUBEREITUNG

- Erdapfel schälen und fein reiben. Paprika- und eventuell auch Pfefferonischote nach Belieben schälen und klein schneiden.
- Gemüse mit Knoblauch in einen Topf geben, Fond zugießen und unter gelegentlichem Rühren weich kochen. Mit dem Stabmixer pürieren.
- Von der Kochstelle nehmen und das Öl mit dem Mixstab langsam einschlagen, bis eine cremige Konsistenz erreicht ist. Mit Salz, Pfeffer und Zitronensaft abschmecken. Nach Belieben weiterverwenden.

VERWENDUNG: zum Verfeinern von Fischgerichten und Fischsuppen, aber auch auf knusprigen Toast gestrichen oder zum Füllen von Pofesen als kleiner Imbiss

Basilikumpesto für Saucen

ZUTATEN

- 50 g Basilikum
- 50 g Pinienkerne oder Mandeln
- 50 g Parmesan
- 2 Knoblauchzehen nach Geschmack
- 120 g Sonnenblumen-, Maiskeim- oder Olivenöl
- Salz

ZUBEREITUNG

- Alle Zutaten in einer Küchenmaschine mixen und dabei nur so viel Öl einmengen, dass eine geschmeidige Paste entsteht.

VERWENDUNG: mit etwas Fond auf- und dann einkochen lassen; nach Geschmack mit Obers, Mehl-Butter-Kugel oder Stärke binden

Foto linke Seite

Dotterbutter

ZUTATEN

- 150 ml Schlagobers
- 20 g Maisstärke
- 4 Eidotter
- 250 g weiche Butter

ZUBEREITUNG

- In einem Topf das Obers mit Maisstärke verrühren und unter ständigem Rühren mit dem Schneebesen aufkochen. Kurz einkochen lassen.
- Hitze reduzieren, Mixer in die Obersmasse hineinstellen, einschalten und die Dotter nach und nach einmixen (oder mit dem Schneebesen zügig in die heiße Masse rühren). Erst dann von der Herdstelle nehmen (so werden die Dotter erhitzt und dadurch keimfrei).
- In einen Rührkessel umfüllen und mit dem Schneebesen fast kalt rühren. Weiche Butter nach und nach einrühren und cremig aufschlagen. Beliebig weiterverwenden.

ZUBEREITUNGSZEIT: 20–25 Minuten
VERWENDUNG: als Basis für Kräuter-, Schnittlauch-, Knoblauchbutter etc. (dafür die jeweiligen Aromen einfach unterrühren) sowie zum Verfeinern von Saucen und Suppen (ideal zum Binden!)

Österreichische Vielfalt

Da mögen Gesundheitsapostel auch noch so heftig dagegen ankämpfen: Fett ist und bleibt der wichtigste Geschmacksträger. Der Biss in ein trockenes Kotelett einmal mit und einmal ohne aromatisch gewürzte Butter wird jeden verstehen lassen, was damit gemeint ist. Je nach Verwendung wird die Grundbuttermischung daher auch in alle nur denkmöglichen Richtungen variiert und abgewandelt. So mischt man für **KRÄUTERBUTTER** neben Knoblauch, Zitronensaft und etwas Worcestershiresauce vor allem frisch gehackte Kräuter wie Petersilie, Oregano, Majoran, Rucola, Thymian, Salbei, Rosmarin, Bärlauch, Basilikum, Kerbel oder Kresse unter die Masse. Bei **KNOBLAUCHBUTTER** dominieren rund 40 g fein gehackter Knoblauch, bei **SARDELLENBUTTER** etwa 70 g in Öl eingelegte Sardellen, die noch durch Zitronensaft und Petersilie ergänzt werden.

Steakbutter

ZUTATEN

- 250 g weiche Dotterbutter (s. linke Seite), ersatzweise schaumig gerührte Butter
- 1 Knoblauchzehe
- 100 g Schalotten oder Zwiebeln
- 125 ml Weißwein
- 2 TL (½ Bund) klein geschnittene Petersilie
- je 1 Mokkalöffel klein geschnittener Majoran, Thymian, Estragon, Basilikum
- 1 TL Sardellenpaste oder fein gehackte Sardellenfilets oder -ringerl
- 1 TL Estragon- oder Dijonsenf
- 10 ml Zitronensaft
- 2 Spritzer Worcestershiresauce
- 50 ml Schlagobers
- Pfeffer aus der Mühle
- 1 gehäufter Mokkalöffel Salz

ZUBEREITUNG

- Die Dotterbutter wie beschrieben zubereiten.
- Schalotten sowie Knoblauch fein schneiden und in Wein kochen, bis dieser verdampft ist. Wieder vom Herd nehmen.
- Dotterbutter mit Kräutern, Sardellenpaste, Senf, Zitronensaft, Worcestershiresauce, Salz und Pfeffer gut verrühren und die Zwiebeln untermengen.
- Obers nach und nach zugeben und schaumig rühren. Nochmals würzig abschmecken. Nach Belieben kalt stellen und dann in kleine Portionsstücke schneiden oder direkt auf das fertig gegarte Fleisch etc. auftragen.

ZUBEREITUNGSZEIT: ca. 15 Minuten bei fertiger Dotterbutter
VERWENDUNG: als Garnitur für gegrilltes Fleisch, etwa Steaks, Koteletts, aber auch Fischgerichte

Mehl-Butter-Kugel

ZUTATEN

- 100 g Butter
- 100–150 g glattes Weizen- oder feines Dinkelmehl

ZUBEREITUNG

- Butter aufschäumen, das Mehl mit dem Schneebesen einrühren und wieder auskühlen lassen.
- Kurz vor dem Erstarren die Masse zu einer Kugel formen. In Alufolie wickeln und im Kühlschrank aufbewahren. Bei Bedarf mit einer feinen Reibe abreiben (löst sich so schneller in der heißen Sauce auf).

VERWENDUNG: zum Binden von Saucen und Suppen

Balsamico-Reduktion

ZUTATEN

- 30–40 g Zucker
- 200 ml Balsamicoessig
- je nach Verwendung Apfel-, Trauben- oder anderer Fruchtsaft nach Belieben

ZUBEREITUNG

- Zucker in einem Topf oder einer Pfanne hell karamellisieren.
- Mit Balsamicoessig ablöschen, nach Belieben noch etwas passenden Fruchtsaft zugießen und alles auf die Hälfte einkochen lassen.

VERWENDUNG: zum Verfeinern von Salaten, kalten und warmen Vorspeisen, aber auch als schnelle Basis für eine Sauce

Grillbutter

ZUTATEN

- 500 g Dotterbutter (s. S. 108) oder zimmertemperierte Butter
- 20 g fein gehackte Petersilie
- je ½ KL Rosmarin und Thymian
- 5 g edelsüßes Paprikapulver
- 10 g Currypulver
- 20 ml Zitronensaft
- Prise Cayennepfeffer
- 50 ml Cognac
- 20 g Salz
- frisch gemahlener Pfeffer

FÜR DIE REDUKTION

- 120 g Schalotten oder Zwiebeln
- 2 Knoblauchzehen
- 250 ml kräftiger Rotwein
- 20 ml Öl
- 4 Sardellenfilets

ZUBEREITUNG

- Zuerst für die Reduktion Schalotten oder Zwiebeln in feine Würfel schneiden, Knoblauch ebenfalls fein schneiden.
- Schalotten, Knoblauch, Rotwein und Öl vermischen und auf ein Drittel einkochen. Sardellenfilets zugeben, mit einem Mixstab mixen und abkühlen lassen.
- Nun (Dotter-)Butter schaumig rühren. Die abgekühlte Reduktion sowie sämtliche Kräuter und Gewürze einrühren und mit Salz, Pfeffer, Zitronensaft sowie Cognac würzig abschmecken.
- In eine mit Frischhaltefolie ausgelegte (am besten dachziegelförmige) Terrinenform füllen oder mit einem Spritzsack kleine Gupferln auf ein mit Backpapier ausgelegtes Blech spritzen und einfrieren. Bei Bedarf jeweils etwas davon entnehmen.

VERWENDUNG: ideal zu gegrilltem und kurz gebratenem Fisch oder Fleisch

Grundgewürzmischung

ZUTATEN

- 20 g Pfefferkörner
- 4 g Lorbeerblätter
- 20 g Wacholderbeeren

ZUBEREITUNG

- Alle Zutaten in einer Küchenmaschine (oder alten Kaffeemühle) fein vermahlen. In ein gut verschließbares Glas füllen.

VERWENDUNG: universelle Gewürzmischung zum Verfeinern von pikanten Gerichten

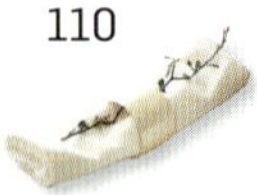

Gewürzmischung

für Geflügel und Fleischgerichte

Dieses Rezept stammt von Markus Höller, Höllerwirt in Altmünster

ZUTATEN

100 g Salz (am besten Steinsalz)

3 g Rosenpaprikapulver

5 g Pfefferkörner

je 1 Zweig frischer Thymian und Rosmarin (bei getrockneten Gewürzen 1 geh. TL Rosmarin und 1 gestr. TL Thymian)

10 Pimentkörner

10 Korianderkörner

1 kl. Stück (5 g) frischer Ingwer

5 g frischer Knoblauch

unbehandelte Schale von ¼ Zitrone

10 g Feinkristall-, Roh- oder Gelbzucker

ZUBEREITUNG

- Kräuterblätter wenn nötig abzupfen, Ingwer schälen und beides mit allen Zutaten in einer Küchenmaschine fein vermahlen.
- Auf ein Backpapier leeren und über Nacht trocknen lassen.
- Nach Belieben nochmals vermahlen und in ein gut verschließbares Glas füllen. Trocken aufbewahren.

VERWENDUNG: zum Würzen von Fleisch-, Wild-, Lamm- und Geflügelgerichten

Kräutersalz

Bärlauchsalz

ZUTATEN

50 g frische Bärlauchblätter oder andere beliebige Blätter von frischen Kräutern (Brunnenkresse, Kerbel, Bachkresse, Petersilie, Spinat, Portulak, Majoran, Thymian, Kresse, Giersch, Sauerampfer, Löwenzahn, Liebstöckel, Rucola, Estragon, Spitzwegerich etc.)

100 g Salz

ZUBEREITUNG

- Kräuterblätter wenn nötig waschen und trocken tupfen bzw. sehr gut abtropfen lassen.
- Mit dem Salz in einer kleinen Küchenmaschine (Cutter) fein vermahlen. Backpapier aufbreiten und die Masse mit einer Tortenschaufel oder Winkelpalette darauf verteilen. In der Restwärme des Ofens (Tellerwärmer) oder in der Sonne trocknen lassen.
- Dann nochmals vermahlen und gut verschlossen aufbewahren.

VERWENDUNG: zum Verfeinern und Aromatisieren von Suppen, Saucen, aber auch Fisch- und Fleischgerichten

TIPP

- Wenn es einmal besonders rasch gehen sollte, kann die Masse auch im Backofen bei ca. 50 °C getrocknet werden.

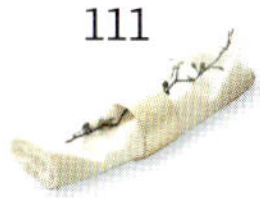

Hausgemachte Suppenwürze

ZUTATEN

- 1,25 kg Karotten
- 500 g Sellerieknollen (mit Blättern und Stängeln)
- 300 g Petersilienwurzel
- 300 g Lauch (auch das Grüne)
- 500 g Zwiebeln
- 300 g Fleischparadeiser (ersatzweise Fenchel oder Gelbe Rüben)
- 1 gr. Bund Petersiliengrün mit Stängeln
- eventuell 30–60 g Knoblauch
- 100 g Salz
- 5 g Kümmel
- 1 TL Muskatnusspulver
- 5 g Koriander
- etwas Majoran
- 10 g Wacholderbeeren
- 5 g Pfefferkörner
- 6 Lorbeerblätter
- frische Kräuter nach Belieben (Liebstöckel, Basilikum, Thymian etc.)

ZUBEREITUNG

- Trockene Gewürze in einer ausgedienten Kaffeemühle oder kleinen Küchenmaschine reiben oder im Mörser grob zerstoßen.
- Geputztes und vorbereitetes Gemüse grob schneiden und faschieren. Gründlich mit Salz sowie den Gewürzen vermischen und mithilfe einer Tortenschaufel oder Winkelpalette großflächig auf mit Backpapier ausgelegte Backbleche verteilen bzw. dünn aufstreichen.
- Backrohr auf 75–80 °C vorheizen und bei leicht geöffneter Backrohrtür (damit der Dampf entweichen kann) je nach Feuchtigkeitsgehalt des verwendeten Gemüses 2 ½–4 Stunden, bei Bedarf auch etwas länger, trocknen.
- Die getrocknete „Gemüseplatte“ mit den Händen grob zerkleinern und fein vermahlen. Bei Bedarf noch vollständig trocknen lassen und erst dann gut verschlossen aufbewahren.

VERWENDUNG: statt industriell gefertigter Suppenwürze zum Verfeinern und Würzen von Suppen und Saucen

Brösel von entrindetem Weißbrot

ZUTATEN

Weiß- oder Toastbrot in beliebiger Menge

ZUBEREITUNG

- Das Brot entrinden, in grobe Stücke schneiden und in einer Küchenmaschine fein zerkleinern. (Die dabei übrig gebliebene Rinde am besten zu Bröseln verreiben und wie Semmelbrösel verarbeiten.)
- Je nach Bedarf verwenden oder in kleineren Mengen in Frischhaltedosen oder Säckchen füllen und tiefkühlen. Keinesfalls offen stehen lassen, da sie sonst rasch austrocknen.

VERWENDUNG: zum Binden von Massen, Saucen etc., aber auch statt Semmelbröseln zum Panieren

Brotcroûtons

ZUTATEN

altbackenes Brot

Butter, Butterschmalz oder Öl

Speckwürfel

ZUM WÜRZEN NACH BELIEBEN

Paprikapulver, Fenchel, Anis, Kümmel oder Kreuzkümmel

ZUBEREITUNG

- Brot in Würfel oder Streifen schneiden.
- In einer Pfanne Butter, Schmalz oder Öl erhitzen und das Brot kross braten. Dabei eventuell auch Speckwürfel mitbraten.
- Nach Geschmack würzen und rasch weiterverwenden, damit sie schön knusprig bleiben.

VERWENDUNG: als Beigabe zu gebundenen Suppen (Rahmsuppe, Kürbissuppe etc.) oder als Garnitur für Salate

Gemüsebeilagen

Dillfisolen eingemachte Fisolen

ZUTATEN

- 500 g Fisolen
- 100 ml Schlagobers (oder in etwas Wasser angerührter Sauerrahm)
- 250 ml Milch oder Rindsuppe
- 20 g Butter oder Öl
- 1 EL glattes Mehl
- Salz, Pfeffer aus der Mühle
- Prise Muskatnuss
- fein gehackte Dillspitzen (oder Bohnenkraut, Majoran oder Thymian)
- eventuell Spritzer Essig

ZUBEREITUNG

- Die vorbereiteten Fisolen in Rauten oder Stücke schneiden und in Salzwasser bissfest kochen. Kalt abschrecken und abtropfen lassen.
- In einem Topf Butter oder Öl leicht erhitzen, Mehl einrühren und darin kurz anschwitzen. Mit Milch oder Suppe aufgießen und mit dem Schneebesen gut verrühren, Obers zugießen und zu einer mehr oder weniger sämigen Sauce einkochen lassen (je länger die Kochdauer, desto dicklicher wird die Sauce).
- Mit Salz, Pfeffer, Muskatnuss und einem Spritzer Essig würzig abschmecken. Abschließend die Fisolen und Kräuter unterrühren und nur kurz erwärmen.

ZUBEREITUNGSZEIT: ca. 15 Minuten inkl. Fisolenkochen
VERWENDUNG: klassische Beilage zu gekochtem Rindfleisch (Tafelspitz), gebratenem Leberkäse oder Augsburger etc.

TIPP

- Für ein intensiveres Dillaroma können die Suppe oder Milch vorher mit Dillstängeln aufgekocht werden.

Österreichische Vielfalt

Neue, gesundheitsbewusste Garmethoden haben das einst immer und überall gegenwärtige **EINGEMACHTE GEMÜSE** etwas in den Hintergrund gedrängt. In der modernen Küche wird Gemüse lieber kurz gebraten oder schonend dampfgegart. Allerdings passen zu manchen Klassikern der österreichischen Küche mollig eingekochte Kohlrabiwürfelchen, Kürbis, Erbsen, Karfiol, Karotten oder Broccoli einfach besser. Tafelspitz mit Wokfisolen? Das geht gar nicht.

Strankerlgulasch

Fisolengulasch

ZUTATEN

- 500 g Fisolen
- 80 g Speckwürfel
- 80 g Zwiebelwürfel
- 1 TL Tomatenmark
- 1–2 KL Rosenpaprikapulver
- 10 g (½ EL) Mehl
- 350 ml Rind- oder Gemüsesuppe
- frisch gehacktes Bohnenkraut (oder andere Kräuter)
- Schlagobers oder Crème fraîche zum Abrunden
- 2 EL Paradeiserwürfel nach Belieben
- Salz, Pfeffer
- Butter oder Öl zum Anbraten

ZUBEREITUNG

- Fisolen vorbereiten (Enden entfernen) und in Salzwasser bissfest kochen. Dann kalt abschrecken und abtropfen lassen.
- In einem Topf Speck- und Zwiebelwürfel in etwas Butter oder Öl kurz anschwitzen. Tomatenmark und Rosenpaprikapulver zugeben, mit Mehl stauben und mit Suppe aufgießen. Sämig einkochen lassen.
- Fisolen sowie nach Geschmack auch Paradeiserwürfel zugeben und darin erwärmen. Mit frisch gehacktem Bohnenkraut, Salz sowie Pfeffer abschmecken und nach Belieben mit Schlagobers oder Crème fraîche verfeinern.

ZUBEREITUNGSZEIT: 20–25 Minuten
VERWENDUNG: als Beilage zu gebratenem Fleisch, Karpfen oder Zander

Österreichische Vielfalt

Ein Schlankerl, wer keine Strankerl mag! Eine Behauptung, die für Nichteingeweihte wohl sehr geheimnisvoll klingen mag. Nun, ein Schlankerl ist eine Art liebenswerter Spitzbub und mit Strankerl bezeichnet man vor allem im Kärntner Raum Fisolen, die außerhalb Österreichs als grüne Bohnen bekannt sind. Besonders beliebt sind Strankerl, wenn sie in Butterbröseln geschwenkt werden (**FISOLEN MIT BUTTERBRÖSELN**). Das kann dann durchaus auch als sättigendes vegetarisches Hauptgericht auf den Tisch kommen, wozu oft auch Heurige gereicht werden. Mit Letzteren sind übrigens – um auch hier sprachliche Verwirrung zu beseitigen – keinesfalls Buschenschänken gemeint, sondern junge, zarte Erdäpferl.

Cremespinat

Kochsalat

ZUTATEN

250 g frischer Blattspinat (1 Pkg. Blattspinat oder passierter Spinat)	
30 g Butter	
20 g Mehl	
ca. 250 ml warme Milch (oder mit Rindsuppe gemischt)	
100 ml Schlagobers	
1 Knoblauchzehe oder/und etwas Bärlauchpaste	
Salz, Pfeffer aus der Mühle	
Prise Muskatnuss	

FÜR DIE VARIANTE KOCHSALAT

250 g Kochsalat	
gekochte Erbsen nach Belieben	

ZUBEREITUNG

- Frischen Spinat in Salzwasser blanchieren, sofort in kaltem Wasser oder Eiswasser abschrecken, gut abtropfen lassen, faschieren oder klein schneiden. Aufgetauten Blattspinat sehr fein schneiden oder faschieren. Für Kochsalat die Blätter ebenfalls kurz blanchieren und wie beschrieben verarbeiten.
- In einem Topf die Butter erhitzen, Mehl darüberstauben, hell anschwitzen und eine helle Einbrenn bereiten. Warme Milch zugießen und mit dem Schneebesen gut verrühren, damit keine Klümpchen entstehen (eventuell mixen).
- Schlagobers zugießen und auf die gewünschte Konsistenz sämig einkochen lassen.
- Spinat einrühren (oder Kochsalat sowie nach Belieben auch gekochte Erbsen) und noch einmal kurz aufkochen. Mit Salz, Pfeffer, Muskatnuss und Knoblauch würzig abschmecken. Sofort auftragen und nicht mehr warm stellen (Farbe und Qualität leiden darunter).

ZUBEREITUNGSZEIT: 20–25 Minuten
GARNITUREMPFEHLUNG: in Butter geschwenkte kleine Paradeiserwürfelchen
VERWENDUNG: als Beilage zu gekochtem Rindfleisch, gebackenem Fisch, aber auch als Hauptgericht, etwa mit gekochten Erdäpfeln und Spiegelei

Österreichische Vielfalt

Cremespinat oder Kochsalat sind klassische Beilagen der Wiener Siedefleischküche, die aber auch gerne zu anderen Fleisch- oder Fischgerichten serviert werden.
Für **EINGEMACHTEN KOHL ODER MANGOLD** wird der Spinat einfach durch das jeweilige Gemüse ersetzt und nach demselben Rezept zubereitet, was auch für Lauchgemüse gilt. Lauch muss allerdings vorher nicht blanchiert werden.

Gurken in Dillrahm

ZUTATEN

- 600 g geschälte und entkernte Gurken
- 30 g Butter oder Butterschmalz
- 50 g Zwiebel- oder Schalottenwürfel
- 20 g glattes Weizen- oder feines Dinkelmehl
- 400 ml Rindsuppe, Gemüsefond (ersatzweise Wasser mit hausgemachter Suppenwürze)
- 125 ml Schlagobers oder Crème fraîche
- 1–2 EL fein gehackte Dille
- Salz, Pfeffer aus der Mühle
- eventuell 1–2 fein geschnittene Knoblauchzehen
- nach Belieben Essig, Zitronensaft, Tabasco- oder Chilisauce zum Abschmecken

ZUBEREITUNG

- Die halbierten Gurken in gefällige Stücke schneiden.
- Butter oder Butterschmalz in einem Topf zerlassen, Zwiebeln und eventuell Knoblauch darin hell kurz anschwitzen. Gurken zugeben, anschwitzen und wieder herausnehmen. Nun das Mehl in den Topf einstreuen und kurz durchrühren, mit Suppe aufgießen und dabei mit dem Schneebesen zügig rühren. Obers zugießen und die Sauce sämig einkochen lassen. Eventuell mixen.
- Gurken wieder zugeben, erwärmen und würzig abschmecken. Dille untermengen und anrichten.

ZUBEREITUNGSZEIT: ca. 30 Minuten
VERWENDUNG: als Beilage zu Fischgerichten, aber auch zu gekochtem Fleisch oder Faschierten Laibchen

Kohl (Kraut)

auf Wiener Art

ZUTATEN

- 500 g zugeputzter Kohl- oder Krautkopf (ohne Strunk und Außenblätter)
- 60 g Speckwürfel
- eventuell 50 g Zwiebelwürfel
- ca. 2 KL (10 g) glattes Weizen- oder feines Dinkelmehl
- ca. 250 ml Rindsuppe oder Gemüsefond
- 1–2 fein gehackte Knoblauchzehen
- Schlagobers oder Crème fraîche nach Belieben zum Verfeinern
- Salz, Pfeffer aus der Mühle
- Butter oder Butterschmalz zum Anschwitzen (ca. 10 g)

ZUBEREITUNG

- Den zugeputzten Kohl- oder Krautkopf mit einem Messer oder mit der Küchenmaschine feinnudelig schneiden. In Salzwasser weich kochen, eventuell kalt abschrecken, abseihen und gut abtropfen lassen.
- In einem Topf etwas Butter oder Butterschmalz zerlassen und Zwiebel- sowie Speckwürfel darin hell anschwitzen. Mehl einrühren und kurz mitrösten. Mit Suppe aufgießen, dabei ständig mit einem Schneebesen zügig rühren, damit sich keine Klumpen bilden. So lange kochen, bis die Flüssigkeit leicht bindet.
- Nun das Gemüse zugeben, mit Salz, Pfeffer sowie Knoblauch würzig abschmecken und nochmals aufkochen lassen. Nach Belieben mit etwas Schlagobers oder Crème fraîche verfeinern und anrichten.

VORBEREITUNGSZEIT: ca. 10 Minuten
ZUBEREITUNGSZEIT: ca. 10 Minuten
VERWENDUNG: als Beilage zu gekochter Selchzunge, Knödelgerichten, Faschiertem oder gekochtem Rindfleisch

Zucchinigemüse Kürbisgemüse

ZUTATEN

- 500–600 g Zucchini (oder pures Kürbisfleisch ohne Schale und Kerne)
- 100–150 g Zwiebelwürfel
- Prise Muskatnuss und eventuell Zimt
- Rosenpaprikapulver nach Geschmack
- Rindsuppe oder Gemüsefond nach Bedarf
- Salz, Pfeffer aus der Mühle
- Schlagobers oder Crème fraîche nach Belieben zum Verfeinern
- gehackte Dille oder Kürbiskerne und Kürbiskernöl zum Garnieren
- 1–2 EL (20–30 g) Butter oder Butterschmalz

ZUBEREITUNG

- Zucchini gut waschen und in kleine Würfel oder feine Streifen schneiden.
- Butter oder Butterschmalz in einer Pfanne zerlassen, Zwiebeln darin hell anschwitzen und Zucchini (Kürbis) beigeben. Unter wiederholtem Rühren oder Schwenken der Pfanne kurz braten. Mit Salz, Pfeffer oder Muskatnuss und je nach Gemüse auch mit Paprika oder Zimt würzig abschmecken. (Kürbis so lange garen, bis das Gemüse weich ist. Dabei bei Bedarf etwas Flüssigkeit nachgießen, damit sich nichts anlegt.)
- Je nach Wunsch mit einem Schuss Schlagobers oder etwas Crème fraîche abrunden und noch etwas einkochen lassen.
- Anrichten und je nach Gemüse und Geschmack mit gehackter Dille oder Kürbiskernen und Kürbiskernöl garnieren.

VORBEREITUNGSZEIT: ca. 5 Minuten
ZUBEREITUNGSZEIT: ca. 10 Minuten

Österreichische Vielfalt

Oft sind die einfachsten Rezepte auch die besten. So verhält es sich auch mit schlicht angebratenem Gemüse, das nur durch ein paar Gewürze und eventuell einen Schuss Schlagobers den letzten Schliff erhält. Je nach Saison lassen sich **FENCHELGEMÜSE** oder **KOHLRABIGEMÜSE** ebenso zubereiten, wobei eine Hand voll angeschwitzter Paradeiserwürfel die Beilage noch zusätzlich verfeinern könnten.

Rotkraut

ZUTATEN

- 1 kg Rotkraut
- ca. 80 g Feinkristallzucker
- 50–100 g Zwiebelwürfel, je nach Geschmack
- 150 ml Orangensaft
- Saft von 1 Zitrone
- 150 ml Rotwein
- ca. 500 ml Suppe (oder Wasser mit Gemüsewürfel aus dem Reformhaus)
- Salz, Pfeffer aus der Mühle
- Prise Zimt
- ca. 30 ml Balsamicoessig (ersatzweise Rotweinessig)
- 1–2 KL (Weizen-)Stärke
- Öl zum Anschwitzen

ZUBEREITUNG

- Strunk und äußere Blätter entfernen, Rotkraut halbieren und feinnudelig schneiden.
- Öl in einem Topf erhitzen und Zwiebeln darin hell anschwitzen. Zucker einstreuen und kurz karamellisieren, Rotkraut zugeben und mit Orangensaft sowie Rotwein aufgießen. Mit Zitronensaft, Salz, Pfeffer sowie einer Prise Zimt würzen und köcheln lassen, bis das Kraut weich ist. Dabei mehrmals mit Suppe oder Wasser aufgießen.
- Je nach gewünschter Molligkeit des Krautes kurz vor Ende der Garzeit etwas Stärke mit wenig Wasser glatt rühren, zugießen und einkochen lassen. (Durch die Weizenstärke erhält das Kraut einen schönen Glanz.)
- Mit einem Schuss Balsamicoessig abschmecken und auftragen.

VORBEREITUNGSZEIT: ca. 10 Minuten
ZUBEREITUNGSZEIT: ca. 1 Stunde
VERWENDUNG: klassische Beilage zu Wildgerichten, gebratener Gans oder Ente, Rindsbraten

Österreichische Vielfalt

Rezepte für feines Rotkraut werden unter Liebhabern gehandelt wie Insidertipps unter Börsenspekulanten. Soll das Kraut vor dem Kochen in Orangensaft, Wein und Gewürzen mariniert werden oder doch lieber während des Garens durch beigemengte Apfelwürfel, Himbeer- oder Preiselbeermarmelade, gehackte Aranzini oder Feigen einen fruchtigen Kick erhalten? Die Zugabe von Ingwer, Kümmel, Muskatnuss, Koriander, Lebkuchengewürz, Nelken, Wacholder, Lorbeer, Nelken oder Piment ist klassisch, aber immer noch gut. Ja und zur Wildsaison sind eingemengte gekochte Maroni (Edelkastanien) natürlich sowieso unschlagbar. Für besonders molliges Rotkraut empfiehlt es sich übrigens, 1–2 EL Risottoreis oder 1 fein geriebenen Erdapfel mitkochen zu lassen.

Sauerkraut

ZUTATEN

- ¾–1 kg Sauerkraut
- 50–100 g Speckwürfel
- 120–150 g Zwiebelwürfel
- 100–200 ml Weißwein (aber auch Apfelsaft, Bier oder Most je nach Verwendung)
- ca. 500 ml Wasser mit Rind- oder Selchsuppe bzw. Fond gemischt oder pur
- 1 KL Kümmel
- je 8 zerdrückte Pfefferkörner und Wacholderbeeren
- 1 Lorbeerblatt
- Prise Majoran und Thymian
- 1 Erdapfel (ca. 100 g) oder Stärke zum Binden
- fein gehackter Knoblauch nach Belieben
- ca. 50 g Butter, Butterschmalz (oder Schweine-, Gänse- oder Entenschmalz) oder Öl
- Salz, Prise Zucker

ZUBEREITUNG

- Zunächst Pfefferkörner, Lorbeerblatt sowie Wacholderbeeren in ein Tee-Ei oder Leinensäckchen binden. Zu säuerliches Sauerkraut mit kaltem Wasser abspülen und abtropfen lassen.
- Butter oder Schmalz erhitzen und die Hälfte der Speckwürfel sowie die Zwiebeln und nach Belieben auch etwas Knoblauch darin anschwitzen. Sauerkraut zugeben, kurz durchrühren und mit Wein ablöschen. Mit Wasser aufgießen, Gewürzsäckchen sowie Kümmel, Majoran und Thymian zugeben. Sauerkraut zugedeckt bei mittlerer Hitze etwa 1 Stunde weich kochen. Dabei nach ca. 20 Minuten den rohen, geschälten Erdapfel direkt in das Kraut reiben und weiterkochen (oder am Ende mit angerührter Stärke binden).
- Währenddessen die restlichen Speckwürferl knusprig braten.
- Sauerkraut nach Belieben noch mit einer Prise Zucker sowie Salz abschmecken, in einer Schüssel anrichten und mit den Speckwürfeln bestreuen.

GARZEIT: ca. 1 Stunde, je nach gewünschter Bissfestigkeit auch länger.

Österreichische Vielfalt

Da Sauerkraut ein wichtiger Vitaminlieferant ist, kam es früher – vor allem in der kalten Jahreszeit – sehr oft auf den Tisch. Dementsprechend vielfältig sind auch die verschiedenen Aromen, die dem sauren Kraut eine jeweils neue Geschmacksnuance verleihen. Von Sauerrahm für das **RAHMKRAUT**, karamellisierten Zwiebeln, geriebenen Äpfeln, gekochten Linsen, Bohnen oder Karotten über heimische und fremde Gewürze wie Ingwer, Muskatnuss, Nelken, Koriander, Piment, Cayennepfeffer, Minze, Oregano, Majoran, Bohnenkraut, Paprikapulver oder Kreuzkümmel bis hin zu Honig, gutem Essig oder feinem Apfel- bzw. Birnenschnäpschen reicht hier die Palette an verfeinernden Zutaten. Sogar Früchte wie Ananas, Birnen, Äpfel, Rosinen, Dörrzwetschken oder getrocknete Marillen findet man in so manchem Sauerkraut. Dem Trend zu gesundem Essen folgend wird Sauerkraut auch gerne als Rohkost serviert, die etwa mit den oben erwähnten Früchten sowie Sauerrahm, Joghurt oder Crème fraîche, grob gehackten Wal- oder Haselnüssen und Zitronensaft abgemacht wird.

Österreichische Vielfalt

Goldgelbe Brösel liebt der Österreicher einfach. Nicht nur rund um das knusprige Wiener Schnitzerl, sondern auch in Verbindung mit Gemüse. So zählen auch **KOHLSPROSSEN ODER FISOLEN MIT BUTTERBRÖSELN**, die wie im Rezept auf S. 126 beschrieben, allerdings ohne Ei zubereitet werden, zu den klassischen Gemüsebeilagen zu gebratenem Fisch oder Fleisch.

Bröselkarfiol Karfiol oder Broccoli mit Bröseln

ZUTATEN

- 1 großer Karfiolkopf oder ca. 600 g Broccoli
- 90 g Butter
- 60 g Semmelbrösel
- 2–3 hart gekochte Eier
- 1 EL fein gehackte Petersilie
- Salz, Pfeffer aus der Mühle
- Natron oder Backpulver nach Belieben

ZUBEREITUNG

- Bei Karfiol oder Broccoli die Blätter entfernen, Karfiol in vier Teile teilen (gart schneller durch) und in kochendem Salzwasser mit einer Prise Natron ca. 10 Minuten eher etwas weicher als bissfest kochen. (Broccoli in Röschen teilen und ebenfalls in Salzwasser mit einer Prise Natron einige Minuten bissfest kochen.)
- Inzwischen in einer Pfanne die Butter zerlassen, Brösel beigeben und kurz unter ständigem Rühren leicht rösten. Vom Herd nehmen und etwas überkühlen lassen. Eier schälen und fein hacken, mit der Petersilie untermengen und die Brösel mit Salz sowie Pfeffer würzig abschmecken.
- Gegartes Gemüse mit einem Lochschöpfer aus dem Wasser heben, auf einem Tuch abtropfen lassen und den Karfiol nach Belieben noch zerteilen. Mit den Bröseln anrichten.

ZUBEREITUNGSZEIT: ca. 10 Minuten
GARNITUREMPFEHLUNG: gebratene Speckwürfel, fein geriebener Parmesan oder würziger Bergkäse
VERWENDUNG: als Beilage zu Fisch, Fleisch oder Wild, aber auch als eigenständiges, vegetarisches Gericht

Foto linke Seite

Kohlsprossen (Fisolen) mit Speck

ZUTATEN

- 500 g Kohlsprossen (oder Fisolen)
- 60–100 g Zwiebelwürfel
- 60 g Speckwürfel
- Backpulver oder Natron nach Belieben
- Salz, Pfeffer aus der Mühle
- Prise Kümmel und Muskatnuss
- eventuell 1–2 kleine geschnittene Knoblauchzehen
- 1 EL (20 g) Butter oder Butterschmalz
- Schlagobers oder Crème fraîche nach Belieben zum Verfeinern

ZUBEREITUNG

- Kohlsprossen zuputzen (lose oder unschöne Deckblätter entfernen und Strunk kreuzweise einschneiden) und in Salzwasser nicht zu weich kochen. Dabei eventuell eine Prise Backpulver oder Natron für eine schöne Farbe beigeben.
- Währenddessen in einer Pfanne Butter zerlassen und Zwiebel- sowie Speckwürfel hellbraun anrösten.
- Fertig gekochte Kohlsprossen abseihen, gut abtropfen lassen und unter das Speck-Zwiebel-Gemisch mengen, kurz durchschwenken und mit Salz, Pfeffer, Kümmel, Muskatnuss und eventuell auch Knoblauch würzig abschmecken. Nach Belieben Schlagobers oder Crème fraîche einrühren und noch etwas einkochen lassen.

VORBEREITUNGSZEIT: ca. 5 Minuten
ZUBEREITUNGSZEIT: ca. 10 Minuten
VERWENDUNG: vielseitige Beilage zu gebratenem Fisch, Fleisch etc.

Spargel in Folie gegart

ZUTATEN

- 1 kg weißer Spargel
- zerlassene Butter nach Belieben
- Weißwein oder Fond nach Belieben
- Zitronen- und/ oder Apfel- bzw. Traubensaft
- Prise Zucker
- Salz, Pfeffer aus der Mühle
- Kräuter nach Geschmack (Kerbel, Estragon, Basilikum, Petersilie, Bärlauch etc.)
- 4 Stück Alufolie (ca. 30 x 30 cm) oder Pergamentpapier

ZUBEREITUNG

- Die holzigen Teile der Spargelstangen (etwa das untere Drittel) entfernen. Spargel von unterhalb der Spargelspitzen beginnend schälen und dabei am besten auf einen umgedrehten Topf legen, damit er beim Schälen nicht bricht.
- Backrohr auf 150–170 °C vorheizen.
- 4 Bögen Alufolie auflegen, je eine Portion Spargel darauflegen und diesen mit Salz, Zucker und frisch gemahlenem Pfeffer würzen. Mit zerlassener Butter, etwas Zitronensaft und nach Belieben auch noch mit etwas Fruchtsaft, Fond und/oder Wein beträufeln.
- Mit den frisch gehackten Kräutern nach Wahl bestreuen und gut in Folie oder Pergamentpapier einpacken. Im vorgeheizten Backrohr je nach Stärke des Spargels 15–25 Minuten garen.
- Den Spargel aus dem Ofen nehmen und kurz in der Folie rasten lassen, erst bei Tisch öffnen, damit sich das feine Aroma nicht vorzeitig verflüchtigt.

VORBEREITUNGSZEIT: ca. 10 Minuten
GARZEIT: 15–25 Minuten je nach Stärke des Spargels
BACKROHRTEMPERATUR: 150–170 °C
BEILAGENEMPFEHLUNG: Sauce hollandaise

Spargel mit Sauce Vinaigrette

ZUTATEN

- 1 kg gekochter Spargel
- 60 ml Weißweinessig
- 100 ml Öl
- 1–2 EL süßer Senf
- 1 Zwiebel
- ½ TL Salz
- Pfeffer aus der Mühle
- 1 TL Zucker
- 2 hart gekochte Eier
- 2–3 EL gehackte Petersilie
- gehackte Kapern nach Geschmack

ZUBEREITUNG

- Den Spargel nach Belieben in Folie (siehe oben) oder in aromatisiertem Wasser bissfest kochen (s. S. 126).
- Währenddessen für die Vinaigrette die Zwiebel fein hacken und nach Belieben blanchieren (in kochendem Wasser überbrühen) und abtropfen lassen.
- Eier ebenfalls fein hacken, mit Zwiebeln vermengen und Essig sowie Öl zugießen. Mit Salz, Pfeffer, Zucker, Senf sowie Petersilie und nach Belieben auch Kapern pikant abschmecken.
- Gegarten lauwarmen Spargel anrichten und die Sauce Vinaigrette darauf verteilen.

VORBEREITUNGSZEIT: ca. 10 Minuten
GARZEIT: grüner Spargel nur wenige Minuten, weißer Spargel 10–20 Minuten je nach Stärke des Spargels
VERWENDUNG: als Beilage, etwa zu gebratenem Fisch oder Fleisch, aber – etwa in Begleitung von heurigen Erdäpfeln – auch als kleine Vorspeise oder Zwischengericht

Foto rechte Seite

Gekochter Spargel mit Butterbröseln

ZUTATEN

- 1 kg Spargel (weiß oder grün)
- 2 EL Butter
- Salz
- Spritzer Zitronensaft
- 1 Semmel oder 2 Toastbrotscheiben (altbacken)
- 80 ml Weißwein nach Belieben

FÜR DIE BUTTERBRÖSELN

- 2 EL Butter
- 4 EL Semmelbrösel
- 1–2 EL fein gehackte Petersilie
- 1 hart gekochtes, grob gehacktes Ei
- Salz, Pfeffer aus der Mühle
- eventuell etwas frisch geriebene Zitronenschale

ZUBEREITUNG

- Die holzigen Teile der Spargelstangen (etwa das untere Drittel) entfernen. Weißen Spargel vom Kopfende weg schälen und dabei am besten auf einen umgedrehten Topf legen, damit er beim Schälen nicht bricht. Grüner Spargel muss nicht geschält werden.
- In einem großen Topf (Spargeltopf) reichlich Wasser mit etwas Butter, einem Schuss Zitronensaft, Salz sowie der Semmel aufkochen. Wein nach Belieben zugießen (für ein feineres Aroma).
- Spargel einlegen und so viel Wasser nachgießen, dass der Spargel bedeckt ist. Je nach Sorte und Stärke bissfest kochen (grünen Spargel nur wenige Minuten ziehen lassen, weißen Spargel 10–20 Minuten).
- Für die Butterbrösel inzwischen in einer Pfanne die Butter schmelzen lassen. Brösel zugeben und kurz durchrösten. Das grob gehackte Ei sowie die Petersilie unterrühren und alles gut vermengen. Mit etwas Zitronenschale, Salz und Pfeffer würzen.
- Gekochten Spargel herausheben, nach Belieben ganz kurz in kaltem Wasser abschrecken und abtropfen lassen. Zu den Butterbröseln geben, kurz durchschwenken und auftragen.

VORBEREITUNGSZEIT: ca. 10 Minuten
GARZEIT: grüner Spargel nur wenige Minuten, weißer Spargel 10–20 Minuten je nach Stärke des Spargels
VERWENDUNG: als Beilage zu Fisch- und Fleischgerichten, in Begleitung von Buttererdäpfeln aber auch als vegetarisches Hauptgericht

Kürbis-Orangen-Gemüse

ZUTATEN

- 300 g Kürbisfleisch (Hokkaido, Muskatkürbis, Langer von Neapel)
- ca. 800 ml Orangensaft
- 150 g Feinkristallzucker
- ev. Prise Salz und Pfeffer

ZUBEREITUNG

- Kürbisfleisch in Würfel schneiden.
- Zucker in einem Topf zu hellem Karamell schmelzen, mit Orangensaft aufgießen und aufkochen lassen. Kürbis zugeben und nicht zu weich kochen.
- Mit einem Lochschöpfer herausnehmen und die verbliebene Flüssigkeit sirupartig einkochen lassen. Kürbis dazugeben und eventuell abschmecken.

VORBEREITUNGSZEIT: ca. 5 Minuten
GARZEIT: Kürbis nur kurz garen, Sud ca. 20 Minuten
VERWENDUNG: als Beilage zu Wildgerichten, aber auch als Garnitur für harmonierende Desserts, wofür das Gemüse mit Orangenschale, Cointreau oder Ingwer aromatisiert und etwas angerührter Stärke oder Vanillepuddingpulver eingedickt werden kann

Rollgerstlgemüse Graupengemüse

ZUTATEN

150–200 g Rollgerstl oder Graupen
100 g Zwiebel- oder Schalottenwürfel
2 klein geschnittene Knoblauchzehen oder etwas Knoblauchpaste
100 g Karotten
50 g Knollen- oder Stangensellerie oder Lauch
ca. 400 ml Kochfond
je 1 Zweig Thymian und Majoran
eventuell 1 EL geriebener Kren
eventuell 1–2 EL Essig
Crème fraîche oder Schlagobers nach Belieben
Prise Muskatnuss
Salz, Pfeffer aus der Mühle
30 g Butter, Butterschmalz, Schweineschmalz oder Öl

ZUM VERFEINERN NACH BELIEBEN

5 EL getrocknete, gekochte Kidney- oder Käferbohnen
in Butter sautierte Pilze

ZUBEREITUNG

- Karotten und Sellerie oder Lauch in feine Würfel schneiden.
- Rollgerstl in kochendem Wasser ca. 5 Minuten blanchieren, abgießen, aber den Kochfond dabei auffangen. Rollgerste kalt abschrecken und abtropfen lassen.
- In einem Topf Fett erhitzen und Zwiebeln sowie Knoblauch hell anschwitzen.
- Gemüse zugeben und mit Kochfond aufgießen. Rollgerste, Gewürze und Kräuter (am besten in ein Tee-Ei oder Leinensäckchen geben) untermengen und alles so lange köcheln lassen, bis die Graupen weich sind. Währenddessen bei Bedarf noch etwas Kochfond, nach Belieben auch etwas Crème fraîche oder Schlagobers nachgießen.
- Kräuterzweige entfernen und nach Belieben zusätzlich die vorgekochten Bohnen oder Pilze zugeben. Nach Geschmack frisch geriebenen Kren und/oder einen Schuss Essig einrühren. Nochmals abschmecken und auftragen.

GARZEIT: ca. 30 Minuten
VERWENDUNG: als Beilage zu gekochtem Rindfleisch, Krenfleisch, gepökelter Zunge oder Schulter, zu gebratenen oder pochierten Fischfilets, aber auch als vegetarisches Gericht (dafür die doppelte Menge zubereiten)

Eingekochte Zwiebeln

ZUTATEN

200 g Zwiebel- oder Schalottenwürfel, Jungzwiebeln oder Lauch
40 g Butter oder beliebiges Öl
ca. 200 ml Weißwein
1–2 KL Zucker
¼ Lorbeerblatt
1 Wacholderbeere
3 Pfefferkörner (ersatzweise Prise Grundgewürzmischung s. S. 110)
1 Gewürznelke oder Nelkenpulver
1 TL Petersilie
1 kleiner Zweig Thymian
Salz, Pfeffer aus der Mühle

ZUBEREITUNG

- Die Zwiebel- oder Schalottenwürfel in einem Sieb heiß abbrausen, auf Küchenpapier gut abtropfen lassen.
- In geschmolzener Butter oder heißem Öl mit Zucker sowie Salz weich und glasig anschwitzen.
- Nun sämtliche Gewürze zugeben, mit Weißwein ablöschen und diesen verkochen lassen. Abschließend die gehackten Kräuter unterrühren und nochmals abschmecken.

VERWENDUNG: zum Verfeinern und Garnieren von Reis- und Nudelgerichten, als Beilage zu Fisch und Fleisch, aber auch als pikante Farce zum Füllen von Fischfilets

Linsen mit Speck

ZUTATEN

- 500 g getrocknete Linsen
- ca. 1,5 l Rindsuppe oder Kochsud
- 100 g würfelig geschnittener Bauernspeck
- 50 g Zwiebelwürfel
- 50 g fein gehackte Gurkerl, Kapern und Sardellenfilets gemischt
- 1 EL gehackte Petersilie
- 30–40 g (1–2 EL) glattes Weizen- oder feines Dinkelmehl
- 2 Lorbeerblätter
- einige Wacholderbeeren
- 1 TL Senf
- 1–2 gehackte Knoblauchzehen
- etwas Zitronenschale
- Thymian
- 2 cl Wein-, Most-, Apfel-, Balsamico- oder beliebiger Essig
- Salz, Pfeffer aus der Mühle
- 2 EL (40 g) Butter oder Butterschmalz zum Anschwitzen
- Crème fraîche oder Schlagobers nach Belieben
- gehackte Petersilie zum Bestreuen

ZUBEREITUNG

- Bereits am Vorabend die Linsen einweichen und stehen lassen. Am nächsten Tag die Linsen abgießen, in einen Topf geben und mit frischem Wasser bedecken. Einige Wacholderbeeren und Lorbeerblätter zugeben und die Linsen je nach Sorte zwischen 20 Minuten und 1 Stunde weich kochen. Dann Sud abgießen und nach Belieben zum Aufgießen auffangen (oder für Suppe verwenden).
- In einem Topf Butter oder Butterschmalz schmelzen, Zwiebelwürfel darin glasig andünsten und mit Mehl stauben. Linsen zugeben. Mit Suppe oder Kochsud aufgießen und gut verkochen lassen.
- Nun die pikante Gurkerl-Sardellen-Mischung sowie die gehackte Petersilie einrühren. Knoblauch, Thymian sowie Zitronenschale zugeben und die Linsen mit Salz, Pfeffer, Senf und einem Schuss Essig würzig abschmecken. Nach Geschmack mit etwas Crème fraîche oder Schlagobers abrunden und noch etwas einkochen lassen.
- Inzwischen die Speckwürfel glasig anrösten.
- Fertige Linsen in Tellern anrichten, mit Speckwürfeln und gehackter Petersilie bestreuen.

VORBEREITUNGSZEIT: über Nacht einweichen
GARZEIT: 40–80 Minuten, je nach Sorte
BEILAGENEMPFEHLUNG: Semmelknödel
VERWENDUNG: als Beilage zu Wildgerichten, Wildgeflügel, aber – begleitet von Knödel und gebratenen Speckscheiben – auch als Hauptgericht

Österreichische Vielfalt

Ob jenes Linsengericht, für das Esau sein Recht als Erstgeborener an seinen Bruder Jakob verkaufte, auch nur ansatzweise so gut schmeckte wie die österreichische Spielart, ist zu bezweifeln. Allerdings muss es gut genug gewesen sein, um den Handel einzugehen. Mittlerweile hat sich das Raffinement dieses beliebten Gemüses, das auch gerne als Eintopf und somit als Hauptgericht serviert wird, entschieden gesteigert. Rosenpaprikapulver, Gewürznelken, Majoran, Piment, Salbei, Rosmarin, Kümmel, Neugewürz, Weinraute, Gurkenkraut, Worcestershiresauce, Senf, Borretsch, Beizkraut, Pfefferkörner oder ein Spritzer Zitronensaft sorgen für immer neue Geschmackserlebnisse. Für **LINSENSUPPE** wird einfach mehr Flüssigkeit zugegossen, ob danach geschnittene Würstel oder rosa gebratene Entenbrust als Einlage darin landen, ist eine Frage des Geschmacks, aber kein ernstes Problem – solange damit keine juristischen Konsequenzen verbunden sind, wie bei oben erwähntem Bibel-Deal ...

Sättigungsbeilagen

Semmelknödel Kaspressknödel

ZUTATEN

- 350 g getrocknete Semmelwürfel (aber auch Laugen-, Toast-, Dinkel-, Vollkorn- oder Schwarzbrotwürfel)
- 50–100 g Zwiebel-, Frühlingszwiebel-, Fenchel- oder Lauchwürfel nach Geschmack
- 30 g Butter, Butterschmalz oder beliebiges Öl
- 250–350 ml Milch, je nach Trockenheit des Brotes
- 3–4 Eier
- Salz, Pfeffer
- Muskatnusspulver
- eventuell Knoblauch
- Fein gehackte Kräuter nach Belieben (Petersilie, Basilikum, Bärlauch, Sauerampfer, Majoran, Thymian, Rosmarin, Liebstöckel, Bertram etc.)
- 1 EL griffiges Weizenmehl, Brösel oder Grieß bei Bedarf

FÜR KASPRESSKNÖDEL

- 200 g aromatische Käsewürfel
- Butterschmalz oder Öl zum Herausbacken

ZUBEREITUNG

- Brotwürfel in eine große Schüssel geben.
- In einem Topf Zwiebelwürfel und eventuell gehackten Knoblauch in heißer Butter oder Schmalz glasig anschwitzen. Mit Milch aufgießen, einmal aufkochen lassen und über die Brotwürfel gießen. Etwas überkühlen lassen.
- Nun Eier untermengen und die Masse kurz quellen lassen. Masse mit Salz, Pfeffer und Muskatnuss würzig abschmecken. Nach Belieben auch fein gehackte Kräuter einarbeiten. (Für Kaspressknödel auch Käsewürfel einmengen.)
- Aus der Semmelknödelmasse mit befeuchteten Händen Knödel formen, eventuell einen Probeknödel in kochendem Wasser gar ziehen lassen. Bindet die Masse nicht genug, noch etwas Mehl, Brösel oder Grieß einmengen. Knödel je nach Größe 10–15 Minuten garen.
- (Kaspressknödelmasse zu kleinen Laibchen formen und diese in heißem Schmalz oder Öl knusprig herausbacken, anschließend in Rindsuppe aufkochen und damit servieren.)

VORBEREITUNGSZEIT: ca. 15 Minuten
GARZEIT: 10–15 Minuten je nach Größe
VERWENDUNG: Semmelknödel ideal als Beilage für Saucengerichte, Schweinsbraten, Geselchtes, aber auch für Schwammerlgulasch, Linsen mit Speck etc. Kaspressknödel können auch in Suppe aufgekocht und darin serviert, aber auch auf Sauerkraut angerichtet werden.

Österreichische Vielfalt

Während Sprachpolizisten im Gefolge des bayrischen Kabarettisten Karl Valentin darüber brüten, ob es im Plural nicht Semmelnknödeln heißen müsste, machen sich österreichische Köche darüber Gedanken, wie man die flaumige Masse für Semmel- oder Serviettenknödel noch verfeinern könnte. Je nach Verwendung werden dann auch gekochte Gemüsewürfelchen, Schinken, in Butter angeschwitzte Pilze oder Käse unter die Masse gemengt. Sollen die Knödel ein Wildgericht begleiten, so können auch grob gehackte Nüsse oder Maroni, beliebige Dörrfrüchte oder Weintrauben beigegeben werden. Für klassische **TIROLER SPECKKNÖDEL** werden unter die Grundmasse gehackte Speckwürfel oder Würfel von geräucherter Wurst gemischt. Besonders dekorativ sehen Semmelknödel übrigens aus, wenn man die Masse in mittelgroße verschließbare Einmachgläser bis 3 cm unter den Rand füllt und sie im Wasserbad oder Dampfgarer ca. 50 Minuten gart. Ob im Glas oder gestürzt serviert – das Ergebnis kann sich schmecken lassen.

Spätzle, Laugenserviettenknödel, Serviettenknödel
Semmelknödel, Grießroulade, Palatschinke mit Mangold

Serviettenknödel

ZUTATEN

- **250 g getrocknete Semmelwürfel (aber auch Laugen-, Toast-, Dinkel-, Vollkorn- oder Schwarzbrotwürfel)**
- **200–300 ml Milch, je nach Trockenheit des Brotes**
- **50 g zerlassene Butter**
- **eventuell 50–100 g Zwiebel-, Frühlingszwiebel-, Fenchel- oder Lauchwürfel**
- **3 Eidotter**
- **3 Eiklar**
- **1 TL Weizenstärke**
- **Salz, Pfeffer**
- **Muskatnuss gerieben**
- **Öl zum Bestreichen**

ZUBEREITUNG

- Semmelwürfel in eine Schüssel geben. Milch mit Butter und Dotter verrühren und über das Brot gießen. Nach Belieben auch Zwiebelwürfel in etwas Öl anschwitzen und zugeben. Gut vermengen und 10–15 Minuten quellen lassen.
- Eiklar mit Salz und Stärke zu schmierig-steifem Schnee schlagen und unter die Semmelmasse heben. Mit Salz, Pfeffer und Muskatnuss abschmecken.
- Eine größere Stoffserviette oder ein Baumwolltuch anfeuchten und den Teil des Tuches, wo die Semmelknödelrolle aufgelegt wird, mit etwas Öl einstreichen.
- Die Masse auf dem Tuch zu einer 5–6 cm dicken Rolle formen und in das Tuch straff einrollen. Die Enden mit einem Bindfaden abbinden. (Oder Serviettenknödel in Frischhaltefolie wickeln und vor dem Kochen mehrmals mit einer Gabel einstechen.)
- In einem Topf Salzwasser aufkochen, Knödel einlegen und leicht wallend 35–45 Minuten garen (oder im Dampfgarer garen).
- Aus dem Wasser heben, Garn und Tuch entfernen und den Knödel in Scheiben schneiden.

VORBEREITUNGSZEIT: ca. 20 Minuten
GARZEIT: 35–45 Minuten
VERWENDUNG: als Beilage zu Wild-, Schweinefleisch-, Rindfleisch-, Geflügel- oder Lammgerichten etc., aber auch als Füllmasse für gefülltes Brathendl, Ente oder Gans; übrig gebliebene Knödel für geröstete Knödel verwenden oder (in Scheiben geschnitten) tiefkühlen

Erdäpfelknödel

Erdäpfelteig-Grundrezept

ZUTATEN

- 500 g gekochte, mehlige Erdäpfel
- ca. 200 g griffiges oder glattes Weizenmehl oder feines Dinkelmehl
- 2 Eidotter oder 1 Ei
- 50 g Weizengrieß oder Polenta
- 40 g sehr weiche oder zerlassene Butter
- Salz
- Prise Muskatnuss
- Weizen- oder Stärkemehl zum Wälzen nach Belieben

ZUBEREITUNG

- Die gekochten kalten Erdäpfel durch die Erdäpfelpresse oder -wiege drücken. Mit Dottern oder Ei, Grieß, der zerlassenen Butter und Mehl vermengen. Mit Salz sowie Muskatnuss würzen und zu einem Teig verarbeiten (durchkneten).
- Nur kurz rasten lassen oder gleich weiterverarbeiten.
- Den Teig zu Rollen formen, kleine Stücke davon abtrennen und diese zu kleinen Knödeln formen. Nach Belieben in Weizen- oder Stärkemehl wälzen (für einen schöneren Glanz).
- In einem großen Topf Salzwasser aufkochen, Knödel einlegen und knapp unter dem Siedepunkt je nach Größe 10–13 Minuten garziehen lassen. Am besten einen Probeknödel kochen und den Teig bei Bedarf mit flüssiger Butter (Teig wird weicher) oder mit Mehl (wird kompakter) korrigieren.

VORBEREITUNGSZEIT: ca. 10 Minuten bei gekochten Erdäpfeln
GARZEIT: 10–13 Minuten
VERWENDUNG: als Beilage zu Saucen- und Fleischgerichten, aber auch als Hülle für pikante und süße Knödel

Österreichische Vielfalt

Erdäpfelteig spielt in der österreichischen Küche eine große Rolle, sei es nun – wie in diesem Rezept – als begleitende Beilagenknödel, als Kroketten, Erdäpfellaibchen, Schupfnudeln oder in gefüllter Form, man denke nur an Haschee-, Grammel- und Speckknödel. Doch selbst innerhalb der relativ kleinen Gruppe der Erdäpfelknödel tun sich zwischen den einzelnen Regionen mitunter Welten auf. Während man in Oberösterreich auch gerne in Butter knusprig geröstete Semmelwürfel in die Mitte der Erdäpfelknödel einarbeitet, wird ein echter **WALDVIERTLER KNÖDEL** (siehe dort) aus gekochten und rohen Erdäpfeln hergestellt. Passt das Hauptgericht dazu, so kann obige Erdäpfelmasse auch zu **ERDÄPFEL-SERVIETTENKNÖDEL** verarbeitet werden. Dafür wird der Teig zu einer großen Rolle geformt, in eine befettete Serviette oder Küchentuch gebunden und in Salzwasser 30–40 Minuten knapp unter dem Siedepunkt gekocht. Besonders nett sehen die Serviettenknödel aus, wenn sie kleiner portioniert und als separat eingebundene Mini-Serviettenknödel gegart werden. Für **SÜSSE OBSTKNÖDEL** wird der an und für sich neutrale Teig (freilich ohne pikante Gewürze) je nach verwendetem Obst manchmal auch mit Zimt, Nelkenpulver, Lebkuchengewürz, Orangen- oder Zitronenschale oder Ingwer aromatisiert.

Waldviertler Erdäpfelknödel

ZUTATEN

- **300 g rohe, geschälte Erdäpfel (ergibt ca. 100–120 g ausgepresste Erdäpfelmasse)**
- **300 g gekochte, geschälte Erdäpfel**
- **40 g Weizen- oder Erdäpfelstärke**
- **20 g Weizengrieß**
- **100 g griffiges Weizenmehl nach Bedarf**
- **2 Eidotter oder 1 Ei**
- **Salz, Pfeffer aus der Mühle**
- **Prise Muskatnuss**
- **Schuss Zitronensaft**
- **eventuell Weizenstärke zum Wälzen**

ZUBEREITUNG

- Gekochte Erdäpfel reiben. Rohe Erdäpfel mit einer feinen Reibe in Zitronenwasser reiben (falls die Knödel sofort verarbeitet werden, die Erdäpfel nur mit etwas Zitrone beträufeln) und ausdrücken.
- Beide Erdäpfelmassen miteinander vermengen. Grieß, Eidotter sowie Stärke zugeben, mit Salz, Pfeffer und Muskatnuss würzen und alles zu einem Teig verarbeiten. Je nach Bedarf noch etwas Stärke oder Grieß einmengen. (Für eher festere Knödel zusätzlich bis zu 100 g griffiges Weizenmehl einmengen.)
- Mit befeuchteten Händen Knödel formen und diese eventuell für eine schöne, glatte Oberfläche in Stärke rollen.
- In einem Topf Salzwasser aufkochen, Knödel einlegen und unter dem Siedepunkt ca. 15 Minuten ziehen lassen. Mit einem Knödelheber herausheben und anrichten.

VORBEREITUNGSZEIT: ca. 10 Minuten bei gekochten Erdäpfeln
GARZEIT: ca. 15 Minuten
VERWENDUNG: als Beilage zu deftigen Fleischgerichten wie Schweinsbraten

Erdäpfelnockerl

ZUTATEN

- **Erdäpfelteig s. S. 133**
- **Butter zum Schwenken**
- **frisch gehackte Kräuter nach Belieben**

ZUBEREITUNG

- Erdäpfelteig wie im Grundrezept beschrieben vorbereiten und zu länglichen, fingerdicken Rollen formen.
- Mit einer Teigkarte oder mit einem Messer ca. 1 cm lange Stücke abschneiden und mit der Gabel kurz das Muster andrücken.
- In einem Topf Salzwasser aufkochen lassen, Nockerl einlegen und nur so lange ziehen lassen, bis sie an die Oberfläche kommen.
- Mit einem Siebschöpfer herausheben und im kalten Wasser abschrecken.
- Nach Belieben in geschmolzener Butter schwenken und mit frisch gehackten Kräutern bestreuen.

VORBEREITUNGSZEIT: ca. 15 Minuten
GARZEIT: 2–3 Minuten ziehen lassen
VERWENDUNG: als Beilage zu Saucengerichten, aber auch als kleines Hauptgericht, etwa mit Käse bestreut und mit Salat serviert

Grießknödel

ZUTATEN

- 250 g Grieß
- 80 g Speckwürfel (oder etwas Schmalz in die Suppe)
- 3 Eier
- 500 ml Gemüsefond oder (Selch-)Suppe
- Salz
- Prise Muskatnuss
- Mehl oder Semmelbrösel nach Bedarf

ZUBEREITUNG

- Speckwürfel in einer Pfanne kurz anrösten und den Grieß damit „abbrennen" (übergießen). (Für Grießknödel ohne Speck etwas Schmalz in der Suppe schmelzen lassen.)
- In einem Topf die Suppe aufkochen, Grieß zugeben und einkochen, bis aus der Masse ein kompakter Teig geworden ist. Überkühlen lassen.
- Dann die Eier nach und nach einmengen, gut vermischen und mit Salz sowie Muskatnuss würzen. Etwa 15 Minuten rasten lassen. Wenn nötig, etwas Mehl oder Semmelbrösel beifügen.
- Aus der Masse Knöderl formen und diese in Salzwasser oder Selchsuppe ca. 10 Minuten kochen.

VORBEREITUNGSZEIT: ca. 30 Minuten
GARZEIT: ca. 10 Minuten
VERWENDUNG: ideal als Sättigungsbeilage zu gekochtem Selchfleisch, Ragouts oder Specklinsen, aber auch in kleinerer Form als Suppeneinlage

Österreichische Vielfalt

Da Knödel in der österreichischen Küche eine sehr wesentliche Rolle spielen, werden sie sehr abwechslungsreich variiert. Auch Grießknödel, die mitunter statt mit Speck auch mit (100–150 g) gekochten Gemüsewürfeln (Karotten, Rüben etc.) und/oder frisch gehackten Kräutern (Bärlauch, Basilikum, Dill, Rosmarin, Thymian) zubereitet werden. Werden Grießknödel zu deftigem Fleisch gereicht (Geselchtem, Braten etc.), so verzichtet man gänzlich auf Speck und gibt dafür einfach etwas Fett (Butter oder Butterschmalz) in die Suppe, ehe man den Grieß damit „abbrennt". Im Burgenland verwendet man für **POLENTAKNÖDEL** statt Grieß das goldene „Türkenmehl", wie dort der Maisgrieß auch gerne genannt wird. In Regionen, in denen Erdäpfel sehr beliebt sind, werden der fertigen Grießmasse auch zusätzlich 200 g gekochte, durchgedrückte Erdäpfel beigemengt. Zum eigenständigen kleinen Gericht werden die Knödel schließlich, wenn Sie etwa Schinken- und/oder Käsewürfel einarbeiten, aus der Masse kleine Laibchen formen und diese in heißem Fett goldbraun braten.

Knusprige Erdäpfelstangerl

ZUTATEN

- **Erdäpfelteig s. S. 133**
- **Mehl, Eier und Semmelbrösel oder Sesam, Mandeln etc. zum Panieren**
- **Öl zum Herausbacken**

ZUBEREITUNG

- Erdäpfelteig wie im Grundrezept beschrieben vorbereiten und zu länglichen, 3 cm dicken Stangen formen. Davon jeweils 4 cm lange Stücke abschneiden.
- In Mehl, Ei und Bröseln, Sesam oder Mandeln panieren. In einer Pfanne reichlich Fett erhitzen und die Erdäpfelstangerl schwimmend goldbraun backen.
- Herausheben, auf Küchenkrepp gut abtropfen lassen.

VORBEREITUNGSZEIT: ca. 10 Minuten bei fertigem Teig
GARZEIT: einige Minuten
VERWENDUNG: als Beilage zu Fleisch- und Fischgerichten, in Begleitung von feiner Schnittlauch- oder Kräutersauce und Salat, aber auch als vegetarische Speise (Menge entsprechend verdoppeln)

Duchesse-Erdäpfel

Erdäpfelkrapferl

ZUTATEN

- **500 g roh geschälte mehlige Erdäpfel**
- **20 g weiche Butter**
- **2 Eidotter**
- **Salz**
- **Muskatnuss gerieben**
- **eventuell Pfeffer gemahlen**
- **Öl für das Blech**

ZUBEREITUNG

- Die Erdäpfel vierteln, in Salzwasser kochen (oder im Dampfgarer oder im Siebeinsatz des Kochtopfs dämpfen) und im heißen Rohr gut ausdämpfen lassen.
- Noch heiß durch eine Erdäpfelpresse drücken. Die weiche Butter und Dotter rasch einrühren und mit Salz, Muskatnuss und eventuell auch Pfeffer würzen.
- Das Backrohr auf 185 °C Heißluft vorheizen und ein Backblech mit Backpapier oder Silikonmatte auslegen (oder mit Öl bestreichen).
- Die Masse in einen Spritzsack mit glatter Tülle füllen und kleine Krapferl auf das vorbereitete Blech spritzen.
- Im heißen Rohr ca. 15 Minuten goldbraun backen.

VORBEREITUNGSZEIT: ca. 25 Minuten
BACKZEIT: ca. 15 Minuten
BACKROHRTEMPERATUR: 185 °C Heißluft
VERWENDUNG: als Garnitur für feine Gerichte mit Sauce, gegrilltes Fleisch oder Fisch

Linke Seite:
Erdäpfelgratin
Duchesse-Erdäpfel
Erdäpfellaibchen

Erdäpfelpüree

ZUTATEN

500 g mehlige, bereits geschälte Erdäpfel	
200–230 ml Milch und Schlagobers gemischt	
1 EL Butter	
Salz, weißer Pfeffer aus der Mühle	
frisch geriebene Muskatnuss	
Prise Kümmelpulver nach Belieben	

ZUBEREITUNG

- Erdäpfel je nach Größe halbieren oder vierteln und zugedeckt in Salzwasser bei kleiner Hitze weich garen, dabei ab und an den Schaum abschöpfen.
- Abseihen, abtropfen lassen und noch heiß durch eine Erdäpfelwiege oder -presse drücken.
- In einem Topf Milch mit Obers und Butter aufkochen. Mit einem Schneebesen oder Kochlöffel langsam unter die Erdäpfel rühren, dabei aber nicht zu lange rühren, damit das Püree nicht gummiartig wird.
- Mit Salz, weißem Pfeffer, Muskatnuss und nach Belieben auch noch mit Kümmel würzen.

KOCHZEIT: 30–40 Minuten

Österreichische Vielfalt

Erdäpfelpüree ist eines jener Gerichte, an dem sich die Qualität einer Küche relativ einfach messen lässt. Immerhin spielt bei diesem kulinarischen Gradmesser nicht nur das Know-how, sondern auch die Wahl der Grundprodukte eine entscheidende Rolle. Allem voran gute Erdäpfel, gefolgt von einer nicht zu kleinen Dosis Schlagobers und/oder Butter. Von beidem kann es eigentlich nicht genug sein, runden sie doch den Geschmack mollig und cremig ab. In der gehobenen Gastronomie tragen auch erlesene Öle, etwa Oliven-, Walnuss-, Sesam-, Maiskeim-, Marillenkern-, Traubenkern-, Kürbiskern- oder Trüffelöl, zur Verfeinerung bei. Für **SPRITZERDÄPFEL** wird fertiges Püree mit Dotter und etwas griffigem Weizenmehl vermengt, in einen Spritzsack gefüllt, in Form von kleinen Krapferln auf ein vorbereitetes Backblech aufgespritzt und im vorgeheizten Backrohr goldbraun gebacken. Übrig gebliebenes Püree kann übrigens durch das Einarbeiten von Dotter und Semmelbröseln und/oder Haferflocken gefestigt und zu Laibchen gebraten werden.

Erdäpfeldatschi Erdäpfellaibchen

ZUTATEN FÜR CA. 8 STÜCK

- 200 g gekochte Erdäpfel
- 2 Eidotter
- 2 Eiklar
- 1 gut gehäufter KL Maisstärke
- ca. 20 g Öl oder Öl-Butter-Gemisch zum Backen
- Salz, Pfeffer aus der Mühle
- eventuell fein gehackte Kräuter
- je 1 KL Estragon- und süßer Senf als Beigabe zu Fisch

FÜR SÜSSE VARIANTE

- etwas Zitronen- oder Orangenschalenpulver oder –zucker, Vanillezucker,
- Zimt, Lebkuchengewürz, je nach Jahreszeit und Weiterverwendung

ZUBEREITUNG

- Die gekochten Erdäpfel durch eine Erdäpfelwiege oder -presse drücken, mit Dottern vermengen und mit Salz sowie Pfeffer würzen.
- Eiklar mit Maisstärke verrühren und zu schmierig-steifem Schnee schlagen. Unter die Erdäpfelmasse mengen. Nach Belieben und Verwendung frisch gehackte Kräuter und/oder Senf einmengen.
- In einer (beschichteten) Pfanne wenig Öl erhitzen und mit Hilfe eines Löffels etwa handtellergroße Laibchen (ca. 2 cm hoch) einfließen lassen. Bei geringer Hitze auf beiden Seiten ca. 2 Minuten zu flaumigen Datschi goldbraun braten.

VORBEREITUNGSZEIT: ca. 10 Minuten
GARZEIT: ca. 5 Minuten
VERWENDUNG: als Beilage zu Wild, Lamm, Geflügel, aber auch als raffinierte Vorspeise etwa mit Fischmus und Fischtatar serviert (dazu kann die Masse zusätzlich mit Senf aromatisiert werden)

Österreichische Vielfalt

Die Österreicher lieben Süßspeisen in besonderem Maße – folglich wird vieles aus der pikanten Küche als Dessert adaptiert. Auch diese Beilage. Für **SÜSSE ERDÄPFELDATSCHI** werden unter Weglassen der pikanten Gewürze je nach Geschmack 30 g fein gemahlene Haselnüsse, Mandeln, Kürbiskerne oder Mohn unter die Erdäpfel-Dotter-Masse gemengt und die Laibchen mit Apfelmus, Preiselbeeren, karamellisierten Apfelspalten etc. serviert, allerdings nicht ohne zuvor kräftig mit Zimtzucker bestreut worden zu sein!

Braterdäpfel

ZUTATEN

- 600 g gekochte, geschälte Erdäpfel
- etwas Öl zum Braten
- Salz
- eventuell fein gehackte Petersilie und zerlassene Butter

ZUBEREITUNG

- Erdäpfel der Länge nach vierteln (kleine Erdäpfel ganz lassen oder nur halbieren).
- In einer Pfanne etwas Öl erhitzen und die Erdäpfel unter wiederholtem Schwenken goldbraun braten.
- Das übrig gebliebene Öl abgießen und die Erdäpfel salzen. Nach Belieben noch in Butter schwenken und mit Petersilie bestreuen.

ZUBEREITUNGSZEIT: ca. 10 Minuten

Erdäpfelauflauf

ZUTATEN

500 g Erdäpfel
30 g fein gesiebte Semmelbrösel
30 g Erdäpfel- oder Weizenstärke
3 Eidotter
3 Eiklar
50–80 g Zwiebel- oder Schalottenwürfel
1–2 EL Öl zum Anschwitzen
Majoran
Salz, Pfeffer aus der Mühle
Muskatnuss
Kümmel
100 g Speckwürfel, Schinken, gekochtes Gemüse oder Pilze nach Belieben
frisch gehackte Kräuter nach Geschmack
Butter und Semmelbrösel für die Form

Foto rechte Seite

ZUBEREITUNG

- Erdäpfel kochen, auskühlen lassen und schälen. Durch eine Erdäpfelpresse oder -wiege drücken.
- In einer Pfanne etwas Öl erhitzen, Zwiebelwürfel darin anschwitzen und dabei nach Belieben auch Speckwürfel, Schinken, gekochtes Gemüse oder Pilze mitanrösten. Wieder vom Herd nehmen und abkühlen lassen.
- Zwiebelmasse und Dotter unter die Erdäpfel mengen und mit Salz, Pfeffer, Majoran, Muskatnuss sowie Kümmel würzig abschmecken.
- Eiklar mit der Hälfte der Stärke zu steifem Schnee schlagen und unter die Masse mengen. Brösel mit restlicher Stärke vermischen und abschließend mit frisch gehackten Kräutern nach Geschmack unterheben.
- Backrohr auf ca. 165 °C Heißluft vorheizen und kleine Auflaufförmchen mit Butter ausstreichen und mit Bröseln ausstreuen. Erdäpfelmasse einfüllen und 30–40 Minuten backen (bei einer großen Auflaufform verlängert sich die Backzeit). Vor dem Servieren stürzen.

VORBEREITUNGSZEIT: ca. 40 Minuten inkl. Erdäpfelkochen
BACKZEIT: 30–40 Minuten
BACKROHRTEMPERATUR: 165 °C Heißluft
VERWENDUNG: als Beilage, aber in Begleitung von Saucen auch als eigenständiger kleiner Imbiss oder Vorspeise, wofür auch Käse, gewürfelter Räucherfisch, Schinken etc. unter die Masse gemengt werden kann

Rösterdäpfel Geröstete Erdäpfel

ZUTATEN

500–600 g gekochte festkochende Erdäpfel
60–100 g rote oder weiße Zwiebelwürfel
30 g Öl, Schweine- oder Butterschmalz
eventuell 1 gehackte Knoblauchzehe oder etwas Knoblauchpaste
1–2 EL fein gehackte Petersilie
Prise Muskatnuss
Salz, Pfeffer aus der Mühle
eventuell Majoran und Thymian
zerlassene Butter nach Geschmack

ZUBEREITUNG

- Die gekochten Erdäpfel in dünne Scheiben schneiden oder mit der groben Reibe reiben.
- Öl oder Schmalz in einer beschichteten Pfanne erhitzen und die Zwiebeln darin hell anschwitzen.
- Erdäpfel zugeben und unter ständigem Wenden bzw. Schwenken der Pfanne knusprig braten. Mit Salz, Pfeffer, Majoran, Thymian und eventuell auch Knoblauch würzen. Petersilie zugeben und nach Geschmack noch etwas zerlassene Butter unterrühren.

ZUBEREITUNGSZEIT: ca. 10 Minuten
VERWENDUNG: als Beilage zu gekochtem Rindfleisch (Tafelspitz), Faschiertem und anderen Fleischgerichten sowie als Basis für ein zünftiges Gröstl (s. S. 164)

Erdäpfelrösti Rösti

ZUTATEN

- 400 g in der Schale gekochte mehlige Erdäpfel
- Salz, Pfeffer aus der Mühle
- Prise Muskatnuss
- eventuell hellbraun gebratene Zwiebel- und/oder Speckwürfel
- fein gehackte Kräuter nach Belieben
- Butterschmalz oder Öl

ZUBEREITUNG

- Die gekochten Erdäpfel auf einem Reibeisen (oder Reibe) grob reiben. Mit Salz, Pfeffer und Muskatnuss würzig abschmecken. Nach Belieben und Geschmack auch hellbraun gebratene Zwiebel- und/oder Speckwürfel sowie fein gehackte Kräuter unter die Masse mengen.
- In einer Pfanne etwas Butterschmalz oder Öl erhitzen.
- Etwas Erdäpfelmasse in eine runde, kleine, ca. 2 cm hohe Form drücken, etwas anpressen, vorsichtig herausnehmen und in einer Pfanne in Butterschmalz hellbraun braten. (Oder mit Hilfe eines Esslöffels in Form von kleinen Krapferln in die Pfanne setzen und diese etwas auseinanderdrücken.)

VORBEREITUNGSZEIT: 5–10 Minuten bei gekochten Erdäpfeln
ZUBEREITUNGSZEIT: einige Minuten

Erdäpfelgratin

ZUTATEN

- 500 g speckige Erdäpfel (geschält, gewogen)
- 50–70 g Lauchwürfel nach Belieben
- 200 ml Schlagobers
- 250 ml Milch
- 30–50 g geriebener Käse zum Bestreuen
- 1 Knoblauchzehe nach Belieben
- Prise Muskatnuss
- Prise Cayennepfeffer
- Salz, Pfeffer
- 20 g Butter für die Form

ZUBEREITUNG

- Schlagobers sowie Milch in einen passenden Topf gießen und langsam erhitzen.
- Die geschälten Erdäpfel am besten mit einer gröberen Reibe direkt als 1 mm dünne Scheiben in die Milch hineinhobeln. (Oder vorher schneiden und rasch zugeben, damit die Erdäpfel nicht braun werden.) Nach Belieben die Lauchwürfel untermengen.
- Erdäpfel einmal kurz aufkochen lassen. Dabei wiederholt umrühren, damit sich nichts anlegt. Mit Salz, Pfeffer, Muskatnuss, Cayennepfeffer sowie nach Belieben auch mit gehacktem Knoblauch würzen und gut durchrühren.
- Backrohr auf 165 °C vorheizen und eine passende Form mit Butter ausstreichen. Erdäpfelmasse einfüllen und etwa 40 Minuten backen. (Wird das Gratin zu rasch braun, mit Alufolie abdecken.)
- Etwa 10–15 Minuten vor Garungsende den Käse darüberstreuen und goldgelb backen.

VORBEREITUNGSZEIT: ca. 10 Minuten
BACKZEIT: ca. 40 Minuten
BACKROHRTEMPERATUR: 165 °C

TIPP

- Bleiben einmal gekochte Erdäpfel übrig, so kochen Sie etwa 200 ml weiße Grundsauce (s. S. 316) mit den blättrig geschnittenen Erdäpfeln auf und backen daraus bei 180 °C in ca. 20 Minuten ein feines Erdäpfelgratin.

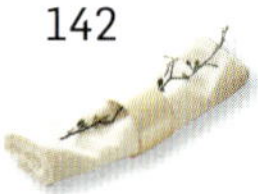

Spätzle

Dieses Rezept stammt von Thomas Donleitner, Küchenchef im Hotel „Das Traunsee“ in Traunkirchen.

ZUTATEN

- 2 Eier
- 2 Eidotter
- 150 g Sauerrahm
- 125 g glattes Mehl
- 125 g griffiges Mehl
- 2 EL Öl
- Salz
- Muskatnuss
- Butter zum Schwenken

ZUBEREITUNG

- Eier mit Dottern, Sauerrahm und Öl gut verrühren. Mit Salz und Muskatnuss würzen. Mehl zugeben und zu einem glatten Teig verarbeiten.
- In einem großen Topf leicht gesalzenes Wasser aufkochen.
- Teig mit Hilfe eines Spätzlehobels (oder Nockerlsiebes) einkochen und 2 Minuten ziehen lassen. Dann abgießen, kalt abspülen und abtropfen lassen.
- In etwas geschmolzener Butter schwenken, dabei einen Spritzer Wasser dazugeben und die Spätzle zugedeckt in der Pfanne nochmal etwas soufflieren lassen.

VORBEREITUNGSZEIT: ca. 3 Minuten
GARZEIT: ca. 2 Minuten

Nockerl

ZUTATEN

- 350 g griffiges Weizenmehl, feines Dinkelmehl oder griffig und glatt gemischt
- 3 Eier
- ca. 150 ml Milch, Mineralwasser oder Wasser
- Salz, Pfeffer aus der Mühle
- Muskatnusspulver
- Butter

VARIANTE OHNE FLÜSSIGKEIT

- 4 Eier
- ca. 160 g griffiges Weizenmehl
- Salz, Pfeffer aus der Mühle
- Prise Muskatnuss

ZUBEREITUNG

- In einer Schüssel das Mehl mit Eiern, Milch bzw. Wasser sowie Gewürzen vermengen und zu einem lockeren Teig verrühren. (Bei der Verwendung von Vollkorn- oder Dinkelmehl eventuell etwas mehr Flüssigkeit einarbeiten. Für die Variante ohne Flüssigkeit Eier mit Mehl verrühren und abschmecken.)
- In einem breiten Topf reichlich Salzwasser aufkochen und die Nockerl durch ein Nockerlsieb direkt in das kochende Wasser einkochen. (Oder von einem Schneidbrett ins kochende Wasser schaben.) Einmal aufkochen lassen, dabei wiederholt kräftig umrühren. Nockerl abgießen und nach Belieben abschrecken oder heiß abspülen. Abtropfen lassen. In einer Pfanne etwas Butter schmelzen lassen, die Nockerl zugeben und darin gut schwenken.

VORBEREITUNGSZEIT: ca. 3 Minuten
GARZEIT: ca. 2 Minuten

Österreichische Vielfalt

Nockerl, Spätzle oder Spatzen – sie haben in der österreichischen Hausmannskost einen großen Auftritt, sei es als harmonische Ergänzung zu Gerichten mit Sauce oder als eigenständige Mahlzeit, wie etwa Eiernockerl. Als Beilage werden Nockerl oftmals auch mit 60–100 g Tomatenmark orange bzw. rot eingefärbt, wodurch sich die nötige Milchmenge allerdings auf 80 ml reduziert. Für **KRÄUTERSPATZEN** wiederum püriert man ca. 20 g beliebige Kräuter wie Basilikum, Salbei, Kerbel, Pfefferminze, Bärlauch oder Petersilie mit einem kleinen Teil der Milch. Aber der an sich neutrale Teig (ohne pikante Gewürze) wird freilich auch gerne für süße Nockerl verwendet, etwa für **APFELSPATZEN**, wofür die fertigen Nockerl mit gedünsteten Apfelspalten vermengt und mit Zimtzucker bestreut serviert werden. Um den Geschmack zu intensivieren, empfiehlt sich dabei als Kochwasser übrigens Apfelsaft.

Rahmnockerl

ZUTATEN

- **250 g glattes Weizen- oder feines Dinkelmehl**
- **3 Eier**
- **200 g Sauerrahm**
- **Salz**

ZUBEREITUNG

- Mehl mit Eiern und Sauerrahm gut vermengen. Mit einer Prise Salz würzen.
- In einem großen Topf leicht gesalzenes Wasser aufstellen und die Nockerl durch ein Nockerlsieb oder Spätzlehobel ins kochende Wasser drücken.
- Aufkochen lassen, abseihen und nach Belieben weiterverarbeiten.

VORBEREITUNGSZEIT: ca. 3 Minuten
GARZEIT: ca. 2 Minuten

Topfennockerl

ZUTATEN

- **250 g glattes Weizen- oder feines Dinkelmehl**
- **4 Eier**
- **200 g Topfen**
- **20 ml Milch**
- **Salz**

ZUBEREITUNG

- Mehl mit Eiern vermengen, Topfen sowie Milch zugeben und alles zu einem lockeren Teig verarbeiten. Mit einer Prise Salz würzen.
- In einem großen Topf leicht gesalzenes Wasser aufstellen und die Nockerl durch ein Nockerlsieb oder Spätzlehobel ins kochende Wasser drücken.
- Aufkochen lassen, abseihen und nach Belieben weiterverarbeiten.

VORBEREITUNGSZEIT: ca. 3 Minuten
GARZEIT: ca. 2 Minuten

Spinatnockerl

ZUTATEN

- 350 g griffiges Weizenmehl, feines Dinkelmehl oder griffig und glatt gemischt
- 3 Eier
- 150–200 g Cremespinat
- Butter

ZUBEREITUNG

- Mehl mit Eiern und Cremespinat vermengen und zu einem lockeren Teig verrühren. (Bei der Verwendung von Vollkorn- oder Dinkelmehl eventuell noch etwas Milch oder Wasser einarbeiten.)
- In einem breiten Topf reichlich Salzwasser aufkochen und die Spinatnockerl durch ein Nockerlsieb direkt in das kochende Wasser einkochen. (Oder von einem Schneidbrett ins kochende Wasser schaben.) Einmal aufkochen lassen, dabei wiederholt kräftig umrühren. Nockerl abgießen und nach Belieben abschrecken oder heiß abspülen. Abtropfen lassen. In einer Pfanne etwas Butter schmelzen lassen, die Nockerl zugeben und darin gut schwenken.

VORBEREITUNGSZEIT: ca. 3 Minuten
GARZEIT: ca. 2 Minuten
VERWENDUNG: als Beilage, aber auch als eigenständige Hauptspeise, indem weitere Zutaten wie etwa Schinken, Käse, Zwiebeln etc. unter die fertigen Nockerl gemischt werden

Gerstlrisotto

Dieses Rezept stammt von Gerlinde Fischer aus Altmünster

ZUTATEN

- 300 g Rollgerste
- 700–800 ml Rindsuppe (Gemüse-, Geflügel- oder Fischfond, je nach Verwendung)
- ca. 180 g Zwiebeln
- 200 ml Weißwein
- Salz, Pfeffer aus der Mühle
- 30 ml Sonnenblumen-, Raps-, Maiskeim- oder Olivenöl bzw. Butter
- 80 g kalte Butter (oder tiefgekühlte Bärlauchpaste)
- 60 g geriebener würziger Käse oder Parmesan nach Verwendung
- frisch gehackte Kräuter nach Belieben

ZUBEREITUNG

- Zwiebeln in feine Würfel schneiden.
- In einem eher breiten Topf Öl oder Butter erhitzen und Zwiebeln darin glasig anschwitzen. Gerste zugeben, umrühren, kurz anschwitzen und mit Weißwein ablöschen. Einkochen lassen.
- Dann nach und nach Suppe oder Fond zugießen und unter mehrmaligem Rühren wie ein Risotto 30–40 Minuten garen, bis die Rollgerste weich ist. Mit Salz und Pfeffer würzig abschmecken. Vor dem Anrichten kalte Butterflocken oder Bärlauchpaste sowie je nach Verwendung und Geschmack auch geriebenen Käse einrühren. Anrichten und vor dem Servieren mit Kräutern nach Wahl bestreuen.

GARZEIT: ca. 30–40 Minuten
VERWENDUNG: als Beilage zu gebratenem Fisch oder Fleisch, mit eingemengtem gekochtem Fleisch und/oder Gemüse (Spargel, Zucchini, Kürbis, Kohlrabi etc.), aber auch als eigenständige Mahlzeit *Foto rechte Seite*

Reibgerstl Tarhonya

ZUTATEN FÜR CA. 350 g GETROCKNETES REIBGERSTL

- 320 g griffiges Weizen- oder feines Dinkelmehl
- 2 Eier
- ½ Mokkalöffel Salz
- 40–50 ml Wasser
- Mehl für das Brett

ZUBEREITUNG

- Aus Mehl, Eiern, Salz und Wasser mit dem Knethaken im Rührkessel einer Küchenmaschine (oder mit der Hand) einen festen Teig kneten.
- Etwas rasten lassen.
- Dann den Teig durch ein grobes Reibeisen reiben und die kleinen Körner auf einem gut bemehlten Brett lose verteilt über Nacht trocknen lassen.
- Getrocknete Tarhonya oder Reibgerstl wie im Rezept unten beschrieben zubereiten oder gut verschlossen aufbewahren (kann einige Monate gelagert werden).

Tarhonya mit Speck

ZUTATEN

- 200 g Tarhonya (selbst gemacht – siehe oben, oder fertig gekauft)
- ca. 500 ml Rind-, Gemüse-, Geflügelsuppe (ersatzweise Wasser mit Suppenwürze)
- 30 g Butterschmalz, Sonnenblumen-, Maiskeim-, Raps- oder Olivenöl
- 50–70 g geräucherter, gut durchzogener Bauchspeck oder Rückenspeck
- 70–100 g Zwiebelwürfel
- 1 Knoblauchzehe
- 1 gestr. TL edelsüßes Paprikapulver
- Prise Kümmel nach Belieben
- Salz, Pfeffer aus der Mühle

ZUBEREITUNG

- Speck in feine Würfel schneiden, Knoblauch fein hacken, die Suppe in einem Topf erhitzen.
- Schmalz oder Öl in einem Topf erhitzen, Speckwürfel zugeben und goldbraun rösten. Zwiebelwürfel zugeben und für einige Minuten ebenfalls leicht goldgelb rösten. Tarhonya unterrühren und kurz leicht glasig anschwitzen, mit Suppe aufgießen und Knoblauch sowie Paprikapulver einrühren. Mit Kümmel, Salz und Pfeffer würzen und alles ca. 3 Minuten köcheln lassen.
- Tarhonya mit geschlossenem Deckel auf kleiner Hitze ca. 10 Minuten (je nach Sorte) dünsten, bis die Flüssigkeit vollständig aufgenommen worden ist. Nochmals würzig abschmecken und dabei mit einer Gabel auflockern.

VORBEREITUNGSZEIT: ca. 5 Minuten
GARZEIT: 15–20 Minuten
VERWENDUNG: ideal als Beilage zu Gerichten mit Sauce, aber in Begleitung von Salat auch als kleine Hauptspeise, wobei man auch Kraut mitkochen könnte

Gekochter Reis

ZUTATEN

200 g Parboiled Reis oder Langkornreis

1,5 l Flüssigkeit, Wasser oder Gemüsefond

1 TL Salz

ZUBEREITUNG

- Wasser salzen und in einem Topf aufkochen lassen.
- Den Reis zugeben, kurz aufkochen und 15–20 Minuten leicht köcheln lassen.
- Reis in ein Sieb gießen und gut abtropfen lassen. Entweder sofort verwenden bzw. auftragen oder mit kaltem Wasser abspülen und später weiterverarbeiten.

GARZEIT: 15–20 Minuten

Gedünsteter Reis

ZUTATEN

200 g Reis

450–500 ml Wasser, Suppe oder Gemüsefond

1 Mokkalöffel Salz

20 g (1 EL) Butter

½ Zwiebel mit einigen Nelken gespickt nach Belieben

ZUBEREITUNG

- Butter in einem Topf zerlassen, Reis darin kurz anrösten und Wasser bzw. Suppe zugießen. Einmal aufkochen lassen, Hitze auf ein Minimum reduzieren und zugedeckt 18–20 Minuten quellen lassen. Dabei nach Belieben für ein feines Aroma auch eine halbe mit Nelken gespickte Zwiebel mitdünsten.
- Nun Deckel abheben, Reis mit einer Gabel durchrühren und etwas auflockern.
- Reis mit Hilfe eines Schöpflöffels anrichten oder in eine heiß ausgespülte Tasse drücken und auf den Teller stürzen.

GARZEIT: 18–20 Minuten

TIPP

- Im Dampfgarer: 1 Tasse Reis und 1 Tasse Wasser mit Butter sowie Salz in einen ungelochten Einsatz geben und 20–25 Minuten bei 100 °C und 100 % Feuchte garen.

Österreichische Vielfalt

Dank seines neutralen Geschmacks lässt sich gedünsteter Reis je nach Hauptgericht, das er begleiten soll, mit Gewürzen oder anderen Zutaten beliebig abwandeln. Safran, Curry, Chili, Zitronenschale, Ingwer oder Kurkuma werden dem Reis einen exotischen Touch verleihen, während gekochte Erbsen für einen **ERBSENREIS**, gedünstete Champignons für **CHAMPIGNONREIS** oder Schinkenwürfel für **SCHINKENREIS** in heimischen Gefilden unterwegs sind. Frische Kräuter und geriebener Käse werden dabei noch gerne als zusätzliche Verfeinerung herangezogen. Und sollte dennoch einmal etwas Reis übrig bleiben – bitte nicht wegwerfen! Mit etwas Semmelbröseln, Ei und Käse vermengt lassen sich daraus köstliche **REISKNÖDERL** formen und in Fett schwimmend goldbraun backen.

Reis auf italienische Art Risotto

ZUTATEN

- **250 g Rundkornreis (Risottoreis)**
- **700–800 ml Gemüsefond oder Rindsuppe (Wasser mit Suppenwürze)**
- **60 ml Weißwein (oder Noilly Prat)**
- **30 g Butter oder Öl**
- **Salz, Pfeffer aus der Mühle**
- **kalte Butterstückchen zum Einrühren**
- **Schuss Schlagobers nach Belieben**
- **frisch geriebener Parmesan oder Kräuter nach Belieben**

ZUBEREITUNG

- Reis in einem passenden Topf in etwas heißer Butter oder Öl kurz anrösten.
- Weißwein zugießen, durchrühren und kurz einkochen lassen. Hitze reduzieren und mit so viel Suppe oder Fond aufgießen, dass der Reis gerade bedeckt ist.
- Den Reis unter wiederholtem Umrühren und Nachgießen von etwas Flüssigkeit 15–20 Minuten (je nach Sorte) garen, bis der Reis bissfest und die Flüssigkeit verbraucht ist.
- Mit Salz und Pfeffer würzen. Je nach gewünschter Cremigkeit einen Schuss Schlagobers einrühren und mit kalten Butterflöckchen abrunden.
- Nach Geschmack mit frisch geriebenem Parmesan und/oder Kräutern bestreut auftragen.

GARZEIT: 15–20 Minuten

Österreichische Vielfalt

Nicht erst die multikulturellen Einflüsse der letzten Jahre haben die Österreicher Geschmack an der italienischen Art der Reiszubereitung finden lassen. Das besorgte bereits die rege Reisetätigkeit an die Badestrände unseres Nachbarlandes. Wurde früher Reis meist nur in Salzwasser gekocht, so schwelgt man heute in einer Vielzahl an unterschiedlichen Abwandlungen, die nicht selten in einer veritablen Hauptspeise münden. Angereichert durch allerlei Gemüse (Erbsen, Mais, Mangold, Blattspinat, Zucchini, Paprika, Paradeiser, Melanzani etc.), geriebenen Käse, gegartes Fleisch, Fisch, aber auch durch Schalentiere und Muscheln, lassen sich immer wieder neue Kombinationsmöglichkeiten entdecken. Für **SCHWAMMERLREIS** werden etwa 250–300 g Pilze mit dem Reis angeschwitzt und fertig gedünstet oder bereits gegart erst am Ende untergemengt. Auch unter den Reis gerührte gehackte Nüsse, Kürbiskerne, Mandeln, Kapern und frisch geriebener Kren oder das Würzen mit Knoblauch, Koriander, Cayennepfeffer, Ingwer, Curry oder Safran kreieren neue Geschmackserlebnisse. Wie beim Schwammerlreis gilt auch bei anderen Gemüsereis-Varianten die Leitlinie, dass knackig bevorzugtes Gemüse besser getrennt gegart und erst gegen Ende unter den Reis gemischt werden sollte.

Hausgemachte Nudeln Nudelteig

ZUTATEN FÜR NUDELTEIG OHNE WASSER

- **500 g griffiges Weizenmehl (oder je zur Hälfte griffiges Mehl und Hartweizengrieß)**
- **5 Eier**
- **Schuss Olivenöl (1–2 EL)**
- **1 gehäufter TL Salz**

ZUTATEN FÜR NUDELTEIG MIT WASSER

- **500 g griffiges Weizenmehl (oder je zur Hälfte griffiges Mehl und Hartweizengrieß)**
- **3 Eier**
- **ca. 100 ml lauwarmes Wasser**
- **2 EL Öl**

ZUBEREITUNG

- Alle Zutaten in einer Schüssel vermengen und mit den Händen oder im Rührkessel der Küchenmaschine mit dem Knethaken glatt abarbeiten. (Ist der Teig zu weich, noch etwas Grieß oder Mehl einmengen, ist er zu fest, etwas Öl oder Wasser einarbeiten.)
- Zu einer Kugel formen, in Frischhaltefolie packen und ca. 2 Stunden kühl stellen.
- Teig in Stücke teilen und je nach weiterer Verwendung zu Teigbahnen ausrollen. Dafür am besten mit einer Nudelmaschine immer zuerst auf der ersten Stufe beginnen, erst dann feiner einstellen und dünn ausrollen. (Oder mit dem Nudelholz dünn ausrollen.)
- Nach Belieben in regelmäßige Nudeln, Fleckerl etc. schneiden und frisch oder getrocknet verarbeiten. Oder füllen, zu Teigtäschchen zusammenklappen und in Salzwasser kochen.

ZUBEREITUNGSZEIT: ca. 2 Stunden
VERWENDUNG: sehr fein geschnitten als Suppeneinlage, vor allem aber auch als Beilage zu Gerichten mit Sauce oder als Basis für diverse Nudelgerichte (Schinkenfleckerl etc.)

Österreichische Vielfalt

Wer der Meinung ist, dass handgemachte Nudeln erst durch die mediterrane Welle in österreichische Töpfe wandern, irrt gewaltig. Ganz im Gegenteil. Auch im deutschsprachigen Raum haben Nudeln seit Jahrhunderten Tradition. Die beiden Kulinarhistoriker Habs und Rosner erwähnen in ihrem Appetitlexikon von 1894 sogar eine „eingeborene deutsche Nudel", die um 1564 in der Steiermark erstmals auftauchte. Mit Kurkuma, Curry oder Paprikapulver wurde diese freilich damals sicherlich nicht aromatisiert, was heutzutage durchaus der Fall ist. Aber auch eingearbeitete getrocknete Kräuter, getrocknetes Pilzpulver, Gemüsepüree, Saft von Roten Rüben oder anderem Gemüse, Spinat- oder Bärlauchpaste verleihen neutralen Nudeln neue Geschmacksakzente und abwechslungsreiche Farben. Freilich lassen sich all diese bunten Nudelspezialitäten auch mit gesundem Weizenvollkornmehl zubereiten, worauf man allerdings mit einem Mehr (2–3 Esslöffel) an Wasser für genügend Feuchtigkeit im Teig reagieren muss.

Erdäpfelstrudel

ZUTATEN

- gezogener Strudelteig (s. S. 410), fertiger Strudelteig oder 250 g Blätter-, Sauerrahm- oder Topfenmürbteig
- 500–600 g gekochte, geschälte Erdäpfel
- 3 Eidotter
- 3 Eiklar
- 10 g (ca. ½ EL Maisstärke)
- 80–120 g Schinkenwürfel
- nach Belieben in Butter angeschwitzte Zwiebel- und Knoblauchwürfel
- 50 g zerlassenes Butterschmalz (oder Butter) oder Butterbrösel nach Belieben
- Salz, Pfeffer aus der Mühle
- Muskatnuss
- 50 g zerlassene Butter oder ein verquirltes Ei mit Milch zum Bestreichen

ZUBEREITUNG

- Gekochte, geschälte Erdäpfel durch die Erdäpfelpresse oder -wiege drücken (oder halb durchgepresste und halb würfelig geschnittene Erdäpfel verwenden).
- Eiklar gemeinsam mit Stärke zu schmierig-steifem Schnee schlagen.
- Dotter unter die Erdäpfel mengen, Schinken und nach Belieben auch in Butter angeschwitzte Zwiebelwürfel sowie Knoblauch zugeben und zuletzt den Schnee unterziehen. Mit Salz, Pfeffer sowie Muskatnuss würzen.
- Backrohr auf 175–185 °C vorheizen, ein Backblech oder eine -form mit Butter bestreichen oder mit Backpapier bzw. Silikon auslegen.
- Strudelteig ausziehen und die Füllmasse auf einem Drittel des Teiges verteilen. Den restlichen frei gebliebenen Teig nach Belieben mit zerlassenem Schmalz oder Butter bestreichen oder mit pikant gewürzten Butterbröseln bestreuen. Zu einem Strudel einrollen. (Andere Teige rechteckig ausrollen, die Fülle darauf verteilen, zusammenrollen oder zusammenlegen.) Mit dem Teigverschluss nach unten (bei gezogenem Teig) auf das Backblech legen, je nach Teig mit Butter (Strudelteig) oder verquirltem Ei mit Milch (Mürb- oder Blätterteig) bestreichen und im vorgeheizten Backrohr 20–30 Minuten backen.

VORBEREITUNGSZEIT: ca. 10 Minuten bei fertigem Teig
BACKZEIT: 20–30 Minuten
BACKROHRTEMPERATUR: 175–185 °C
VERWENDUNG: als Beilage, aber auch als eigenständige kleine Mahlzeit, etwa begleitet von Salat und kalter oder warmer Rahm-, Paradeiser-, Käse- oder Kräutersauce

Österreichische Vielfalt

Die österreichische Strudelwelt ist eine bunte! Kaum eine Zutat – ob pikant oder süß –, die sich nicht in Teig hüllen und zu einem schmackhaften Strudel verarbeiten ließe. Also gibt es auch beim Erdäpfelstrudel keine starren Regeln, sondern eine Fülle an Variationsmöglichkeiten. Für einen **ERDÄPFEL-LAUCH-STRUDEL** ersetzt man 100 g Erdäpfel durch dieselbe Menge an in Butter angeschwitztem Lauch. Für **ERDÄPFEL-PILZ-STRUDEL** mengt man klein geschnittene, in Butter sautierte Schwammerl unter, für **ERDÄPFEL-GRAMMEL-STRUDEL** natürlich Grammeln. Sogar kurz angebratene Blut- oder Leberwurststücke sowie Sauerkraut ist in Erdäpfelstrudeln durchaus zu finden. Ob mit Käse, Speckwürfeln, gekochtem Gemüse, gekochten Linsen, Bohnen, Weizen- oder Gerstenkörnern, blanchiertem Kohl, Mangold oder Spinat – Erdäpfelstrudel harmoniert mit allem. Da passen dann auch die entsprechenden Gewürze und Kräuter, wie etwa Kümmel, Majoran, Thymian, Rosmarin, Oregano oder Petersilie bestens dazu.

Gekochter Grießstrudel

mit Kürbiskernbutter

Dieses Rezept stammt von T.O.M. (Tom Riederer) aus dem Restaurant Tom am Kochen in Leutschach.

ZUTATEN

- **1 Strudelteig nach Rezept**
- **150 g Butter**
- **5 Eier**
- **280 g Grieß (Goldgrieß)**
- **125 g Sauerrahm**
- **125 g Ziegenfrischkäse**
- **je 1 KL fein geschnittener Schnittlauch, Petersilie und Liebstöckel**
- **Salz, Pfeffer**
- **Muskatnuss**
- **1 hart gekochtes gehacktes Ei zum Garnieren**

FÜR DIE KÜRBISKERNBUTTER

- **2 EL Kürbiskernöl**
- **2 EL Butter**
- **2 EL gehackte Kürbiskerne**
- **Salz**

ZUBEREITUNG

- Grieß mit Rahm und Ziegenkäse vermischen, mit Salz, Pfeffer sowie Muskatnuss würzen und etwas rasten lassen.
- Eier trennen und die Dotter mit der Butter abtreiben. Eiklar mit einer Prise Salz zu Schnee schlagen. Gemeinsam mit dem Grieß der Dottermasse hinzufügen und die gehackten Kräuter einmengen.
- Strudelteig auflegen, mit der Grießmasse locker bestreichen und zu einem Strudel einrollen. Mit einem bemehlten Kochlöffelstiel oder Gummispachtel kleinere Stücke abtrennen und Enden gut verschließen. In einem Topf Salzwasser aufkochen lassen und die portionierten Strudel darin 8–10 Minuten kochen (oder auf einem Dampfsieb dämpfen). Grießstrudel aus dem Wasser oder Dampf nehmen, abtropfen lassen und anrichten.
- Inzwischen Butter zerlassen, salzen und mit den gehackten Kürbiskernen und dem Kernöl sanft erhitzen. Aber Vorsicht, soll nicht zu heiß werden! Strudel mit dem gehackten Ei garnieren und mit der Kürbiskernbutter beträufeln.

VORBEREITUNGSZEIT: 15–20 Minuten bei fertigem Strudelteig
GARZEIT: 8–10 Minuten

Grießpalatschinke
mit Mangold

ZUTATEN

- 2 fertig gebackene Palatschinken
- 80 g Mangold (ersatzweise Spinatblätter)

FÜR DIE GRIESSMASSE

- 330 ml Milch
- 15 g Butter
- 100 g Grieß
- 1 Ei
- Salz
- Prise Muskatnuss
- eventuell Pfeffer aus der Mühle
- frisch gehackte Kräuter nach Belieben

ZUBEREITUNG

- Geputzten Mangold in Salzwasser blanchieren (kurz überbrühen), in kaltem Wasser abschrecken und gut abtropfen lassen. Leicht ausdrücken.
- Für die Grießmasse die Milch mit etwas Salz und Butter aufkochen. Grieß mit einem Schneebesen zügig gut einrühren und so lange kochen, bis sich die Masse vom Topfboden löst. Dabei ständig rühren. Von der Herdstelle nehmen und kurz quellen lassen. Dann das Ei einmengen und mit Salz, Muskatnuss und eventuell Pfeffer würzig abschmecken. Nach Wunsch auch noch frisch gehackte Kräuter untermengen.
- Palatschinken auflegen, die noch warme Grießmasse aufstreichen bzw. aufdrücken und mit Mangoldblättern belegen. Zusammenrollen, je ein Stück in Frischhaltefolie einwickeln und die Enden gut verschließen. In einem Topf mit kochendem Wasser (oder im Dampfgarer) ca. 12 Minuten garen.
- Herausheben, schräg aufschneiden und anrichten.

VORBEREITUNGSZEIT: ca. 20 Minuten
GARZEIT: ca. 12 Minuten
VERWENDUNG: aparte Beilage zu Fleisch- und Fischgerichten

Hausmannsköstliches Österreich

WARME IMBISSE UND
ZWISCHENGERICHTE
VON SCHINKENFLECKERLN
BIS ZUM SCHLUTZKRAPFEN

Linke Seite: Grammelknödel

Schinkenkipferl Schinken-Käse-Kipferl

ZUTATEN

- **ca. 300 g Blätter-, Topfenmürbteig oder Sauerrahmteig**
- **250 g fein geschnittene Schinkenwürfel (oder gekochtes Selchfleisch)**
- **80 g Crème fraîche oder Frischkäse**
- **1 Ei**
- **Salz, Pfeffer aus der Mühle**
- **1 EL fein gehackte Petersilie**
- **eventuell Senf und Prise Chili**
- **verquirltes Ei zum Bestreichen**
- **eventuell Sesam zum Bestreuen**
- **für Schinken-Käse-Kipferl zusätzlich etwas geriebener Käse**

ZUBEREITUNG

- Schinken mit Crème fraîche, dem Ei sowie Petersilie vermengen und nach Belieben würzig abschmecken. Für eine besonders feine Fülle eventuell in der Küchenmaschine cuttern.
- (Für Schinken-Käse-Kipferl Käse unterrühren.)
- Backrohr auf 185 °C vorheizen und ein Backblech mit Butter bestreichen oder mit Backpapier belegen.
- Blätterteig länglich ca. 3 mm dick ausrollen. Zuerst in 7 cm breite Streifen, diese dann in gleich große Dreiecke schneiden. Etwas Fülle in die Mitte der Breitseite platzieren und den Teig zur Spitze hin aufrollen. Zu Kipferl biegen und auf ein vorbereitetes Backblech setzen. Mit verquirltem Ei bestreichen, nach Belieben mit Sesam bestreuen und etwas rasten lassen.
- Im Backrohr je nach Größe 15–20 Minuten goldbraun backen.

VORBEREITUNGSZEIT: ca. 20 Minuten
BACKZEIT: 15–20 Minuten
BACKROHRTEMPERATUR: 185 °C

Foto rechte Seite

Semmelböller

ZUTATEN

- **3–4 Semmeln vom Vortag**
- **4–6 Eier nach Belieben**
- **Milch zum Wenden**
- **Prise Muskatnuss**
- **Salz, Pfeffer**
- **Butter oder Butterschmalz zum Braten**
- **frisch gehackte Kräuter**

ZUBEREITUNG

- Semmeln in Scheiben schneiden, die Milch mit Muskatnuss, Salz und Pfeffer würzen.
- In einer Pfanne Butter oder Butterschmalz erhitzen.
- Nun die Semmelscheiben kurz in der gewürzten Milch wenden und in einer beschichteten Pfanne mit wenig heißem Fett beidseitig herausbacken.
- Mit den verquirlten und gewürzten Eiern übergießen. Auf dem Herd (oder am besten im heißen Backrohr) stocken lassen. Mit frisch gehackten Kräutern bestreut servieren.

ZUBEREITUNGSZEIT: ca. 20 Minuten
BEILAGENEMPFEHLUNG: grüner Salat

Österreichische Vielfalt

Wie Brot- oder Schnittelsuppe sind auch die Semmelböller eine gleichermaßen schmackhafte wie ökonomisch sinnvolle Weiterverwertung von übrig gebliebenem Brot. Dabei ist je nach Vorratslage und Geschmack eine Verfeinerung durch etwa zum Schluss darübergestreuten Käse oder unter die Eier gemengte sautierte Zwiebelwürfel, gekochte Gemüsewürfel, gebratenen Speck oder Pilze äußerst beliebt. Für **SÜSSE SEMMELBÖLLER** wird die Milch mit Vanillezucker, Zimt, Rum und Zitronenschale aromatisiert, die fertigen Böller mit Kakao, Zimt oder fein geriebener Schokolade bestreut und mit Beeren-, Holler-, Marillen- oder Zwetschkenröster serviert.

Eierspeise Rühreier

ZUTATEN FÜR 1 PORTION

3 Eier

1 EL Butter, Butterschmalz oder Öl (Sesam-, Sonnenblumen-, Maiskeim- oder Olivenöl)

Salz, Pfeffer aus der Mühle

eventuell Prise Muskatnuss

VARIANTE RÜHREIER

Zusätzlich 40 g Schlagobers, Crème fraîche oder Frischkäse

ZUBEREITUNG

- Die Eier in eine Schüssel schlagen und mit der Gabel leicht, aber nicht zu lange verschlagen. (Für Rühreier auch das Obers zugießen und mit den Eiern verschlagen.)
- In einer beschichteten Pfanne Butter oder Öl erhitzen.
- Eier eingießen und kurz anbacken. Mit einer Gabel hochheben und mit einer Spachtel vorsichtig teilen. Braten, bis die Eier cremig gestockt. Mit Salz, Pfeffer und nach Belieben auch mit wenig Muskatnuss würzen.

GARZEIT: einige Minuten
GARNITUREMPFEHLUNG: Schnittlauchröllchen, mit Öl oder Bratensaft beträufeln

Österreichische Vielfalt

Für eine zünftige steirische **KERNÖLEIERSPEISE** wird die Eierspeise mit Kernöl zubereitet, was der Eierspeise nicht nur einen dunklen Farbton, sondern auch ein völlig neues Aroma verleiht. Mitunter werden noch knusprig geröstete Kürbiskerne darübergestreut – Eierspeise mit Biss sozusagen! Noch deftiger gerät die Eierspeise, wenn ihr Innereien zugegeben werden, was in Zeiten ohne Cholesterin-Phobie durchaus gang und gäbe war. So werden etwa für **HIRN MIT EI** zunächst Zwiebeln in Butter angeschwitzt, das in kleine Stücke zerteilte Hirn beigegeben, durchgeröstet und abschließend die verschlagenen Eier darübergegossen. Abgerundet wird mit viel frisch gehackter Petersilie.

Pochiertes Landei

Dieses Rezept stammt von Josef Steffner aus dem Restaurant Mesnerhaus in Mauterndorf.

ZUTATEN

4 Bio-Eier	
Olivenöl	

ZUBEREITUNG

- Ein Stück Frischhaltefolie ausbreiten, mit Olivenöl bestreichen und in eine Suppentasse legen.
- Je ein Ei vorsichtig aufschlagen und in die Tasse geben. Die Folie mit dem Ei zu einem Säckchen formen und mit einem Bindfaden gut verschließen.
- In einem Topf Wasser aufkochen und das Ei darin ca. 5 Minuten pochieren.
- Beim Anrichten den Faden entfernen und das Ei vorsichtig aus der Folie geben.

GARZEIT: ca. 5 Minuten
VERWENDUNG: als Frühstücks- oder Zwischengericht, aber auch als Garnitur für feine Salatkreationen

Omelett

ZUTATEN FÜR 1 PORTION

- **3 Eier**
- **1 EL Butter, Butterschmalz oder Öl (Sesam-, Kürbiskern-, Sonnenblumen-, Maiskeim- oder Olivenöl)**
- **Salz, Pfeffer aus der Mühle**
- **Schnittlauch zum Bestreuen**

ZUBEREITUNG

- Eier in eine Schüssel schlagen und locker verschlagen. Mit Salz und Pfeffer würzen.
- Butter oder Öl in einer Pfanne erhitzen, Eier einfließen lassen und mit einer Spachtel ständig rühren, bis die Masse stockt. Dann sofort zur Mitte hin zusammenschlagen.
- Auf einem vorgewärmten Teller anrichten und nach Belieben mit frisch geschnittenem Schnittlauch bestreuen.

GARZEIT: einige Minuten
GARNITUREMPFEHLUNG: auf knusprigem Toast anrichten

Österreichische Vielfalt

Zählten Omelett und Eierspeise früher zum obligaten Frühstück im Wiener Kaffeehaus, so haben sich die Eiergerichte mittlerweile auch tagsüber als kleine Zwischengerichte etabliert. Zu vielfältig sind auch die Möglichkeiten ihrer Abwandlungen! Ausgehend von angeschwitzten Zwiebel- und/oder Speckwürfeln können die Eiergerichte um allerlei gekochtes Gemüse, Spargel, Spinat, gekochte Erdäpfelscheiben, angeschwitzte Schwammerl, aber auch um Grammeln bereichert werden. Käseliebhaber bekommen Omelett und Eierspeise auch mit Käse, Aromenvielfalt gibt es durch Würzung mit einer Prise Paprikapulver, Curry, Parmesan oder frischen Kräutern. Für besonders festliche Gelegenheiten lassen sich Eierspeise & Co. durch zarten Räucherlachs, einen ordentlichen Tupfer Kaviar oder gehobelte Trüffel veredeln.

Pikantes Omelett Bauernomelett

ZUTATEN FÜR 1 PORTION

- 3 Eier
- 1 EL Butter
- Salz, Pfeffer aus der Mühle
- Schnittlauch und/oder Petersilie zum Bestreuen

FÜR PIKANTES OMELETT

- Debreziner oder andere Wurst
- 1 TL Paradeiserwürfel
- 30 g Paprikawürfel
- 30 g Zwiebelwürfel
- fein gehackter Knoblauch nach Geschmack
- Butter zum Anschwitzen

FÜR BAUERNOMELETT

- 100 g gekochte Erdäpfelscheiben
- je 30 g Zwiebel- und Speckwürfel
- eventuell 40 g Eierschwammerl oder Pilze nach Belieben
- Knoblauch

ZUBEREITUNG

Für das pikante Omelett die Wurst in feine Scheiben schneiden. Zwiebeln und Knoblauch in heißer Butter hell anschwitzen. Paprika- sowie Paradeiserwürfel dazugeben und kurz mitrösten. Wurstscheiben einmengen, die verschlagenen Eier darübergießen und unter ständigem Rütteln und Durchrühren kurz anbacken. Omelett von links und rechts zusammenschlagen und die Unterseite hellbraun backen. Auf einen Teller stürzen und mit Schnittlauch und/oder Petersilie bestreut auftragen.

Für Bauernomelett Zwiebel- und Speckwürfel, eventuell auch etwas Knoblauch, hell anbraten. Nach Belieben auch klein geschnittene Schwammerl mitbraten. Die dünnblättrig geschnittenen Erdäpfelscheiben zugeben und die Eier wie oben beschrieben darübergießen und zu einem Omelett backen.

GARZEIT: einige Minuten

Foto linke Seite

Hühnerfleischpalatschinke

ZUTATEN

- 4 fertige Palatschinken
- 200 ml Schlagobers
- 200 g gekühlte Hühnerbrust
- Salz, Pfeffer aus der Mühle
- Muskatnuss
- 1 EL fein geschnittene Petersilie

ZUBEREITUNG

Gut gekühlte Hühnerbrust in kleine Würfel schneiden und zusammen mit Obers und den Gewürzen in einer Küchenmaschine zu einer feinen Farce cuttern.

Petersilie untermengen und die Farce auf die vorbereiteten Palatschinken aufstreichen. Zusammenrollen, in Frischhaltefolie wickeln und die Enden gut verschließen. Am besten im Dampfgarer ca. 15 Minuten bei 100 °C und 100 % Feuchte garen. (Oder im Wasser knapp unter dem Siedepunkt ziehen lassen bzw. im Wasserbad garen.)

VORBEREITUNGSZEIT: ca. 15 Minuten
GARZEIT: ca. 15 Minuten dämpfen
BEILAGENEMPFEHLUNG: Paradeisersauce, Blattsalat

Tiroler Gröstl Blunzengröstl

ZUTATEN

- 800 g–1 kg speckige, gekochte und geschälte Erdäpfel
- 250–350 g gemischte Wurst, Speck und gegartes Fleisch nach Vorrat und Geschmack
- 150 g Zwiebel- oder Frühlingszwiebelwürfel oder Lauchringe
- 30 ml Öl oder Butterschmalz
- 1–2 EL fein gehackte Petersilie
- Salz, Pfeffer aus der Mühle
- Muskatnuss, Majoran oder Thymian nach Geschmack
- eventuell etwas Rindsuppe

VARIANTE BLUNZENGRÖSTL

- statt Fleisch 300–400 g geschälte Blunzen (Blutwurst)

ZUBEREITUNG

- Die gekochten Erdäpfel am besten noch heiß schälen, auskühlen lassen und in dickere, gleichmäßige Scheiben schneiden. Wurst, Speck oder Fleisch ebenfalls blättrig schneiden. Für Blunzengröstl die geschälten Blunzen in Scheiben schneiden.
- Öl in einer breiten (am besten beschichteten) Pfanne erhitzen, Erdäpfelscheiben hell anbraten, dann Zwiebelwürfel zugeben und ebenfalls kurz mitbraten.
- Fleisch bzw. Blunzenscheiben einmengen und gut rösten. Bei Bedarf eventuell etwas Rindsuppe oder Bratensauce hinzufügen.
- Mit Salz, Pfeffer, Muskatnuss, Majoran und/oder Thymian würzig abschmecken. Vor dem Anrichten mit gehackter Petersilie bestreuen.

ZUBEREITUNGSZEIT: ca. 30 Minuten
GARNITUREMPFEHLUNG: Spiegel- oder Rühreier, Kräuterbutter
BEILAGENEMPFEHLUNG: Salat (Paradeiser-, Gurken- oder grüner Salat)

Österreichische Vielfalt

Pragmatiker sprechen von simpler Resteverwertung, Tiroler vom schmackhaftesten Gericht überhaupt. „Gröschtl", wie die Tiroler diese rasch zubereitete Mahlzeit lautmalerisch aussprechen – man hört dabei die knusprigen Erdäpfelscheiben förmlich krachen beim kräftigen Biss hinein –, spielt aber auch abseits des Landes rund um den Inn eine bedeutende Rolle. **PILZGRÖSTL, SPARGEL-, GEMÜSE-, KÜRBIS- ODER FISCHGRÖSTL** (dafür wird jeweils die entsprechende „Hauptzutat" nach den Erdäpfeln angeröstet) stehen vom Boden- bis zum Neusiedler See auf dem Speiseplan. Dass sich dabei auch Tintenfische, Kutteln oder Meeresalgen in Gröstln wiederfinden, beweist wieder einmal, wie multikulturell die österreichische Küche mittlerweile geworden ist.

Topfennocken

mit Frühlingszwiebeln und getrockneten Paradeisern

Dieses Rezept stammt von Gabi Strahammer, Restaurant ´s Schulhus in Krumbach.

ZUTATEN

- 300 g Topfen
- 100 g glattes Mehl
- 2 Eidotter
- 100 g geriebener milder Bergkäse
- Salz, Pfeffer
- Muskatnuss, Cayennepfeffer

ZUM VOLLENDEN

- 4 Frühlingszwiebeln
- 2 EL getrocknete Paradeiser
- 40 g geriebener Bergkäse
- Butter zum Braten
- Schnittlauch zum Bestreuen

ZUBEREITUNG

- Mehl mit Topfen, Dottern und Käse sowie den Gewürzen zu einem Teig verarbeiten. Zu einer Kugel formen und ca. 30 Minuten rasten lassen.
- Dann zu einer Rolle formen und mit einem Löffel kleine Nocken davon abstechen.
- Inzwischen in einem großen Topf Salzwasser aufkochen, die Nocken einlegen und knapp unter dem Siedepunkt sanft wallend ziehen lassen, bis sie aufsteigen. Abschrecken und abseihen.
- Frühlingszwiebeln klein schneiden und (am besten in einer beschichteten Pfanne) in etwas Butter anschwitzen, wieder herausheben und warm halten. Nocken zugeben und goldbraun braten, dabei bei Bedarf frische Butter zugeben. Getrocknete Paradeiser und Frühlingszwiebeln beigeben, Käse darüberstreuen und mit Schnittlauch kurz durchschwenken. Auf vorgewärmten Tellern anrichten.

VORBEREITUNGSZEIT: ca. 1 Stunde
KOCHZEIT: einige Minuten
VERWENDUNG: die Nocken geben auch eine hervorragende Beilage ab, wobei man die Garnitur mit den Paradeisern durchaus auch einfach weglassen kann

Truthahn-Kürbis-Gröstl

ZUTATEN

- 300–400 g Truthahnfleisch
- 500 g gekochte Erdäpfelscheiben
- 100 g Zwiebelwürfel
- 300 g gekochte Kürbiswürfel
- Salz, Pfeffer, Thymian
- Öl
- eventuell halbierte Cocktailparadeiser oder Paprikawürfel
- geröstete Kürbiskerne und eventuell Kürbiskernöl

ZUBEREITUNG

- Fleisch in fingerdicke Streifen schneiden. In einer Pfanne in etwas Öl kräftig braten, herausheben und warm stellen. Erdäpfelscheiben sowie Zwiebelwürfel zugeben und anbraten. Gegarten Kürbis, Fleisch und nach Belieben auch Paradeiser und Paprika untermengen. Mit Salz, Pfeffer und Thymian würzig abschmecken.
- Mit gerösteten Kürbiskernen bestreuen und mit Kürbiskernöl vollenden.

ZUBEREITUNGSZEIT: ca. 15 Minuten

Eiernockerl

ZUTATEN

- Nockerl, Rahmnockerl oder Spätzle (s. S. 143)

ZUM VOLLENDEN

- 4 Eier
- 125 g Sauerrahm nach Belieben
- Butter zum Schwenken
- Salz, Pfeffer

ZUBEREITUNG

- Nockerl oder Spätzle wie im Grundrezept beschrieben zubereiten und kochen. Abseihen und abtropfen lassen.
- Dann in einer Pfanne etwas Butter schmelzen lassen, die Nockerl zugeben und darin gut schwenken. Eier verquirlen und nach Belieben Sauerrahm einrühren.
- Die Masse über die Nockerl gießen und die Eier nicht zu fest stocken lassen, damit sie schön cremig bleiben. Mit Salz und Pfeffer würzen.

VORBEREITUNGSZEIT: ca. 15 Minuten inkl. Nockerlkochen
KOCHZEIT: einige Minuten
BEILAGENEMPFEHLUNG: grüner Salat

Schinkenspätzle

ZUTATEN

- fertige Spätzle, Nockerl, Rahm- oder Topfennockerl nach Grundrezept S. 143
- 200 g Schinken
- 60–80 g Zwiebelwürfel
- etwas Schlagobers nach Belieben
- Muskatnuss
- Salz, Pfeffer aus der Mühle
- Schnittlauch zum Bestreuen
- etwas Öl oder Butter

ZUBEREITUNG

- Spätzle wie beschrieben vorbereiten.
- Schinken in Streifen oder Würfel schneiden.
- Butter oder Öl in einer Pfanne erhitzen und die Zwiebelwürfel darin glasig dünsten. Schinken einmengen und kurz durchschwenken.
- Spätzle untermengen und gut verrühren. Mit Salz, Muskatnuss und Pfeffer würzig abschmecken. Nach Belieben mit einem kräftigen Schuss Obers aufgießen und kurz einkochen lassen. Nochmals abschmecken.
- In vorgewärmten Tellern anrichten und mit Schnittlauch bestreut auftragen.

VORBEREITUNGSZEIT: ca. 15 Minuten inkl. Nockerlkochen
KOCHZEIT: einige Minuten

Käsenockerl Käsespätzle

ZUTATEN

- **Spätzle oder Nockerl, Rahm- oder Topfennockerl nach Grundrezept (s. S. 143)**
- **ca. 200 g geriebener würziger Käse (Emmentaler, Bergkäse)**
- **150 g Zwiebeln**
- **1 Zwiebel für die Garnitur**
- **Salz, Pfeffer aus der Mühle**
- **Mehl zum Wenden**
- **Butter und Butterschmalz zum Herausbacken**
- **Kräuter nach Belieben zum Bestreuen**

ZUBEREITUNG

- Die Nockerl nach Rezept vorbereiten.
- Eine Zwiebel in Ringe, restliche Zwiebeln feinwürfelig schneiden. Zwiebelringe auf beiden Seiten in Mehl wenden. In einer Pfanne reichlich Butterschmalz (2–3 EL) erhitzen und die Zwiebelringe darin goldbraun herausbacken. Auf Küchenkrepp gut abtropfen lassen und warm halten.
- In einer anderen Pfanne etwas Butter erhitzen und die Zwiebelwürfel darin anrösten. Nockerl zugeben, gut durchschwenken und mit Salz sowie Pfeffer würzen.
- Geriebenen Käse untermengen, durchrühren und kurz schmelzen lassen (oder im heißen Backrohr kurz überbacken).
- Käsenockerl auf vorgewärmten Tellern anrichten. Knusprige Zwiebelringe obenauf drapieren und nach Belieben mit frisch gehackten Kräutern bestreuen.

VORBEREITUNGSZEIT: ca. 15 Minuten inkl. Nockerlkochen
KOCHZEIT: einige Minuten
BEILAGENEMPFEHLUNG: Paradeiser- oder Blattsalat

Österreichische Vielfalt

Käsenockerl – für Nichteingeweihte keinesfalls mit Kärntner Kasnudeln zu verwechseln – erfahren je nach Region eine recht unterschiedliche Zubereitung. Während man etwa im Oberösterreichischen besonderen Wert auf den knusprigen Bodensatz legt, dort „Rammerl" genannt, der sich beim Braten der Nockerl am Pfannenboden anlegt, wird bei zünftigen Hüttenabenden mitunter auch Kirschgeist oder Schnaps unter den Käse gemischt. Ganz ohne Alkohol „rutschen" die Käsespatzen auch bestens, wenn die angerösteten Zwiebeln zuerst mit etwas Nockerlkochwasser und 125 ml Milch vermengt werden und der Käse darin geschmolzen wird. Die Nockerl kommen in diesem Fall erst zum Schluss dazu und werden mit einem Schuss Obers oder etwas Crème fraîche vollendet.

Überbackene Schinkenfleckerl

ZUTATEN

- 500 g Fleckerl (oder andere Teigwaren wie Spiralen etc.)
- 300 g Schinken im Ganzen
- 1 Zwiebel
- 3 Eier
- 200 g Sauerrahm
- 1 KL Maizena
- Salz, Pfeffer
- Muskatnuss
- frische Petersilie
- Butter und Brösel für die Form

ZUBEREITUNG

- Die Nudeln nach Anleitung in reichlich Salzwasser kochen, abseihen und kalt abspülen.
- Schinken in kleine Würfel, Zwiebel feinwürfelig schneiden. Petersilie fein hacken.
- Etwas Butter in einer Pfanne aufschäumen und die Zwiebeln darin hellbraun rösten, Schinken beigeben und kurz anschwitzen.
- Backrohr auf 165 °C Heißluft vorheizen, eine passende Form mit Butter ausstreichen und mit Bröseln ausstreuen.
- Die Eier trennen und die Dotter mit Sauerrahm verrühren. Eiklar mit Maizena und Salz zu sehr steifem Schnee schlagen. Nun Fleckerl mit Schinken, Dotterrahm und Petersilie vermengen. Mit Salz, Pfeffer und Muskatnuss abschmecken. Zuletzt den Schnee darunterheben und in eine vorbereitete Auflaufform füllen. Im heißen Backrohr ca. 40 Minuten backen.

VORBEREITUNGSZEIT: ca. 20 Minuten inkl. Nudelkochen
BACKZEIT: ca. 40 Minuten
BACKROHRTEMPERATUR: 165 °C Heißluft
BEILAGENEMPFEHLUNG: grüner Salat

Foto rechte Seite

Krautfleckerl

ZUTATEN

- Nudelteig aus 200 g Mehl und 2 Eiern (s. S. 151) oder ca. 250 g fertige Fleckerl
- 150 g Zwiebelwürfel
- eventuell 1–2 klein geschnittene Knoblauchzehen
- 60 g Butter, Butterschmalz oder Öl
- 700 g zugeputztes Weißkraut
- ca. 200 ml Nudelkochwasser, Gemüsefond oder Rindsuppe
- 1 EL Feinkristallzucker
- Salz, Pfeffer aus der Mühle
- Kümmel

ZUBEREITUNG

- Nudelteig wie beschrieben vorbereiten und den ausgerollten Teig in kleine Fleckerl schneiden. Bissfest kochen, kalt abschrecken und gut abtropfen lassen. (Fertige Fleckerl nach Anleitung kochen und abtropfen lassen.) Kochwasser beim Abgießen nach Belieben nicht wegschütten, sondern auffangen.
- Kraut in kleine Würfel schneiden. Zwiebel- und eventuell Knoblauchwürfel in heißem Fett hell anschwitzen, Zucker einstreuen und karamellisieren.
- Kraut beigeben und unter Schütteln der Pfanne oder ständigem Rühren rösten, ohne dabei braun werden zu lassen. Sobald das Kraut glasig ist, mit etwas Nudelwasser oder Suppe aufgießen und so lange dünsten, bis das Kraut kernweich ist. Währenddessen bei Bedarf noch Flüssigkeit zugießen.
- Nun die abgetropften Fleckerl gründlich unter das fertige Kraut mischen. Mit Salz, Pfeffer und Kümmel würzig abschmecken. Nochmals erhitzen und anrichten.

ZUBEREITUNGSZEIT: ca. 40 Minuten
BEILAGENEMPFEHLUNG: Paprikasauce und/oder Blattsalat

Gemüse-Erdäpfel-Schnitzel

ZUTATEN FÜR 4 PORTIONEN ALS ZWISCHENGERICHT (FÜR HAUPTGERICHT MENGE VERDOPPELN)

- 300 g gekochte mehlige Erdäpfel
- 1 Ei
- 100 g gekochte, gut abgetropfte Gemüsewürfel
- 60 g Zwiebelwürfel
- 100 g feiner Grieß
- 30–50 g Knödelbrot (oder trockene, in Würfel geschnittene Semmeln)
- Salz, Pfeffer aus der Mühle
- Semmelbrösel zum Wenden
- Butter oder Öl zum Braten
- eventuell fein gehackte Petersilie
- Haferflocken oder gekochte Getreidekörner nach Belieben

ZUBEREITUNG

- Zwiebelwürfel in Butter oder Öl in einer Pfanne hell anschwitzen. Wieder vom Herd nehmen. Gekochte Erdäpfel durch eine Erdäpfelwiege oder -presse drücken.
- Nun Erdäpfel mit Zwiebeln, Ei, gekochtem Gemüse, Knödelbrot und Grieß gut vermengen. Würzig abschmecken und nach Belieben auch Haferflocken sowie Petersilie untermischen.
- Aus der Masse kleine Laibchen formen.
- In Bröseln wenden und in einer (am besten beschichteten) Pfanne in wenig Fett auf beiden Seiten braten.

VORBEREITUNGSZEIT: 10 Minuten bei gekochten Erdäpfeln
ZUBEREITUNGSZEIT: einige Minuten
Foto linke Seite

Gebackenes Gemüse

ZUTATEN

- 500–600 g Gemüse nach Belieben (Karfiol, Kürbis, Kohlrabi, Zucchini, Broccoli, Spargel oder Sellerie etc.)
- 2–3 Eier
- 50 ml Obers, Milch oder Mineralwasser nach Belieben
- ca. 100 g glattes oder griffiges Weizen- oder feines Dinkelmehl oder Vollkornmehl
- ca. 150 g Semmel- oder Vollkornsemmelbrösel
- ca. 400 g Butterschmalz und/oder Öl zum Backen
- etwas Petersilie oder frittierte Petersilie oder beliebige Kräuter
- Salz

ZUBEREITUNG

- Das Gemüse je nach Sorte in Salzwasser bissfest vorkochen (Karfiol, Sellerie, Spargel etc.) und gut abtropfen lassen.
- In Scheiben (5 mm dick), mundgerechte Stücke oder Röschen schneiden und salzen.
- Eier nach Belieben auch mit Obers verschlagen und ebenso wie Mehl und Brösel in Tellern vorbereiten.
- Gemüse in Mehl wenden, durch das Ei ziehen und in Bröseln wälzen.
- In einer großen Pfanne reichlich Fett erhitzen und das panierte Gemüse darin goldbraun herausbacken. Herausheben, abtropfen lassen oder mit Küchenkrepp trocken tupfen. Etwas Petersilie rasch frittieren und das gebackene Gemüse damit garnieren.

VORBEREITUNGSZEIT: ca. 20 Minuten je nach Kochzeit des verwendeten Gemüses
GARZEIT: 5–10 Minuten
BEILAGENEMPFEHLUNG: Sauce Tartare oder Joghurtsauce

Fischknöderl

ZUTATEN FÜR 4 VORSPEISEN-PORTIONEN

300 g Fischfilet (Forelle, Karpfen, Hecht etc.)

100 g entrindetes Toast- oder Weißbrot

125 ml Schlagobers

100 g Schalottenwürfel (oder Zwiebel)

1 Ei

Salz, Pfeffer

10 g Butter oder Sonnenblumenöl

Fischfond oder Salzwasser zum Kochen

ZUBEREITUNG

- Haut abziehen und das Fischfilet sorgfältig entgräten. Dafür zur Kontrolle auch noch sanft mit der Fingerkuppe über das Filet streichen. Salzen, pfeffern und wieder kühl stellen.
- Weißbrot in einer Schüssel mit der Hälfte des Obers übergießen und ziehen lassen. Restliches Obers wieder einkühlen.
- In einer Pfanne Butter erhitzen und die Schalottenwürfel hell andünsten. Wieder vom Herd nehmen und gut auskühlen lassen.
- Fisch sowie eingeweichtes Brot fein faschieren oder in einer Küchenmaschine cuttern. Mit Ei sowie restlichem Obers vermengen und abschmecken.
- Fischfond oder Salzwasser in einem großen Topf aufkochen. Aus der Masse mit nassen Händen (oder Einweghandschuhe benützen) kleine Knödel oder Nockerl formen und ca. 8–12 Minuten ziehen, aber nicht wallend kochen lassen.

VORBEREITUNGSZEIT: ca. 20–25 Minuten
GARZEIT: 8–12 Minuten
BEILAGENEMPFEHLUNG: Gurken in Dillrahm, Blattspinat, gedünstetes Wurzelgemüse, Spargelgemüse oder Kräutersauce

Österreichische Vielfalt

Die abwechslungsreiche Verarbeitung von Fisch war vor allem in jenen Zeiten von großer Bedeutung, als die Fastenzeit noch strikt eingehalten und auf den Genuss von Fleisch verzichtet werden musste. Festfleischige Fische eigneten sich zum Faschieren besonders gut und wurden zu Laibchen, Krapferl, sogar Würsteln verarbeitet. Diese Fischknöderl erinnern zwar noch an jene Tradition, werden aber durch das Aromatisieren mit Soja- oder Worcestershiresauce, Pernod, Chilischoten, Ingwer, Koriander, Limettenschale, Kurkuma, Tomatenmark, Pinien- oder Pistazienkernen auch zeitgemäß verwöhnte Gaumen beeindrucken.
Für **GEBACKENE FISCHKNÖDERL** werden die ungekochten Knöderl entweder nur in Bröseln gewälzt oder wie Schnitzerl in Mehl, Eiern und Bröseln paniert und anschließend in heißem Fett schwimmend herausgebacken. **FÜR FISCHBÄLLCHEN ODER -LAIBCHEN** mengen Sie unter die Masse noch etwas Brösel und formen aus der dann kompakteren Masse kleine Bällchen oder Laibchen. In Semmelbröseln wälzen und in heißem Öl knusprig braten. **FISCHNOCKERL** wiederum werden nach demselben Rezept hergestellt, nur werden aus der Masse mit Hilfe eines Esslöffels Nockerl gestochen. In der gutbürgerlichen österreichischen Küche werden diese auch gerne mit Forellenkaviar, Garnelen oder einer leichten Fischrahmsauce serviert.

Hascheeknödel

ZUTATEN FÜR CA. 30 KNÖDERL

FÜR DEN TEIG

- 600 g gekochte mehlige Erdäpfel
- 60 g Butter
- 200 g griffiges Mehl
- 60 g Grieß
- 2–3 Eidotter
- Prise Salz
- Prise Muskatnuss nach Belieben

FÜR DIE FÜLLMASSE

- 600 g gebratenes Fleisch (Bratenreste von Schweins- oder Surbraten etc.)
- 200 g Braunschweiger, Wiener oder andere würzige Wurst
- 150 g Zwiebeln
- 2–3 Knoblauchzehen
- 60 ml Öl oder Butterschmalz
- 3 EL fein gehackte Petersilie
- Muskatnuss, Majoran
- Salz, Pfeffer aus der Mühle
- Bratensaft oder Rindsuppe nach Bedarf
- Bratensaft zum Beträufeln nach Belieben

ZUBEREITUNG

- Zuerst für die Fülle Fleisch und Wurst in Stücke schneiden und alles grob faschieren.
- Zwiebeln sowie Knoblauch fein hacken und in Öl kurz anschwitzen. Wieder vom Herd nehmen und mit dem Faschierten vermischen. Mit Petersilie, Majoran, Muskatnuss, Salz und Pfeffer würzig abschmecken. (Ist die Masse zu trocken, mit etwas Bratensaft, Suppe oder flüssigem Schmalz geschmeidiger machen.)
- Nun aus der Masse etwa 30 kleine Kügelchen formen und, wenn möglich, kurz tiefkühlen (lassen sich so besser vom Teig umhüllen).
- Für den Teig die gekochten Erdäpfel durch eine Erdäpfelpresse drücken (oder auf einem Reibeisen reiben). Butter schmelzen und mit den Erdäpfeln, Mehl, Grieß und Dottern rasch vermengen. Mit Salz und nach Belieben auch Muskatnuss würzen. Nur kurz rasten lassen.
- Vom Teig jeweils kleine Stückchen abnehmen, flach drücken, die Fleischkügelchen damit umhüllen und zu kompakten Knöderln „drehen" (formen). Dafür die Hände ab und an mit Wasser befeuchten.
- In einem großen Topf Salzwasser aufkochen und die Knödel darin 12–15 Minuten (tiefgekühlte Knödel etwas länger) eher ziehen als kochen lassen.
- Herausheben, gut abtropfen lassen und mit etwas Bratensaft beträufelt auftragen.

VORBEREITUNGSZEIT: ca. 30 Minuten
GARZEIT: 12–15 Minuten (tiefgekühlte Knödel etwas länger)
BEILAGENEMPFEHLUNG: Krautsalat, Sauerkraut sowie etwas Bratensaft zum Beträufeln

Österreichische Vielfalt

Was sich letztlich hinter dem flaumigen Teigmantel versteckt, ist das oft wohl gehütete Geheimnis vieler österreichischer Hausfrauen und Hobbyköche. Je nach Vorliebe und übrig gebliebenen Resten ist etwa für **WURSTKNÖDEL** naturgemäß der Wurstanteil, für **FLEISCHKNÖDEL** der Fleischanteil größer, wobei durchaus auch gegartes Rind- oder Lammfleisch faschiert werden kann. Natürlich wird auch Speck oftmals mitfaschiert, wodurch die Füllmasse besonders saftig gerät. Nach einem alten oberösterreichischen Rezept wird die Füllmasse durch 2 Eier zusätzlich verfeinert. Neueren Datums ist hingegen jene Variante, nach der man Käsewürfel in die Fülle einarbeitet oder durch klein gehackte Eier, Essiggurkerl, Paprikawürferl, Oliven oder getrocknete Paradeiser für Abwechslung sorgt. In Salzburg bereitet man die Hascheeknödelfülle gerne aus je einem Drittel gekochtem Rind-, Schweine- und Selchfleisch zu. Für oberösterreichische **G'HACK-KNÖDEL** ersetzt man die angeführte Wurstmenge durch 300 g faschierten Speck oder Selchfleisch und würzt zusätzlich mit einer Prise Paprikapulver.

Grammelknödel

ZUTATEN FÜR 12 KNÖDEL

FÜR DEN KNÖDELTEIG

- 330 g griffiges Weizen- oder feines Dinkelmehl
- 150 ml Wasser
- 30 g Butter
- 1/2 Mokkalöffel Salz
- 1 Ei

FÜR DIE FÜLLE

- 500 g frische Grammeln
- Salz, Pfeffer aus der Mühle
- eventuell etwas gehackter Knoblauch, Petersilie und Paprikapulver
- eventuell angeröstete Zwiebelwürfel nach Belieben
- Semmel- oder Weißbrotbrösel sowie Schmalz nach Bedarf

ZUBEREITUNG

- Für den Teig das Mehl in eine Schüssel geben. Wasser mit Salz und Butter aufkochen und sofort über das Mehl gießen. Kurz durchrühren, das Ei zugeben und mit dem Kochlöffel fest verrühren.
- Teig aus der Schüssel auf eine bemehlte Fläche geben und rasch verkneten. (Ist der Teig zu weich, noch etwas Mehl einarbeiten.) Überkühlen lassen.
- Grammeln grob hacken, mit Salz und Pfeffer gut würzen und nach Geschmack auch mit etwas Knoblauch, fein geschnittener Petersilie, Paprikapulver sowie angeschwitzten Zwiebeln abschmecken.
- Je nach Konsistenz mit Semmel- oder Weißbrotbröseln etwas festigen oder mit etwas Schweineschmalz geschmeidiger machen. Ist die Masse schwer formbar, eventuell einige Zeit kühl stellen.
- Kleine Knödelchen formen und am besten einige Zeit tiefkühlen, damit sie sich leichter verarbeiten lassen. Dann vom vorbereiteten Teig etwas entnehmen, in der Handfläche flachdrücken und die Grammelknödel damit umhüllen. Mit befeuchteten Händen zu formschönen Knödeln rollen.
- In einem großen Topf reichlich Salzwasser aufkochen, Knödel einlegen und 12–15 Minuten ziehen lassen. (Bei tiefgekühlter Masse etwas länger ziehen lassen.)

VORBEREITUNGSZEIT: ca. 30 Minuten ohne Kühlstellen
GARZEIT: 12–15 Minuten (tiefgekühlte Knödel etwas länger)
BEILAGENEMPFEHLUNG: Krautsalat, Sauerkraut sowie etwas Bratensaft zum Beträufeln

Foto Seite 156

Gebackene Grammelknödel

Dieses Rezept stammt aus der Mühlviertler Fleischerei Leibetseder.

ZUTATEN FÜR CA. 25 KNÖDERL

1 kg gekochte mehlige Erdäpfel (ohne Schale gewogen)
400 g griffiges Mehl
50 g Weizengrieß
1 Ei
1 gestrichener TL Salz
Prise Muskatnuss
Butter oder Schmalz für die Form

FÜR DIE FÜLLE

750 g Speckgrammeln
gehackte Petersilie nach Geschmack
Salz

FÜR DEN GUSS

3 Eier
ca. 600 ml Milch
1 TL Salz
Prise Muskatnuss

ZUBEREITUNG

- Für die Füllmasse die Grammeln grob hacken (sie sollen noch „Biss" haben) und mit gehackter Petersilie und Salz abschmecken.
- Geschälte gekochte Erdäpfel noch heiß durch eine Presse drücken (oder reiben) und mit Mehl, Grieß und dem Ei vermengen. Mit Salz sowie Muskatnuss würzen und rasch zu einem Teig verarbeiten. Nicht rasten lassen, sondern gleich auf einer Arbeitsfläche mit genügend Mehl zu einer Rolle formen.
- Nun pro Knödel mit einer Teigkarte jeweils ein etwa 70 g schweres Stück abtrennen, leicht flach drücken, etwas Fülle auftragen und darin gut einschlagen. Zwischen den leicht mit Wasser befeuchteten Händen zu Knödeln formen.
- Das Backrohr auf 180 °C vorheizen. Eine passende Form oder Rein mit Butter oder Schmalz ausstreichen und die Knödel nebeneinander einschlichten. Im heißen Rohr zunächst 15 Minuten backen.
- Währenddessen für den Guss die Eier mit Milch, Salz und Muskat kurz aufmixen.
- Knödel mit dem Guss übergießen, Hitze auf 175 °C reduzieren und nochmals ca. 20 Minuten backen.

VORBEREITUNGSZEIT: ca. 30 Minuten bei gekochten Erdäpfeln
BACKZEIT: ca. 35 Minuten
BACKROHRTEMPERATUR: 180 °C auf 175 °C fallend
BEILAGENEMPFEHLUNG: Sauerkraut

Österreichische Vielfalt

Romantisch veranlagte Mühlviertler wollen in den sanften Wölbungen der aus dem Guss herauslugenden Knödel gar die Hügellandschaft ihrer Heimat wiedererkennen. Das hindert sie allerdings nicht daran, die Grammelmasse manchmal auch mit anderen Kräutern, Knoblauch oder einer kleinen Prise Paprikapulver zu würzen. Mitunter wird auch ein Teil der Grammeln faschiert, während der restliche Teil nur grob geschnitten wird. Für **SPECKKNÖDEL** werden rund 750 g Speck (durchzogener Bauchspeck) sehr fein geschnitten und mit gehackter Petersilie abgeschmeckt. Ob daraus **KÜBELSPECKKNÖDEL** werden, hängt wohl davon ab, ob man Zugriff auf diese selten gewordene Spezialität hat. Vor allem im oberösterreichischen Innviertel wird dafür fetter Bauchspeck in einem verschließbaren Kübel über längere Zeit hindurch gesurt. Knoblauch, Gewürze und Pökelsalz verleihen dem köstlichen Speck seinen einzigartigen Geschmack.

Spinatknödel

ZUTATEN

- 200 g gekochte Erdäpfel (ohne Schale)
- 200 g passierter, gut ausgedrückter Spinat
- 1–2 fein geschnittene Knoblauchzehen oder Knoblauchpaste (oder Bärlauch)
- 100–150 g geriebene, gesiebte Semmelbrösel
- 30 g geschmolzene Butter
- 2 Eier
- Salz, Pfeffer aus der Mühle
- geriebener Käse zum Bestreuen

ZUBEREITUNG

- Die gekochten Erdäpfel durch eine Erdäpfelpresse drücken oder passieren.
- Nun den Spinat mit Eiern und geschmolzener Butter vermischen. Erdäpfel sowie Brösel (je nach Feuchtigkeit des Spinats mehr oder weniger) zugeben und mit Salz, Pfeffer sowie Knoblauch würzen. Masse etwas rasten lassen.
- Dann aus der Masse kleine, etwa 60–70 g schwere Knödel formen.
- In einem Topf reichlich Salzwasser aufkochen und die Knödel 15–20 Minuten (je nach Größe) leicht wallend ziehen, aber nicht kochen lassen. (Die Knödel dürfen keinesfalls kochen, da sie sonst zerfallen und bei zu langer Kochzeit die Farbe verlieren!)
- Herausheben, anrichten und mit geriebenem Käse bestreuen. (Die Knödel können auch abgeschreckt und erst später wieder über Dampf oder in Wasser nochmals erwärmt werden.)

VORBEREITUNGSZEIT: ca. 30 Minuten
GARZEIT: 15–20 Minuten
GARNITUREMPFEHLUNG: in Butter geschwenkte Schinkenstreifen oder Speckwürferl und braune Butter oder warme Kräutersauce

Foto rechte Seite

Schinkenknödel

ZUTATEN

- Knödelteig s. Grammelknödel S. 178, (oder Erdäpfelteig, s. S. 133)
- 350 g Schinken (Geselchtes)
- 150 g klein geschnittene Champignons
- 60 g Zwiebelwürfel
- 20 g Butter
- 1 Ei
- Salz, Pfeffer, frisch gemahlen
- etwas fein geriebene Zitronenschale
- 1 EL Petersilie, fein gehackt
- Semmelbrösel nach Bedarf

ZUBEREITUNG

- Zwiebeln in Butter anschwitzen, Pilze zugeben und kurz anschwitzen. Eventuell in einem Sieb abtropfen lassen. Schinken faschieren oder in einer Küchenmaschine zerkleinern (cuttern), mit den restlichen Zutaten vermengen und würzig abschmecken. Die Masse bei Bedarf mit etwas Bröseln festigen, damit sie gut formbar ist.
- Aus der Masse kleine Knöderl formen und kurz tiefkühlen (so sind sie stabiler). Vom vorbereiteten Teig jeweils etwas entnehmen, Schinkenknöderl damit umhüllen und zu formschönen Knödeln formen.
- In einem großen Topf reichlich Salzwasser aufkochen, Knödel einlegen und 12–15 Minuten ziehen lassen.

VORBEREITUNGSZEIT: ca. 20 Minuten bei fertigem Teig
GARZEIT: 12–15 Minuten

Brennnessel-Teigtaschen

mit brauner Salbeibutter

Dieses Rezept stammt von Gabi Strahammer, Restaurant ´s Schulhus in Krumbach.

ZUTATEN FÜR DEN NUDELTEIG

250 g griffiges Mehl
125 g Eier (oder 2 Eier und 1 Eidotter)

FÜR DIE FÜLLE

300 g Brennnesselblätter
40 g Butter
40 g Zwiebelwürfel
1 gehackte Knoblauchzehe
150 g Topfen
150 g Mascarpone
40 g geriebener Parmesan
Salz, Pfeffer
Muskatnuss
Ei zum Bestreichen

FÜR DIE SALBEIBUTTER

50 g Butter
Salbeiblätter

ZUBEREITUNG

- Für den Teig zunächst die aufgeschlagenen Eier mit Mehl zu einem festen Teig verarbeiten. Zu einer Kugel formen und ruhen lassen.
- Inzwischen für die Füllmasse die Brennnesselblätter waschen, abtropfen und fein hacken.
- Butter aufschäumen. Zwiebeln, Knoblauch sowie Brennnesselblätter zugeben und einige Minuten weich dünsten. Wieder auskühlen lassen.
- Mit Topfen und Mascarpone vermengen, mit Salz, Pfeffer und Muskatnuss würzen.
- Teig dünn ausrollen und in Scheiben oder Rechtecke schneiden. Jeweils etwas Fülle auftragen, die Ränder mit Ei bestreichen und zusammenklappen. Gut festdrücken.
- In einem Topf Salzwasser aufkochen, Teigtaschen einlegen und etwa 4–5 Minuten garen.
- Währenddessen Butter aufschäumen und Salbei zugeben. Teigtaschen herausheben, abtropfen lassen und mit brauner Butter sowie Salbei anrichten.

VORBEREITUNGSZEIT: 1–2 Stunden
GARZEIT: 4–5 Minuten

Tiroler Schlutzkrapfen

mit Spinatfülle

ZUTATEN FÜR DEN TEIG

- **270 g griffiges Weizenmehl**
- **80 g Roggenmehl**
- **1 EL Sonnenblumenöl**
- **2 Eidotter**
- **ca. 170 ml lauwarmes Wasser**
- **Salz**
- **braune Butter zum Beträufeln**
- **Schnittlauchröllchen und geriebener Käse nach Belieben zum Bestreuen**
- **Eiklar zum Bestreichen**

FÜR DIE FÜLLE

- **250 g blanchierter, gut abgetropfter Blattspinat**
- **70 g Zwiebelwürfel**
- **20 g Knoblauch oder etwas Bärlauch**
- **100 g Topfen oder Löffelkäse**
- **1 Ei**
- **40 g Butter oder Butterschmalz**
- **Salz, Pfeffer aus der Mühle**
- **Muskatnusspulver**

Foto Seite 2

ZUBEREITUNG

- Für den Teig beide Mehlsorten mit Öl, Dottern, lauwarmem Wasser und einer Prise Salz in einer Schüssel zuerst mit einer Teigkarte und dann mit den Händen oder im Rührkessel der Küchenmaschine mit dem Knethaken zu einem glatten Teig vermengen. Mit Frischhaltefolie abdecken und ca. 30 Minuten im Kühlschrank rasten lassen.
- Für die Fülle den Spinat klein, Knoblauch oder Bärlauch sehr fein schneiden. Butter oder Butterschmalz in einer Pfanne erhitzen, Zwiebeln sowie Knoblauch darin anschwitzen und wieder von der Kochstelle nehmen. Spinat unterrühren und überkühlen lassen. Mit den restlichen Zutaten vermengen und würzig abschmecken.
- Dann den Teig auf einer bemehlten Arbeitsfläche ca. 1 mm dünn ausrollen und mit einem runden Ausstecher mit ca. 8 cm Durchmesser Scheiben ausstechen. Etwas Fülle in der Mitte auftragen, zu einem Halbmond zusammenklappen und die Ränder gut verschließen bzw. gut andrücken. Dafür die Ränder zuvor am besten mit Eiklar oder Wasser bestreichen und mit den Fingerspitzen dekorative Ränder eindrücken.
- In einem Topf reichlich Salzwasser aufkochen lassen. Schlutzkrapfen einlegen und unter dem Siedepunkt garen, bis sie an der Oberfläche schwimmen.
- Mit einem Lochschöpfer herausnehmen, anrichten und mit brauner Butter, Schnittlauch sowie geriebenem Käse bestreut servieren.

VORBEREITUNGSZEIT: ca. 1 Stunde
GARZEIT: 10–12 Minuten
BEILAGENEMPFEHLUNG: Blattsalat, Rettichsalat etc.

Österreichische Vielfalt

Den einzig und wahren Schlutzkrapfen schlechthin gibt es nicht. Wie die Kärntner Kasnudel erlebt auch er die unterschiedlichsten Metamorphosen, kommt mal süß mit Kletzenfülle auf den Tisch, meist aber in pikanter Variante. Die klassische Topfen-Erdäpfel-Fülle ähnelt jener der Kärntner Kasnudeln sehr (siehe dort), nur werden bei den Schlutzkrapfen mehr Erdäpfel (ca. 300 g) und weniger Topfen (ca. 80 g) verwendet. Mit geriebenem Bergkäse und Kräutern wird geschmacklich „nachjustiert“. Aber auch geschnittenes Sauerkraut findet sich in den Krapfen. Für **FLEISCHKRAPFEN** wird eine Fülle aus faschiertem Fleisch, Bröseln, wenig Topfen und ein bisschen blanchiertem Blattspinat vorbereitet – alles mit Thymian und Majoran pikant abgeschmeckt.

Kärntner Kasnudeln

ZUTATEN FÜR DEN NUDELTEIG

- 500 g glattes Weizen- oder feines Dinkelmehl
- 1 Ei
- 3 EL Öl
- ca. 200 ml kaltes Wasser
- Salz
- Ei zum Bestreichen

FÜR DIE FÜLLE

- 200 g gekochte Erdäpfel
- je 70 g Schalotten- und Lauchwürfel
- 70 g Butter
- 500 g ausgepresster Brösel- oder Bauerntopfen
- 2–3 Knoblauchzehen
- Salz, Pfeffer aus der Mühle
- Prise Muskatnuss
- 1–2 EL fein geschnittene Nudelminze (oder andere Minze)
- etwas fein gehackte Petersilie

ZUM ANRICHTEN NACH WAHL

- braune Butter, Verhackertes, gebratene Speckwürfel

ZUBEREITUNG

- Für den Teig alle Zutaten in einer Schüssel zuerst mit einer Teigkarte, dann mit den Händen oder im Rührkessel der Küchenmaschine mit dem Knethaken zu einem glatten Teig vermengen. Klebt der Teig noch, etwas Mehl einarbeiten. Mit Frischhaltefolie abdecken und ca. 30 Minuten im Kühlschrank rasten lassen.
- Für die Füllmasse Schalotten, Lauch und Knoblauch in zerlassener Butter hell anschwitzen und wieder vom Herd nehmen. Gekochte Erdäpfel durch eine Erdäpfelpresse drücken und mit den restlichen Zutaten zu einer würzigen Masse vermengen.
- Nun den Teig am besten mit einer Nudelmaschine zu dünnen Teigblättern verarbeiten oder auf einer bemehlten Arbeitsfläche messerrückendick ausrollen. Mit einem runden Ausstecher (oder umgedrehten Glas) Scheiben ausstechen, etwas Topfenfülle auftragen und die Ränder mit verquirltem Ei bestreichen. Teig zusammenklappen und die Ränder fest andrücken. Dabei mit den Fingern das typische wellenartige Muster „krendeln".
- In kochendes Salzwasser einlegen und je nach Größe 5–8 Minuten knapp unter dem Siedepunkt gar ziehen lassen. Mit einem Lochschöpfer herausheben, gut abtropfen lassen und auf vorgewärmten Tellern anrichten. Nach Geschmack mit reichlich brauner Butter beträufeln und mit Verhackertem oder gebratenen Speckwürfeln bestreuen.

VORBEREITUNGSZEIT: 45–60 Minuten
GARZEIT: 5–8 Minuten
BEILAGENEMPFEHLUNG: grüner Salat

Österreichische Vielfalt

„Lei losn" mag vielleicht für viele Lebensbereiche der Kärntner gelten, vor allem bei amourösen Abenteuern, nicht aber, wenn es darum geht, was in die Kasnudeln hineinkommt. Da wird die lockere Leine plötzlich straff. Also sollte eine echte Kasnudel mit Bröseltopfen gefüllt werden, weil nur dieser die richtige Konsistenz aufweist. Abgesehen von obiger Topfenfülle findet sich unter dem geschmeidigen Teig etwa für **FLEISCH- ODER FAUSTNUDELN** faschiertes (Selch-)Fleisch, das mit Zwiebeln, Eiklar und Bröseln gebunden wird. Für **KLETZENNUDELN** werden wiederum Kletzen (getrocknete Birnen) faschiert und mit Topfen, dunklen Brotbröseln sowie 1–2 Eiern vermengt und mit Zimt, Nelken, Neugewürz und Honig süß abgeschmeckt. Auch Mohn- oder Nussfülle, ebenfalls mit etwas Topfen abgerührt, erfreut sich als Füllmasse für Kärntner Nudeln großer Beliebtheit. Womit sich der Kreis mit dem „Lei losn" doch wieder geschlossen hätte. Ist also doch so einiges erlaubt ...

Gebackene Grießschnitte

Polentaschnitte

ZUTATEN

550 ml Milch, Gemüsefond oder Milch mit Wasser gemischt
25 g Butter
180–200 g Grieß oder Polenta
eventuell 1 Ei
Salz
Prise Muskatnuss
glattes Weizenmehl, 2–3 Eier und Semmelbrösel zum Panieren
Öl zum Herausbacken

ZUBEREITUNG

- Milch mit Butter, Salz und einer Prise Muskatnuss aufkochen. Grieß oder Polenta mit einem eher kompakten Schneebesen zügig einrühren und so lange rühren, bis sich die Masse vom Topfboden löst (eventuell mit einem Kochlöffel weiterrühren). Von der Herdstelle nehmen, nochmals würzig abschmecken und kurz quellen lassen.
- In die etwas überkühlte Masse das Ei einrühren und in eine mit Frischhaltefolie ausgelegte längliche Kastenform füllen. Gut andrücken und auskühlen lassen.
- Fest gewordene Grießmasse aus der Form nehmen, in fingerdicke Scheiben schneiden und wie Schnitzerl in Mehl, Ei und Brösel panieren.
- In einer großen Pfanne Öl erhitzen, die Grießschnitten einlegen und goldbraun backen.

VORBEREITUNGSZEIT: ca. 1 Stunde
GARZEIT: einige Minuten zum Herausbacken
BEILAGENEMPFEHLUNG: Blattsalat und warme oder kalte Kräuter- oder Paradeisersauce
VERWENDUNG: als Imbiss oder vegetarisches Hauptgericht, aber auch als herzhafte Beilage

Österreichische Vielfalt

Im Gegensatz zu Grieß findet Polenta weniger in der süßen Küche als bei pikanten Gerichten Einsatz. Dafür offenbart sich da ein breitgefächertes Repertoire, das nur darauf wartet, wachgeküsst zu werden. In der mediterranen Küche schätzt man seit jeher etwa Polentaschnitten, die nicht paniert – das ist eher eine österreichische Spielart –, sondern in Olivenöl knusprig gebraten werden. Oft belegt man Grieß- oder Polentaschnitten auch mit allerlei Pikantem (Rohschinken, getrockneten Paradeisern, Oliven), träufelt etwas Pesto darüber, ehe sie mit Käse bedeckt und im heißen Rohr überbacken werden. Allerdings kann Schinken & Co. (Speck, Käsewürfel, Kräuter, Pasten und Pesto etc.) auch gleich in die Masse eingearbeitet werden. Für **POLENTA- ODER GRIESSKNÖDEL** werden aus der Masse Knöderl geformt und diese 10–14 Minuten in Salzwasser gegart. Für **GRIESSDUKATEN** formt man aus der Masse kleine Laibchen, wälzt sie in Bröseln und brät diese in heißem Fett.

Geröstete Knödel

ZUTATEN

- 8 kl. gekochte Semmelknödel zu je ca. 100 g (oder Servietten-, Erdäpfel- oder Speckknödel)
- 4–8 Eier nach Belieben
- 100 g Zwiebeln
- 2–3 EL Butterschmalz oder Rapsöl zum Anrösten
- Salz, Pfeffer aus der Mühle
- Schnittlauch oder Petersilie zum Bestreuen

ZUBEREITUNG

- Die Zwiebeln feinwürfelig und die Knödel in Scheiben schneiden.
- In einer Pfanne das Schmalz oder Öl erhitzen und die Zwiebeln darin kurz anlaufen lassen. Knödel zugeben und von beiden Seiten knusprig anbraten.
- Inzwischen die Eier in eine Schüssel schlagen, versprudeln und mit Salz sowie Pfeffer würzen. Dann über die Knödel gießen und die Eier cremig stocken lassen.
- Auf vorgewärmten Tellern anrichten und vor dem Servieren mit Schnittlauch oder Petersilie bestreuen.

VORBEREITUNGSZEIT: ca. 5 Minuten
GARZEIT: 10–15 Minuten
BEILAGENEMPFEHLUNG: Paradeiser-, Gurken- oder grüner Salat

Österreichische Vielfalt

Meist werden für dieses Gericht die Knödel nicht eigens zubereitet, sondern jene verarbeitet, die einfach übrig geblieben sind. Ob Speck-, Erdäpfel- oder auch Hascheeknödel – in Scheiben geschnitten und in der entsprechenden Kombination mit Speck-, Fleisch-, aber auch Gemüsewürfeln stillen sie jeden Hunger. Ist dieser besonders groß, so wird auch gerne geriebener Käse unter die Knödel gemengt.

Erdäpfel-Gemüse-Laibchen

ZUTATEN FÜR 4 KL. ODER 2 GR. PORTIONEN

- Erdäpfelteig s. S. 133
- 200 g beliebiges Gemüse (Karotten, Erbsen, Karfiol, Broccoli, Mais etc.)
- Butter, Butterschmalz oder Öl zum Braten

ZUBEREITUNG

- Gemüse je nach Sorte in Salzwasser bissfest kochen, abgießen und abtropfen lassen. Bei Bedarf in kleine Würfel schneiden.
- Erdäpfelteig wie im Grundrezept beschrieben vorbereiten.
- Das Gemüse unter den Teig mengen und aus der Masse kleine Laibchen formen.
- In einer Pfanne etwas Fett erhitzen, die Laibchen einlegen und auf beiden Seiten knusprig braten (dabei nach Belieben die Laibchen in der Pfanne nur anbraten und dann im heißen Backrohr fertig braten).
- **VORBEREITUNGSZEIT:** 10–20 Minuten je nach Gemüse, bei fertigem Teig
  GARZEIT: einige Minuten
  VERWENDUNG: als vegetarisches Hauptgericht, etwa von Salat und kalter Joghurt-Kräuter-Sauce begleitet, aber auch als Beilage

Fleischpalatschinke

ZUTATEN

- 4 Palatschinken (s. S. 372)
- 300 g grob faschiertes Fleisch (Kalb- oder Hühnerfleisch)
- 80 g Zwiebelwürfel
- 100 g Zucchiniwürfel (oder beliebiges Gemüse)
- 2 fein geschnittene Knoblauchzehen
- Salz, Pfeffer aus der Mühle
- Muskatnusspulver
- Oregano, eventuell Majoran
- 1 Ei
- 80 g Crème fraîche
- eventuell 1/2 TL Mehl
- 1 EL fein gehackte Petersilie
- 2 Schafkäsegupferl à ca. 100 g (auch Ziegenkäse oder Mozzarella)
- 4 EL geschälte Paradeiserwürfel zum Garnieren
- 20 g Butter oder Butterschmalz
- Butter für die Form

ZUBEREITUNG

- Butter in einem Topf zerlassen und die Zwiebelwürfel darin hell anrösten. Knoblauch zugeben, kurz durchrösten, dann Faschiertes und Zucchini unterrühren und das Fleisch braten, bis es fast durchgegart ist.
- Bei Bedarf mit Mehl stauben und kurz durchrösten. Crème fraîche mit dem Ei verrühren und unter das Faschierte mengen. Nochmals kurz erhitzen und nach Geschmack würzig abschmecken. Abschließend die gehackte Petersilie untermengen.
- Backrohr auf 200 °C Oberhitze vorheizen und eine passende Form mit Butter ausstreichen.
- Palatschinken auf die Arbeitsfläche auflegen, Masse auftragen und zu einem Dreieck zusammenlegen oder einrollen. Palatschinken in die vorbereitete Form einschlichten, den Schafkäse in Scheiben schneiden und darauf verteilen. Im heißen Backrohr ca. 5–10 Minuten hellbraun überbacken und mit Paradeiserwürfeln garniert auftragen.

VORBEREITUNGSZEIT: ca. 15 Minuten
BACKZEIT: 5–10 Minuten
BACKROHRTEMPERATUR: 200 °C Oberhitze
BEILAGENEMPFEHLUNG: Blattsalat

Österreichische Vielfalt

Faschiertes ist geduldig, verträgt sich mit vielen pikanten Zutaten, die die Masse noch interessanter schmecken lassen. Also finden sich in Fleischpalatschinken auch oft Pilze, Käsewürferl, aber auch Mangold oder Spinat. Vielfach werden die Palatschinken auch mit einem ordentlichen Guss aus 2 Eiern und 200 ml Schlagobers überbacken. Das sieht nicht nur gut aus, sondern schmeckt auch dementsprechend saftig.

Gefüllte Paprika

ZUTATEN

8 kl. oder 4 gr. Paprikaschoten
faschierte Grundmasse (s. S. 240)
ca. 150 g vorgekochter Reis
Salz, Pfeffer
Butter oder Öl für die Form
Fond, Rindsuppe oder Wasser zum Aufgießen

ZUBEREITUNG

- Von den Paprikaschoten die Deckel abschneiden und beiseite legen. Kerne entfernen und die Schoten gut waschen.
- Faschierte Grundmasse vorbereiten. Gekochten Reis, wenn möglich faschieren (die Masse erhält dadurch eine bessere Bindung) und unter das Faschierte mengen. Nochmals abschmecken.
- Masse in die Paprika einfüllen und den Deckel wieder umgedreht mit dem Stiel in die Masse hineindrücken.
- Backrohr auf 165–175 °C Heißluft vorheizen und eine passende Form mit Öl oder Butter ausstreichen. Die gefüllten Paprikaschoten hineingeben und etwas Fond, Suppe oder Wasser zugießen. Je nach Größe 40–55 Minuten braten.

VORBEREITUNGSZEIT: ca. 20 Minuten
GARZEIT: ca. 40–55 Minuten
BACKROHRTEMPERATUR: 165–175 °C Heißluft
BEILAGENEMPFEHLUNG: Salzerdäpfel oder Reis sowie Paradeisersauce

Schwammerl in Rahmsauce

ZUTATEN

- 600 g Schwammerl (Eierschwammerl, Steinpilze, Champignons etc.)
- 100 g Zwiebel- oder Schalottenwürfel
- 1–2 gehackte Knoblauchzehen nach Geschmack
- 500 ml Rindsuppe, Gemüsefond oder Wasser mit hausgemachter Suppenwürze oder aus dem Reformhaus
- ca. 30 g glattes Weizen- oder feines Dinkelmehl
- 200 ml Schlagobers oder Crème fraîche
- 1 EL gehackte Petersilie
- Salz, Pfeffer aus der Mühle
- Prise Muskatnuss
- eventuell Thymian
- 1 EL Butter zum Anschwitzen
- 30 g Butter für die Einbrenn
- Weißwein, etwas Zitronensaft oder Weinbrand zum Abschmecken

ZUBEREITUNG

- Geputzte Schwammerl klein schneiden oder teilen. Etwas Butter zerlassen und Zwiebelwürfel sowie Knoblauch nach Geschmack darin andünsten. Pilze zugeben, kurz durchrösten, wieder herausnehmen und warm halten.
- Für die Einbrenn etwas frische Butter zugeben, Mehl einrühren und kurz anschwitzen. Mit Rindsuppe und Schlagobers oder Crème fraîche aufgießen und 10–15 Minuten auf die gewünschte Konsistenz sämig einkochen.
- Nun Pilze und Zwiebel wieder zugeben, nochmals aufkochen und mit Salz, Pfeffer, Muskatnuss sowie eventuell auch Thymian würzig abschmecken. Nach Belieben mit einem Schuss Weißwein, etwas Zitronensaft oder Weinbrand zusätzlich abschmecken.
- Abschließend die gehackte Petersilie untermengen.

ZUBEREITUNGSZEIT: ca. 20–30 Minuten
BEILAGENEMPFEHLUNG: Semmelknödel
VERWENDUNG: mit Knödel und Salat als vegetarisches Hauptgericht, aber auch als Beilage zu gebratenem Fleisch oder Fisch

Foto rechte Seite

Gerstengugelhupf

Dieses Rezept stammt von Bernhard Senkmüller aus Linz.

ZUTATEN

- 150 g Dinkel- und 200 g Gerstenschrot
- ca. 750 ml Gemüsefond oder -suppe
- 100–150 g Zwiebelwürfel
- 2 Eidotter
- 2 Eiklar
- 50–100 g Schafkäse
- Salz, Pfeffer aus der Mühle
- Muskatnusspulver
- etwas Leinsaat und Butter für die Form

ZUBEREITUNG

- Dinkel- und Gerstenschrot in einer Pfanne trocken rösten, bis er duftet. Mit Gemüsefond aufgießen, einmal kräftig aufkochen und abseits vom Herd ca. 25 Minuten quellen lassen.
- Zwiebeln eventuell kurz in Butter anschwitzen und überkühlen lassen. Mit Dottern, zerbröseltem Schafkäse, Salz sowie Pfeffer unter die Schrotmasse mengen.
- Eiklar mit Prise Salz steif schlagen und vorsichtig unterheben.
- Backrohr auf 160 °C vorheizen, die Backform mit Butter ausstreichen und mit Leinsaat ausstreuen. Masse einfüllen und ca. 40 Minuten backen.

VORBEREITUNGSZEIT: ca. 40 Minuten
BACKZEIT: ca. 40 Minuten
BACKROHRTEMPERATUR: 160 °C Heißluft
BEILAGENEMPFEHLUNG: buntes Gemüseragout und frische Wildkräuter

Weinbergschnecken auf Weinkraut

Dieses Rezept stammt von Gerd Wolfgang Sievers, Kochbuchautor aus Leidenschaft.

ZUTATEN

48 küchenfertig vorbereitete Weinbergschnecken (vorzugsweise „Wiener Schnecke")
48 gereinigte Schneckenhäuser
150 g geräucherter Bauchspeck (ohne Schwarte)
75 g Knoblauchspeck (ohne Schwarte)
1 kl. Zwiebel
2 Knoblauchzehen
¼ TL scharfes Paprikapulver
Prise gemahlener Kümmel
200–250 g zimmerwarme (Alm-)Butter
Salz

FÜR DAS WEINKRAUT

1 kl. Kopf feinnudelig geschnittenes Weißkraut (ca. 800–1000 g)
200 ml Weißwein (vorzugsweise „Wiener Gemischter Satz")
Rindsuppe nach Bedarf
1 gr. fein gehackte Zwiebel
1 Bund Dille (oder auch Petersilie)
1 gehäufter EL Mehl
75 g Schweineschmalz
Zucker
Salz

ZUBEREITUNG

- Beide Specksorten sowie die Zwiebel entweder sehr fein hacken oder durch den Fleischwolf drehen. Knoblauchzehen mit etwas Salz zu einer Paste zerdrücken. Die zimmerwarme Butter schaumig abtreiben und mit Speck, Zwiebeln sowie der Knoblauchpaste vermengen. Mit Paprika, Kümmel und evtl. noch etwas Salz würzig abschmecken. Butter in eine Schüssel füllen und 1 Stunde kalt stellen.
- Inzwischen für das Weinkraut das feinnudelig geschnittene Weißkraut in kochendem Salzwasser blanchieren (kurz überbrühen), kalt abschrecken und gut abtropfen lassen. In einem Topf die fein gehackte Zwiebel in Schmalz blondieren (hell anschwitzen), Kraut dazugeben und mit etwas Rindsuppe und Wein aufgießen (das Kraut sollte knapp mit Flüssigkeit bedeckt sein). Kraut auf milder Hitze dämpfen, bis alle Flüssigkeit verdampft ist. Dann mit Mehl stauben und neuerlich mit Suppe aufgießen und aufkochen. Salzen, etwas zuckern und fertig dünsten. Das weiche Kraut nochmals abschmecken (es sollte zart süßlich, wenig salzig und ganz wenig säuerlich schmecken) und mit reichlich gehackter Dille vollenden.
- Währenddessen die Schnecken in ihre Häuser setzen und mit einer dicken Schicht Speckbutter zuschmieren. Im auf 200 °C vorgeheizten Backrohr etwa 10–15 Minuten backen, bis die Butter brodelt und der Speck leicht krustig geworden ist.
- Einen großen Schöpfer Weinkraut in die Mitte eines vorgewärmten Tellers geben und mit 12 Weinbergschnecken umkränzen. Sofort heiß servieren.

VORBEREITUNGSZEIT: ca. 1 Stunde inkl. Kühlstellen der Butter
ZUBEREITUNGSZEIT: ca. 1 Stunde
BACKROHRTEMPERATUR: 200 °C

Österreichische Vielfalt

Einst waren die niedlichen Tierchen so beliebt und begehrt, dass Wien die große Nachfrage auf einem eigenen Schneckenmarkt decken musste. Kein Wunder, denn Schnecken durften trotz ihres herzhaften Fleisches auch während der Fastenzeit verspeist werden. Doch mit dem Kaiserreich ging auch der Appetit der Österreicher auf Weinbergschnecken – wenn schon nicht unter, so zumindest extrem stark zurück. Erst eine unlängst von Feinschmeckern heftig akklamierte Initiative des Wiener Edelbauern Andreas Gugumuck erweckte diese alte Delikatesse wieder zu neuem Leben. Der pfiffige Landwirt züchtet seine Schnecken unter strenger Aufsicht der Veterinärmedizinischen Universität Wien und kann sich des Ansturms kaum erwehren.

Erdäpfelgulasch

ZUTATEN

750 g Erdäpfel (am besten mehlig)
1 Paar Frankfurter (oder Knacker, Debreziner, Dürre, Burenwurst etc.)
150 g Zwiebeln
1 Knoblauchzehe
1–2 KL edelsüßes Rosenpaprikapulver
1–2 Lorbeerblätter und Bohnenkraut
Prise Kümmel, Majoran
Salz, Pfeffer
Spritzer Essig
Zitronensaft oder -schale
ca. 1 l Rindsuppe oder Wasser
50 g Öl oder Schweineschmalz
1 EL (ca. 20 g) Maisstärke zum Binden
Sauerrahm zum Garnieren

ZUBEREITUNG

- Erdäpfel in Würfel schneiden, Zwiebeln sowie Knoblauch fein hacken.
- Öl oder Schmalz in einem Topf erhitzen und Zwiebeln mit Knoblauch darin goldgelb anrösten. Paprikapulver darüber streuen, sofort mit einem Spritzer Essig sowie wenig Suppe oder Wasser ablöschen und durchrühren. Erdäpfel zugeben und mit so viel Suppe bzw. Wasser aufgießen, dass sie bedeckt sind. Mit Kümmel, Majoran und Salz würzen. Lorbeerblätter und Bohnenkraut zugeben und das Gulasch leicht wallend ca. 25 Minuten kochen lassen, bis die Erdäpfel weich sind.
- Dann Wurst würfelig oder in Scheiben schneiden und beimengen. Maisstärke mit wenig kaltem Wasser glatt rühren, einrühren und das Gulasch mollig einkochen lassen. Nochmals mit Salz, Pfeffer sowie einem Schuss Zitronensaft oder etwas -schale abschmecken.
- In vorgewärmten Tellern anrichten und mit einem Tupfen Sauerrahm garnieren.

VORBEREITUNGSZEIT: ca. 10 Minuten
GARZEIT: ca. 35–40 Minuten

Österreichische Vielfalt

Wie beim Gulasch trifft man auch beim Erdäpfelgulasch in der österreichischen Küche auf zahlreiche Spielarten. Einmal wird Speck gemeinsam mit den Zwiebeln angeröstet oder Paprikastreifen kurz vor dem Garungsende beigegeben, ein andermal die Zwiebelmenge recht kräftig erhöht oder Sauerkraut mitgekocht, auch in Butter gedünstete Pilze oder gekochte Fisolen verfeinern mitunter das Erdäpfelgulasch. Mischt man einige Paradeiserwürfel unter das Gericht, so macht sich auch etwas Tomatenmark darin recht gut.

Räucherfischkrapferl mit mariniertem Gemüse

Dieses Rezept stammt von Adi Bittermann aus dem Restaurant Bittermann in Göttlesbrunn.

ZUTATEN

- **4 geräucherte Forellenfilets à 80 g**
- **3 Eidotter**
- **3 Eiklar**
- **4 EL Sauerrahm**
- **1 EL Stärkemehl**
- **Salz, Muskatnuss**
- **2 EL Öl**
- **4 EL Mehl**

FÜR DAS GEMÜSE

- **1 Karotte**
- **1 Kohlrabi**
- **100 g Sojasprossen**
- **400 g Blattspinat**
- **2 Schalotten**
- **1 Knoblauchzehe**
- **1 TL Gelbwurz**
- **Salz, Pfeffer**
- **etwas Sesamöl**
- **Balsamicoessig**
- **Butter**

ZUBEREITUNG

- Eidotter mit Sauerrahm, Salz und Muskatnuss glatt rühren, Mehl zugeben. Eiklar halbfest schlagen, Salz sowie Stärke einmengen und steif ausschlagen. Den Schnee vorsichtig unter die Dottermasse ziehen.
- Von den Forellenfilets jeweils 1 größeres Mittelstück herausschneiden und zur Seite legen. Reste fein hacken und unter die Masse heben. Rohes Gemüse in der Marinade ziehen lassen.
- In einer Pfanne Öl erhitzen. Masse mit einem Löffel in Form von kleinen Krapferln hineinsetzen und langsam beidseitig herausbacken. Im ca. 65 °C heißen Backrohr warm halten.
- Kohlrabi sowie Karotten feinstiftelig schneiden, Knoblauch und Schalotten in feine Streifen schneiden. Sämtliches Gemüse mit Ausnahme des Blattspinats behutsam vermengen und mit den Gewürzen, Öl und Essig gut abmischen. Ein paar Minuten ziehen lassen.
- Inzwischen den geputzten Blattspinat in einer Pfanne mit Butter kurz anschwitzen. Mit Salz sowie Pfeffer abschmecken und auf Teller aufteilen. Fischkrapferl auf den Spinat setzen, je ein Forellenfilet darauflegen und mit dem marinierten Gemüse garnieren.

ZUBEREITUNGSZEIT: ca. 20 Minuten

Schwimmendes Österreich

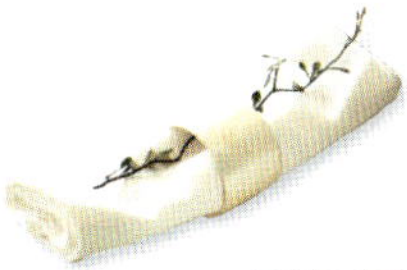

DIE FISCHKÜCHE VOM WURZELKARPFEN BIS ZUM BODENSEE-ZANDER

Karpfengulasch

ZUTATEN

- 600 g entgrätetes Karpfenfilet (oder Wallerfilet)
- 200 g Zwiebeln
- 2 gehackte Knoblauchzehen
- 100–150 g rote Paprikaschoten
- ca. 1 EL edelsüßes Paprikapulver
- 50 g Tomatenmark nach Belieben
- ca. 1 l Rindsuppe, Fisch- oder Gemüsefond
- 350 g festkochende Erdäpfel
- Salz, weißer Pfeffer
- Majoran
- frischer Majoran zum Garnieren
- 30 g Mehl-Butter-Kugel oder Stärke zum Eindicken
- 2–3 EL Raps- oder Sonnenblumenöl zum Anbraten
- 130 g Schlagobers oder Crème fraîche

ZUBEREITUNG

- Sehr gut entgrätetes Fischfilet in ca. 3 cm große Würfel, Zwiebeln feinwürfelig schneiden. Knoblauchzehen fein hacken. Paprikaschoten entstielen, entkernen und kleinwürfelig schneiden. Erdäpfel vierteln.
- In einem Topf Zwiebeln und Knoblauch in etwas Öl hell anschwitzen. Paprikapulver darüberstreuen, kurz durchmischen, nach Belieben Tomatenmark einrühren, mit Suppe oder Fond aufgießen und ca. 20 Minuten kochen lassen. Dann mixen und eventuell passieren.
- Sauce wieder aufkochen und die Erdäpfel darin weich kochen. Paprikawürfel ebenfalls einmengen und mitgaren. Zuletzt die Sauce mit etwas Mehlbutter oder in wenig Wasser angerührter Stärke eindicken und nochmals kochen lassen. Nach Belieben mit Schlagobers oder Crème fraîche verfeinern.
- Erst jetzt den Karpfen mit Salz sowie Pfeffer würzen und je nach Stärke der Stücke 5–7 Minuten in der Sauce gar ziehen lassen. Mit Majoran abschmecken. Fertiges Karpfengulasch in Tellern anrichten und mit frischem Majoran garnieren.

VORBEREITUNGSZEIT: ca. 10 Minuten
ZUBEREITUNGSZEIT: insgesamt 50–60 Minuten
BEILAGENEMPFEHLUNG: grüner Salat

Gebackener Karpfen

ZUTATEN

- 4 Karpfenstücke à ca. 150 g (oder beliebig anderer Fisch wie Saibling, Forelle, Lachsforelle, Scholle, Kabeljau oder Hecht) ohne Haut
- 2–3 Eier
- Mehl und Semmelbrösel
- Spritzer Zitronensaft
- Salz, Pfeffer aus der Mühle
- Öl zum Herausbacken
- Zitronenspalten zum Garnieren

ZUBEREITUNG

- Karpfenfilets nach Belieben bereits beim Fischhändler schröpfen lassen, andere Fischfilets sorgfältig mit einer Pinzette entgräten und zur Kontrolle mit der Fingerkuppe darüberstreichen. Filets nach Bedarf in kleinere Portionsstücke schneiden.
- Fischfilets kurz kalt abspülen, trocken tupfen, mit etwas Zitronensaft beträufeln und mit Salz sowie Pfeffer würzen. Etwa 10 Minuten ziehen lassen.
- Eier verschlagen. Fischstücke zuerst in Mehl wenden, durch das Ei ziehen und in Semmelbröseln wälzen.
- In einer großen Pfanne (oder zwei Pfannen) reichlich Öl erhitzen und die Filets darin je nach Größe 5–13 Minuten goldbraun herausbacken. Herausheben, mit Küchenkrepp trocken tupfen und mit Zitronenspalten garniert auftragen.

VORBEREITUNGSZEIT: ca. 10 Minuten
GARZEIT: 5–13 Minuten
BEILAGENEMPFEHLUNG: Salz- oder Petersilerdäpfel, Erdäpfel- und Gurkensalat sowie Sauce Tartare oder Dillmayonnaise

Fishing for Compliments

Die besten Tipps rund um die gelungene Fischzubereitung

- Bevorzugen Sie Fische aus Wildfang oder natürlicher Zucht. Wildfangfische haben meist festeres Fleisch, da sie auf natürlichem Weg auf Futtersuche sind. Beachten Sie, dass heimische Fische naturgemäß einen kürzeren Transportweg hinter sich haben als aus dem fernen Ausland importierte.

- Beim Kauf von Fischen im Ganzen achten Sie darauf, dass die Augen glasklar sind, die Haut natürlich glänzt und keinesfalls ausgetrocknet ist. Für blau pochierte Fische muss auch der Schleim an der Haut völlig intakt sein! Die Kiemen sollten leuchtend hellrot, die einzelnen Kiemenblättchen deutlich erkennbar und die Flossen nicht verklebt sein. Allfällig vorhandene Blutreste in der Bauchhöhle sollten leuchtend rot sein, keinesfalls dunkel und ausgetrocknet wirken.

- Filetierte Fische sollten eine saubere, helle Färbung aufweisen, ihr Fleisch fest wirken und nicht gräulich oder gelblich verfärbt sein. Wirkt das Fischfilet wässrig, faserig und angetrocknet, so ist das Filet vermutlich tiefgekühlt und nicht sachgemäß aufgetaut worden. Am besten Hände weg und keinesfalls nochmals selbst einfrieren.

- Frischer Fisch riecht niemals unangenehm nach Fisch!

- Für den rohen Genuss oder glasig gegarte Filets nur top-frischen Fisch verwenden! Wird ganz frisch gefangener Fisch gebraten, so sollte sich das Fleisch allerdings ca. 8 Stunden entspannen können, da es sich beim Braten sonst wölbt.

- Fische im Ganzen vor der Verarbeitung ausnehmen, bei Bedarf auch schuppen und je nach Verwendung auch filetieren lassen (Karkassen und Kopf für feinen Fischfond verwenden!).

- Fisch erst unmittelbar vor der Zubereitung würzen, dabei eventuell den Bauchraum mit frischen Kräutern oder Zitronenscheiben füllen.

- Wird Fisch im Ganzen oder Filets auf der Hautseite gebraten, vor dem Braten in Mehl wenden und am besten in einer beschichteten Pfanne braten, damit die Haut nicht am Pfannenboden haften bleibt.

- Ganze Fische können auch „stehend" im Backrohr gebraten werden, wofür man sie mit dem Bauchraum auf hitzebeständige Tassen oder kleine Förmchen setzt. Exquisit schmeckt Fisch auch, wenn er in eine Hülle aus Alufolie, Pergamentpapier oder Teig (etwa Sauerrahmteig) gehüllt und gegart bzw. gebacken wird.

Österreichische Vielfalt

Während dem Karpfen in China und Japan das ganze Jahr über höchste Verehrung zukommt, taucht er in der österreichischen Küche vor allem rund um Weihnachten auf, da dafür heftig. Dabei ist saftiges Karpfenfleisch auch außerhalb der Feiertage stets purer Genuss. Der einzigartige Geschmack von Karpfen guter Qualität verträgt durchaus eine etwas kräftigere Zubereitungsweise, harmoniert also bestens mit Paprikapulver und Knoblauch. Beides kommt beim **SERBISCHEN KARPFEN** ins Spiel, der mit Knoblauch gewürzt sowie papriziert wird und danach in heißem Fett knusprig gebraten wird. In Anlehnung an die asiatische Wertschätzung wird Karpfen aber auch gerne mit Sojasprossen und Sojasauce aufgetragen. Ob man die Karpfenfilets nun gleich beim Fischhändler schröpfen lässt – durch das regelmäßige Einschneiden des Filets werden die Gräten auf eine Größe zerkleinert, dass sie problemlos mitgegessen werden können – oder lieber beim Essen behutsam die ohnehin gut sichtbaren großen Gräten „herausfischt", ist wohl Geschmacksache. Schmecken wird es in beiden Fällen.

Karpfenfilet auf Paprikagemüse

ZUTATEN

8 kleine Karpfenfilets à ca. 90 g (oder andere Filets wie Zander etc.)

500 g gemischte Paprikaschoten (grün, gelb und rot)

eventuell einige geschälte, geviertelte kl. Paradeiser

120 g Zwiebeln

30 g Tomatenmark

2 in Scheiben geschnittene Knoblauchzehen

ca. 50 ml Olivenöl

einige Tropfen Balsamicoessig

Salz, Pfeffer aus der Mühle

Zitronensaft

Mehl zum Wenden

ZUBEREITUNG

- Paprikaschoten in ca. 2 cm breite Streifen, Zwiebeln der Länge nach ebenfalls in Streifen schneiden.
- Die Karpfenfilets schröpfen. Dafür die Filets an der Innenseite mit einem scharfen Messer in gleichmäßigen Abständen von ca. 5–7 mm etwa 1 cm tief einschneiden (die Gräten können dadurch größtenteils mitgegessen werden).
- Fischfilets mit Salz, Pfeffer und Zitronensaft würzen, beidseits in Mehl wenden und in etwa der Hälfte des Olivenöls goldgelb braten. Herausheben und kurz warm stellen.
- Für das Paprikagemüse restliches Olivenöl erhitzen, Knoblauch sowie Zwiebel- und Paprikastreifen darin unter wiederholtem Schwenken bissfest garen. Nach Belieben Paradeiser untermengen. Tomatenmark einrühren. Mit Salz, Pfeffer und Essig abschmecken.
- Paprikagemüse auf vorgewärmten Tellern anrichten und die Karpfenfilets darauf platzieren.

VORBEREITUNGSZEIT: ca. 10 Minuten
ZUBEREITUNGSZEIT: insgesamt ca. 15–20 Minuten
BEILAGENEMPFEHLUNG: Tarhonya, Spritzerdäpfel, Erdäpfelkrapferl etc.

Gedämpftes Lachsforellenfilet

auf Orangenfenchel

ZUTATEN

- 4 Lachsforellenfilets à ca. 170 g
- Ca. 500 g Fenchel
- 2 Orangen
- etwas geriebene unbehandelte Orangenschale
- 30 g Butter
- etwas Fischfond (ersatzweise Dämpffond)
- Salz, Pfeffer aus der Mühle
- etwas Zitronensaft
- eventuell Stärke
- Fenchelgrün zum Garnieren

Foto linke Seite

ZUBEREITUNG

- Fenchel zuputzen und den Strunk entfernen, halbieren und in gefällige Stücke schneiden. Mit Salz sowie Pfeffer würzen und in einem Topf mit Dämpfeinsatz abgedeckt ca. 15 Minuten bissfest garen.
- Die Fischfilets mit Salz, Pfeffer und Zitronensaft würzen. Auf das fertig gegarte Gemüse drapieren und kurz, also nur wenige Augenblicke, mitdämpfen (die Filets sollten innen noch glasig sein).
- Inzwischen die Orangen in Filets schneiden, Saft auffangen und diesen mit Butter, etwas Fischfond, Orangenschale und Salz sämig verkochen. Würzig abschmecken und die Orangenspalten darin erwärmen. Eventuell noch mit etwas Stärke (in wenig Wasser angerührt) sämig eindicken. Fischfilets herausheben und kurz warm halten. Das Gemüse auf vorgewärmten Tellern anrichten, mit der Orangensauce überziehen und die Fischfilets darauf anrichten. Mit frischem Fenchelgrün garnieren.

ZUBEREITUNGSZEIT: Gemüse ca. 15 Minuten, Fisch nur ganz kurz
BEILAGENEMPFEHLUNG: Reis, gekochte Erdäpfel, Braterdäpfel

Fischfilet in Backteig

ZUTATEN

- 600 g festfleischiges Fischfilet (Wels, Zander etc.)
- 150 ml Bier
- 10 g Maizena
- ca. 110 g glattes Weizen- oder feines Dinkelmehl
- Salz, Pfeffer
- 1 Ei
- eventuell 1 EL grob gemahlener Sesam
- Öl zum Herausbacken

ZUBEREITUNG

- Fischfilets bei Bedarf entgräten, würzen und in mundgerechte Stücke schneiden.
- Für den Backteig Bier mit Stärke und Mehl glatt rühren, Ei untermengen, würzen und nach Geschmack Sesam zugeben.
- Fischstücke durch den Backteig ziehen und in heißem Öl von allen Seiten knusprig herausbacken.
- Herausheben und auf Küchenpapier abtropfen lassen.

VORBEREITUNGSZEIT: ca. 10 Minuten
GARZEIT: einige Minuten
BEILAGENEMPFEHLUNG: Paradeisersauce, Sauce Tatar, Dill- oder Schnittlauchsauce sowie Blattsalat

Forelle blau

ZUTATEN

- 4 fangfrische, küchenfertige Forellen (Saiblinge oder andere Süßwasserfische) à ca. 250–280 g
- 150 g Zwiebeln
- 100 g Wurzelwerk (Karotten, Petersilienwurzel, Sellerie)
- einige Petersilienstängel, Dille und Fenchel nach Belleben
- 10 angedrückte Pfefferkörner
- 3 Lorbeerblätter
- 500 ml Weißwein
- 20 g Salz
- 40 ml Essig
- 20 ml Zitronensaft
- reichlich zerlassene Butter zum Beträufeln
- Essigwasser zum Übergießen nach Belieben

ZUBEREITUNG

- Die Forellen innen vorsichtig waschen, dabei den Schleim, der den Fisch umgibt, nach Möglichkeit nicht verletzen oder gar entfernen.
- Gemüse sowie Zwiebeln grobwürfelig schneiden und in einen passenden großen Fischtopf geben (die Fische müssen später hineinpassen, ohne sich dabei zu krümmen). Sämtliche Kräuter sowie Gewürze einlegen, kräftig salzen und Wein, Zitronensaft sowie Essig zugießen. Etwa 1,5 Liter Wasser einfüllen, aufkochen und ca. 10 Minuten knapp unter dem Siedepunkt köcheln lassen.
- Nach Belieben die Forellen (für eine schöne blaue Farbe) kurz vor dem Kochen mit verdünntem Essigwasser übergießen.
- Nun die Forellen in das Wasser einlegen und bei milder Hitze ca. 12 Minuten (je nach Größe) unter dem Siedepunkt gar ziehen lassen.
- Gegen Ende der Garzeit reichlich Butter in einem Topf (nach Geschmack mehr oder wenig nussbraun) aufschäumen lassen.
- Fertig gegarte Forellen vorsichtig aus dem Sud heben und auf vorgewärmten Tellern anrichten. Mit der zerlassenen Butter beträufeln. (Der verbliebene Sud kann übrigens für Fischsuppe oder -sauce weiterverwendet werden.)

VORBEREITUNGSZEIT: ca. 15 Minuten
GARZEIT: ca. 12 Minuten (je nach Größe)
BEILAGENEMPFEHLUNG: Petersilerdäpfel und grüner Salat

Forellentörtchen

mit Butterpüree und Wurzelgemüse

Dieses Rezept stammt von Adi Bittermann aus dem Restaurant Bittermann in Göttlesbrunn.

ZUTATEN

- 8 Forellenfilets
- 100 g frischer Blattspinat
- Meersalz
- Olivenöl
- Thymian

FÜR DAS BUTTERPÜREE

- ca. 700 g mehlige Erdäpfel
- 200 g Butter
- Salz, Muskatnuss
- etwas ganzer Kümmel
- Weißwein nach Bedarf

FÜR DAS WURZELGEMÜSE

- 1 Karotte
- 1 gelbe Rübe
- ¼ Knolle Sellerie
- 1 Stange Lauch
- Muskatnuss
- Salz, Pfeffer
- 2 EL Butter

ZUBEREITUNG

- Wasser aufstellen und den Blattspinat kurz blanchieren, abschrecken und abtropfen lassen.
- Forellenfilets enthäuten und sorgfältig entgräten. Auf der Innenseite (wo die Gräten waren) mit Meersalz, Olivenöl und Thymian einreiben. Je zwei Filets der Länge nach hintereinander auflegen, Blattspinat darauf verteilen und zusammenrollen. In einen ca. 8 cm großen Ring (oder ein Glas mit diesem Durchmesser) hineinsetzen und im Dampfgarer bei 85 °C ca. 15–17 Minuten garen. Steht kein Dampfgarer zur Verfügung, so können die Röllchen auch einfach in einem Dim-Sum-Körbchen gedämpft werden.
- Für das Butterpüree Erdäpfel schälen. In einem Topf reichlich Salzwasser mit Kümmel aufsetzen und die Erdäpfel darin weich kochen. Wasser abseihen, Kümmel entfernen und Erdäpfel zugedeckt ca. 10 Minuten ausdämpfen lassen.
- Die Erdäpfel zerstampfen. Butter schmelzen und unter die Erdäpfel rühren. Mit Salz und Muskatnuss abschmecken. Ist das Butterpüree noch nicht cremig genug, einen Schuss Weißwein einrühren.
- Für das Wurzelgemüse das Gemüse schälen. Am besten mit der Brotschneidemaschine in ca. 3 mm dicke Scheiben und anschließend in feine Streifen (Julienne) schneiden.
- In einer Pfanne Butter schmelzen, das Gemüse kurz durchschwenken. Mit Salz, Pfeffer und Muskat würzen und im eigenen Saft kurz weich dünsten.
- Nun auf je einem Teller zuerst etwas Butterpüree anrichten, Forellentörtchen daraufsetzen und mit Wurzelgemüse garnieren.

VORBEREITUNGSZEIT: ca. 40 Minuten
KOCHZEIT: ca. 30 Minuten

Forelle auf Wurzelgemüse

ZUTATEN

- 8 entgrätete Forellenfilets à ca. 80 g
- 400–500 g Wurzelgemüse (Gelbe Rüben, Karotten, Pastinaken, Sellerie, Petersilienwurzeln)
- ca. 300 ml Fischfond, Gemüsefond oder Wasser
- Salz, weißer Pfeffer
- Cayennepfeffer
- 1 EL fein gehacktes Dillkraut und Petersilie
- 100 g Butter zum Anschwitzen
- Mehl-Butter-Kugel, Maisstärke oder kalte Butter zum Binden

ZUBEREITUNG

- Forellenfilets sorgfältig entgräten und salzen. Wurzelgemüse in dünne Scheiben und dann in feine Streifen schneiden.
- In einer Pfanne Butter schmelzen und das Wurzelgemüse darin kurz andünsten. Fond oder Wasser zugießen und aufkochen lassen.
- Nun Fischfilets einlegen und bei milder Hitze 8–10 Minuten zugedeckt garen. Fischfilets wieder herausnehmen und warm stellen.
- Das Gemüse würzig abschmecken und nach Geschmack mit etwas Mehlbutter, eiskalt eingerührter Butter oder in wenig Wasser angerührter Maisstärke binden.
- Forellenfilets und Wurzelgemüse auf vorgewärmten Tellern anrichten und vor dem Servieren mit Dillkraut sowie Petersilie bestreuen.

VORBEREITUNGSZEIT: 5–10 Minuten
GARZEIT: 15–20 Minuten
BEILAGENEMPFEHLUNG: Salz- oder Petersilerdäpfel

Österreichische Vielfalt

In Anlehnung an das Steirische Wurzelfleisch wird in österreichischen Fischgebieten statt des üppigen (gekochten) Schweinefleisches kalorienbewusst zart gegartes Fischfilet auf Wurzelgemüse gebettet. **WURZELKARPFEN** wird prinzipiell nach demselben Rezept zubereitet, allerdings erfolgt durch ein oder zwei Lorbeerblätter, einige Pfefferkörner sowie einen kräftigen Schuss Essig eine etwas kräftigere Aromatisierung. In völlig andere Geschmacksgefilde begibt man sich, wenn statt des Wurzelgemüses Streifen von Kohlrabi, Zucchini, Kürbis oder Paradeiserwürfel verwendet werden.

Saiblingsfilet auf Spargelreis

ZUTATEN

- 700–800 g gut entgrätete Saiblingsfilets mit Haut
- ca. 40 g Weizenmehl oder fein gemahlene, getrocknete Weißbrotbrösel
- 3–4 EL Sonnenblumen- oder Olivenöl
- 2 EL Butter zum Fertigbraten
- 2 gehackte Knoblauchzehen nach Geschmack
- Salz, Pfeffer aus der Mühle
- je ein Zweigerl Thymian und Rosmarin
- Bärlauchöl nach Belieben

FÜR DEN SPARGEL

- 400–500 g Spargel (weiß oder grün)
- Prise Zucker
- 1 EL Butter
- etwas Gemüsefond
- Salz, weißer Pfeffer

FÜR DEN REIS

- 150 g Rundkorn- oder Risottoreis
- 100 g Zwiebeln
- 100 ml Weißwein
- ca. 600 ml Spargelfond, Gemüsefond (ersatzweise Wasser mit hausgemachter Gemüsesuppenwürze oder aus dem Reformhaus)
- Salz, Pfeffer aus der Mühle
- 2 EL Butter oder (Oliven-)Öl zum Anschwitzen
- 2 EL gut gekühlte Butter (oder Bärlauchpaste) zum Abrunden

ZUBEREITUNG

Für den Reis zunächst Zwiebeln feinwürfelig schneiden und in Butter glasig anschwitzen. Reis beigeben, umrühren und Weißwein zugießen. Kurz kochen lassen und mit dem Fond aufgießen. Unter mehrmaligem Rühren 18–20 Minuten al dente kochen. Gegarten Reis würzig abschmecken und nach Belieben mit kalten Butterflocken abrunden.

Parallel dazu vom Spargel die holzigen Teile (etwa das untere Drittel) entfernen, Stangen schälen und in Stücke schneiden. Mit Butter, etwas Gemüsefond und einer Prise Zucker in einer Pfanne kernig-weich dünsten und dabei leicht reduzierend einkochen. Spargel würzig abschmecken.

Die Fischfilets sehr sorgfältig entgräten, in passende Portionsstücke schneiden und mit Salz sowie Pfeffer würzen. Mit der Hautseite in Mehl (oder Bröseln) wenden, in einer beschichteten Pfanne Öl erhitzen und die Filets mit der bemehlten Seite nach unten einlegen. Braten, Fischfilets umdrehen und nur mehr kurz fertig garen. Wieder umdrehen, Butter, eventuell Knoblauch sowie Kräuter dazugeben und die Flüssigkeit mit einem Löffel mehrmals über die Filets träufeln.

Fertigen Reis auf vorgewärmten Tellern anrichten, die Fischfilets mit der Hautseite nach oben auflegen, nach Belieben mit etwas Bärlauchöl beträufeln und Spargel dekorativ anrichten.

VORBEREITUNGSZEIT: ca. 10 Minuten
GARZEIT: Reis ca. 20 Minuten, Fisch nur wenige Minuten

Saibling auf Müllerin-Art

ZUTATEN

- 4 küchenfertige Saiblinge (Forellen oder andere Fische im Ganzen)
- glattes oder griffiges Mehl (ersatzweise auch Semmelbrösel) zum Wenden
- Salz, Pfeffer aus der Mühle
- Öl zum Braten
- zerlassene oder gebräunte Butter
- Zitronenscheiben und gehackte Petersilie zum Garnieren

ZUBEREITUNG

- Saiblinge waschen (andere Fische eventuell auch schuppen) und den Bauchraum mit Küchenpapier trocken tupfen. Innen und außen kräftig mit Salz und Pfeffer würzen. Kräftigere Fische (etwa Hecht oder Zander) können eventuell mit einem scharfen Messer ziseliert werden, damit sich die Fische beim Braten nicht zu sehr krümmen und platzen. Dafür die Fische in gleichmäßigen Abständen einschneiden.
- Fische auf beiden Seiten in Mehl wenden.
- In einer passenden, großen Pfanne (am besten in 2 beschichteten Fischpfannen) etwas Öl erhitzen und die Fische einlegen. Insgesamt je nach Größe 12–15 Minuten goldbraun und knusprig braten. Dabei einmal wenden. (Sind die Fische besonders groß, so kann man diese mit der Bauchseite nach oben an den Pfannenrand lehnen und so sichergehen, dass auch das Rückenfleisch gegart wird.)
- Inzwischen reichlich Butter aufschäumen lassen.
- Fertig gebratene Saiblinge vorsichtig herausheben und auf vorgewärmten Tellern anrichten. Mit der aufgeschäumten Butter beträufeln und mit Zitronenscheiben sowie Petersilie nach Belieben garnieren.

VORBEREITUNGSZEIT: ca. 5 Minuten
GARZEIT: 12–15 Minuten
BEILAGENEMPFEHLUNG: in Butter geschwenkte Erdäpfel, frittierte Petersilie und frischer Salat
Foto rechte Seite

Gedämpfte Saiblingsfilets

ZUTATEN

- 600–700 g Saiblingsfilets (oder andere Fischfilets)
- 150 g Karotten
- 200 g Fenchelknolle
- ½ Lauchstange
- Salz, Pfeffer aus der Mühle
- etwas Zitronensaft

ZUBEREITUNG

- Karotten sowie Fenchel in feine Streifen, Lauch in Ringe schneiden. Gemüse auf einen gelochten Dämpfeinsatz geben und in einem mit Wasser gefüllten Kochtopf oder im Dampfgarer ca. 10 Minuten vorgaren.
- Fischfilets mit Salz, Pfeffer und Zitronensaft würzen. Auf das Gemüse legen und weitere 6–9 Minuten (je nach Stärke der Filets) dämpfen.
- Herausheben und mit dem Gemüse anrichten.

VORBEREITUNGSZEIT: ca. 15 Minuten inkl. Gemüsevorgaren
GARZEIT: 6–9 Minuten
BEILAGENEMPFEHLUNG: Salzerdäpfel und leichte Rahm- oder Kräutersauce

Filet vom Bodensee-Zander

mit jungen Erbsen und Flusskrebsen

Dieses Rezept stammt von Christoph Zangerl aus dem Hotel Interalpen, nahe Seefeld in Tirol.

ZUTATEN FÜR 4 KL. PORTIONEN ALS ZWISCHENGERICHT

ca. 400 g Zanderfilet mit Haut
Olivenöl
Meersalz
150 g gepresster Kalbskopf nach Belieben

FÜR DIE KREBSE

4 Flusskrebse (oder Riesengarnelen)
Kümmel (ganz)
Dille
Meersalz

FÜR DIE ERBSEN

200 g frische Erbsen
Olivenöl und flüssige Butter
Salz
etwas Schale von 1 Limette
fein geriebener Ingwer

FÜR DIE POMMES SOUFFLÉS (ODER DUCHESSE-ERDÄPFEL S. S. 137)

1 mehliger Ofenerdapfel
400 ml Butterschmalz
Meersalz

ZUBEREITUNG

- Den Zander sorgfältig entgräten und in Portionen teilen.
- Backrohr auf 150 °C vorheizen.
- Die Haut vom Zanderfilet ablösen und auf ein geöltes Backpapier geben, mit einem zweiten Backpapier bedecken und zwischen zwei Blechen im heißen Backrohr ca. 10 Minuten knusprig backen. Herausheben und warm halten.
- Hitze auf 100 °C reduzieren.
- Zander auf einen mit Olivenöl benetzten Teller geben, mit Meersalz würzen, mit einer Folie abdecken und im Ofen etwa 15 Minuten glasig garen.
- Für die Krebse in einem Topf 1 Liter Wasser mit Meersalz, Kümmel und Dille aufkochen. Die Flusskrebse zugeben und ca. 2 Minuten kochen. In Eiswasser abschrecken und ausbrechen (d. h. die Schalen entfernen und das Fleisch auslösen).
- Erbsen blanchieren (in kochendem Wasser überbrühen) und aus der Schale lösen. Die Hälfte der Erbsen mit etwas flüssiger Butter und Olivenöl mixen. Mit Salz, Limettenschale sowie Ingwer abschmecken und passieren. Restliche Erbsen in Butter glacieren und als Garnitur verwenden.
- Für die Pommes soufflés den Erdapfel schälen, in 3 mm dicke Scheiben schneiden und mit einer Ringform (ca. 4 cm Durchmesser) ausstechen. Die Hälfte des Butterschmalzes auf 110 °C erhitzen und die Erdäpfelscheiben darin zunächst ca. 10 Minuten sanft braten, dabei sollten sie leichte Blasen bilden. Dann restliches Butterschmalz auf 160 °C erhitzen und die Erdäpfel darin fertig backen, bis sie schön aufgegangen sind. Mit Meersalz würzen. (Oder Duchesse-Erdäpfel wie beschrieben vorbereiten.)
- Nach Belieben Kalbskopf in Würfel von ca. 2 x 2 cm schneiden und in etwas Butter glacieren.
- Zander mit Erdäpfel-Beilage sowie Krebsen auf Tellern anrichten, nach Belieben mit Zanderhaut und Kalbskopfwürfeln garnieren. Erbsencreme daneben platzieren und mit Erbsen dekorieren.

BACKROHRTEMPERATUR: 150 auf 100 °C fallend
GARZEIT: Zander ca. 15 Minuten bei 100 °C, Haut ca. 10 Minuten bei 150 °C, Krebse 2 Minuten

Reinankenfilet mit Paradeiserragout

ZUTATEN

4 gr. oder 8 kl. Reinankenfilets (oder andere Fischfilets)

Salz, Pfeffer

Zitronen- oder Limettensaft

Öl zum Braten (Raps-, Sonnenblumen-, Maiskeim- oder Olivenöl)

fein gehackte Kräuter nach Belieben (Basilikum, Oregano, Estragon etc.)

FÜR DAS RAGOUT

600 g Paradeiser

Je 1 Rosmarin- und Thymianzweig

Salz, Pfeffer aus der Mühle

1–2 EL Basilikum-, Rucola- oder Kräuterpesto bzw. Paste aus gemixten, gewürzten Kräutern

etwas Schlagobers oder Crème fraîche nach Belieben

ZUBEREITUNG

- Für das Ragout die Paradeiser kreuzweise einschneiden, kurz in siedendes Wasser tauchen, Haut abziehen und entkernen sowie in kleine Würfel schneiden. In einem Topf leicht erwärmen, mit Salz und Pfeffer würzen. Kräuter zupfen, fein hacken und unter die Paradeiser rühren. Mit Kräuterpesto abschmecken, nach Belieben mit etwas Schlagobers oder Crème fraîche vollenden und warm stellen.
- Die Fischfilets mit etwas Zitronensaft beträufeln und mit Salz sowie Pfeffer würzen. Am besten in einer beschichteten Pfanne wenig Öl erhitzen, die Filets einlegen und bei milder Hitze (auf der Hautseite) kurz anbraten. Von der Kochstelle nehmen, mit fein gehackten Kräutern bestreuen, abdecken und ca. 5 Minuten warm ziehen lassen.

VORBEREITUNGSZEIT: ca. 10 Minuten
GARZEIT: einige Minuten, je nach Stärke der Filets, und 5 Minuten rasten lassen

Österreichische Vielfalt

So vielfältig das Angebot an österreichischem Fisch ist, so abwechslungsreich kann auch die Gemüsebeilage gestaltet sein. Wie Reinanken werden auch Forellen oder Saiblinge auf dieselbe unkomplizierte Art gebraten und statt Paradeisern kommen auch kurz blanchierte Zucchini- oder Kürbiswürfel nach diesem Rezept als Beilage auf den Teller.

Fischpfandl mit Reis und Flusskrebserln

ZUTATEN

- ca. 450 g gut entgrätete Fischfilets (Forelle, Saibling, Reinanke, Hecht, Lachsforelle)
- 12 Flusskrebse im Ganzen
- 370 g Mittelkornreis
- 70 g fein geschnittene Schalotten- oder Zwiebelwürfel
- 30 g Butter
- einige Safranfäden
- Salz, Pfeffer aus der Mühle
- 1 Schuss trockener Weißwein
- ca. 850 ml Fisch- oder Gemüsefond (ersatzweise Wasser mit hausgemachter Suppenwürze)
- 120 g geschälte Paprikawürfel (grün, gelb, rot)
- 120 g Zucchiniwürfel
- 30 ml Pflanzenöl für das Gemüse
- 100 g Lauch (oder Jungzwiebeln)
- Kümmel
- eventuell fein gehackte Kräuter zum Bestreuen

ZUBEREITUNG

- Safranfäden in etwas Wasser einweichen. Backrohr auf 165–175 °C vorheizen.
- Schalotten oder Zwiebeln und kurz darauf Reis in einer etwas größeren Pfanne in Butter hell andünsten. Mit einem Schuss Weißwein ablöschen, eingeweichte Safranfäden samt Wasser hinzufügen und mit Fond aufgießen. Einmal aufkochen und den Reis im vorgeheizten Backrohr zugedeckt ca. 20 Minuten weich dünsten.
- Gegarten Reis mit einer Gabel auflockern und warm stellen.
- In der Zwischenzeit Fischfilets in ca. 3 cm dicke Stücke schneiden und mit Salz sowie Pfeffer würzen. Flusskrebse kurz in heißem Salzwasser mit etwas Kümmel pochieren (garen), mit einem Schaumlöffel herausheben und warm stellen.
- Gemüse in einer (am besten beschichteten) Pfanne in wenig Öl anschwitzen, unter den heißen Reis mengen und würzig abschmecken. Fischstücke ebenfalls in einer separaten Pfanne anbraten.
- Krebserl und Fisch locker unter den Reis mischen und auf vorgewärmten Tellern so anrichten, dass die Fische und die Flusskrebse obenauf zu liegen kommen. Nach Belieben mit frisch gehackten Kräutern bestreuen.

GARZEIT: Reis ca. 20 Minuten, Fische nur wenige Minuten
BACKROHRTEMPERATUR: 165–175 °C

Österreichische Vielfalt

Wenn einer eine Reise tut, dann kann er was erzählen – und das ein oder andere Rezept in die Heimat mitnehmen, wie etwa dieses an die spanische Paella angelehnte Fischpfandl. Neben frischen heimischen Fischen thronen hier Flusskrebserl obenauf, die freilich auch durch saftig gebratene Garnelen ersetzt werden könnten. In diesem Fall kann der Reis auch mit Kurkuma, Currypulver oder Paprikapulver eingefärbt und das Gericht selbst mit Worcestershiresauce, Chili, Ingwer, Knoblauch, Sojasauce, Zitronen- oder Limettenschale und/oder Cayennepfeffer zusätzlich aromatisiert werden.

Zander mit Sauerkraut

auf Szegediner Art

ZUTATEN

600–750 g entgrätetes Zanderfilet (oder andere Filets von Hecht, Karpfen, Huchen, Waller etc.)
Salz, Pfeffer
etwas Zitronen- oder Limettensaft
Öl zum Braten
Sauerrahm zum Garnieren
gehackte Petersilie zum Bestreuen

FÜR DAS SAUERKRAUT

400 g frisches, rohes, abgetropftes Sauerkraut
450 ml Fischfond (Rindsuppe oder Wasser mit Suppenwürze)
100 g Zwiebel- oder Schalottenwürfel
1 KL Zucker
1–2 geschnittene Knoblauchzehen
150 ml Weißwein oder Most
1 gestr. EL Rosenpaprikapulver
60–80 g Tomatenmark
etwas Grundgewürz s. S. 110 (oder 2 Lorbeerblätter, 4 angedrückte Wacholderbeeren und 5 angedrückte Pfefferkörner)
½ KL gehackter Kümmel
Salz
etwas Majoran und Thymian (frisch oder getrocknet)
je 30 g rote und gelbe Paprikawürfel
30 g Sonnenblumen-, Maiskeim-, Raps- oder Olivenöl
Schlagobers, Crème fraîche oder Sauerrahm zum Vollenden

ZUBEREITUNG

- Für das Sauerkraut zunächst lose Gewürze in ein Tee-Ei oder einen Tee-Filter füllen.
- Öl erhitzen und Zwiebel- sowie Knoblauchwürfel goldgelb anschwitzen. Zucker einstreuen, kurz karamellisieren und dann das Kraut beigeben. Mit Weißwein ablöschen und etwas einkochen lassen.
- Paprikapulver und Tomatenmark einrühren, mit Fond oder Suppe aufgießen, Gewürze beigeben und das Kraut zugedeckt ca. 45 Minuten weich dünsten. Währenddessen bei Bedarf Flüssigkeit nachgießen. (Bei fertig abgepacktem Sauerkraut oder Dosenware verkürzt sich die Kochzeit.)
- Die Gewürze aus dem gegarten Kraut entfernen, Paprikawürfel kurz mitdünsten und das Kraut würzig abschmecken. Nach Belieben mit Schlagobers, Crème fraîche oder mit wenig Wasser angerührtem Sauerrahm abrunden.
- Nun die Fischfilets mit Salz, nach Belieben auch Pfeffer und Zitronensaft würzen, eventuell auch ziselieren (regelmäßig einschneiden). In einer beschichteten Pfanne Öl erhitzen und die Fischfilets je nach Stärke 3–5 Minuten braten, wenden und auf der anderen Seite nochmals ca. 3 Minuten fertig braten (je nach Dicke des Filets möglicherweise auch länger).
- Fertiges Kraut auf Tellern anrichten, die Fischfilets daraufsetzen. Etwas Sauerrahm mit Salz, Pfeffer sowie Zitronensaft abschmecken und die Filets damit garnieren. Mit frischer oder frittierter Petersilie bestreuen.

ZUBEREITUNGSZEIT: Sauerkraut ca. 50 Minuten (bei fertigem Kraut kürzer), Fisch 6–10 Minuten (je nach Größe auch länger)
BEILAGENEMPFEHLUNG: gebratene Speckscheiben sowie Erdäpfeldatschi, Grießschnitten, Grießpalatschinke mit Mangold

Glasig gebratenes Saiblingsfilet

mit Kürbisblüte und Kressepüree

Dieses Rezept stammt von Hans Peter Fink, der im Originalrezept für sein Gasthaus Haberl und Fink´s Echte Delikatessen in Ilz Weißen Heilbutt verwendet.

ZUTATEN

4 Saiblingsfilets à ca. 150 g (Lachs, Heilbutt etc.)
4 Kürbis- oder Zucchiniblüten
2 Zweigerl Zitronenthymian
Fleur de Sel oder Meersalz
gemahlener Kubebenpfeffer oder schwarzer Pfeffer aus der Mühle
Olivenöl
etwas Limettensaft
2 EL Finks Kürbis-Pesto

FÜR DAS KRESSEPÜREE

400 g mehlige Erdäpfel
100 ml Schlagobers
Salz, Muskatnusspulver
2 EL gebräunte Butter
1 Hand voll Kapuziner- oder andere Kresse

ZUBEREITUNG

- Erdäpfel schälen, in grobe Würferl schneiden und in Salzwasser weich kochen. Abseihen und kurz ausdampfen lassen.
- Inzwischen die gereinigte Kresse kurz in Salzwasser überkochen, abschrecken und im Küchenmixer mit brauner Butter und Obers sehr fein pürieren.
- Fischfilets mit Salz und Pfeffer gut würzen. Die Blüten vorsichtig säubern, Stängelansätze abschneiden, Blüten auseinanderfalten und über die Filets legen. Einen feuerfesten Teller mit Olivenöl bestreichen, Filets ebenfalls mit Öl bestreichen und daraufsetzen. Thymian darüberstreuen und mit Frischhaltefolie gut verschließen.
- Backrohr auf 95 °C Umluft vorheizen. Fisch in das heiße Rohr schieben und 15–20 Minuten glasig garen.
- Danach die Erdäpfel zerstampfen, würzen und mit der vorbereiteten Kressepaste zu einem luftigen Püree verarbeiten. Das Püree mittig auf die Teller setzen, glasig gegarte Filets daraufsetzen und mit dem am Teller verbliebenen Olivenöl leicht beträufeln. Kürbis-Pesto rundum verteilen, das Fischfilet evtl. mit Fleur de Sel bestreuen, mit etwas Limettensaft beträufeln und mit den Blüten dekorieren.

ZUBEREITUNGSZEIT: 50 Minuten
BACKROHRTEMPERATUR: 95 °C Umluft

Knusprige Wallerlaibchen mit Kräutern

ZUTATEN

- 600 g Wallerfilet (oder andere gut entgrätete Fischfilets)
- 60–80 g Zwiebel- oder Schalottenwürfel
- 70 g entrindetes Weiß- oder Toastbrot
- 200 ml Schlagobers
- 2 Eier
- 20 g fein gehackte Kräuter (Bärlauch, Kresse, Kerbel, Dille etc.)
- Salz, Pfeffer aus der Mühle
- 20 g Butter
- Semmelbrösel zum Wälzen
- Öl oder Butterschmalz zum Herausbacken

ZUBEREITUNG

- Das entrindete Brot in sehr feine Würfel schneiden oder in der Küchenmaschine cuttern. Das Fischfilet ebenfalls sehr klein hacken oder faschieren.
- Nun Zwiebelwürfel in Butter glasig anschwitzen und wieder vom Herd nehmen. Brot mit Obers vermengen und gemeinsam mit den Zwiebeln, Eiern und den fein gehackten Kräutern unter die Fischmasse mengen. Mit Salz und Pfeffer würzig abschmecken.
- Aus der Masse kleine Laibchen formen und in Bröseln wälzen. In einer beschichteten Pfanne Öl erhitzen und die Laibchen in mehreren Tranchen knusprig braten. Dabei die fertig gebratenen Laibchen im Rohr warm halten.

VORBEREITUNGSZEIT: ca. 15 Minuten
GARZEIT: ca. 10 Minuten
BEILAGENEMPFEHLUNG: Erbsenreis, Petersilerdäpfel, Creme- oder Blattspinat und Salat

Forellenfilet in Alufolie gegart im Teigmantel gebacken

ZUTATEN

- 8 vorbereitete, entgrätete Forellenfilets (oder Saibling) à ca. 80 g
- 160 g blanchierter Blattspinat oder Mangold (ersatzweise Fenchel etc.)
- Knoblauch nach Geschmack
- Salz, Pfeffer aus der Mühle
- etwas Zitronen- oder Limettensaft
- Dillzweige
- etwas Öl oder zerlassene Butter für die Folie
- Kräuterbutter zum Belegen
- Speckscheiben nach Belieben

VARIANTE MIT TEIGMANTEL

- Sauerrahmteig von 150 g Mehl (s. S. 411)
- Ei zum Bestreichen

ZUBEREITUNG

- 4 Stück Alufolie oder Pergamentpapier in der Größe von ca. 25 x 25 cm auf die Arbeitsfläche legen. In die Mitte Öl oder flüssige Butter auftragen. Backrohr auf 180–190 °C vorheizen.
- Blanchierte (kurz überbrühte) Spinatblätter mit Salz, Pfeffer sowie eventuell wenig Knoblauch würzen und jeweils in die Mitte legen. Fischfilets mit Salz, Pfeffer und Zitronensaft würzen, nach Belieben in Speck wickeln und auf den Spinat legen. Etwas Dille und Kräuterbutter darauf verteilen und die Alufolie zu einem Päckchen einschlagen. Gut verschließen und im heißen Rohr 15–20 Minuten backen. (Für die im Teigmantel gebackenen Filets den Teig vorbereiten, rasten lassen, in 4 Teile teilen und die Filets wie beschrieben darin einpacken. Ränder sowie Deckfläche mit verquirltem Ei bestreichen. Goldgelb backen.)
- Aus dem Rohr nehmen, mit der Folie servieren und diese erst bei Tisch öffnen.

GARZEIT: 15–20 Minuten
BACKROHRTEMPERATUR: 180–190 °C
BEILAGENEMPFEHLUNG: Zitronen- oder Limettenspalten sowie gekochte Erdäpfel

Traunsee-Reinankenfilet

auf Zucchini-Erdäpfel-Gemüse

ZUTATEN

- 4 gr. oder 8 kl. Reinankenfilets (oder andere Fischfilets) mit Haut (à 200 bzw. 100 g)
- Salz, Pfeffer
- etwas Zitronen- oder Limettensaft
- 30 ml Raps-, Sonnenblumen-, Maiskeim- oder Olivenöl
- fein gehackter Thymian und/oder Kresse

FÜR DAS GEMÜSE

- 300 g Zucchiniwürfel
- 300 g nicht zu weich gekochte Erdäpfelwürfel
- 150 ml Fisch- oder Gemüsefond
- 100 g Crème fraîche oder Schlagobers
- 1 Thymianzweig
- Salz, Pfeffer aus der Mühle
- kalte Butterwürfel
- eventuell 1–2 EL Basilikum- oder Kräuterpaste

ZUBEREITUNG

- Für das Gemüse zunächst Fisch- oder Gemüsefond mit Thymian und Crème fraîche oder Obers auf- und zu sämiger Konsistenz einkochen. Thymian entfernen, Zucchini- und Erdäpfelwürfel beigeben und nur so lange erhitzen, dass die Zucchini noch bissfest sind. Mit Salz und Pfeffer würzen, nach Geschmack Kräuterpaste einrühren und warm stellen. Erst kurz vor dem Anrichten kalte Butterflocken unterrühren.
- Die Fischfilets auf der Hautseite mit einem scharfen Messer leicht einritzen. Mit Salz, Pfeffer sowie Zitronensaft würzen und in einer am besten beschichteten Pfanne in wenig Öl bei milder Hitze auf der Hautseite braten. Von der Kochstelle nehmen (der Fisch sollte nicht ganz durchgebraten sein), mit Kräutern bestreuen, abdecken und ca. 5 Minuten warm rasten lassen.
- Zucchini-Erdäpfel-Ragout auf vorgewärmten Tellern anrichten und die gebratenen Reinankenfilets darauflegen.

ZUBEREITUNGSZEIT: Gemüse ca. 15 Minuten, Fisch nur wenige Minuten und 5 Minuten rasten lassen
GARNITUREMPFEHLUNG: würzig abgeschmeckte Linsen oder geschälte Paradeiserwürfel

Fisch-Krautwickler mit Speck-Rahmsauce

Dieses Rezept stammt vom Hois´n Wirt in Gmunden.

ZUTATEN

- **8 kl. Fischfilets, etwa von der Salzkammergut-Reinanke, aber auch Hecht, Waller, Saibling etc. zu je ca. 80 g (oder 4 größere Filets der Länge nach halbiert)**
- **8 Blätter Weißkraut**
- **8 Blätter junger Mangold**
- **12 Scheiben magerer Bauchspeck**
- **125 ml Schlagobers**
- **125 ml kräftige Suppe, Fond oder Bouillon**
- **Salz, Pfeffer aus der Mühle**
- **Saft von ½ Zitrone**

ZUBEREITUNG

- Die Weißkrautblätter vom Strunk befreien, in kochendem Salzwasser kurz überbrühen (damit das Kraut weich wird) und wieder herausheben. Abtropfen lassen.
- Die Reinankenfilets mit Salz, Pfeffer und Zitronensaft würzen.
- Nun auf je ein Krautblatt eine Scheibe Bauchspeck, ein Mangoldblatt und ein Reinankenfilet legen. Wie Krautrouladen einrollen.
- Backrohr auf 220 °C vorheizen.
- Eine eckige Bratenpfanne mit dem restlichen Speck auslegen. Die Rouladen einschlichten und mit Alufolie abdecken. Im vorgeheizten Backrohr ca. 30 Minuten garen. Dann die Alufolie entfernen, Obers und Suppe darübergießen und bei guter Oberhitze leicht bräunen bzw. fertig garen.
- Fisch-Krautwickler herausheben, auf vorgewärmten Tellern anrichten und mit der verbliebenen Sauce beträufeln.

VORBEREITUNGSZEIT: ca. 10 Minuten
GARZEIT: ca. 35 Minuten
BACKROHRTEMPERATUR: 220 °C
BEILAGENEMPFEHLUNG: Petersilerdäpfel
Foto rechte Seite

Fischgröstl von Traunseefischen

ZUTATEN

- **1 kg gekochte, geschälte Erdäpfel**
- **600 g gemischte Fischfilets von Traunseefischen**
- **200 g gekochtes Gemüse nach Wahl (Karotten, Lauch, Fenchel, Spargel, Pilze)**
- **40 g Öl oder Butterschmalz**
- **Salz, Pfeffer aus der Mühle**
- **Prise Kümmel**
- **etwas Zitronensaft**
- **frische Kräuter wie Petersilie, Dille, Schnittlauch**

ZUBEREITUNG

- Erdäpfel in Scheiben, entgrätete Fischfilets in Streifen schneiden. Das gekochte Gemüse ebenfalls in mundgerechte Stücke schneiden.
- Öl oder Schmalz erhitzen und die Erdäpfel hellbraun braten. Gekochtes Gemüse zugeben, kräftig würzen und kurz erwärmen.
- Inzwischen Fischfilets mit Salz, Pfeffer sowie etwas Zitronensaft würzen und in einer Extrapfanne braten. Vorsichtig unter die Erdäpfel mengen oder Erdäpfel zuerst auf Tellern anrichten und die Filets darauf platzieren. Mit frischen Kräutern bestreuen.

ZUBEREITUNGSZEIT: einige Minuten
BEILAGENEMPFEHLUNG: warme oder kalte Kräuterrahmsauce

Fleischeslust auf Österreichisch

FLEISCHGERICHTE
VOM WIENER SCHNITZERL
BIS ZUM FASANENBRÜSTCHEN

Linke Seite: Rosa gebratenes Schweinsfilet

Schweinefleisch

Schweinsbraten

ZUTATEN FÜR 4–8 PORTIONEN

- 1 Schweinsbraten (je nach Bedarf 1–2 kg) von Schulter, Karree, Schlögel, aber auch vom Bauch oder Schopf, wenn möglich mit Schwarte
- klein gehackte Schweinsknochen und Wurzelgemüse zum Mitbraten nach Möglichkeit
- 2 EL Schweineschmalz oder Öl
- Salz, Pfeffer aus der Mühle
- Kümmel
- Knoblauch zum Einreiben nach Geschmack
- 3 Knoblauchzehen zum Mitbraten
- 500–700 ml Flüssigkeit zum Aufgießen (Rindsuppe, Wasser)
- dunkles Bier nach Belieben
- Stärke nach Bedarf

ZUBEREITUNG

- Möglichst einige Stunden vorher, am besten bereits am Vortag, Knoblauch fein zerdrücken und den Schweinsbraten damit einreiben. Mit Salz, Pfeffer sowie Kümmel wirklich kräftig würzen und abgedeckt stehen lassen.
- Backrohr auf 190 °C vorheizen. In einer passenden Bratenform so viel Wasser eingießen, dass der Boden gerade davon bedeckt ist, und den Braten mit der Schwarte nach unten einlegen (Fleisch ohne Schwarte mit der „schönen" Seite nach unten auf Knochen und/oder grob geschnittenes Gemüse legen) und im heißen Rohr zunächst 20 Minuten andämpfen.
- Fleisch wenden und die Schwarte (aber nicht das Fleisch!) mit einem scharfen Messer regelmäßig der Breite und der Länge nach einschneiden (schröpfen). Schmalz oder Öl beigeben. Unter wiederholtem Begießen mit warmer Bratenflüssigkeit je nach Größe und Qualität noch ungefähr weitere 1 ½ Stunden fertig braten.
- Dafür ab und an etwas frisches Wasser oder Suppe nachgießen. Nach Belieben das Bier mit Salz würzen und die Kruste damit wiederholt bestreichen (wird besonders knusprig!). Nach etwa 1 Stunde Knoblauch zugeben und mitbraten.
- Ist der Braten gar und tritt beim Anstechen nur mehr klarer Saft aus (die Kerntemperatur beträgt dann ca. 60 °C), Fleisch herausheben und mit Alufolie abgedeckt warm halten. Zurückgebliebenen Bratensatz mit etwas Suppe oder Wasser ablöschen, Rückstände lösen und den Saft auf die gewünschte Konsistenz einkochen lassen. Für etwas molligeren Saft wenig Speisestärke in etwas kaltem Wasser anrühren und aufkochen lassen. Saft abseihen und würzig abschmecken.
- Schweinsbraten nach Belieben in der Rein servieren oder vor dem Servieren tranchieren. Mit etwas Bratensaft'l umgießen, den Rest in einem Kännchen extra auftragen.

VORBEREITUNGSZEIT: nach Möglichkeit einige Stunden
GARZEIT: ca. 2 Stunden
BACKROHRTEMPERATUR: 190 °C
BEILAGENEMPFEHLUNG: (Sauer-)Kraut oder Krautsalat und Knödel nach Geschmack, etwa Erdäpfel-, Grieß- oder Semmelknödel, sowie Erdäpfel

TIPPS

- Besonders knusprig wird die Schwarte, wenn sie gegen Ende des Bratvorgangs nur mehr wenig begossen und dafür bei maximaler Oberhitze (Grillschlange) gebraten wird.
- Leichter lässt sich die Schwarte einschneiden, wenn Sie das Fleisch vor dem Braten mit der Schwartenseite nach unten in eine große Pfanne oder Form legen und die Schwarte ca. 15 Minuten in wenig Wasser köcheln lassen. Dabei sollte aber nur die Schwarte in der Flüssigkeit liegen (oder in ein Sieb über Wasserdampf geben). Dann geht das Schröpfen (Einschneiden) leicht von der Hand.

Österreichische Vielfalt

Schweinefleisch dominiert in der heimischen Küche nach wie vor, daran ändert auch das steigende Gesundheitsbewusstsein nur wenig. Herr und Frau Österreicher essen zwar generell weniger Fleisch, doch kalorienärmeres Fleisch von Huhn, Kalb oder Truthahn kommt auf der Überholspur nur langsam voran. Die Konkurrenz mit einem krachend-knusprigen Schweinsbraten ist denn auch zu groß, zumal auch die Bandbreite der österreichischen Schweinsbraten-Varianten recht groß ist. So wird in Mostgegenden das Brat'l auch gerne mit feinem Most übergossen, wo viel Bier getrunken wird, sorgt malziger Hopfensaft für eine braune Kruste. Für besonders festliche Anlässe oder größere Runden verwendet man statt magerem Schweinefleisch lieber deftiges Bauchfleisch oder Jungschweinsbrüstel und füllt dieses wie gefüllte Kalbsbrust. Kalter Schweinsbraten sowie das erkaltete Brat'lfett wiederum sind fixer Bestandteil der österreichischen Jausen- und Heurigenkultur. Je nach Region wird das Fett noch mit gehackten Kürbiskernen, Grammeln, Zwiebeln, Kräutern und Gewürzen verfeinert. Der Schweinsbraten wird aufgeschnitten und meist mit Essiggurkerln, Senf und frisch geriebenem Kren garniert.

Gekochtes Selchfleisch

ZUTATEN

ca. 1 kg Geselchtes (geräuchertes Schweinefleisch von Schulter, Karree, Rippe, Bauch, Schlögel, Schopf oder Stelze)

ZUBEREITUNG

- In einem Topf reichlich Wasser – ohne Gewürze und Gemüse – aufkochen und das Fleisch etwa 1 ½–2 Stunden weich kochen.
- Gekochtes Fleisch herausheben und – wenn vorhanden – Netz oder Schwarte abziehen.
- In Scheiben schneiden und auf vorgewärmten Tellern anrichten. Nach Belieben mit ein wenig heißem Selchsud umgießen.

GARZEIT: 1 ½–2 Stunden
BEILAGENEMPFEHLUNG: Grießknödel (am besten mit Kochfond zubereitet), Erdäpfel, Erdäpfelpüree und Sauerkraut

Österreichische Vielfalt

Ob Geselchtes – eine der tragenden Säulen bäuerlicher Kost – nun besser warm oder kalt schmeckt, darüber lässt sich trefflich streiten. Am besten, man kostet von beidem! Kalt aufgeschnitten und in Begleitung von rassigem Kren, Senf und Essiggurkerln ist Selchfleisch fixer Bestandteil vieler Heurigen- und Brett'ljausen. Übrig gebliebene Reste lassen sich auch zu Fleischknödeln verarbeiten, wofür das Fleisch sehr feinwürfelig geschnitten, mit Petersilie, Pfeffer, Muskatnuss und angeschwitzten Zwiebelwürfeln vermengt und von flaumigem Teig umhüllt wird.

Gratiniertes Schweinskotelett mit Speck

ZUTATEN

- **4 Schweinskoteletts à ca. 180 g**
- **ca. 180 g gekochte Fisolen**
- **8 Scheiben Speck**
- **2 Schaffrischkäsegupferl à 100 g (oder Mozzarella)**
- **2 EL geschälte Paradeiserwürfel**
- **ca. 300 ml Rindsuppe zum Aufgießen**
- **Zwiebelwürfel nach Belieben**
- **Salz, Pfeffer aus der Mühle**
- **Rosmarin oder Estragon zum Garnieren**
- **etwas Mehl zum Stauben**
- **Öl zum Braten**

ZUBEREITUNG

- Die Schweinskoteletts leicht klopfen und mit Salz sowie Pfeffer würzen.
- In einer Pfanne etwas Öl erhitzen und die Koteletts auf beiden Seiten nicht zu lange braten (das Fleisch gart beim Überbacken noch nach). Wieder herausnehmen und auf eine feuerfeste Platte legen.
- Backrohr auf starke Oberhitze vorheizen.
- Nun die Speckscheiben beidseitig anbraten und auf die Koteletts legen. Die vorgekochten Fisolen darauf verteilen. Käse in Scheiben schneiden, auflegen und die Paradeiserwürfel darüberstreuen. Ins heiße Rohr schieben und so lange gratinieren, bis der Käse leicht angeschmolzen ist.
- Inzwischen im Bratensatz eventuell einige Zwiebelwürfel anschwitzen, mit wenig Mehl stauben und mit Rindsuppe ablöschen. Sämig einkochen lassen und die Sauce auf Teller verteilen. Überbackene Koteletts anrichten und auftragen. Mit Rosmarin oder Estragon garnieren.

ZUBEREITUNGSZEIT: einige Minuten braten, einige Minuten überbacken
BACKROHRTEMPERATUR: höchste Oberhitze
BEILAGENEMPFEHLUNG: knusprig gebratene Erdäpfelspalten, Erdäpfelkrapferl etc.

Foto linke Seite

Rosa gebratenes Schweinsfilet

ZUTATEN

- 700–800 g zugeputztes Schweinsfilet (Lungenbraten oder Kalbsfilet) im Ganzen (möglichst gleich hohe Stücke)
- Ca. 300 ml Rindsuppe
- 125 ml Schlagobers
- 1 gestr. EL glattes Weizenmehl
- Salz, Pfeffer
- Prise Muskatnuss und/oder Thymian
- frisch gehackte Kräuter oder Kräuterpaste nach Belieben
- 300–350 g Paprikawürfel (oder Pilze, Speck etc.) zum Garnieren
- Öl und Butter zum Braten

ZUBEREITUNG

- Das Fleisch mit Salz und Pfeffer würzen. Backrohr auf 120 °C vorheizen.
- In einer Pfanne etwas Öl erhitzen und das Fleisch rundum scharf anbraten. Auf ein Blech oder in eine Form setzen und im vorgeheizten Backrohr je nach Größe und gewünschtem Garpunkt 15–20 Minuten mehr oder weniger rosa garen. (Oder das Filet in 12 kleinere Medaillons schneiden, in der Pfanne auf beiden Seiten rasch anbraten und auf dem Herd bei geringer Hitze fertig braten. Warm rasten lassen.)
- Für die Sauce den Bratensatz mit Mehl stauben, kurz mitrösten und mit Rindsuppe aufgießen. Schlagobers zugießen und sämig einkochen lassen. Mit Salz, Pfeffer und Muskatnuss abschmecken. Nach Belieben Kräuter oder Kräuterpaste zugeben, mixen und eventuell durch ein Sieb streichen.
- Paprika-, Pilz- oder Speckwürferl in etwas Butter kurz anbraten und mit Salz sowie Pfeffer würzen.
- Schweinsfilet herausnehmen, in Medaillons schneiden und mit der Sauce und den Paprikawürferln anrichten.

GARZEIT: kurz scharf anbraten, dann 15–20 Minuten ziehen lassen
BACKROHRTEMPERATUR: 120 °C
BEILAGENEMPFEHLUNG: gebratene Schupfnudeln

Foto Seite 228

Dampfgegartes Schweinsfilet

im Speckmantel mit Schweinebauch auf Rote-Rüben-Kren-Schaum und Sellerie-Erbsen-Püree

Dieses Rezept stammt von Armin Lenz, Berufsschullehrer in Altmünster.

ZUTATEN
FÜR DEN SCHWEINEBAUCH

- 1 Schweinsfilet (Schweinslungenbraten)
- 600 g Schweinebauch
- etwas frischer Knoblauch
- Kümmel (ganz)
- 10–15 fein geschnittene Scheiben Bauchspeck
- Salz, weißer Pfeffer

FÜR DAS SELLERIE-ERBSEN-PÜREE

- 200 g Selleriewürfel
- 100 ml Milch
- 40 ml Wasser
- 125 ml Schlagobers
- 300 g Erbsen
- 50 g eiskalte Butter
- etwas Zitronensaft
- Salz, weißer Pfeffer
- Muskatnuss

FÜR DEN RÜBEN-KREN-SCHAUM

- 25 g Butter
- 40 g Zwiebelwürfel
- 100 g Petersilienwurzelwürfel
- 4 cl Weißwein
- 150 ml Geflügelfond
- 125 ml Schlagobers
- 125 ml Rote-Rüben-Saft
- 15 g Krenpaste (aus dem Glas oder Tube)
- 1 EL Crème fraîche
- etwas Zitronensaft
- Salz, Pfeffer
- Muskatnuss

ZUBEREITUNG

- Den Schweinebauch in stark gesalzenem Wasser überbrühen. Herausheben und mit Salz, weißem Pfeffer, etwas frischem Knoblauch und Kümmel würzen. Fleisch in eine wasserundurchlässige Bratfolie geben (oder vakuumieren) und 3 Stunden bei 70 °C in den Dampfgarer geben. Fleisch herausnehmen und auf der Hautseite quadratisch einschneiden. Nochmals etwas salzen. Backrohr auf 200 °C Oberhitze vorheizen. Bauchfleisch im heißen Backrohr ca. 5 Minuten knusprig braten.
- Für das Schweinsfilet die Speckscheiben auf ein Stück Frischhaltefolie (ca. 40 x 40 cm) überlappend auflegen. Schweinsfilet mit Salz und weißem Pfeffer würzen, quer auf dem Speck platzieren und einrollen. Frischhaltefolie mit einer Alufolie zu einer kompakten Rolle eindrehen. Filet eine knappe Stunde, bevor der Schweinebauch fertig wird, ebenfalls bei 70 °C in den Dampfgarer geben und 55 Minuten garen (Kerntemperatur sollte 56 °C betragen). Inzwischen für das Sellerie-Erbsen-Püree die Selleriewürfel mit Milch, Wasser, 100 ml Schlagobers, einer Prise Salz und etwas Zitronensaft in einem Topf weich kochen. Die Flüssigkeit muss sich dabei sehr stark einkochen. Frische Erbsen überbrühen (tiefgekühlte Erbsen antauen) und zugeben. Restliches Obers zugießen und alles sehr fein mixen (Stabmixer oder Standmixer), dabei die kalten Butterwürfel einmixen. Püree durch ein feines Sieb passieren und nochmals würzig abschmecken.
- Für den Rüben-Kren-Schaum die Zwiebelwürfel in zerlassener Butter glasig anschwitzen. Petersilienwurzel beigeben, etwas anschwitzen, mit Weißwein ablöschen und mit Geflügelfond und Obers aufgießen. Sehr weich kochen. Rote-Rüben-Saft sowie Krenpaste beigeben, alles sehr fein mixen und durch ein feines Sieb passieren. Abschmecken und zum Schluss die Crème fraîche einmixen.
- Schweinebauch und Schweinsfilet in etwa gleich große Medaillons bzw. Stücke tranchieren und anrichten. Püree daneben platzieren und mit dem Rote-Rüben-Schaum umkränzen.

GARZEIT: Schweinebauch: 3 Stunden dampfgaren, ca. 5 Minuten im Backrohr braten; Schweinsfilet: 55 Minuten
BEILAGENEMPFEHLUNG: Semmelknödel mit eingearbeiteten, in Butter angeschwitzten Pilzen

Faschierter Braten

ZUTATEN

faschierte Grundmasse s. S. 240
Semmelbrösel zum Bestreuen
Flüssige Butter zum Bestreichen
Rindsuppe oder Wasser und Stärke nach Belieben für den Saft

FÜR DIE EINLAGE NACH BELIEBEN

2 hart gekochte Eier
2–3 Essiggurkerl
100 g Käse

ZUBEREITUNG

- Die faschierte Grundmasse wie beschrieben vorbereiten.
- Die Hälfte der Masse zu einem flach gedrückten länglichen Ziegel formen. Je nach Geschmack die hart gekochten Eier in die Mitte darauf platzieren, mit in Würfel geschnittenem Käse und/oder in Streifen geschnittenen Gurkerln belegen und das restliche Faschierte darauf auftragen. Mit feuchten Händen zu einem schönen Wecken formen.
- Backrohr auf 165–175 °C Heißluft vorheizen. Den Wecken in Semmelbröseln wälzen bzw. damit bestreuen, mit zerlassener Butter bestreichen und je nach Form etwa eine Stunde backen.
- Fertigen Braten herausheben und warm rasten lassen. Aus der Bratenform überschüssiges Fett abgießen, Bratensatz mit Suppe oder Wasser lösen und etwas einkochen lassen. Saft nach Belieben mit etwas angerührter Stärke binden. Braten tranchieren, anrichten und mit dem Saft beträufeln.

VORBEREITUNGSZEIT: ca. 15 Minuten
BACKZEIT: 50–60 Minuten
BACKROHRTEMPERATUR: 165–175 °C Heißluft
BEILAGENEMPFEHLUNG: Erdäpfelpüree

Österreichische Vielfalt

Ob der Faschierte Braten gefüllt wird oder nicht, ist ebenso Geschmacksache wie das Umhüllen des Bratens mit dünn geschnittenen Speckscheiben. Für einen **NETZBRATEN** wird der Faschierte Braten mit gut gewässertem Netz umhüllt, wodurch der Braten seinen einzigartigen Geschmack erhält.

Krautrouladen mit knusprigem Speck

ZUTATEN

- ca. 1 kg faschierte Grundmasse (s. S. 240)
- 8 kl. oder 4 gr. Kraut- oder Kohlblätter
- ca. 100 ml Schlagobers
- Kümmel
- Salz, Pfeffer
- Butter oder Öl für die Form
- Fond, Rindsuppe oder Wasser zum Aufgießen
- Maisstärke nach Bedarf
- einige Speckscheiben für die Garnitur

ZUBEREITUNG

- In einem Topf Wasser aufkochen. Krautblätter ablösen und kurz darin überbrühen. Wieder herausheben, trocken tupfen und den Strunk herausschneiden. Nach Bedarf in der Mitte einschneiden, damit die Blätter schön flach sind. Auf ein Tuch legen und mit Salz, Pfeffer sowie Kümmel würzen.
- Das vorbereitete Faschierte zu jeweils kleinen Rollen formen, auf die Blätter legen, seitliche Ränder einschlagen und mit Hilfe des Tuches zu Rouladen rollen. Rouladen sanft andrücken, damit eventuell verbliebenes Wasser aus den Blättern gedrückt wird.
- Backrohr auf 165–175 °C Heißluft vorheizen und eine passende Form mit Öl oder Butter ausstreichen.
- Nun die Rouladen mit der Verschlussstelle nach unten einlegen und im heißen Rohr 35–45 Minuten braten. Dabei nach 15 Minuten mit Schlagobers übergießen. Kurz vor Ende der Garzeit die Speckscheiben in einer Pfanne knusprig braten.
- Fertige Rouladen herausheben und anrichten. Bratensatz mit etwas Suppe oder Fond lösen, etwas einkochen lassen und nach Bedarf mit etwas angerührter Maisstärke binden. Sauce über die Rouladen träufeln und die Rouladen mit den knusprigen Speckscheiben garnieren. Alternativ eventuell mit Paradeisersauce reichen.

VORBEREITUNGSZEIT: ca. 20 Minuten
GARZEIT: ca. 35–45 Minuten
BACKROHRTEMPERATUR: 165–175 °C Heißluft
BEILAGENEMPFEHLUNG: Salzerdäpfel, Paradeiser- oder Paprikasauce

Faschierte Laibchen

Faschierte Grundmasse

ZUTATEN

500–600 g Faschiertes (Rind- und Schweinefleisch gemischt)
80–100 g Knödelbrot
ca. 100 ml warme Milch, Mineralwasser oder Wasser, je nach Trockenheit des Brotes
100 g Zwiebeln
1 Knoblauchzehe
1–2 Eier
1 EL fein gehackte Petersilie
Salz, Pfeffer aus der Mühle Prise Muskatnuss
eventuell Prise Backpulver
Brösel zum Wälzen nach Belieben
Butter, Öl oder Butterschmalz zum Braten
Fond, Suppe oder Wasser für den Bratensaft
kalte Butter oder Stärke zum Binden

ZUBEREITUNG

- Knoblauch sowie Zwiebeln fein hacken und in etwas heißer Butter hell anschwitzen. Wieder vom Herd nehmen. Semmelwürfel mit warmer Milch übergießen und ziehen lassen.
- Nun Faschiertes mit Zwiebeln, eingeweichten und leicht ausgedrückten Semmelwürfeln und Eiern vermengen. Mit Petersilie, Salz, Pfeffer sowie Muskatnuss würzen. Nach Belieben auch eine Prise Backpulver einarbeiten (Masse wird dadurch flaumiger).
- Mit nassen Händen (oder Einweghandschuhe verwenden) die Masse zu kleinen Laibchen formen, sanft flach drücken und nach Belieben in Bröseln wälzen.
- In einer großen Pfanne Butterschmalz oder Öl erhitzen und die Laibchen darin bei mittlerer Hitze von jeder Seite ca. 4 Minuten braten. (Oder nur kurz in einer beschichteten Pfanne mit wenig Fett anbraten und im vorgeheizten Rohr fertig braten.)
- Laibchen herausheben und kurz warmhalten. Bratensatz mit etwas Suppe oder Wasser lösen, aufkochen lassen und nach Belieben mit kalter Butter oder etwas in wenig Wasser angerührter Stärke binden.

VORBEREITUNGSZEIT: ca. 15 Minuten
GARZEIT: 8–10 Minuten
BEILAGENEMPFEHLUNG: Erdäpfelpüree, -schmarren oder Braterdäpfel sowie in Butter geschwenktes Gemüse (Erbsen, Kohlrabi, Karotten etc.)

Österreichische Vielfalt

Auch vor der Erfindung der allgegenwärtigen Burger hat Faschiertes in der österreichischen Küche eine große Rolle gespielt – ob als Braten, Füllmasse oder gebratene Laibchen. Für klassische **BUTTERSCHNITZERL** wird ausschließlich Kalbfleisch faschiert und der Masse noch etwas Schlagobers beigegeben. Die Laibchen werden dann in Butterschmalz herausgebraten.
Speziell in der zeitgemäßen, leichteren österreichischen Küche verwendet man auch gerne Hühner- oder Truthahnfleisch, einen aparten Akzent bringt faschiertes Lammfleisch, das dann auch entsprechend gewürzt werden sollte, etwa mit Thymian, Majoran, aber auch mit Nelken oder Rosinen. Aus Wildfleisch zubereitete Laibchen würzt man am besten mit Wildpastetengewürz, Majoran, Thymian, Macisblüte, Rosmarin, Koriander, Kardamom, Muskatnuss, Wacholder, Pinien- oder Pistazienkernen, getrockneten Preiselbeeren oder fein gehackten getrockneten Apfelscheiben.

Reisfleisch

ZUTATEN

- 500 g mageres Schweinefleisch aus Schulter oder ausgelöster Stelze (oder Kalb-, Hühner- oder Truthahnfleisch)
- ca. 800 ml Rindsuppe (oder Wasser), je nach Reissorte auch mehr
- 250 g Lang- oder Rundkornreis
- ca. 200 g Zwiebeln
- 4 Knoblauchzehen
- 1 EL Tomatenmark
- 1 EL edelsüßes Paprikapulver
- gehackte Petersilie
- Kümmel
- Salz, Pfeffer aus der Mühle
- 50–70 g Schweine- oder Butterschmalz bzw. Sonnenblumen-, Maiskeim- oder Olivenöl zum Anschwitzen
- Mehl, Maisstärke oder Mehl-Butter-Kugel (s. S. 109) für den Saft

ZUBEREITUNG

- Zwiebeln feinwürfelig, Fleisch in mundgerechte Würfel schneiden und Knoblauch fein hacken.
- Zwiebelwürfel in heißem Schmalz goldgelb anschwitzen, Fleisch zugeben und kurz mitrösten. Paprikapulver darüberstreuen, Tomatenmark zugeben und kurz durchrühren. Mit Suppe aufgießen und alles je nach Fleischqualität etwa 20 Minuten oder länger zugedeckt dünsten.
- Nun 250 ml Saft abgießen und beiseite stellen. Reis unter das Fleisch mengen und noch ca. 20 Minuten, am besten abgedeckt dünsten, bis der Reis weich ist. (Oder im heißen Backrohr fertig garen.) Währenddessen bei Bedarf ab und zu umrühren und etwas Flüssigkeit zugießen. Mit Salz, Pfeffer, Kümmel, Knoblauch und Petersilie würzig abschmecken.
- Inzwischen den Saft aufkochen und nach Belieben mit angerührtem Mehl, Maisstärke oder einem kleinen Stück von der Mehl-Butter-Kugel sämig binden. Nochmals abschmecken und warm halten.
- Das fertige Reisfleisch mit einem in heißes Wasser getauchten Schöpflöffel auf die vorgewärmten Teller stürzen (oder in eine Tasse drücken bzw. einen Metallring auf den Teller stellen, Reisfleisch einfüllen, andrücken und Ring wieder abnehmen). Mit dem Saft umgießen und auftragen.

VORBEREITUNGSZEIT: 5–10 Minuten
GARZEIT: ca. 45 Minuten oder länger, je nach Fleischqualität
BEILAGENEMPFEHLUNG: Salat

Österreichische Vielfalt

Im Gegensatz zum italienischen Risotto darf das österreichische Reisfleisch recht frei gestaltet werden. Ob Lang- oder Rundkornreis, mit oder ohne beigemengtes Gemüse wie Erbsen, Champignons, Paprika, Zucchini und Paradeiser und eingerührten geriebenen Käse oder Parmesan – erlaubt ist, was schmeckt. Das trifft auch auf die mitunter verwendeten Gewürze wie Majoran oder Thymian zu oder die zumindest teilweise Verwendung von Wein statt Suppe oder Wasser.

Kalbfleisch

Wiener Schnitzel

ZUTATEN

- 4 Kalbsschnitzel vom Kaiserteil à ca. 150–170 g (ersatzweise vom Schwein, Pute etc.)
- 2–3 Eier
- 50 ml Obers, Milch oder Mineralwasser nach Belieben
- ca. 100 g glattes oder griffiges Weizen- oder feines Dinkelmehl oder Vollkornmehl
- ca. 150 g Semmel- oder Vollkornsemmelbrösel
- ca. 400 g Butterschmalz und/oder Öl zum Herausbacken
- Zitronenscheiben als Garnitur
- etwas Petersilie oder frittierte Petersilie oder beliebige Kräuter
- Salz

ZUBEREITUNG

- Die zugeputzten Schnitzerl (ohne Sehnen, Fett, Häutchen etc.) nicht zu dünn klopfen. Dafür eine etwas dickere Frischhaltefolie auf das Fleisch legen und dann klopfen. Schnitzel auf beiden Seiten salzen.
- In einem Teller die Eier (nach Belieben auch mit Obers) locker verrühren. Mehl und Brösel in zwei weiteren Tellern oder Schüsseln vorbereiten.
- Nun die Schnitzerl zuerst beidseitig in Mehl wenden, durch das Ei ziehen und in Semmelbröseln wälzen.
- In einer Pfanne reichlich Butterschmalz und/oder Öl erhitzen. Schnitzel (vom Körper weg) ins heiße Fett einlegen und auf beiden Seiten (insgesamt 3–5 Minuten) goldbraun backen. Dabei wiederholt mit einem Löffel das heiße Fett über die Schnitzel träufeln, damit diese rundum von heißem Fett umgeben sind und schön soufflieren (Panier wellt sich locker auf). Oder die Pfanne leicht schwenken, aber Vorsicht, dass kein Fett überläuft!
- Schnitzel herausheben und am besten auf Küchenkrepp gut abtropfen lassen. Nach Geschmack einige Zweiglein Petersilie in heißem Fett frittieren und abtropfen lassen.
- Schnitzerl anrichten, mit Zitronenscheiben und frittierter Petersilie garniert servieren.

VORBEREITUNGSZEIT: ca. 10 Minuten
GARZEIT: 3–5 Minuten
BEILAGENEMPFEHLUNG: Petersilerdäpferl, Erdäpfelsalat, Erdäpfel-Mayonnaise-Salat, Salate

TIPP

- Wenn Ihre Pfanne zu klein ist, backen Sie die Schnitzerl besser in 2 Pfannen heraus – Schnitzel, die warm gehalten werden, schmecken nicht mehr knusprig!

Österreichische Vielfalt

Eines ist ganz sicher: Auch wenn es der Name vermuten lassen würde – in Wien wurde das Wiener Schnitzel nicht erfunden. Experten diskutieren noch heute, ob es nun im 12. Jahrhundert aus Konstantinopel oder der Legende nach erst viel später durch Feldmarschall Wenzel von Radetzky von Italien zu uns kam. Tatsache ist, dass sich die Österreicher an Fleisch in der „Einserpanier" offenbar nicht satt essen können. Abgesehen von Kalbfleisch – denn nur solches darf für das original Wiener Schnitzerl verwendet werden – wird in der Alltagsküche alles im goldenen Bröselkleid herausgebacken, was sich nur irgendwie davon einhüllen lässt: Schweinsschnitzel, Hühnerhaxerl, Putenfleisch, Bries und Leber, aber auch Gemüse wie Karfiol, Kürbis oder Pilze, Fisch, Leberkäse, Emmentaler und, und, und ... Raffinierte Rezepte mischen die simplen Brösel mitunter mit allerlei Körnern und Samen (Sesam, Kürbiskerne, Pekan-, Para-, Erdnuss-, Sonnenblumen- oder Haselnusskerne), Mandeln, geriebenen Cornflakes, Hafer- oder Dinkelflocken sowie Parmesan und füllen die Schnitzel mit allem nur Erdenklichen, angefangen von Schinken oder Geselchtem über Käse bis hin zur Pilzfarce, getrockneten Oliven und Paradeisern.

Cordon bleu

ZUTATEN

- **4 große, gleichmäßige Kalbsschnitzel vom Kaiserteil à ca. 150–170 g (ersatzweise vom Schwein, Pute etc.)**
- **2–3 Eier (nach Belieben mit etwas Obers, Milch oder Mineralwasser vermischt)**
- **4 Scheiben Schinken**
- **8 Scheiben Käse**
- **ca. 100 g glattes oder griffiges Weizen- oder feines Dinkelmehl oder Vollkornmehl**
- **ca. 150 g Semmel- oder Vollkornsemmelbrösel**
- **ca. 400 g Butterschmalz und/oder Öl zum Herausbacken**
- **Salz**

ZUBEREITUNG

- Nach Belieben beim Fleischhauer eine Tasche in etwas dickere Schnitzel einschneiden oder die Schnitzel groß plattieren lassen. Schnitzerl rundum gut salzen und auf je einer Schnitzelhälfte eine Scheibe Käse, Schinken und wieder Käse auflegen. Fleisch zusammenklappen und gut festklopfen. (Oder Käse, Schinken und wieder Käse in die Tasche füllen und ebenfalls gut festklopfen.)
- Wie beim Wiener Schnitzel beschrieben (siehe Seite 242) in Mehl wenden, durch die versprudelten Eier ziehen und in Bröseln wälzen. In einer großen Pfanne reichlich Fett erhitzen und die Cordon bleus unter einmaligem Wenden je nach Stärke der Schnitzel insgesamt 6–8 Minuten goldbraun und knusprig herausbacken.
- Herausheben, vorsichtig trocken tupfen und auf vorgewärmten Tellern anrichten.

VORBEREITUNGSZEIT: ca. 10 Minuten
GARZEIT: 6–8 Minuten
BEILAGENEMPFEHLUNG: Erdäpfelsalat, Erdäpfel-Mayonnaise-Salat, Salate

Pariser Schnitzel

ZUTATEN

- 4 Kalbsschnitzel à ca. 150–170 g vom Kaiserteil (ersatzweise vom Schwein, Pute etc.)
- 2–3 Eier
- geriebener Parmesan nach Belieben
- Ca. 100 g glattes oder griffiges Weizen- oder feines Dinkelmehl oder Vollkornmehl
- Butterschmalz und/oder Öl zum Herausbacken
- Zitronenscheiben als Garnitur
- Salz

ZUBEREITUNG

- Die zugeputzten Schnitzerl (ohne Sehnen, Fett, Häutchen etc.) nicht zu dünn klopfen. Dafür eine etwas dickere Frischhaltefolie auf das Fleisch legen und dann klopfen. Schnitzel auf beiden Seiten salzen.
- In einem Teller die Eier locker verrühren und nach Belieben geriebenen Parmesan unterrühren. In einer großen Pfanne (oder am besten zwei Pfannen) etwas Butterschmalz oder Öl erhitzen.
- Schnitzerl zuerst auf beiden Seiten in Mehl wenden, durch das Ei ziehen und im heißen Fett auf beiden Seiten goldbraun braten.
- Herausheben, mit Küchenkrepp vorsichtig abtupfen und anrichten.

VORBEREITUNGSZEIT: 5–10 Minuten
GARZEIT: 3–5 Minuten
BEILAGENEMPFEHLUNG: Petersilerdäpfel, Reis, Salat

Wachauer Schnitzel mit Marillen

ZUTATEN

- 4 Kalbsschnitzel à ca. 160 g (oder Schweins-, Hühner- oder Putenschnitzel)
- 150 g Pilze
- 120–150 g entkernte Marillen (nach Belieben geschält)
- 60 g Butter
- 80 ml Weißwein
- 400 ml Rindsuppe
- Salz, Pfeffer
- Mehl zum Wenden
- ev. angerührte Stärke zum Binden

ZUBEREITUNG

- Marillen entkernen und in Spalten schneiden. Herrenpilze putzen und ebenfalls klein schneiden.
- Schnitzel an den Rändern leicht einschneiden, mit einer Frischhaltefolie bedecken und sanft klopfen. Auf beiden Seiten mit Salz und Pfeffer würzen.
- Auf einer Seite in Mehl wenden. In einer Pfanne etwas Butter erhitzen und die Schnitzel mit der bemehlten Seite nach unten zuerst anbraten, wenden und fertig braten. Herausnehmen und warm halten.
- Mit Wein und Suppe aufgießen und dabei den Bratensatz mit einem Kochlöffel gut lösen. Sauce sämig einkochen lassen, eventuell mit angerührter Stärke binden.
- Inzwischen Pilze in Butter anbraten. Gemeinsam mit den in Spalten geschnittenen Marillen in die Sauce geben, kurz durchrühren und würzig abschmecken. Schnitzel wieder zugeben und kurz erwärmen, aber nicht mehr kochen lassen, damit sie nicht zäh werden. Auf vorgewärmten Tellern anrichten.

GARZEIT: 3–4 Minuten für die Schnitzerl
BEILAGENEMPFEHLUNG: Reis oder Bandnudeln

Naturschnitzel

ZUTATEN

- 700 g Kalbsschnitzel aus der Kalbsschale (oder Lamm-, Schweins-, Hühner- oder Truthahnschnitzel)
- Ca. 400 ml Rindsuppe oder Kalbsfond (ersatzweise Wasser mit Suppenwürze)
- 3 EL Sonnenblumen- oder Rapsöl oder Butterschmalz zum Anbraten
- Mehl zum Wenden und Stauben
- Salz, Pfeffer aus der Mühle
- 30 g kalte Butter zum Montieren

ZUBEREITUNG

- Schnitzerl bei Bedarf in kleinere Portionsstücke schneiden und an den Rändern leicht einschneiden. Mit einer Frischhaltefolie bedecken und sanft klopfen. Auf beiden Seiten mit Salz und Pfeffer würzen.
- In einer passenden großen Pfanne das Öl oder Butterschmalz erhitzen.
- Schnitzerl auf einer Seite in Mehl wenden, sanft andrücken und mit der bemehlten Seite nach unten ins heiße Fett einlegen. Goldbraun braten, wenden und auf der zweiten Seite ebenfalls braten. Wieder herausheben und in Alufolie gehüllt warm stellen.
- Überschüssiges Fett aus der Pfanne abgießen, mit wenig Mehl stauben, durchrühren und mit Suppe oder Fond aufgießen. Mit einem Kochlöffel den Bratensatz lösen und so lange kochen, bis die Sauce die gewünschte Konsistenz erreicht hat, eventuell mixen.
- Sauce abseihen, Schnitzerl in die heiße Sauce einlegen, aber nicht mehr kochen lassen. Die Pfanne dabei mehrmals schwenken, damit die Schnitzerl gleichmäßig von Sauce überzogen werden. Nun die Schnitzel auf vorgewärmten Tellern anrichten. Den Saft einmal bei großer Hitze kurz aufkochen, dann die kalten Butterstücke rasch einrühren, aber dabei nicht mehr kochen lassen und die Sauce damit binden. Saft über die Schnitzerl gießen.

GARZEIT: 3–4 Minuten
BEILAGENEMPFEHLUNG: Petersilerdäpfel, Reis, Spätzle, Salate

Österreichische Vielfalt

Fleisch „à la nature" zu braten ist wie das Grillen sicherlich die ursprünglichste Garmethode. Was die österreichische Küche allerdings in Sachen Saucen zu bieten hat, die aus dem Bratrückstand gewonnen werden können, unterscheidet uns doch recht eindeutig von unseren Vorfahren aus der Steinzeit. Besonders groß war die Bandbreite an feinen Sößchen zum zarten Fleisch in der Monarchie, als man etwa für ein **KAISERSCHNITZERL** die Sauce mit viel Rahm und Obers sowie Saft und Schalen von Limonen kaiserlich goldgelb färbte, während das **ELISABETH-SCHNITZEL** durch eine Sauce mit Krebsschwänzen, Champignons und Kohlsprosserln verfeinert wurde. Aber auch Kapern, Sardellen und Senf waren beliebte Akzente in der molligen Sauce. Beliebt ist heute nach wie vor auch das **RAHMSCHNITZEL**, wofür man entweder 100 ml Obers statt kalter Butter als Saucenbindung in der Sauce einkocht oder aber 3 EL Sauerrahm mit etwas Mehl und Wasser glatt verrührt und diese Mischung in die kochende Sauce einrührt. Für **ZITRONENSCHNITZEL** werden Saft und Filets von Zitronen oder Limetten beigegeben, für **KRÄUTERSCHNITZEL** die Sauce mit frisch gehackten Kräutern, bei **KNOBLAUCHSCHNITZEL** mit gehacktem Knoblauch verfeinert. Ungarisches Feuer lodert schließlich beim **PAPRIKASCHNITZEL** auf, das durch 1 EL edelsüßes Paprikapulver, das vor dem Aufgießen mit Suppe in die Pfanne eingerührt wird, entfacht wird.

Jägerschnitzel

mit Schwammerln und knusprigem Speck

ZUTATEN

- **4 Kalbsschnitzel à 160–180 g (aber auch Schweins-, Truthahn- oder Hühnerschitzel)**
- **300 g Schwammerl (Eierschwammerl, Steinpilze etc.)**
- **4–8 Speckscheiben**
- **100 g Schalotten- oder Zwiebelwürfel**
- **1 EL Mehl zum Stauben**
- **ca. 300 ml Suppe zum Aufgießen**
- **200 ml Schlagobers**
- **Salz, Pfeffer aus der Mühle**
- **zum Abschmecken Thymian, Majoran, Muskatnuss und/oder Nelkenpulver**
- **1 EL fein gehackte Petersilie**
- **Mehl zum Wenden**
- **Öl und Butter oder Butterschmalz zum Braten**
- **Maisstärke bei Bedarf**

ZUBEREITUNG

- Die Schwammerl putzen und je nach Größe kleiner schneiden. Schnitzel klopfen, salzen, pfeffern und auf einer Seite in Mehl wenden.
- Etwas Öl in einer Pfanne erhitzen, die Schnitzel mit der Mehlseite nach unten einlegen und anbraten. Wenden und kurz weiterbraten (aber nicht zu lange!). Aus der Pfanne nehmen und auf einer Platte warm stellen.
- Etwas Butter oder Butterschmalz in der Pfanne schmelzen. Schalotten zugeben und kurz anschwitzen. Schwammerl beimengen, ebenfalls kurz anbraten und alles wieder herausheben.
- Nun den Bratensatz mit Mehl stauben, durchrühren und mit Suppe sowie Obers aufgießen. Dabei mit dem Schneebesen zügig rühren, damit keine Klumpen entstehen. Sauce sämig einkochen und bei Bedarf abseihen. Nach Wunsch etwas Stärke mit wenig Wasser anrühren und die Sauce damit noch molliger binden.
- Inzwischen die Speckscheiben in einer Pfanne knusprig braten.
- Schnitzel sowie Pilze wieder in die Sauce einlegen und nur kurz erwärmen, aber nicht mehr kochen, damit das Fleisch nicht zäh wird. Nach Geschmack pikant würzen.
- Jägerschnitzerl anrichten, mit Petersilie bestreuen und mit den knusprigen Speckscheiben garnieren.

ZUBEREITUNGSZEIT: ca. 20 Minuten, Fleisch nur kurz anbraten
BEILAGENEMPFEHLUNG: gekochte Nudeln, aber auch Spätzle, Nockerl sowie gekochtes zartes Gemüse

Geschnetzeltes
mit Champignons

ZUTATEN

- 600–650 g Kalbfleisch (Filet oder Kaiserteil)
- ca. 300 ml Rindsuppe, Kalbsfond oder Wasser mit Suppenwürze
- Schuss Weißwein nach Belieben
- 150 ml Obers oder Crème fraîche
- 200 g Champignons (Eierschwammerl, Steinpilze etc.)
- 40 g Schalotten- oder Zwiebelwürfel
- 1 EL Mehl
- 1 EL fein gehackte Petersilie
- eventuell 40 g eiskalte Butter zum Montieren
- Salz, Pfeffer aus der Mühle
- Prise Thymian
- Öl zum Braten

ZUBEREITUNG

- Pilze reinigen und feinblättrig schneiden. Fleisch in längliche Streifen schneiden und würzen.
- Fleisch in einer heißen Pfanne mit Öl anbraten (dabei eventuell in 2 Arbeitsgängen anbraten, damit genug Hitze in der Pfanne ist), wieder herausheben und warm stellen.
- Im Bratensatz Schalotten kurz anlaufen lassen, mit Mehl stauben, nach Belieben mit Weißwein ablöschen und mit Suppe oder Fond auffüllen. Dabei mit dem Schneebesen alles gut verrühren. Obers zugießen und die Sauce kochen lassen, bis sie sämig ist. Eventuell mixen und passieren.
- In der Zwischenzeit die Pilze in einer Pfanne in wenig Öl braten. Unter die aufgemixte Sauce mengen und alles kurz einkochen lassen. Fleisch in die Sauce geben und erwärmen, die Sauce darf aber nicht mehr kochen, da das Fleisch sonst zäh wird. Mit Salz, Pfeffer und Thymian würzig abschmecken. Kurz vor dem Servieren eventuell kalte Butterflocken einrühren und die Sauce damit sämig binden. Mit Petersilie bestreut servieren.

GARZEIT: Fleisch wenige Minuten
BEILAGENEMPFEHLUNG: Spätzle, Reis, Nudeln oder Erdäpfelbeilagen

Österreichische Vielfalt

Fleisch, das sich zum Kurzbraten eignet, ist wohl die wichtigste Voraussetzung für schmackhaftes Geschnetzeltes. Ob das nun letztlich als Kalbsgeschnetzeltes, Truthahn- oder Rindsgeschnetzeltes auf den Tisch kommt, ist letztlich eine Frage des Geschmackes – das Rezept immer dasselbe. Allerdings lassen sich durch die Zugabe von allerlei aromatischen Zutaten wie etwa Senf, Worcestershiresauce, Honig, aber auch Lebkuchenbröseln, Preiselbeeren, grünen Nüssen, Apfel- oder Birnenwürfeln und den dazu abgestimmten Gewürzen (Lebkuchengewürz, Kardamom, Piment, Zimt oder Nelken) jeweils andere Geschmackserlebnisse erzielen. **ZÜRCHER GESCHNETZELTES,** zwar nicht österreichisch, aber in Österreichs Küchen sehr beliebt, bereitet man wie beschrieben zu und schmeckt noch mit einem Schuss Zitronensaft sowie recht kräftigem Fond pikant ab.

Kalbsbraten Kalbsnierenbraten

ZUTATEN

- **1–1,5 kg Kalbsbraten (Karree oder Schulter)**
- **1 Kalbsniere (für Nierenbraten)**
- **Einige gehackte Knochen und Fleischparüren (Abschnitte)**
- **Grob gehacktes Wurzelgemüse und 1 halbierte Zwiebel nach Belieben**
- **500–700 ml Suppe oder Fond (je nach Garzeit)**
- **eventuell 1 TL Tomatenmark und ein Schuss Wein für die Sauce nach Belieben**
- **Salz, Pfeffer aus der Mühle**
- **Rosmarin und Thymian**
- **4 cl Öl**
- **eiskalte Butterflocken, 1 kl. Stück Mehl-Butter-Kugel oder angerührte Maisstärke**

ZUBEREITUNG

- Fleisch zuputzen und mit einem Spagat in Form (zu einer Rolle) binden. Für den Nierenbraten die Kalbsniere halbieren, in den Kalbsbraten einrollen und ebenfalls in Form binden. (Am besten lassen Sie diese Arbeit bereits in der Fleischerei erledigen.) Den Braten von allen Seiten mit Salz, Pfeffer, Rosmarin und Thymian würzen.
- Backrohr auf 200 °C vorheizen.
- Öl in einer Bratenpfanne erhitzen und das Fleisch auf allen Seiten anbraten. Knochen, Parüren sowie (für eine bessere Sauce) auch noch Wurzelgemüse sowie die halbierte Zwiebel zugeben. Ins Rohr schieben und ca. 15 Minuten anbraten. Dann Hitze auf 170–180 °C reduzieren und unter einmaligem Wenden insgesamt ca. 2 Stunden braten. Währenddessen den Braten gut mit Bratenflüssigkeit übergießen und bei Bedarf immer wieder ein wenig Suppe nachgießen (die Flüssigkeit sollte sich aber stets wieder einkochen).
- Hat der Braten gegen Schluss noch nicht die nötige Bräune, Temperatur nochmals kurz erhöhen und fertig braten. Der Braten ist gar, wenn beim Anstechen mit einem dünnen Metallspieß bis zur Mitte nur klarer Saft, aber kein Blut mehr austritt (Kerntemperatur sollte 80–85 °C betragen). Braten herausheben und warm stellen.
- Bratensatz nach Geschmack mit einem kräftigen Schuss Wein und/oder Suppe lösen, eventuell Tomatenmark einrühren und auf der Herdplatte einkochen. Abseihen und eventuell mit eiskalter Butter montieren oder mit einem kleinen Stück Mehl-Butter-Kugel bzw. in wenig Wasser angerührter Stärke binden. Bei Bedarf nachwürzen.
- Spagat entfernen und das Fleisch in gefällige Scheiben schneiden. Auf vorgewärmten Tellern anrichten und mit Bratensauce beträufeln.

VORBEREITUNGSZEIT: ca. 10 Minuten (oder von Fleischhauer vorbereiten lassen)
GARZEIT: ca. 2 Stunden
BACKROHRTEMPERATUR: 200 °C auf 170–180 °C fallend
BEILAGENEMPFEHLUNG: Reis, Nudeln, Erdäpfel, Erdäpfelpüree sowie gekochtes feines Gemüse wie Erbsenschoten, Erbsen, Spargel, aber auch Zucchini etc.

Österreichische Vielfalt

So hoch das kostbare Nierenfett rund um die Kalbsniere bei echten Gourmets im Kurs steht, beim gerollten Nierenbraten wird man sich zumindest zu einem Teil davon trennen. Wem dabei das Herz blutet, der sollte die Kalbsniere lieber extra mitsamt dem adorierten Fettkleid im Ganzen braten. Dabei reicht allerdings eine Bratzeit von 30–45 Minuten. Was die Garzeit für Braten generell betrifft, so gilt es hier grundsätzlich die Entscheidung zwischen schonender, sprich langsamer Garung bei niedriger Temperatur einerseits und rascher Garung mit intensiver Krustenbildung bei höheren Temperaturen andererseits zu treffen. Große Hitze bringt großen Geschmack, aber auch die Gefahr, dass das Fleisch etwas austrocknet. Kleine Hitze garantiert Saftigkeit, unter Einbuße des typischen Bratengeschmacks. Letzterer ist übrigens der „Maillard-Reaktion" zu verdanken, einer chemischen Reaktion, die beim Braten oder Grillen entsteht und die Oberfläche des Bratens knusprig krachen und so typisch schmecken lässt.

Gefüllte Kalbsbrust

Dieses Rezept stammt von Armin Oberndorfer, Grill- und Kochprofi.

ZUTATEN FÜR CA. 6 PORTIONEN

- 1 untergriffene (eingeschnittene) Kalbsbrust mit ca. 2 kg
- 250 g altbackene Laugenbrotwürfel (oder anderes Gebäck)
- einige Kalbsknochen
- 300 g Wurzelgemüse
- 250 ml Weißwein
- 500 ml Rindsuppe
- 3 Eier
- 25 g Zwiebelwürfel
- 25 g Butter
- 10 g gehackte Petersilie
- 150 ml Milch
- Salz, weißer Pfeffer aus der Mühle
- Muskatnuss, frisch gehackter Thymian
- Thymianzweige
- Maisstärke, Mehl oder Mehl-Butter-Kugel (s. S. 109) zum Binden

ZUBEREITUNG

- Wurzelgemüse in 1 cm große Würfel schneiden. Butter erhitzen und die Zwiebelwürfel darin glasig anschwitzen. Milch sowie Salz, Pfeffer, Muskatnuss und gehackte Petersilie beigeben und alles erwärmen, aber nicht zu heiß werden lassen.
- Laugenbrotwürfel in eine Schüssel geben, Milch nach und nach darübergießen und locker einmischen, damit sich die Flüssigkeit gleichmäßig in der Masse verteilt. Eier aufschlagen und (am besten mit den Fingerspitzen) in die Masse einarbeiten.
- Masse in die untergriffene Kalbsbrust füllen und die Öffnung verschließen. (Oder die Kalbsbrust rollen und binden.) Fleisch mit Salz, Pfeffer und Thymian würzen.
- Backrohr auf 180 °C vorheizen. Wurzelgemüse, Knochen sowie Thymianzweiglein in die Bratenform legen, die Kalbsbrust daraufsetzen und ins heiße Rohr schieben. Nach ca. 15 Minuten die Temperatur auf 120 °C reduzieren und den Braten bis zu einer Kerntemperatur von 75 °C etwa 3–3 ½Stunden braten. (Oder bei 175 °C 1 ¾–2 Stunden braten.) Zwischendurch wiederholt mit etwas Weißwein und Rindsuppe aufgießen.
- Fertig gegarte Kalbsbrust herausheben, in Alufolie einschlagen und an einem warmen Ort rasten lassen. Den Bratensaft abseihen und abschmecken. Nach Belieben mit angerührter Maisstärke, Mehl oder Mehl-Butter-Kugel binden.
- Kalbsbrust tranchieren und mit etwas Bratensauce beträufeln.

VORBEREITUNGSZEIT: ca. 20 Minuten
GARZEIT: 3–3 ½Stunden bei 120 °C
(oder bei 175 °C 1 ¾–2 Stunden braten)
BACKROHRTEMPERATUR: 180 °C auf 120 °C fallend
BEILAGENEMPFEHLUNG: in Butter und etwas Vanillezucker gedünstete Karotten und Petersilerdäpfel

Kalbsfrikassee

ZUTATEN

750–800 g Kalbsschulter (Hals- oder Brustfleisch, aber auch Geflügel-, Kaninchen- oder Lammfleisch)

ca. 200 g Gemüse (120 g Karotten und Gelbe Rüben und je 40 g Petersilienwurzel und Sellerie)

etwas Petersilienstängel und Lauch

20 ml Öl

600–700 ml Kalbsknochensuppe oder Wasser mit hausgemachter Suppenwürze oder aus dem Reformhaus

2 Lorbeerblätter

3 angedrückte Wacholderbeeren

1 EL Zitronensaft oder Weißwein

Prise geriebene Muskatnuss

Knoblauch nach Belieben

100 ml Schlagobers und 1–2 Eidotter (oder Crème fraîche) zum Binden

30 g Butter

30 g glattes Weizen- oder feines Dinkelmehl

Salz, Pfeffer aus der Mühle

1 EL fein gehackte Petersilie oder Salbei, Dille, Bohnenkraut, Kerbel, Rosmarin, Thymian zum Abschmecken nach Belieben

FÜR DIE SAUCE ALS EINLAGE NACH BELIEBEN

Champignons, Morcheln, gekochte Krebserl

ZUBEREITUNG

- Fleisch in 2–3 cm große Würfel schneiden, mit Salz und Pfeffer würzen. Das geputzte Gemüse sowie die Stängel zu einem Bund zusammenbinden.
- Öl in einem breiten Topf erhitzen und das Fleisch darin anschwitzen. Mit Suppe aufgießen, Gemüsebündel, Lorbeerblätter und Wacholder zugeben und das Frikassee 1–1 ½ Stunden zugedeckt weich dünsten. Bei Bedarf noch etwas Suppe zugießen. Fleisch in ein Sieb geben und den Fond beiseite stellen. (Bevorzugt man das Gemüse knackig, dieses erst nach ca. 30 Minuten zugeben oder geschnittenes Gemüse extra in etwas Salzwasser nicht zu weich kochen, kalt abschrecken, abseihen und mit dem Fleisch in der Sauce erwärmen.)
- Butter zerlassen, Mehl darin anschwitzen und mit dem Fond aufgießen, dabei mit einem Schneebesen zügig rühren, damit sich keine Klumpen bilden. Zitronensaft zugießen und mit Knoblauch und Muskatnuss würzen. Einige Zeit einkochen lassen.
- Gemüse in Würfel oder Scheiben schneiden, mit dem Fleisch in die Sauce geben und erhitzen. Wieder von der Kochstelle nehmen. Obers mit Dotter verrühren und in die Sauce einrühren, aber nicht mehr kochen. Mit frisch gehackten Kräutern würzig abschmecken. Nach Belieben auch in Butter angeschwitzte Pilze, Morcheln oder Krebserl unter die Sauce rühren.
- Auf vorgewärmten Tellern anrichten.

VORBEREITUNGSZEIT: ca. 10 Minuten
GARZEIT: ca. 1 ½ Stunden
BEILAGENEMPFEHLUNG: Reis, Spätzle, Erdäpfel, Tarhonya, Serviettenknödel

Gekochte Kalbsbackerl mit Semmelkren

ZUTATEN

- ca. 800 g Kalbsbackerl
- 500 g Kalbsknochen
- ca. 300 g gemischtes Gemüse (Sellerie, Karotten, Lauch, Petersilienwurzel, eventuell noch Stangensellerie oder Gelbe Rübe)
- 2 Paradeiser
- Liebstöckelstängel
  Pimentkörner
- 1 TL Grundgewürz s. S. 110 (Pfefferkörner, Lorbeer, Wacholder)
- eventuell Thymian und Majoran
- 1–2 halbierte Zwiebeln mit Schale
- Salz und eventuell Suppenwürze (selbstgemacht oder aus dem Reformhaus) zum Abschmecken
- Pfeffer aus der Mühle
- Prise Zucker

ZUM ANRICHTEN

- Kürbiskernöl
- Apfelbalsamicoessig
- Semmelkren (s. S. 319)

ZUBEREITUNG

- Gemüse putzen und bei Bedarf schälen. Ungeschälte Zwiebeln halbieren, an der Schnittfläche mit Zucker bestreuen und in einer (am besten mit Alufolie ausgelegten) Pfanne ohne Fett dunkelbraun rösten.
- Knochen in kaltem Wasser aufstellen, aufkochen lassen, wieder abgießen und mit kaltem Wasser abschwemmen. Erneut mit den Gewürzen mit kaltem Wasser aufstellen. Fleisch zugeben und mit dem geputzten Gemüse, Paradeisern, Kräutern und Zwiebeln auf kleiner Hitze ca. 1 ½ Stunden weich kochen.
- Weich gekochte Kalbsbackerl herausheben, auf heißen Tellern anrichten und mit etwas abgeschmecktem Kochsud bzw. Suppe sowie ein paar Tropfen Kürbiskernöl und Apfelbalsamicoessig übergießen. Mit Semmelkren servieren.

VORBEREITUNGSZEIT: ca. 30 Minuten
GARZEIT: ca. 1 ½ Stunden
BEILAGENEMPFEHLUNG: Semmelkren und Rösterdäpfel

Österreichische Vielfalt

Beim berühmten österreichischen Siedefleisch landet keineswegs immer nur der teure Tafelspitz im Suppentopf. Neben den oben erwähnten Backerln stehen auch **GEKOCHTE ZUNGEN** von Rind, Kalb, Schwein, mitunter auch Lamm, auf dem Speiseplan, die nach demselben Rezept – stets gut von Flüssigkeit bedeckt – ca. 2 Stunden lang gekocht werden. Geselchte Zungen werden im Gegensatz zu „grünen“, also ungeräucherten Zungen allerdings lediglich in ungewürztem Wasser gekocht. Die Haut muss in beiden Fällen sofort nach dem Kochen (nach kurzem kaltem Abspülen) abgezogen werden. Für saftiges **KRENFLEISCH** wird meist nicht ganz mageres Schweinefleisch (Schulter- oder Bauchfleisch), manchmal auch Lamm- oder Kalbfleisch wie beschrieben weich gekocht und in Scheiben geschnitten. Eine großzügige Portion frisch geriebener Kren sowie gekochte Streifen von Wurzelgemüse geben dem Krenfleisch den letzten Schliff, wozu meist Salzerdäpfel gereicht werden.

Kalbsrahmgulasch

ZUTATEN

- 1 kg Kalbsschulter, ausgelöste Kalbsstelze oder Gulaschfleisch
- 200 g Zwiebelwürfel
- 30 g Tomatenmark
- 10–20 g edelsüßes Rosenpaprikapulver
- ca. 1,5 l Rindsuppe (ersatzweise Wasser mit hausgemachter Suppenwürze)
- Salz, Pfeffer aus der Mühle
- Etwas Grundgewürzmischung s. S. 110 (oder 2 Lorbeerblätter, 6 Pfefferkörner, 5 Wacholderbeeren im Tee-Ei)
- etwas Zitronensaft und unbehandelte geriebene Zitronenschale
- eventuell 1–2 Knoblauchzehen
- 125 ml Sauerrahm, ersatzweise Obers oder Crème fraîche
- 20–30 g glattes Weizen- oder feines Dinkelmehl
- eventuell etwas Sauerrahm, frittierte Petersilie oder beliebige Kräuter zum Garnieren
- 40 g Sonnenblumen-, Raps- oder Maiskeimöl oder Butterschmalz

ZUBEREITUNG

- Kalbfleisch in 3–4 cm große Stücke schneiden.
- Öl oder Butterschmalz in einem Topf erhitzen und die Zwiebeln mit Knoblauch hellbraun anschwitzen. Tomatenmark und Paprikapulver dazugeben, kurz umrühren und sofort mit Flüssigkeit aufgießen, damit der Paprika nicht bitter schmeckt. Fleisch, abgeriebene Zitronenschale sowie Gewürze beigeben und zugedeckt am Herd oder im heißen Backrohr bei 170–185 °C ca. 1 ½ Stunden weich dünsten. Währenddessen mehrmals überprüfen, ob das Fleisch schon weich ist.
- Das Tee-Ei mit den Gewürzen entfernen. Fleisch mit einem Lochschöpfer aus dem Saft heben und zur Seite stellen.
- Sauerrahm mit etwas Wasser und Mehl glatt rühren, mit dem Schneebesen zügig in die Sauce einrühren und die Sauce damit binden. Einige Minuten kochen lassen, bis die Sauce sämig ist. Dann mixen und eventuell passieren.
- Fleisch wieder einlegen und erwärmen. Nochmals mit Salz, Zitronensaft und Pfeffer würzig abschmecken.
- In vorgewärmten tiefen Tellern anrichten und vor dem Servieren mit Sauerrahm, frittierter Petersilie und/oder Kräutern garnieren.

GARZEIT: ca. 1 ½ Stunden
BEILAGENEMPFEHLUNG: Spätzle, Nudeln, Tarhonya, Reis oder Erdäpfel

Österreichische Vielfalt

Im Gegensatz zu so manch feurig-scharf abgeschmecktem Rindsgulasch gibt sich Kalbsgulasch meist recht zahm. Ein Umstand, der das mollige Gericht zum Klassiker des in Wien früher gerne zelebrierten Gabelfrühstücks werden ließ. Damit bezeichnete man ein zweites, ausgedehntes Frühstück am frühen Vormittag, das dank des ein oder anderen Gläschens Bier mitunter nahtlos ins Mittagessen überging. Wird ein Teil der Suppe zum Aufgießen durch fruchtigen Wein ersetzt – auch diese Spielart ist recht beliebt – harmoniert freilich ein Schluck Riesling oder Veltliner besser als der Gerstensaft. Beeindruckt das Kalbsgulasch durch eine besonders schöne rote Farbe, so hat man vermutlich bei der Fertigstellung mit etwas Tomatenmark oder Paprikapulver nachgeholfen. Muskatnuss, Kümmel, Majoran oder Thymian fühlen sich nach manchen Rezepten in der Sauce ebenso wohl wie mit den Zwiebeln angeschwitzte Paprikaschotenwürfel.

Tafelspitz Siedefleisch

ZUTATEN

- **1–1,5 kg Tafelspitz, für Siedefleisch alternativ Kruspel- oder Kavalierspitz, Schulter- oder Hieferscherzel, Beinfleisch (Schermrippe), Mageres Meisel etc.**
- **500 g–1 kg Rindfleischknochen**
- **500–700 g gemischtes Gemüse (Sellerie, Karotten, Lauch, Petersilienwurzel, eventuell noch Stangensellerie oder Gelbe Rübe)**
- **einige Petersilien- und/ oder Liebstöckelstängel**
- **1–2 TL Grundgewürz s. S. 110 (Pfefferkörner, Lorbeer, Wacholder)**
- **eventuell einige Pimentkörner, Thymian und Majoran**
- **2–3 halbierte Zwiebeln mit Schale**
- **eventuell 2–3 angedrückte Knoblauchzehen**
- **Salz und eventuell Suppenwürze (selbstgemacht oder aus dem Reformhaus) zum Abschmecken**
- **Pfeffer aus der Mühle**
- **Schnittlauch zum Bestreuen**
- **Prise Zucker**

ZUBEREITUNG

- Gemüse unter fließendem Wasser abbürsten (braucht dann meist nicht geschält werden, außer der Knollenansatz beim Sellerie). Knochen in kochendem Wasser 2 Minuten überbrühen, abgießen und kalt abspülen, damit die Trübstoffe ausgeschwemmt werden.
- Knochen in einem großen Topf erneut mit 4–5 Liter kaltem Wasser aufsetzen und aufkochen lassen. Gewürze in ein Teesäckchen oder Tee-Ei geben. Nun das Fleisch einlegen, Knoblauch, Gewürzstängel sowie Gewürze außer Zucker und Salz (durch das Salz würde sich das Fleisch verfärben) beigeben und nicht zugedeckt knapp unter dem Siedepunkt 2 ½–3 Stunden weich garen. Währenddessen wiederholt den aufsteigenden Schaum abschöpfen und die Suppe nicht wallend kochen lassen, damit sie nicht trüb wird.
- Nach etwa 1–1 ½ Stunden das nicht zu klein geschnittene Gemüse beigeben. Die nicht geschälten Zwiebelhälften an der Schnittfläche mit einer Prise Zucker bestreuen und in einer (am besten mit Alufolie ausgelegten) Pfanne ohne Fett dunkelbraun rösten. Ebenfalls zugeben und das Fleisch fertig garen.
- Tritt beim Anstechen kein roter Fleischsaft mehr aus, so ist das Fleisch fertig gegart. (Die recht unterschiedliche Garzeit richtet sich allerdings auch nach den verwendeten Fleischstücken, daher nach ca. 2 Stunden in kürzeren Abständen kontrollieren.) Tafelspitz aus der Suppe heben und je nach Bedarf sofort gegen die Faser aufschneiden (mit der Faser geschnittenes Fleisch schmeckt zäh und faserig!) und auftragen oder in kaltem Wasser erkalten lassen und bei Bedarf in der Suppe wieder erwärmen, dabei aber nicht mehr sprudelnd kochen lassen.
- Vor dem Auftragen nach Belieben mit fein geschnittenem Schnittlauch bestreuen und wenig Rindsuppe rundum gießen. Dafür die Rindsuppe vorher noch mit Salz oder Suppenwürze abschmecken.

VORBEREITUNGSZEIT: ca. 30 Minuten
GARZEIT: 2 ½–3 Stunden je nach Fleischqualität
BEILAGENEMPFEHLUNG: Semmelkren, Apfelkren, Rösterdäpfel, Creme- oder Rahm-Blattspinat, eingemachter Kohl oder Kohlrabi, Dillfisolen oder -kürbis, kalte oder warme Schnittlauchsauce

Österreichische Vielfalt

In früheren Zeiten galt es bei Hofe als verpönt, gesottenes Rindfleisch zu essen – die feinen Gaumen waren eher an der kräftigen Bouillon interessiert, die nach dem Kochen übrig geblieben war, das Fleisch wurde an Bedürftige weitergegeben. Nicht so Kaiser Franz Joseph! Er liebte Tafelspitz über alles. Folglich zählt das Gericht auch heute noch zu den Fixsternen österreichischer Kochkunst. Grundvoraussetzung ist Fleisch von guter Qualität, das sich dann in Begleitung der klassischen Beilagen auch kaiserlich präsentiert. Da das Rindfleisch in ungesalzener Suppe gegart wird – Salz würde das Fleisch verfärben – pflegte man früher die aufgeschnittenen Scheiben Rindfleisch neben Schnittlauch auch mit grobem Salz zu bestreuen. Das Mark mitgekochter Markknochen wird auch heute noch gerne auf knusprigem Schwarzbrot dazu serviert, das Fleisch selbst muss stets quer zur Faser geschnitten werden und wird in der Gastronomie auch häufig in dekorativem Kupferkessel voller dampfender Rindsuppe aufgetragen. Die schlürft man dann ganz *comme il faut* mit flaumigen Grießnockerln oder Leberknöderln – wie zu Kaisers Zeiten!

Geschmorte Ochsenbackerl in Rotweinsauce

Dieses Rezept stammt von Josef Steffner aus dem Restaurant Mesnerhaus in Mauterndorf.

ZUTATEN FÜR 4–6 PORTIONEN

- **2 Bio-Ochsenbackerl (Rindsbackerl)**
- **Wurzelgemüse nach Belieben**
- **1 weiße Zwiebel**
- **2 zerdrückte Knoblauchzehen**
- **Kräutersalz oder Salz**
- **Pfeffer aus der Mühle**
- **1 EL Tomatenmark**
- **500 ml Rotwein**
- **1 l Kalbs- oder Gemüsefond (bzw. Rindsuppe)**
- **Lorbeerblätter, Pfefferkörner, Wacholder**
- **Rosmarin, Thymian**
- **3 EL Butterschmalz zum Anbraten**
- **fein geschnittene Kräuter (Schnittlauch, Petersilie, Majoran) zum Bestreuen**

ZUBEREITUNG

- Die zugeputzten Backerl mit Kräutersalz und Pfeffer würzen. Butterschmalz in einem Topf erhitzen und die Backerl auf beiden Seiten schön braun anbraten. Herausnehmen und zur Seite legen.
- Grob geschnittenes Wurzelgemüse einlegen, dabei bei Bedarf noch etwas Butterschmalz beigeben und 5–10 Minuten bei niedriger Temperatur rösten. Zwiebel halbieren, mit Knoblauch, Gewürzen sowie Kräutern zugeben und rösten. Tomatenmark einrühren und so lange mitrösten, bis sich am Topfboden ein brauner Bodensatz bildet. Dann mit etwas (100–150 ml) Rotwein aufgießen, einkochen lassen und den Vorgang dreimal wiederholen. Schließlich mit Rindsuppe aufgießen und die Backerl einlegen. Dabei darauf achten, dass die Backerl mit Flüssigkeit bedeckt sind und zugedeckt 60–90 Minuten weich dünsten.
- Weiche Backerl herausheben und kurz warm stellen. Sauce passieren und auf die gewünschte Konsistenz einkochen. Fleisch aufschneiden, anrichten und mit der Sauce nappieren (überziehen). Mit frisch gehackten Kräutern bestreut servieren. (Oder das Fleisch in der Sauce auskühlen lassen und am nächsten Tag vollenden.)

GARZEIT: 60–90 Minuten
BEILAGENEMPFEHLUNG: Erdäpfelpüree, Spätzle oder Nudeln

Geschmortes Rindsschulterscherzel

mit eingebrannten Erdäpfeln

Dieses Rezept stammt von Andreas (Andi) Wojta aus seinem Buch „Kochen mit Andi und Alex, frisch gekocht, Rezepte aus der Wiener- und TV- Küche“.

ZUTATEN FÜR 6 PERSONEN

- 2 kg Schulterscherzel (oder anderes Rindfleisch zum Schmoren)
- 6 klein geschnittene Zwiebeln
- 3 klein geschnittene Knoblauchzehen
- 2 EL Zucker
- 3 EL Ketchup
- 3 angedrückte Wacholderbeeren
- 1 l Rotwein
- 1 TL Erdäpfelmehl
- Salz, Pfeffer
- Öl zum Braten

FÜR DIE EINGEBRANNTEN ERDÄPFEL

- 1 kg speckig-festkochende Erdäpfel
- 4 mittelgroße Essiggurken
- 2 EL Schmalz oder Öl
- 2 EL Mehl
- 1 klein geschnittene Zwiebel
- 1 Lorbeerblatt
- 1 EL getrockneter Majoran
- 1 klein geschnittene Knoblauchzehe
- 2 angedrückte Wacholderbeeren
- ca. 500 ml Rindsuppe (ersatzweise Wasser mit Suppenwürze)
- 2 EL Senf
- 1 EL Tafelessig
- Zucker
- Salz, Pfeffer

ZUBEREITUNG

- In einer geräumigen Pfanne Öl erhitzen und das Fleisch rundum scharf anbraten. Fleisch aus der Pfanne heben und mit Salz sowie Pfeffer würzen.
- Im Bratensatz Zwiebeln und Knoblauch goldgelb anbraten. Zucker, Ketchup und Wacholderbeeren zufügen, durchschwenken und mit Rotwein aufgießen. Kurz aufkochen lassen und das Schulterscherzel einlegen. Zugedeckt im vorgeheizten Backrohr bei 180 °C ca. 3 Stunden schmoren. Das fertige Rindsschulterscherzel aus der Sauce heben, in Alufolie wickeln und ca. 15 Minuten rasten lassen. Je nach Wunsch die Rotweinsauce mit etwas in kaltem Wasser aufgelöstem Erdäpfelmehl binden (dadurch erhält die Sauce einen schönen Glanz und eine sämigere Konsistenz).
- Inzwischen die Erdäpfel in Wasser weich kochen, schälen, kurz überkühlen lassen und in Scheiben schneiden.
- Schmalz erhitzen, Mehl einrühren und auf kleiner Hitze eine hellbraune Einbrenn rühren. Zwiebelwürfel sowie Lorbeerblatt, Majoran, Knoblauch und Wacholderbeeren hinzufügen, kurz mitrösten, dann mit der Suppe aufgießen. Einmal kurz aufkochen, Senf sowie Essig zugeben und die Sauce auf kleiner Hitze sämig einkochen lassen.
- Erdäpfel und Gurken zufügen, vom Herd nehmen und zugedeckt ca. 10 Minuten ziehen lassen. Mit Zucker, Salz und Pfeffer abschmecken.
- Rindsschulterscherzel in fingerdicke Scheiben schneiden, auf heißen Tellern anrichten und mit reichlich Schmorfond übergießen. Die eingebrannten Erdäpfel dazu servieren.

ZUBEREITUNGSZEIT: ca. 3 Stunden 15 Minuten
BACKROHRTEMPERATUR: ca. 180 °C

Rindsbraten in Weinsauce

ZUTATEN

- 1–1,5 kg Rindfleisch (mageres oder fettes Meisel, Schulterscherzel, Tafelstück oder weißes Scherzel)
- Ca. 1 l Rindsuppe, Wasser oder Rindsfond, je nach Dauer der Garzeit
- 100 g Karotten
- 100 g Petersilienwurzel
- 100 g Selleriewurzel
- 200–250 g Zwiebelwürfel
- 1 Mokkalöffel Grundgewürzmischung s. S. 110 (oder 6 Wacholderbeeren, 2 Lorbeerblätter und ½ Mokkalöffel Pfefferkörner im Tee-Ei)
- 2 Gewürznelken
- 1–2 EL Honig oder Zucker nach Belieben
- ca. 300 ml Rotwein (Zweigelt, Blaufränkisch)
- 1 EL Tomatenmark
- Salz, Pfeffer
- Senf
- Thymian und Majoran
- eventuell 1–2 Knoblauchzehen
- Mehl-Butter-Kugel, Stärke oder Mehl zum Binden
- Obers nach Belieben zum Verfeinern
- Öl zum Anbraten

ZUBEREITUNG

- Fleisch mit Salz und Pfeffer würzen, mit Senf einstreichen. In heißem Öl rundherum anbraten und aus der Pfanne nehmen. Zwiebeln im Bratensatz anschwitzen, Gemüse zugeben und so lange durchrösten, bis es gut Farbe genommen hat. Tomatenmark einrühren, nochmals durchrösten und dabei immer wieder mit etwas Rotwein aufgießen.
- Hat sich eine schöne dunkelbraune Basis gebildet, mit Fond, Suppe oder Wasser aufgießen, Gewürze (eventuell im Tee-Ei oder Leinensäckchen), Knoblauch sowie Fleisch beigeben und abgedeckt am Herd bei kleiner Hitze (oder im vorgeheizten Rohr bei ca. 165–180 °C) 2–2 ½ Stunden langsam weich schmoren. Währenddessen bei Bedarf noch etwas Flüssigkeit nachgießen.
- Braten herausnehmen und warm stellen. Den Fond abseihen, einkochen lassen und mit etwas angerührter Stärke oder Mehl (mit Wasser verrührt) bzw. einem kleinen Stück Mehl-Butter-Kugel sämig binden. Würzig, nach Belieben auch etwas süßlich abschmecken und eventuell mit Obers vollenden.
- Rindsbraten quer zur Faser in Scheiben schneiden und mit der Sauce überzogen auftragen.

GARZEIT: 2–2 ½ Stunden, je nach Fleischqualität
BEILAGENEMPFEHLUNG: Salzerdäpfel, Spätzle, Grieß-, Servietten- oder Semmelknödel sowie Rotkraut

Österreichische Vielfalt

In Zeiten ohne Kühlschrank und Gefriertruhe wurde Rindfleisch, übrigens ebenso wie Wild, das nach demselben Rezept zubereitet werden kann, gerne 1–2 Tage gebeizt, um dieses rasch verderbliche Lebensmittel länger haltbar zu machen. Die Beizflüssigkeit wird während des Bratens dann auch zum Aufgießen verwendet und garantiert so eine kräftige Sauce. Besonders fein schmeckt Rindsbratensauce, wenn sie mit 10–20 g Schokolade oder Kakaopulver dunkel gefärbt oder mit Lebkuchenbröseln abgeschmeckt wird. Für besonders saftigen Rindsbraten wird das Fleisch vor dem Braten auch oft mit 100 g ungeräuchertem Speck gespickt, die Sauce durch frische Kräuter, angebratene Pilze, grüne, eingelegte Pfefferkörner, gekochte Gemüsestreifen, getrocknete Dörrzwetschken, Kletzen oder Feigen verfeinert. Für herzhaftes **RAHMHERZ** landet ein nicht mariniertes Kalbsherz, das auch gespickt werden kann, im Kochtopf und wird nach demselben Rezept bei kürzerer Garzeit weich gedünstet. Ob danach noch Speckwürfel für die Sauce mitrösten dürfen oder nicht, ist Geschmacksache, eine gehörige Portion Sauerrahm oder Schlagobers zum Verfeinern der Sauce allerdings Pflicht.

Wiener Fiakergulasch

ZUTATEN

- 1 kg Rindfleisch von Wadschunken, Haxe, Hals oder Schulter
- ca. 1 l Rindsuppe oder Wasser
- 500–750 g Zwiebeln
- 1–2 EL Tomatenmark
- 20–30 g (2–3 EL) edelsüßes Paprikapulver
- 20 ml Essig
- 2–3 Knoblauchzehen
- Salz, Pfeffer aus der Mühle
- 2 Lorbeerblätter
- Kümmelpulver
- Majoran
- eventuell etwas geriebene Zitronenschale
- ca. 40 g Mehl oder Stärke zum Binden
- 100 ml Öl oder Schweineschmalz

FÜR DIE GARNITUR

- 4 gebratene Spiegeleier
- 4 Essiggurken
- 2 Paar Frankfurter nach Belieben

ZUBEREITUNG

- Fleisch zuputzen, d. h. Sehnen entfernen, und in mundgerechte Würfel schneiden. Zwiebeln ebenfalls würfelig schneiden, Knoblauch fein hacken.
- In einem großen Topf Öl oder Schmalz erhitzen und die Zwiebeln langsam goldbraun anschwitzen. Tomatenmark und Paprika unterrühren, kurz durchrösten, rasch mit Essig ablöschen und mit Suppe oder Wasser aufgießen. Etwas einkochen lassen, erst dann das Fleisch zugeben. Sämtliche Gewürze sowie Aromen hinzufügen und alles je nach Fleischqualität ca. 2 ½–3 Stunden zugedeckt am Herd oder im Backrohr bei ca. 180 °C langsam weich dünsten. Bei Bedarf noch etwas Flüssigkeit nachgießen. Am Ende sollte das Fleisch kernig weich sein (es gart im Sud noch nach).
- Zum Binden nach Bedarf etwas Mehl oder Stärke mit wenig kaltem Wasser anrühren und in den kochenden Saft einmengen.
- Inzwischen 4 Spiegeleier braten, die Gurken fächerartig einschneiden und nach Belieben auch die Würstel erwärmen.
- Gulasch auf vorgewärmten Tellern anrichten und mit Spiegeleiern, Gurken und Frankfurter Würsteln garnieren.

VORBEREITUNGSZEIT: ca. 15 Minuten
GARZEIT: ca. 2 ½–3 Stunden, je nach Fleischqualität
BEILAGENEMPFEHLUNG: Salzerdäpfel, Knödel, Spätzle

Österreichische Vielfalt

Dem bunten Vielvölkergemisch der österreichisch-ungarischen Monarchie verdanken wir noch heute eine Vielzahl von ursprünglich bei uns gar nicht heimischen Speisen. Dazu zählt auch das aus Ungarn stammende Gulasch mit seinen zahlreichen Varianten. Das, was wir heute als Gulasch oder Gulyás bezeichnen, ist in seinem Mutterland übrigens als Pörkölt oder Paprikás bekannt. Wie auch immer – aus der österreichischen, im Speziellen der Wiener Küche ist das Gulasch nicht mehr wegzudenken. So vielfältig wie die einstigen Einflüsse, so zahlreich sind auch heute noch die verschiedenen Spielarten: **DEBREZINER GULASCH** wird mit heißen Debreziner Würsteln serviert und **BAUERNGULASCH** mit Semmel- oder Serviettenknödeln aufgetragen. Beim **ESTERHÁZYGULASCH** kommen milder Rahm, pikante Kapern und Gemüsestreifen ins Spiel, **ZNAIMER GULASCH** wird mit Gurkerlstreifen garniert und **KALBSGULASCH** (siehe dort) ausschließlich aus Kalbfleisch zubereitet und mit Sauerrahm oder Schlagobers gebunden. Die Zwiebelmenge wird dabei etwas reduziert. Für **KESSELGULASCH** wird schließlich – wie der Name vermuten lässt – ein Kessel bzw. Topf mit Zwiebeln ausgelegt, worauf Fleisch und Erdäpfel schichtweise eingelegt und ohne umzurühren weich gegart werden.

Rostbraten Grundrezept

ZUTATEN

- 4 Scheiben Rostbraten (ca. 750 g Beiried)
- ca. 400 ml Rindsuppe, Fond (ersatzweise Wasser mit hausgemachter Suppenwürze oder aus dem Reformhaus)
- 30 ml Sonnenblumen- oder Maiskeimöl
- glattes Weizen- oder feines Dinkelmehl zum Wenden
- Salz, Pfeffer aus der Mühle
- 30 g kalte Butter oder Kräuterbutter zum Montieren
- Mehl-Butter-Kugel oder mit wenig Wasser angerührte Maisstärke

ZUBEREITUNG

- Rostbratenschnitten auf beiden Seiten salzen, pfeffern und auf einer Seite in Mehl tauchen, dieses dabei leicht andrücken.
- Öl in einer nicht beschichteten Pfanne erhitzen und Fleisch mit der bemehlten Seite zuerst einlegen, braun braten und wenden. Auf der zweiten Seite ebenfalls fertig braten, herausnehmen und abgedeckt warm stellen. (Ist das Fleisch nicht gut genug abgehangen, das Fleisch besser in der Sauce ca. 1 ½ Stunden weich dünsten, dabei noch etwas Flüssigkeit zugießen.)
- Das überschüssige Fett abgießen, den Bratensatz mit Suppe oder Fond ablöschen und so lange einkochen lassen, bis die gewünschte Konsistenz erreicht ist. Die Sauce würzig abschmecken und mit kalter Butter montieren (dazu die Butter mit einem Schneebesen unterrühren, aber die Sauce nicht mehr kochen). Bei Bedarf noch vor dem Montieren mit angerührter Stärke oder einem kleinen Stück von der Mehl-Butter-Kugel eindicken.
- Rostbraten nochmals kurz in der Sauce erwärmen, aber nicht kochen lassen, da das Fleisch sonst zäh wird. Auf Tellern anrichten und mit Sauce übergießen.

GARZEIT: Fleisch wenige Minuten braten oder 1 ½ Stunden dünsten
BEILAGENEMPFEHLUNG: Braterdäpfel

Österreichische Vielfalt

Kaum ein anderes Gericht wurde durch die kulinarische Vielfalt der Monarchie so geprägt wie der Rostbraten – der große Gulaschkosmos vielleicht ausgenommen. Znaimer, Lemberger oder Hunyadi-Rostbraten wird man auf heutigen Speisekarten freilich vergeblich suchen, doch es gibt einen respektablen „Rest" von Rostbratenvarianten, die auch im 21. Jahrhundert noch sehr gerne serviert werden. Neben Zwiebelrostbraten sind dies etwa **ESTERHÁZYROSTBRATEN** (mit einer pikanten Sauce aus Wurzelwerk, Kapern und Sardellen), **VANILLEROSTBRATEN,** der eigentlich **KNOBLAUCHROSTBRATEN** heißen müsste, da hier die einst zu teure Vanille durch billigen Knoblauch für die Sauce ersetzt wurde, oder etwa **GIRARDIROSTBRATEN,** der in einer pikanten Rahmsauce aus Speck, Pilzen und Zwiebeln angerichtet wird. Weniger mit kaiserlicher Prachtentfaltung als vielmehr mit dem Reichtum heimischer Wälder an feinen Schwammerln hat hingegen der **SCHWAMMERLROSTBRATEN** zu tun, der mit aromatischer Pilzsauce und frischen Kräutern auf den Tisch kommt.

Gedünstetes Rindsschnitzel Rindsrouladen

Dieses Rezept stammt von der Pernkopf´schen Hausfleischerei Friedrich Pöll in Vorchdorf.

ZUTATEN

- **4 Rindsschnitzel à ca. 200 g (Hüferscherzel oder Beiried)**
- **40 g Senf**
- **150–250 g Zwiebelwürfel**
- **ca. 20 g glattes Weizen- oder feines Dinkelmehl**
- **ca. 1 l Rindsuppe, Gemüsefond (ersatzweise Wasser mit hausgemachter Suppenwürze oder teilweise durch Rot-, Weißwein oder Most ersetzen)**
- **Salz, Pfeffer aus der Mühle oder etwas fein gemahlene Gewürzmischung (s. S. 111)**
- **eventuell Speckscheiben**
- **30 ml Öl**

FÜR VARIANTE RINDSROULADEN

- **150 g Hamburgerspeckstreifen**
- **je 50 g Karotten und Gelbe Rüben**
- **Essiggurkerl**

ZUM ABSCHMECKEN DER SAUCE NACH BELIEBEN

- **Crème fraîche oder Schlagobers**
- **frische Kräuter, Kapern, Sardellenpaste, Tomatenmark, Rosenpaprikapulver, in Butter angeschwitzte Pilze, rote Pfefferbeeren, in Lake eingelegte grüne Pfefferkörner, Oliven**

ZUBEREITUNG

- Fleisch zwischen einer dickeren Frischhaltefolie oder Vakuumiersack leicht klopfen bzw. plattieren. Ränder eventuell leicht einschneiden. Beidseits mit Salz sowie Pfeffer würzen und auf einer Seite mit Senf bestreichen.
- Für Rindsrouladen Speck, Gemüse und Gurkerl in feine Stifte schneiden und die Schnitzel damit belegen, zusammenrollen und mit Rouladennadeln oder -klammern, Küchenspagat oder Zahnstochern fixieren.
- Öl in einer feuerfesten Pfanne erhitzen und die Schnitzel mit der Senfseite nach oben einlegen, rasch anbraten, wenden, kurz weiterbraten und wieder herausnehmen. (Rouladen rundum anbraten und wieder herausnehmen.)
- Im verbliebenen Bratensatz die Zwiebelwürfel (eventuell auch einige Speckscheiben) hellbraun anschwitzen, mit Mehl stauben, kurz durchrösten und unter ständigem Rühren mit dem Schneebesen Suppe oder Fond eingießen. Gut verrühren und aufkochen lassen. Sauce eventuell mixen, dafür vorher den Speck gegebenenfalls entfernen.
- Backrohr auf 175–185 °C vorheizen.
- Das Fleisch wieder einlegen und im vorgeheizten Backrohr je nach Fleischqualität 60–90 Minuten weich dünsten. Währenddessen ab und zu wenden und bei Bedarf noch Flüssigkeit zugießen.
- Weich gegartes Fleisch herausheben und warm halten. Die Sauce nach Geschmack mit etwas Crème fraîche bzw. Schlagobers verfeinern und/oder mit frischen Kräutern, Kapern, Sardellenpaste, Tomatenmark, Rosenpaprikapulver, in Butter angeschwitzten Pilzen, roten Pfefferbeeren, in Lake eingelegten grünen Pfefferkörnern oder Oliven abschmecken.
- Fleisch wieder einlegen, mit der Sauce übergießen und kurz durchschwenken. Auf vorgewärmten Tellern anrichten.

GARZEIT: 60–90 Minuten
BACKROHRTEMPERATUR: 175–185 °C
BEILAGENEMPFEHLUNG: gekochte Spiralen, Hörnchen etc., Erdäpfelkrapferl, Erdäpfelpüree

Zwiebelrostbraten

mit gebackenen Zwiebelringen

ZUTATEN

- 4 Scheiben Rostbraten (ca. 750 g Beiried)
- 200–300 g Zwiebelwürfel
- 20 g Tomatenmark
- ca. 400 ml Rindsuppe, Fond (ersatzweise Wasser mit hausgemachter Suppenwürze oder aus dem Reformhaus)
- 30 ml Sonnenblumen- oder Maiskeimöl
- glattes Weizen- oder feines Dinkelmehl zum Wenden
- Salz, Pfeffer aus der Mühle
- 30 g kalte Butter oder Kräuterbutter zum Montieren
- Mehl-Butter-Kugel oder mit wenig Wasser angerührte Maisstärke
- nach Belieben Kümmel, Piment, Paprikapulver, Lorbeerblatt, Neugewürz zum Abschmecken

FÜR DIE ZWIEBELRINGE ALS GARNITUR

- 200–400 g Zwiebelringe (am besten mit einer Aufschnittmaschine gleichmäßig geschnitten)
- 200–300 ml Öl zum Braten
- ca. 30 g griffiges, glattes oder feines Dinkelmehl zum Wenden

ZUBEREITUNG

- Rostbratenschnitten auf beiden Seiten salzen, pfeffern und auf einer Seite in Mehl tauchen, dieses dabei leicht andrücken.
- Öl in einer nicht beschichteten Pfanne erhitzen und Fleisch mit der bemehlten Seite zuerst einlegen, braun braten und wenden. Auf der zweiten Seite ebenfalls fertig braten, herausnehmen und abgedeckt warm stellen. (Ist das Fleisch nicht gut genug abgehangen, Rostbraten besser in der Sauce ca. 1 ½ Stunden weich dünsten, dabei noch etwas Flüssigkeit zugießen.)
- Für die Zwiebelsauce im Bratensatz Zwiebelwürfel goldbraun anrösten. Tomatenmark einrühren und auf kleiner Flamme gut durchrühren. Mit Suppe aufgießen und gut durch- sowie einkochen lassen. Nach Belieben mit Gewürzen nach Wahl abschmecken. Je nach gewünschter Sämigkeit mit einem kleinen Stück von der Mehl-Butter-Kugel oder mit wenig Wasser angerührter Maisstärke binden und/oder eiskalte Butter in die nicht mehr kochende Sauce einrühren.
- Für die Garnitur Zwiebelringe Öl in einer großen Pfanne auf ca. 155 °C erhitzen. Zwiebelringe in Mehl wenden und gut abschütteln, dafür am besten in ein großmaschiges Sieb geben. Zwiebelringe mit einer Fleischgabel im Fett unter ständigem Rühren hellbraun backen. Mit einem Lochschöpfer herausheben, gut abtropfen und dann auf Küchenpapier auflegen. Eventuell etwas salzen.
- Rostbraten nochmals kurz in der Sauce erwärmen, aber nicht kochen lassen! Auf Tellern anrichten, mit der Sauce begießen und die Zwiebelringe daraufgeben.

GARZEIT: Fleisch wenige Minuten braten oder 1 ½ Stunden dünsten
BEILAGENEMPFEHLUNG: Braterdäpfel, Schupfnudeln

Gebratenes Filetsteak

Beefsteak

ZUTATEN

4 gleich schwere Steaks (à ca. 250 g) vom Rindslungenbraten (Rindsfilet vom Mittelstück ohne Sehnen etc.)

Salz, Pfeffer aus der Mühle oder grob zerstoßen

5 EL Öl

EVENTUELL FÜR DIE SAUCE

Weiß- oder Rotwein

Weinbrand

Suppe

Schlagobers

1 EL eingelegte Pfefferkörner

Maisstärke

ZUBEREITUNG

- Steaks rechtzeitig aus dem Kühlschrank nehmen und Zimmertemperatur annehmen lassen. Dann mit der Handfläche leicht auseinanderdrücken. Mit Salz und Pfeffer würzen.
- Eine Edelstahl-, Grill- oder Gusspfanne (bei einer beschichteten Pfanne bildet sich kein Bratensatz für die Sauce) auf den Herd stellen, Öl eingießen und erhitzen.
- Die Steaks bei relativ starker Hitze (streut man einige Semmelbrösel in das Fett, muss dieses perlen) rasch auf beiden Seiten jeweils ca. 1 ½–2 Minuten anbraten (Steaks sind innen noch meist roh) und (am besten im 90–100 °C vorgeheizten Backrohr 5–10 Minuten) noch warm rasten lassen.
- (Um 1 Minute beidseits länger gebraten: Das Steak ist leicht blutig und fühlt sich eher elastisch an. Für ein medium gebratenes Steak die Bratzeit nochmals um eine Minute verlängern, für ein ganz durchgebratenes entsprechend länger garen.)
- Nach Belieben für die Sauce den Bratensatz mit Weiß- oder Rotwein und/oder Weinbrand ablöschen, mit Suppe und Obers aufgießen und alles gut einkochen lassen. Pfefferkörner (gut abgeseiht) zugeben und bei Bedarf mit etwas angerührter Maisstärke eindicken und mit Obers verfeinern.

VORBEREITUNGSZEIT: Steaks 1 Stunde vorher Raumtemperatur annehmen lassen
BRATZEIT: je nach gewünschtem Garpunkt und Dicke der Steaks von 3–10 Minuten oder länger
BEILAGENEMPFEHLUNG: gekochter Spargel, Erbsen, junges Gemüse, knusprig gebratene Erdäpfellaibchen und Kräuterbutter

Roastbeef

ZUTATEN

- ca. 1 kg gut abgehangenes Roastbeef (Beiried) mit nicht zu dicker Fettschicht
- 40 ml Sonnenblumen-, Maiskeim- oder Rapsöl
- ca. 2 EL Estragon- oder Dijonsenf
- Salz, Pfeffer aus der Mühle
- Ca. 250 ml Braune Grundsauce (s. S. 316)
- eventuell 80 g kalte Butter oder Kräuterbutter

ZUBEREITUNG

- Das Fleisch von allen Sehnen befreien und die verbliebene Fettschicht (aber nicht das Fleisch) mit einem scharfen Messer rautenförmig einschneiden. Mit Salz sowie Pfeffer würzen und mit Senf bestreichen.
- Backrohr auf 100 °C vorheizen.
- Öl in einer großen feuerfesten Pfanne oder einem gusseisernen Bratentopf erhitzen und das Roastbeef von allen Seiten (auch an der Schnittfläche) knusprig und goldbraun anbraten. Ins vorgeheizte Backrohr stellen und das Fleischthermometer in die Mitte des Roastbeefs einführen. Nun so lange braten, bis das Fleisch eine Kerntemperatur von ca. 55–57 °C erreicht hat (je nach Fleischqualität und Stärke 90–120 Minuten).
- Aus dem Rohr nehmen und noch ca. 10 Minuten rasten lassen, damit sich der Fleischsaft gleichmäßig verteilen kann. Erst dann das Fleisch in gleichmäßige Scheiben schneiden und mit der vorbereiteten warmen braunen Grundsauce, eventuell mit kalter Butter montiert, servieren.

ZUBEREITUNGSZEIT: 100–130 Minuten, dann 10 Minuten rasten lassen
BACKROHRTEMPERATUR: 100 °C
BEILAGENEMPFEHLUNG: gekochte feine Gemüse (Spargel, Erbsen, Kohlrabi etc.), knusprige Erdäpfelbeilagen, Sauce Tartare

Österreichische Vielfalt

Seit der Erfindung des Feuers – der Sage nach haben wir das ja Prometheus zu verdanken, der einen Riesenfenchel durch Funken des Sonnenwagens entzündete – wird Fleisch gebraten. Nicht nur weil es besser schmeckt, sondern weil es dadurch bekömmlicher wird. Ein wahrer Zauberstab ist auch das Fleischthermometer, das in vielen modernen Backöfen bereits fix integriert ist. Es hat vielleicht nicht ganz die Tragweite des prometheischen Feuers, hilft aber ungemein, Fleisch exakt auf den gewünschten Garpunkt hin zu braten. Das Erreichen der vorprogrammierten Kerntemperatur wird durch ein akustisches Signal verkündet, das gleichzeitig der Schlusspfiff für alle anderen g'schmackigen Vorbereitungen ist. Spätestens jetzt müssen die knusprigen Erdäpfelkrapferl, die feinen Gemüse und das gehaltvolle Soßerl fertig sein. Feinschmecker, die der Niedertemperaturgarung eher skeptisch gegenüberstehen, werden das Roastbeef bei höherer Temperatur zubereiten. Das verkürzt zwar die Garzeit um etwa eine gute halbe Stunde, lässt das Fleisch dafür aber auch etwas handfester schmecken.

Geröstete Leber

ZUTATEN

- 600–700 g küchenfertige Kalbs- oder Junglammleber, aber auch Geflügelleber
- ca. 100 g Zwiebel- oder Schalottenwürfel
- 1 EL glattes Weizen- oder feines Dinkelmehl zum Stauben
- ca. 400 ml Rindsuppe oder Fond (ersatzweise Wasser mit Suppenwürze)
- Prise Majoran und Thymian
- eventuell Kümmelpulver
- Spritzer Balsamicoessig
- 1 EL Butter für die Zwiebeln
- eventuell 1–2 EL eiskalte Butter (Kräuterbutter) zum Montieren
- eventuell 2 Knoblauchzehen
- Butterschmalz oder Pflanzenöl zum Anbraten
- Salz, Pfeffer aus der Mühle

ZUM GARNIEREN NACH BELIEBEN

- frisch gehackte Kräuter (Petersilie, Salbei, Ysop, Majoran oder Rosmarin)
- knusprig gebratene Speckscheiben
- in Butter gedünstete Schwammerl

ZUBEREITUNG

- Von der Leber bei Bedarf die Haut abziehen, etwaige Sehnen entfernen und in gefällige fingerdicke Stücke schneiden (nicht zu dünn, so bleibt sie saftiger).
- Butterschmalz oder Öl in einer nicht beschichteten Pfanne (in einer beschichteten Pfanne bildet sich nicht genügend Bratensatz) erhitzen und Leberstücke darin kurz anrösten, aber nicht durchgaren. Aus der Pfanne nehmen, erst jetzt salzen sowie pfeffern und warm stellen.
- Im Bratensatz Butter zerlassen, Zwiebeln sowie Knoblauch zugeben und goldbraun anrösten. Mit Mehl stauben, mit Rindsuppe aufgießen und dabei mit einem Schneebesen zügig rühren, damit das Mehl nicht klumpt. Etwa 3 Minuten einkochen.
- Sauce mit Majoran, Thymian, Kümmel und einem Spritzer Balsamicoessig würzig abschmecken.
- Nun nach Belieben die eiskalte Butter mit dem Schneebesen zügig einrühren. Leber in die fertige Sauce legen, nur mehr kurz ziehen lassen und erwärmen, aber nicht mehr kochen, da die Leber sonst hart werden würde.
- Anrichten und mit frisch gehackten Kräutern bestreuen. Nach Belieben mit knusprig gebratenen Speckscheiben und/oder gebratenen Schwammerln garnieren.

VORBEREITUNGSZEIT: 5–10 Minuten
ZUBEREITUNGSZEIT: ca. 20 Minuten
BEILAGENEMPFEHLUNG: Erdäpfelrösti, Reis, Spätzle, Tarhonya, gekochtes Gemüse wie Fisolen, Erbsenschoten, Karotten oder Erbsen, gebratene Schwammerl oder Pilze

Österreichische Vielfalt

Wer mit Kalbsleber lediglich das „böse" Cholesterin assoziiert, vergisst darauf, dass Kalbsleber auch eine Menge an gesunden Vitaminen (A und B) sowie Folsäure und vor allem Eisen enthält – somit auch ein Gesundbrunnen ist. Demzufolge gilt diese Innerei auch als besonderer Leckerbissen, dem bei der Zubereitung größtmögliche Sorgfalt widerfahren sollte. Allzu schnell wird sonst aus der zarten eine harte Leber. Also heißt die Devise: Kurz gegart, ist ganz gewonnen! Für **GLACIERTE KALBSLEBER** werden Leberscheiben in Mehl gewendet, in Butter zart gebraten und mit einer Sauce aus mit Butter montiertem, aufgegossenem Bratensatz serviert. Für **TIROLER KALBSLEBER** wird die glacierte Leber in einer leicht gestaubten Sauce mit Kapern, Zitronenschale und Sauerrahm angerichtet und mit knusprigem Speck garniert. Bei molliger **RAHMLEBER** wird die Sauce der gerösteten Leber mit Schlagobers oder Crème fraîche abgerundet. **SAURE NIERNDLN** wiederum – wir sprechen von gut gewässerten und sorgfältig geputzten Schweinsnieren – werden prinzipiell ähnlich zubereitet, allerdings durch einen kräftigen Spritzer Essig, etwas Knoblauch, Kümmel und abschließend darübergestreuter Petersilie geschmacklich abgerundet. Dazu reicht man gerne Rösterdäpfel und grünen Salat.

Kalbsrahmbeuscherl

ZUTATEN

- 1,5–1,7 kg Kalbsbeuschel mit Herz (oder vom Lamm)
- je 100 g Karotten, Sellerie und Lauch
- ½ Zwiebel
- 2 Lorbeerblätter
- 7 angedrückte Pfefferkörner
- je 1 kl. Zweig Thymian und Rosmarin
- einige Senfkörner
- 2 Zitronenscheiben
- Spritzer Essig
- 2 gehackte Knoblauchzehen
- Salz

FÜR DIE BEUSCHEL-SAUCE

- ca. 1,5 l Beuschelfond
- 50 ml Öl, Butterschmalz oder Schmalz
- 60 g glattes Weizen- oder feines Dinkelmehl
- 70 g gehackte Essiggurkerl
- 50 g Zwiebelwürfel
- 2 gehackte Sardellenringe oder Sardellenpaste
- 20 g gehackte Kapern
- 1–2 EL fein gehackte Petersilie
- 100 ml Schlagobers, Crème fraîche oder mit etwas Wasser angerührter Sauerrahm
- Estragonsenf
- Salz, Pfeffer aus der Mühle
- Schuss Zitronensaft
- Prise Majoran

ZUBEREITUNG

- Beuschel zuputzen, dafür die Lungen von den Luftröhren befreien und mehrmals anstechen. Das Herz teilen und alles in einem großen Topf mit etwa 3 Liter kaltem Wasser und etwas Essig aufkochen, dabei den aufsteigenden Schaum abschöpfen.
- Nun das geputzte Gemüse mit den Gewürzen, Kräutern, Zitrone und Knoblauch zugeben, etwas salzen und knappe 1 ½ Stunden kochen. Dafür einen etwas kleineren Topf auflegen, damit das Beuschel gut mit Wasser bedeckt ist. (Das Herz benötigt eine längere Garzeit, das Gemüse kann aber bereits früher herausgenommen werden, damit es nicht zu weich wird.)
- Weich gekochtes Beuschel und Herz in kaltem Wasser abschrecken, abtropfen und auskühlen lassen. Dann in feine Streifen schneiden und dabei noch allfällige Röhrchen entfernen. Gemüse ebenfalls in Streifen schneiden.
- Den Kochfond abseihen und etwas einkochen lassen.
- Für die Sauce Öl oder Schmalz in einem Topf erhitzen, Mehl darüberstreuen und goldbraun rösten. Mit dem Fond aufgießen und gut durchkochen lassen. Gurkerl, Zwiebeln, Sardellenringerl oder -paste und Kapern einrühren. Geschnittenes Beuschel sowie Gemüsestreifen zugeben und mit Majoran, Zitronensaft, Salz, Pfeffer und etwas Estragonsenf würzig abschmecken. Noch einmal aufkochen lassen. Mit Obers, Crème fraîche oder etwas mit Wasser angerührtem Rahm abrunden. Beuscherl in vorgewärmten Tellern anrichten und mit gehackter Petersilie bestreuen.

VORBEREITUNGSZEIT: ca. 30 Minuten
GARZEIT: ca. 1 ½ Stunden
BEILAGENEMPFEHLUNG: Semmelknödel

Österreichische Vielfalt

In Zeiten, in denen die menschliche Arbeitskraft der größte Kostenfaktor bei einem Gericht wie diesem ist, sucht man auf den Speisekarten oft vergeblich nach einem Beuscherl. Allerdings haben Spitzenköche in den letzten Jahren an der „neuen Einfachheit" Gefallen gefunden und das Beuscherl zu ihrem Liebkind auserwählt. Also taucht es mit edlem Wachauer Riesling oder gar Champagner zubereitet mitunter auch in der Luxusgastronomie auf und schlägt manchmal beachtliche Kapriolen, wenn es etwa mit weich gekochten Tintenfischen oder Schnecken auf den Tisch kommt. Kostengünstiger Grüner Veltliner, aber auch Worcestershiresauce, Chili- oder Tabascosauce, Selleriegrün, Basilikum, Liebstöckel, Minze, Kerbel, Beizkraut oder hausgemachte Suppenwürze leisten aber ebenso gute Dienste. Für **BEUSCHELSUPPE,** die gerne als Imbiss serviert wird, wird das Beuschel einfach mit mehr Flüssigkeit aufgegossen.

Kalbsleberscheiben mit Preiselbeersauce

ZUTATEN

600 g Kalbsleber
50–100 g Zwiebelwürfel
ca. 400 ml Rindsuppe, Geflügel- oder Gemüsefond
100 ml Schlagobers oder Crème fraîche
50 ml Rotwein
2 EL Preiselbeermarmelade
ca. 1 EL Mehl zum Stauben
etwas Majoran und Thymian
Öl und Butter zum Anbraten
Salz, Pfeffer aus der Mühle
eiskalte Butter zum Montieren

ZUBEREITUNG

- Die zugeputzte Kalbsleber in nicht zu dünne, gleichmäßige Scheiben schneiden.
- In einer Pfanne etwas Öl und Butter nicht zu stark erhitzen und die Leber darin langsam rosa braten. (Die Leber sollte nicht ganz durchgebraten werden.)
- Herausheben, salzen und warm stellen.
- Im Bratensatz Zwiebelwürfel hell anschwitzen. Mit etwas Mehl stauben. Mit Rotwein sowie Rindsuppe aufgießen und Obers zugießen. Gewürze und Preiselbeermarmelade beigeben und die Sauce sämig einkochen lassen. Nochmals abschmecken.
- Kalbsleber wieder in die Sauce einlegen und bei kleiner Hitze nur kurz erwärmen, aber nicht aufkochen lassen, da die Leber sonst hart wird. Eventuell die Sauce mit rasch eingerührter kalter Butter montieren (binden).

GARZEIT: Leber wenige Minuten
BEILAGENEMPFEHLUNG: Spätzle, Erdäpfelstangerl, Reis

Österreichische Vielfalt

Steht während der Wildsaison Rehleber auf einer Speisekarte, so werden wahre Gourmets nicht lange überlegen, sondern die rare Delikatesse rasch ordern, ehe es der Nachbar tut. Wildinnereien zählen nämlich zum sogenannten „Kleinen Jägerrecht“ und stehen dem Jäger zu, der das Wild geschossen hat. Dementsprechend selten wird man ihrer habhaft. Sollten Sie jedoch das Glück haben und einmal auf **REHLEBER** stoßen, so greifen Sie zu und bereiten Sie die köstliche Leber nach ebendiesem Rezept zu, das dank der Süße der Preiselbeeren besonders gut zu dem zarten Wildgeschmack passt. Nicht ganz so schwer erhältlich ist Lammleber, die für diese Zubereitung ebenso gut geeignet ist. Rückt man von der süßen Geschmacksnote der Sauce ab und verzichtet auf Preiselbeer & Co., so können stattdessen frisch gehackter Salbei und knusprig gebratener Speck auf den Plan treten.

Gebackenes Bries Kalbsleber

ZUTATEN

- ca. 500 g Kalbsbries (oder Kalbsleber)
- 2–3 Eier
- Schuss Obers nach Belieben
- ca. 100 g glattes oder griffiges Weizen- oder feines Dinkelmehl oder Vollkornmehl
- ca. 150 g Semmel- oder Vollkornsemmelbrösel
- ca. 400 g Butterschmalz und/oder Öl zum Backen
- Zitronenscheiben als Garnitur
- etwas Petersilie, frittierte Petersilie oder beliebige Kräuter
- Salz

ZUM BLANCHIEREN VON BRIES

- Milch nach Bedarf
- etwas Grundgewürz (s. S. 110)
- 1 Zwiebel
- etwas Wurzelwerk nach Belieben

ZUBEREITUNG

- Kalbsbries zuputzen, d. h. Häutchen etc. entfernen.
- In einem Topf Wasser mit etwas Milch aufstellen. Zwiebel, Gewürze sowie Wurzelwerk zugeben und das Kalbsbries darin kurz blanchieren (überbrühen). Wieder herausheben, abtropfen lassen und in kleinere Röschen teilen. (Kalbsleber ohne zu blanchieren in Schnitzel schneiden.)
- Bries (oder Kalbsleber) salzen und wie beim Wiener Schnitzel beschrieben (s. S. 242) in Mehl wenden, durch das (eventuell mit Obers) versprudelte Ei ziehen und in Bröseln wälzen.
- In einer Pfanne reichlich Butterschmalz und/oder Öl erhitzen. Kalbsbries oder Leber einlegen und je nach Größe der Teile 3–7 Minuten goldbraun backen. Dabei einmal wenden und wiederholt mit einem Löffel das heiße Fett über die Schnitzel träufeln.
- Herausheben und auf Küchenkrepp gut abtropfen lassen.

VORBEREITUNGSZEIT: ca. 10 Minuten
GARZEIT: 3–7 Minuten
BEILAGENEMPFEHLUNG: Reis, Petersilerdäpferl, Erdäpfel-Mayonnaise-Salat, Salate sowie Sauce Tartare

Österreichische Vielfalt

Was heute bei manch zart besaiteten Gemütern auf Ablehnung stößt, wurde früher weniger aus feinschmeckerischen Motiven als vielmehr aus Respekt dem getöteten Tier gegenüber als selbstverständlich angesehen: die Verarbeitung von Kopf bis zum Schwanz, also auch der Innereien. Folglich standen früher nicht nur das edle Bries, sondern auch die weniger feinen Nieren sowie Hirn regelmäßig auf dem Speiseplan. Für **GEBACKENES HIRN** wird das sorgfältig geputzte Hirn in kleine Röschen geteilt und kurz tiefgekühlt, damit es sich leichter panieren lässt.

Gebratenes Kalbsbries

in Kräuterrahmsauce

ZUTATEN

500–600 g Kalbsbries
Salz, Pfeffer aus der Mühle
200 ml Schuss Rindsuppe oder Kochsud
150 ml Schlagobers nach Bedarf
Mehl zum Stauben
2–3 EL frisch gehackte Kräuter
Butter oder Butterschmalz

ZUM BLANCHIEREN

Milch nach Bedarf
etwas Grundgewürzmischung (s. S. 110)
1 Zwiebel
etwas Wurzelwerk nach Belieben

ZUBEREITUNG

- Kalbsbries zuputzen, d. h. Häutchen etc. entfernen.
- In einem Topf Wasser mit etwas Milch aufstellen. Zwiebel, Gewürze sowie Wurzelwerk zugeben und das Kalbsbries darin kurz blanchieren (überbrühen). Wieder herausheben, abtropfen lassen und in kleinere Röschen teilen. Mit Salz und Pfeffer würzen.
- In einer Pfanne Butter oder Butterschmalz erhitzen und die Briesröschen darin gerade nur so lange rundum braten, dass sie innen noch zartrosa und saftig sind. Herausheben und warm stellen.
- Bratensatz mit wenig Mehl stauben, mit Rindsuppe oder Kochsud aufgießen. Obers zugießen, sämig einkochen lassen und mit den frisch gehackten Kräutern abschmecken.
- Bries kurz in der Sauce erwärmen, aber nicht mehr kochen lassen. Anrichten und mit der Sauce beträufeln.

VORBEREITUNGSZEIT: ca. 10 Minuten
GARZEIT: einige Minuten
BEILAGENEMPFEHLUNG: Bandnudeln, Erdäpfeldatschi, gekochtes zartes Gemüse wie Spargel, Broccoli etc.

Geröstete Kalbsnieren

mit Apfelscheiben

ZUTATEN

- ca. 4 Kalbsnieren ohne Fetteindeckung (600–700 g netto, aber auch Lammnieren)
- 1 Apfel
- ca. 400 ml Rindsuppe oder Kalbsfond (ersatzweise Wasser mit Suppenwürze)
- Mehl zum Wenden und Stauben
- Salz, Pfeffer aus der Mühle
- 30 g kalte Butter zum Montieren
- Milch zum Einlegen
- Schuss Cognac oder Weinbrand
- Zitronensaft
- Zucker
- 3 EL Sonnenblumen- oder Rapsöl oder Butterschmalz zum Anbraten
- Butter für die Apfelspalten

ZUBEREITUNG

- Kalbsnieren je nach Geschmack völlig oder großteils vom Fett befreien. Nieren der Länge nach bis zur Mitte aufschneiden, Strang herausschneiden und Nieren in dicke Scheiben schneiden. Nach Belieben einige Zeit in Milch einlegen. Dann herausnehmen, abtropfen lassen und gut mit Küchenpapier trocken tupfen. Salzen und pfeffern.
- In einer passenden Pfanne Öl oder Butterschmalz erhitzen. Nierenscheiben auf einer Seite in Mehl wenden, sanft andrücken und mit der bemehlten Seite nach unten ins heiße Fett einlegen. Goldbraun braten, wenden und auf der zweiten Seite ebenfalls braten. Wieder herausheben und in Alufolie gehüllt warm stellen. (Die Nieren sollten innen noch zartrosa sein.)
- Überschüssiges Fett aus der Pfanne abgießen, mit wenig Mehl stauben, durchrühren und mit einem kräftigen Schuss Cognac ablöschen. Einkochen und dann mit Suppe oder Fond aufgießen. Mit einem Kochlöffel den Bratensatz lösen und so lange kochen, bis die Sauce die gewünschte Konsistenz erreicht hat.
- Inzwischen Apfel in Spalten schneiden und mit Zitronensaft beträufeln. In einer Pfanne etwas Butter schmelzen, Apfelspalten einlegen, mit einer Prise Zucker bestreuen und kurz durchschwenken. Dabei einmal wenden.
- Sauce abseihen, Nieren wieder einlegen, aber nicht mehr kochen lassen. Die Pfanne dabei mehrmals schwenken. Nieren auf vorgewärmten Tellern anrichten. Die Sauce einmal bei großer Hitze kurz aufkochen, dann die kalten Butterstücke rasch einrühren und die Sauce damit binden, aber nicht mehr kochen. Sauce über die Nieren gießen und mit den Apfelspalten garnieren.

VORBEREITUNGSZEIT: ca. 20 Minuten inkl. Einlegen in Milch
GARZEIT: wenige Minuten
BEILAGENEMPFEHLUNG: Grießschnitten, Erdäpfelgratin oder Duchesse-Erdäpfel, knusprige Speckscheiben, gekochtes Gemüse

Paprikahendl

ZUTATEN

- 4 Hühnerbrüste à 170–200g (oder Keulen, wenn möglich vom Wildhendl, etwa Schlierbacher Wildhendl, oder 1 ganzes zerlegtes Bio-Huhn)
- 200–250 g Zwiebelwürfel
- 60 ml Sonnenblumen-, Maiskeim- oder Rapsöl
- 1–2 EL edelsüßes Paprikapulver
- 1 EL (30 g) Tomatenmark
- ca. 500 ml Hühnerfond (oder Wasser mit Suppenwürze)
- 1 EL glattes Weizen- oder feines Dinkelmehl
- 100 ml Sauerrahm
- 100 ml Schlagobers
- etwas Zitronensaft
- etwas abgeriebene unbehandelte Zitronenschale
- Salz (eventuell Zitronensalz)
- Pfeffer aus der Mühle
- Sauerrahm zum Garnieren

ZUBEREITUNG

- Hühnerbrüste waschen, abtrocknen und rundum mit Salz sowie Pfeffer würzen.
- Öl in einem Topf erhitzen, die Hühnerbrüste darin nur hell anbraten und wieder aus dem Topf nehmen. Zwiebeln im Bratensatz ebenfalls hellbraun anschwitzen, Tomatenmark und Paprikapulver beigeben, kurz durchrühren und rasch mit Fond oder Wasser aufgießen. Abgeriebene Zitronenschale einmengen, Hühnerbrüste zugeben und abgedeckt am Herd (oder im vorgeheizten Backrohr bei 160 °C) je nach Größe 20–30 Minuten weich dünsten. (Bei Keulen oder zerteiltem ganzem Huhn verlängert sich die Garzeit auf 40 Minuten.) Währenddessen ab und zu wenden und bei Bedarf Flüssigkeit nachgießen.
- Herausnehmen und warm stellen. Mehl mit Sauerrahm sowie Schlagobers glatt abrühren und unter ständigem Rühren in die heiße Sauce einrühren. Noch ungefähr 5 Minuten kochen lassen. Hühnerbrüste wieder in die Sauce geben und darin erwärmen. Mit Zitronensaft, Salz und Pfeffer würzig abschmecken.
- Auf vorgewärmten Tellern anrichten, mit Sauce beträufeln und mit einigen Tupfern Sauerrahm dekorieren.

VORBEREITUNGSZEIT: ca. 5 Minuten
GARZEIT: ca. 45 Minuten
BEILAGENEMPFEHLUNG: Nockerl, Reis, Nudeln

Österreichische Vielfalt

Ähnlich wie beim Backhenderl kann die Frage, ob das Huhn mit oder ohne Haut gegart wird, rasch zu einem „Glaubenskrieg" werden. Kalorienärmer ist es sicher ohne, g'schmackiger zweifelsfrei mit Haut. Wer auf Hühnerhaut generell verzichtet, kann in der Sauce durch etwas mitgegarten Speck allerdings zusätzliche Geschmacksdichte erreichen. Vor der finalen Zubereitung entfernt man den Speck freilich. Gleiches gilt auch für die Zugabe von Knoblauch und/oder Thymian und Rosmarin – auch hier scheiden sich die Geister. Nach manchen Rezepturen werden Paprika- oder Pfefferonischoten mitgedünstet, teils auch mit der Sauce aufgemixt.

Gefülltes Brathenderl

ZUTATEN

- 1 Bio-Henderl von ca. 1,7 kg (oder 2 kl. Hühner)
- 30 g Butter oder Butterschmalz
- Salz, frisch gemahlenerPfeffer
- eventuell Paprikapulver oder Rosmarin
- Geflügelsuppe oder Wasser mit Suppenwürze aus dem Reformhaus
- eventuell etwas Maisstärke oder Mehl
- Öl

FÜR DIE FÜLLE

- 350 g Knödelbrot oder Toastbrot in Würfel geschnitten
- 80 g Butter
- 100 g Zwiebelwürfel
- 2 EL fein gehackte Petersilie
- 5–6 Eier
- ca. 200 ml Milch, je nach Trockenheit des Brotes
- Salz
- Prise Muskatnuss

ZUBEREITUNG

- Für die Fülle Zwiebeln in Butter anschwitzen, Petersilie zugeben und unter das Brot mischen. Milch mit Eiern versprudeln, mit Salz und Muskatnuss würzen und gut mit dem Brot vermischen.
- Hendl innen und außen warm abwaschen, trocken tupfen, innen und außen salzen und mit Pfeffer würzen, nach Geschmack mit etwas Rosmarin bestreuen oder mit Paprikapulver einreiben. Henderl mit der Fülle füllen und die Öffnung am besten vernähen. (Oder das Henderl ungefüllt braten.)
- Die restliche Semmelfülle zu einer Rolle formen, in eine geölte Serviette wickeln und vor Ende der Bratzeit des Henderls in Salzwasser 15–20 Minuten gar ziehen lassen.
- Backrohr auf 170–180 °C vorheizen. In einer Bratenpfanne (oder Bräter) Butter oder Butterschmalz erhitzen und das Hendl mit der Brustseite nach unten einlegen. Im vorgeheizten Backrohr ca. 20 Minuten braten. Wenden und insgesamt ca. 1 ½ Stunden fertig braten. Währenddessen häufig mit Bratensatz übergießen und dafür etwas Suppe zugießen, aber nie zu viel, damit sich am Boden ein guter Bratensatz bilden kann.
- Das Hendl ist gar, wenn beim Anstechen mit einem Spießchen nur mehr klare Flüssigkeit austritt.
- Henderl herausheben, Bratensatz lösen und bei Bedarf noch mit etwas Suppe aufkochen. Für ein Natursafterl ohne Bindung einkochen lassen, andernfalls etwas angerührte Maisstärke oder Mehl einrühren und mit dem Schneebesen zügig rühren. Eventuell noch etwas Flüssigkeit nachgießen und die Sauce auf die gewünschte Konsistenz einkochen lassen. Vor dem Servieren abseihen.
- Das Hendl inzwischen auf einen Gitterrost setzen und im heißen Backrohr bei 190–200 °C knusprig braten.
- Henderl tranchieren, die Fülle am besten ganz herauslösen und in Scheiben geschnitten anrichten. Extra gekochte Fülle ebenfalls aufschneiden und mit dem Huhn auftragen. Sauce in einem extra Kännchen servieren.

VORBEREITUNGSZEIT: ca. 10 Minuten zum Füllen
BRATZEIT: ca. 1 ½ Stunden
BACKROHRTEMPERATUR: 170–180 °C, auf 190–200 °C steigend
BEILAGENEMPFEHLUNG: Erbsen, mitgebratenes Gemüse (Paradeiser, Wurzelgemüse, Karotten, Fisolen, Erdäpfel etc.); bei nicht gefülltem Henderl Erbsenreis, Braterdäpfel

Backhendl

ZUTATEN

- 2 junge Hühner von ca. 1,2 kg (oder Hühnerteile wie Haxerl, Brust, Flügerl)
- 3–4 Eier
- Mehl und Semmelbrösel zum Panieren
- reichlich Butterschmalz und Öl
- Salz, Pfeffer aus der Mühle
- eventuell Zitronensaft zum Beträufeln

ZUBEREITUNG

- Hühner waschen, mit Küchenpapier abtrocknen und vom Rückgrat her halbieren. Vierteln, Rückgrat entfernen, Brustknochen auslösen und die Haut nach Belieben abziehen. Keulen auf der dickeren Seite bis zum Knochen einschneiden.
- Nun alle Teile mit Salz sowie Pfeffer würzen und eventuell mit Zitronensaft beträufeln.
- Eier locker verschlagen, Mehl und Brösel in Tellern vorbereiten.
- Hühnerteile in Mehl wenden, durch das Ei ziehen und abschließend in den Bröseln wälzen.
- In einer großen (oder zwei Pfannen) reichlich Fett (auf ca. 145 °C) erhitzen und die Hühnerteile einlegen. Unter Wenden und wiederholtem Schwenken der Pfanne (das heiße Öl sollte wiederholt über die Hühnerteile fließen) ca. 15–20 Minuten goldbraun backen oder in Fett anbacken und im vorgeheizten Rohr bei ca. 150 °C fertig backen.
- Herausheben und gut abtropfen lassen.

VORBEREITUNGSZEIT: ca. 15 Minuten
GARZEIT: 12–20 Minuten
GARNITUREMPFEHLUNG: frittierte Petersilie, Zitronenspalten
BEILAGENEMPFEHLUNG: Petersilerdäpfel, Salate

Österreichische Vielfalt

Knuspriges Backhuhn hat das ganze Jahr hindurch Saison, die steirischen Backhenderl, für die früher die legendären Poularden verwendet wurden, vor allem im Herbst, wenn nach der Weinlese zur Verkostung von Sturm und Staubigem gebeten wird. Nur einen kurzen Gastauftritt zu Ostern hat hingegen das **GEBACKENE KITZ.** Dafür sollte streng genommen junges Ziegenkitz paniert und gebacken werden, je nach Region und Brauch landet allerdings meist zartes Lammfleisch im Butterschmalz. Dazu ebenso zarter Vogerlsalat, vermischt mit sämigem Erdäpfelsalat – und dem Osterfest steht nichts mehr im Wege. Es sei denn, man lässt ausgelöstes Fleisch (ohne Knochen) zu lange in der Pfanne. Das haben weder feines Kitzfleisch noch ausgelöste Hühnerbrust gerne.

Hühnerbrust auf Zucchini-Rahm-Gemüse

ZUTATEN

- **4 ausgelöste Hühnerbrüste à ca. 200 g (am besten Maishendlbrüste)**
- **400 g Zucchini**
- **30 g Butter für das Gemüse**
- **ca. 150 ml Gemüse- oder Hühnerfond bzw. -suppe**
- **Öl zum Braten**
- **Kräuter nach Belieben (Thymian, Kerbel, Estragon etc.)**
- **eventuell Crème fraîche oder Schlagobers zum Vollenden**
- **Salz, Pfeffer aus der Mühle**
- **Paprikapulver**

ZUBEREITUNG

- Die Hühnerbrüste mit Salz, Pfeffer und Paprikapulver würzen.
- Backrohr auf 165 °C vorheizen.
- In einer (feuerfesten) Pfanne Öl erhitzen und die Hühnerbrüste auf beiden Seiten anbraten. Ins vorgeheizte Rohr schieben und 12–14 Minuten fertig garen.
- Währenddessen die Zucchini in Würfel oder Streifen schneiden. Butter zerlassen, Zucchini zugeben und nur so lange anbraten, dass die Zucchini noch etwas Biss haben. Dabei etwas Hühnersuppe zugießen. Gegen Ende der Garzeit etwas Crème fraîche oder Schlagobers unterrühren, Kräuter nach Geschmack zugeben und die Zucchini würzig abschmecken.
- Zucchinigemüse auf vorgewärmten Tellern anrichten, fertig gebratene Hühnerbrust tranchieren und die Scheiben darauf oder daneben platzieren.

ZUBEREITUNGSZEIT: Hühnerbrüste 14–18 Minuten, Zucchini ca. 10 Minuten
BACKROHRTEMPERATUR: 165 °C
BEILAGENEMPFEHLUNG: Grießpalatschinke mit Mangold, Erdäpfeldatschi etc.

Truthahnschnitzerl

mit Champignonsauce · Champignonschnitzerl

ZUTATEN

- **4 Truthahn- oder Hühnerschnitzel à 160 g (Kalb- oder Schweinsschnitzel)**
- **300 g frische Champignons (Eierschwammerl, Steinpilze oder Pilzmischung)**
- **ca. 300 ml Suppe, Gemüsefond oder Wasser mit Suppenwürze**
- **200 ml Schlagobers**
- **3 EL Öl**
- **1 EL Butter oder Butterschmalz**
- **1 EL Mehl zum Stauben**
- **Salz, Pfeffer**
- **1 EL fein gehackte Petersilie**
- **Mehl zum Wenden**

ZUBEREITUNG

- Pilze gut putzen und in kleinere Stücke schneiden. Die Schnitzel klopfen (dafür am besten mit Frischhaltefolie abdecken) und mit Salz sowie Pfeffer würzen. Auf einer Seite in Mehl wenden.
- In einer Pfanne Öl erhitzen und die Schnitzel mit der Mehlseite nach unten in die Pfanne einlegen. Anbraten, wenden und kurz weiterbraten. Aus der Pfanne nehmen und warm stellen.
- Butter oder Butterschmalz in der Pfanne aufschäumen lassen und die Pilze kurz anbraten. Ebenfalls wieder herausheben und den Bratensatz nun mit Mehl stauben, umrühren, mit Suppe und Obers aufgießen und dabei mit dem Schneebesen zügig rühren, damit keine Klumpen entstehen. Die Sauce so lange einkochen lassen, bis sie sämig ist. Sauce bei Bedarf abseihen.
- Schnitzel und Pilze in die Sauce geben und erwärmen, aber nicht mehr kochen! Würzig abschmecken und anrichten. Mit Petersilie bestreut servieren.

VORBEREITUNGSZEIT: ca. 5 Minuten
GARZEIT: 3–5 Minuten, je nach Stärke der Schnitzerl
BEILAGENEMPFEHLUNG: Reis oder Bandnudeln

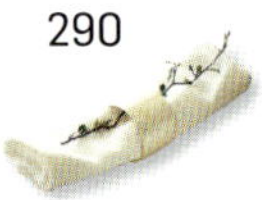

Wildhendl-Haxl mit Kräutern

Dieses Rezept stammt von Franziska Zimmer vom Pankrazhof in Vorchdorf.

ZUTATEN

- **4 ganze Bio-Wildhendlkeulen**
- **Natursalz**
- **Paprikapulver**
- **etwas Kümmel, Knoblauch, Muskatnuss und Kurkuma**
- **je ein Zweig Thymian und Rosmarin (wenn möglich frisch)**
- **etwas Selleriekraut (wenn vorhanden)**
- **2 geviertelte Äpfel**
- **30 ml Öl (am besten Bio-Bratöl)**

ZUBEREITUNG

- Backrohr auf 120 °C Heißluft vorheizen.
- Wildhendlkeulen mit Salz, Öl und den Gewürzen rundum gut einreiben. In eine Auflaufform geben, Kräuter und geviertelte Äpfel dazugeben und etwa 125 ml Wasser zugießen.
  Ins heiße Rohr schieben und etwa 1 Stunde garen (Garzeit richtet sich nach der Größe der Keulen).
- Dann Hitze auf 190–200 °C erhöhen und die Haxerl braten, bis sie eine schöne goldbraune Farbe haben.

GARZEIT: ca. 70 Minuten
BACKROHRTEMPERATUR: 120 auf 190–200 °C steigend

Österreichische Vielfalt

Um Missverständnissen gleich vorzubeugen: Im Gegensatz zur Wildente lebt das Wildhendl nicht in freier „Wildbahn“, sondern wird auf kontrollierten Biobauernhöfen gehalten und dementsprechend artgerecht ernährt. Ihren kommerziellen Ursprung nahm diese wertvolle Hühnerrasse in Schlierbach, wo man seither stolz auf die rasante Verbreitung der langsam heranwachsenden Biohenderl ist. Wildhenderl werden doppelt so alt wie „normale“ Masthendl, weshalb ihr Fleisch auch gehaltvoller schmeckt und eine dunklere Farbe besitzt. Den Mut zur Langsamkeit sollte man auch bei der Zubereitung aufbringen, denn das Fleisch benötigt länger zum Garen, schmeckt dafür aber umso intensiver und zarter.

Gebratene Ente Gans

ZUTATEN

1 Ente von ca. 2,5 kg oder 1 Gans von ca. 3,5 kg
Flügel und Hals
Salz, Pfeffer
Majoran
Rotwein und/oder Orangensaft für den Saft
Maisstärke nach Belieben

ZUM FÜLLEN NACH BELIEBEN

Semmelfülle (s. gefülltes Brathenderl S. 287), angereichert mit gehackten Walnüssen, Maronistückchen, Apfelwürfeln oder Dörrfrüchten
statt der Fülle auch Apfel-, Orangen und Zwiebelspalten
1–2 mit Gewürznelken gespickte Äpfel

ZUBEREITUNG

- Die Ente oder Gans innen und außen gründlich waschen und mit Küchenpapier trocknen. Innen sowie außen mit Salz, Pfeffer und Majoran würzen. Nach Belieben mit der Semmelfülle füllen (dabei eventuell mit einem Bindfaden zubinden) oder je nach Geschmack mit Nelken gespickte Äpfel oder Apfel-, Orangen- und Zwiebelspalten in den Bauchraum geben.
- Backrohr auf 165–175 °C vorheizen und eine große Bratenpfanne ca. 1 cm hoch mit Wasser befüllen. Flügel- sowie Halsstücke eventuell klein hacken und zugeben. Ente oder Gans mit der Brustseite nach unten in die Pfanne setzen und im heißen Rohr ca. 40 Minuten braten. Dann wenden und während des Bratens mehrmals mit dem Bratensaft begießen, dafür immer wieder etwas Wasser oder Suppe nachgießen. (Oder mit einem Gemisch aus Salzwasser und Honig, Schnaps oder Bier bestreichen.) In der letzten halben Stunde vor Bratende das Fett abschöpfen und bei 190–200 °C fertig braten (für schönere Bräunung). Die Ente (Gans) ist fertig gebraten, wenn sich das Fleisch der Schenkel leicht eindrücken lässt.
- Ente aus der Form nehmen und warm stellen. Oder bei Bedarf auf einen Rost (mit Tropftasse) legen und bei ca. 220 °C braten, bis die Haut knusprig ist.
- Inzwischen den Bratensatz nach Belieben mit einem kräftigen Schuss Rotwein, Orangensaft und/oder Suppe vom Pfannenboden lösen und gut einkochen lassen. Nach Wunsch mit etwas angerührtem Maizena eindicken und nochmals einkochen lassen. Sauce würzig abschmecken und durch ein Sieb seihen.
- Geflügel der Länge nach halbieren, bei gefüllter Ente oder Gans die Fülle – wenn möglich – in einem Stück herausnehmen und in Scheiben geschnitten auftragen. Gans oder Ente portionieren und mit der Sauce anrichten.

VORBEREITUNGSZEIT: ca. 10 Minuten zum Füllen
BRATZEIT: Ente 1 ½–2 Stunden, Gans: 3–3 ½ Stunden
BACKROHRTEMPERATUR: 165–175 °C, auf 190–200 °C steigend
BEILAGENEMPFEHLUNG: Rotkraut, Knödel, Maroni, Preiselbeeren, Bratäpfel

Foto Seite 4

Kaninchenfilet im Erdäpfelsud mit Blauschimmel-Espuma

Dieses Rezept stammt von Armin Lenz, Berufsschullehrer in Altmünster.

ZUTATEN

600–700 g Kaninchenfilet (ausgelöster Kaninchenrücken)
Salz, Pfeffer aus der Mühle
reichlich Butter zum Braten

FÜR DEN ERDÄPFELSUD

2 cl Olivenöl
1 Knoblauchzehe
1 Zwiebel
8 speckige Erdäpfel
4 cl Weißwein
1 l Rindsuppe oder Geflügelfond
Pfefferkörner
Lorbeerblätter
frischer Thymian
Salz, weißer Pfeffer
Muskatnusspulver
30 g kalte Butterwürfel
etwas in feine Streifen geschnittene Petersilie

FÜR DEN BLAUSCHIMMEL-ESPUMA

90 g Blauschimmelkäse (Gorgonzola oder Österkron)
250 ml Milch
1 Blatt Gelatine
150 ml Schlagobers
Salz, weißer Pfeffer
Muskatnusspulver

ZUBEREITUNG

- Für den Erdäpfelsud die Erdäpfel schälen, in 0,5 cm große Würfel schneiden und in kaltes Wasser legen. Zwiebel feinwürfelig schneiden. Die Erdäpfelabschnitte mit Knoblauch und Zwiebeln in Olivenöl farblos anschwitzen. Mit Weißwein ablöschen und mit Rindsuppe aufgießen. Nun Gewürze sowie Kräuter hinzufügen und 20 Minuten ziehen lassen (nicht kochen, wird sonst trüb!), bis die Erdäpfelabschnitte weich sind. Durch ein grobes Sieb pressen, Sud nochmals erhitzen und nun die würfelig geschnittenen Erdäpfel darin 10 Minuten weich ziehen lassen. Fond nochmals abseihen und mit kalter Butter montieren (binden). Petersilie in feine Streifen schneiden und mit den Erdäpfelwürfeln zugeben.
- Für den Blauschimmel-Espuma die Milch erhitzen und den Blauschimmelkäse darin unter ständigem Rühren schmelzen. Salz, weißen Pfeffer und geriebene Muskatnuss beifügen, mixen und abseihen. Gelatine einweichen, ausdrücken und darin auflösen. Die Masse etwas erkalten lassen. In eine ISI-Flasche füllen und das flüssige Obers beigeben. Die Flasche verschließen und mit 2–3 Patronen füllen. Vor dem Gebrauch am besten etwas kalt stellen, damit sich der Espuma etwas setzen kann und dadurch eine dichtere Konsistenz erhält.
- Zugeputztes Fleisch mit Salz und Pfeffer würzen. In einer Pfanne reichlich Butter so lange erhitzen, bis sie etwas Farbe annimmt. Fleisch einlegen und unter ständigem Übergießen mit Butter ca. 10 Minuten glasig braten.
- Fleisch aufschneiden und mit dem Erdäpfelsud auf vorgewärmten Tellern anrichten. Blauschimmel-Espuma aufschäumen und das Gericht damit vollenden.

GARZEIT: Kaninchenrücken je nach Größe ca. 10 Minuten, Erdäpfelsud ca. 30 Minuten

Lamm, Wild & Wildgeflügel

Gebratene Lammstelze

mit Ofengemüse

ZUTATEN

4 Lammstelzen mit Knochen à ca. 450 g
je 1 Rosmarin- und Thymianzweig
30 ml Öl
ca. 500 ml Rindsuppe
½ TL gemahlene Lavendelblüten (ersatzweise Balsamicoessig)
20 g Honig
eventuell 125 ml Weiß- oder Rotwein
Senf nach Geschmack
ca. 500 g Gemüse nach Belieben (Karotten, Petersilienwurzel, Sellerie, Fenchel etc.)
Salz, Pfeffer aus der Mühle
etwas Knoblauchöl
Maisstärke nach Belieben

ZUBEREITUNG

- Lammstelzen mit Salz sowie Pfeffer würzen und mit etwas Knoblauchöl einstreichen. Nach Geschmack noch mit etwas Senf einreiben.
- Backrohr auf 165 °C Heißluft vorheizen.
- In einer Pfanne Öl erhitzen und die Stelzen von allen Seiten knusprig anbraten, mit etwas Suppe begießen und im vorgeheizten Backrohr 1 ½–2 Stunden unter wiederholtem Begießen mit dem eigenen Bratensaft sowie abermaligem Aufgießen mit Rindsuppe und eventuell Wein braten. Währenddessen Stelzen wenden und nach der halben Bratzeit das Gemüse sowie Kräuterzweige zugeben. Kurz vor Ende der Garzeit Honig mit Lavendelblüten oder Balsamicoessig vermengen und die Stelzen damit bestreichen. Noch schön knusprig braten.
- Gemüse und Fleisch aus der Pfanne nehmen und warm stellen. Bratensatz lösen, mit einem Schuss Wein und etwas Suppe lösen und auf dem Herd gut einkochen lassen. Würzig abschmecken, je nach gewünschter Konsistenz mit angerührter Stärke etwas eindicken.
- Das Gemüse in einer Schüssel anrichten, Stelzen daraufgeben und mit der Sauce servieren.

BRATZEIT: 1 ½–2 Stunden
BACKROHRTEMPERATUR: 165 °C Heißluft
BEILAGENEMPFEHLUNG: Braterdäpfel, Erdäpfelauflauf, aber auch Grießpalatschinken mit Mangold

Lammrückenfilet
im Strudelteig

Dieses Rezept stammt von Rupert Beiskammer, der im oberösterreichischen Kirchham eine Schafzucht betreibt.

ZUTATEN

- **600 g ausgelöster Lammrücken**
- **80 g blanchierte Spinat-, Mangold- oder Kohlblätter**
- **1 Pkg. Strudelteig oder selbst zubereiteter gezogener Strudelteig (ersatzweise Mürbteig)**
- **1 EL Dijonsenf**
- **1 TL fein geschnittene Kräuter wie Petersilie, Thymian, Majoran, Oregano, Basilikum**
- **1 Eidotter mit etwas Wasser abgerührt**
- **2–3 fein geschnittene Knoblauchzehen oder Knoblauchpaste**
- **Salz, Pfeffer aus der Mühle**
- **20 ml Öl**
- **flüssige Butter zum Bestreichen**

FÜR DIE BEILAGE

- **150 g Zucchini**
- **400 g Gemüse nach Saison (Karotten, Karfiol, Broccoli, Kohlrabi, Fisolen, Zucchini, Kürbis, Spargel)**

ZUBEREITUNG

- Die Spinatblätter in Salzwasser blanchieren (überbrühen), kalt abschrecken, gut abtropfen lassen und leicht ausdrücken. Lammfilet mit Salz, Pfeffer, Senf und Knoblauch würzen.
- Backrohr auf 175 °C vorheizen und ein Backblech (oder Form) mit Backpapier auslegen oder mit Öl bestreichen.
- Öl erhitzen und das Lammfleisch von allen Seiten kurz anbraten und wieder herausnehmen. Strudelblätter auf ein leicht befeuchtetes Baumwolltuch auflegen und mit flüssiger Butter bestreichen. Etwa ein Drittel des Teiges mit den Spinatblättern belegen, Rest mit Dotter bestreichen. Filet auflegen, mit Kräutern bestreuen und zu einem Strudel einrollen. (Bei Mürbteig Seitenteile zusammenschlagen und Enden gut festdrücken.) Fertig gerollten Strudel nochmals mit Dotter bestreichen und auf ein vorbereitetes Backblech legen. Nach Belieben mit einer Küchengabel mehrmals einstechen und im vorgeheizten Backrohr 20–25 Minuten backen.
- Inzwischen das Gemüse gefällig schneiden und je nach Sorte in Salzwasser weich kochen oder in etwas Fett braten. Mit Salz und Pfeffer abschmecken.
- Rohr ausschalten, öffnen und den Strudel darin noch etwas rasten lassen. Erst dann aufschneiden und mit Gemüse servieren.

VORBEREITUNGSZEIT: ca. 20 Minuten
BRATZEIT: 20–25 Minuten
BACKROHRTEMPERATUR: 175 °C Heißluft
GARNITUREMPFEHLUNG: Bratensauce aus Lammparüren, Braune Grundsauce

Lammragout

ZUTATEN

- 1 kg Lammschulter
- 150–200 g Zwiebelwürfel
- 30 g Tomatenmark
- 300 g Gemüse (Karotten, Sellerie, Petersilienwurzeln, Gelbe Rüben)
- 70 g Lauch
- 1–2 Knoblauchzehen
- 1 Speckschwarte oder 2 Scheiben Bauernspeck
- ca. 250 ml Rotwein
- ca. 1 l Rindsuppe oder Lammfond
- Salz, Pfeffer aus der Mühle
- Thymian
- etwas Grundgewürzmischung s. S. 110 (oder 10 angedrückte Pfefferkörner, 5 Wacholderbeeren, 2 Lorbeerblätter)
- 20 g Mehl-Butter-Kugel oder in Rotwein aufgelöste Maisstärke
- eventuell 1–2 EL Crème fraîche oder Schlagobers
- Öl oder Butterschmalz zum Braten

ZUBEREITUNG

- Fleisch in 30–40 g schwere Würfel schneiden. Mit Salz und Pfeffer würzen. Gemüse in kleine Würfel bzw. Lauch in Ringe schneiden.
- Öl oder Butterschmalz erhitzen und das Fleisch darin von allen Seiten anbraten. Gemüse, Speckschwarte und Tomatenmark zugeben und ca. 5 Minuten unter ständigem Rühren rösten. Mit etwas Rotwein ablöschen, einkochen lassen, nochmals mit Rotwein aufgießen und auf die Hälfte einkochen lassen. Mit Suppe oder Fond auffüllen, Gewürze und Knoblauch einmengen und das Fleisch zugedeckt ca. 1 ½ Stunden am Herd (oder im Rohr bei 175 °C) weich dünsten. Bei Bedarf noch etwas Flüssigkeit nachgießen.
- Fleisch aus der Sauce nehmen. Sauce passieren, nochmals einkochen lassen und das Fleisch wieder zugeben. Einmal aufkochen und nach Belieben mit einem kleinen Stück von der Mehl-Butter-Kugel oder in Rotwein angerührtem Maizena eindicken. Eventuell mit Crème fraîche oder Schlagobers verfeinern.

VORBEREITUNGSZEIT: ca. 5 Minuten
GARZEIT: ca. 2 Stunden
BEILAGENEMPFEHLUNG: Spätzle, Polenta- oder Serviettenknödel

Gebeizter Hirschbraten

ZUTATEN

- 1–1,5 kg Hirschfleisch (Schulter oder Schlögel)
- 1 l Rindsuppe, Wasser oder Rindsfond
- je 100 g Karotten und Petersilienwurzel
- 50 g Selleriewurzel
- 100–200 g Zwiebelwürfel
- 1 Mokkalöffel Grundgewürzmischung s. S. 110 (oder 6 Wacholderbeeren, 1–2 Lorbeerblätter und ½ Mokkalöffel Pfefferkörner)
- 5 Gewürznelken
- 1–2 EL Honig
- ca. 500 ml kräftiger Rotwein (Zweigelt, Blaufränkisch)
- 1 EL Tomatenmark
- Salz, Pfeffer aus der Mühle
- 1 kl. Stück Mehl-Butter-Kugel oder etwas Maisstärke bzw. Mehl zum Binden
- Öl zum Anbraten

ZUBEREITUNG

- Bereits 2 Tage im Voraus das Fleisch in eine Schüssel legen und mit Zwiebeln, dem grob zerkleinerten Gemüse und Wurzeln sowie den Gewürzen und Wein (bei Bedarf Menge erhöhen bzw. mit Wasser verdünnen) gut abgedeckt beizen. (Das Fleisch kann auch bequemerweise mit der Marinade in einen Vakuumiersack gepackt und mit einer Klammer verschlossen werden.)
- Nach 2 Tagen das gebeizte Fleisch aus der Marinade nehmen und gut trocken tupfen. Mit Salz sowie Pfeffer würzen und in heißem Öl rundum anbraten. Tomatenmark zugeben, kurz durchrösten und mit der Marinade aufgießen. Nach Belieben Honig einrühren.
- Hitze reduzieren und insgesamt 2 Stunden je nach Qualität des Fleisches abgedeckt auf dem Herd (oder im Backrohr bei 165–180 °C) vor sich hin köcheln lassen. Dabei nach und nach (nicht auf einmal!) mit Rindsuppe oder Wasser auffüllen, damit das Fleisch stets von Flüssigkeit bedeckt ist, diese aber auch immer wieder einkochen kann.
- Weich gedünsteten Hirschbraten herausheben und warm stellen. Fond abseihen und nach Wunsch mehr oder weniger einkochen lassen. Für eine mollige Sauce mit einem kleinen Stück Mehl-Butter-Kugel, etwas angerührter Stärke oder Mehl (mit Wasser verrührt) sämig binden. Sauce nochmals abschmecken und das Fleisch tranchieren. Mit der Sauce beträufelt anrichten.

VORBEREITUNGSZEIT: 2 Tage
GARZEIT: ca. 2 Stunden, je nach Fleischqualität
BEILAGENEMPFEHLUNG: Spätzle, Grieß-, Servietten- oder Semmelknödel sowie Rotkraut, glacierte Maroni und Preiselbeeren

Österreichische Vielfalt

Ob Hirsch, Reh oder Wildschwein – bis vor gar nicht allzu langer Zeit pflegte man Wild vor dem Braten in aromatischer Beize zu marinieren. Beste Kühlmöglichkeiten und kurze Transportwege machen diese recht zeitaufwändige Methode heute meist überflüssig. Dementsprechend lässt sich Wildfleisch auch ganz einfach ohne langes Beizen zubereiten.
Ungebeiztes Fleisch kräftig würzen, anbraten, Gemüse beigeben, mit Rotwein nach und nach ablöschen und dann mit Suppe aufgießen. Der wie oben beschrieben weich gedünstete Braten wird auch so wunderbar zu den klassischen Beilagen wie Rotkraut und Semmelknödel passen.

Rehrücken

in Mohn-Pfeffer mit Staudengemüse

Dieses Rezept stammt von Thomas Donleitner, Küchenchef im Hotel Das Traunsee in Traunkirchen.

ZUTATEN

800 g gut zugeputzter Rehrücken (am besten vom Maibock)
50 g gemahlener Mohn
4 g schwarzer Pfeffer gestoßen
Grobes Salz
Wildjus zum Anrichten **s. S. 315**

FÜR DAS STAUDENGEMÜSE

4 Stangen Staudensellerie
2 Stangen Rhabarber
12 Stangen grüner Spargel
Himbeeressig
Salz, Zucker
Butter

ZUBEREITUNG

- Mohn und Pfeffer in einer Pfanne ohne Fett rösten und den Rehrücken darin wälzen.
- Anschließend zuerst in Frischhaltefolie, danach in Alufolie straff einrollen.
- Im 80 °C heißen Wasserbad (Wassertemperatur unbedingt mit einem Thermometer messen!) ca. 12 Minuten pochieren. (Dabei soll der Rücken eine Kerntemperatur von 50 °C erreichen.) Dann 5 Minuten ruhen lassen. Vor dem Servieren ca. 30 Sekunden in kochendem Wasser nochmals aufwärmen.
- Für das Staudengemüse Staudensellerie und Rhabarber schälen und alles in gleich große Stäbe schneiden. Eine Pfanne mit Butter aufstellen und zuerst den Staudensellerie langsam andünsten. Währenddessen den Spargel in Salzwasser blanchieren. Dann Rhabarber zum Sellerie geben und mitdünsten. Kurz vor dem Servieren den Spargel zugeben und mit Salz, Zucker sowie Himbeeressig abschmecken.
- Gemüse anrichten, Rehfilet aufschneiden und daneben auflegen und mit dem Wildjus beträufeln.

GARZEIT: ca. 20 Minuten
BEILAGENEMPFEHLUNG: Spätzle

Wildgeschnetzeltes

mit Rahmsauce

ZUTATEN

- 650–700 g Hirsch-, Reh- oder Wildschweinfleisch (vom Schlögel, am besten aus dem Kaiserteil, aber auch Rindfleisch)
- 100 ml Rotwein
- ca. 300 ml Rindsuppe, Kalbsfond oder Wasser (mit hausgemachter Suppenwürze oder Suppenwürze aus dem Reformhaus abgeschmeckt)
- 150 ml Schlagobers oder Crème fraîche
- 50–80 g Zwiebelwürfel
- Salz, Pfeffer aus der Mühle
- Prise Thymian, eventuell Majoran
- Öl zum Anbraten
- eventuell etwas Mehl zum Stauben
- 150–250 g Champignons (ersatzweise Steinpilze, Eierschwammerl oder eine Pilzmischung)
- Kräuter zum Bestreuen
- eiskalte Butterflocken zum Montieren

ZUBEREITUNG

- Fleisch in ca. 1,5 cm lange Streifen schneiden, mit Salz, Pfeffer, Thymian und eventuell auch Majoran würzen.
- Eine Pfanne erhitzen, etwas Öl eingießen und das Fleisch rundherum anbraten. Wieder herausheben und warm stellen.
- Im Bratensatz Zwiebeln kurz anlaufen lassen, nach Geschmack mit etwas Mehl stauben, mit Rotwein ablöschen und mit Suppe oder Fond auffüllen. Dabei alles mit dem Schneebesen gut verrühren. Nun Obers zugießen und kochen lassen, bis die Sauce sämig ist. Eventuell mixen und passieren.
- In der Zwischenzeit die Pilze in wenig Öl in einer Pfanne braten und kurz vor Ende der Kochzeit (nach dem Mixen) in die Sauce geben. Kurz einkochen lassen. Fleisch wieder in die Sauce geben und kurz erwärmen, dabei aber nicht mehr kochen, da sonst das Fleisch zäh wird. Nochmals würzig abschmecken. Für eine besondere Sämigkeit vor dem Servieren eventuell kalte Butterflocken einrühren. Nach Belieben mit frischen Kräutern bestreuen und servieren.

ZUBEREITUNGSZEIT: ca. 20 Minuten
BEILAGENEMPFEHLUNG: Preiselbeeren, Grießpalatschinke mit Mangold, Erdäpfelrösti, aber auch Spätzle oder Nockerl

Wildragout

ZUTATEN

- 800–900 g Wildfleisch (ausgelöstes Fleisch von Reh-, Wildschwein- oder Hirschschulter, aber auch Gämsen- oder Hasenfleisch)
- je 80 g Sellerie und Karotten
- 40 g Lauch
- 20 g Tomatenmark
- 1 Knoblauchzehe
- 1 Speckschwarte oder 2 Scheiben Bauernspeck
- 100 g Preiselbeermarmelade oder -kompott
- ca. 500 ml Rotwein
- 50 ml Orangensaft
- ca. 750 ml Rindsuppe oder Wildfond
- Salz, Pfeffer aus der Mühle
- Thymian
- 1 grob gemahlener TL Grundgewürzmischung s. S. 110 (oder 10 Pfefferkörner, 5 Wacholderbeeren und 2 Lorbeerblätter in Tee-Ei oder Leinensäckchen gebunden)
- eventuell 1–2 EL Crème fraîche, Schlagobers oder mit etwas Wasser angerührter Sauerrahm
- 50 ml Öl oder Butterschmalz
- nach Belieben ca. 20 g Mehl-Butter-Kugel (s. S. 109) oder Rotwein mit 1–2 KL Maisstärke

ZUBEREITUNG

- Das zugeputzte Fleisch in 30–40 g schwere Würfel schneiden. Mit Salz und Pfeffer würzen. Gemüse in 1 cm große Würfel, den Lauch in Ringe schneiden.
- Öl oder Butterschmalz erhitzen und das Fleisch darin von allen Seiten anbraten, Speckschwarte sowie Tomatenmark zugeben und etwa 5 Minuten unter ständigem Rühren rösten.
- Etwas Rotwein zugießen und gut einkochen lassen. Den Bratensatz nochmals mit Rotwein ablöschen und nun auf die Hälfte einkochen lassen. Suppe oder Fond sowie Orangensaft zugießen, Preiselbeermarmelade, Gewürze und Knoblauch einmengen und je nach Qualität des Fleisches 1–2 Stunden zugedeckt am Herd auf kleiner Flamme (oder im vorgeheizten Rohr bei ca. 180 °C) weich dünsten. Währenddessen bei Bedarf etwas Flüssigkeit nachgießen, denn das Fleisch soll während des Garens immer mit Flüssigkeit bedeckt sein.
- Rund 20 Minuten vor Ende der Garzeit das Gemüse beigeben und mitgaren (oder das Gemüse in Salzwasser getrennt bissfest kochen, kalt abschrecken und in die fertige, eingedickte Sauce geben).
- Die Sauce je nach gewünschter Molligkeit entweder mit der Mehl-Butter-Kugel binden oder etwas Rotwein mit Maisstärke anrühren und in die Sauce einkochen. Nach Wunsch die Sauce noch mit Crème fraîche, Schlagobers oder mit etwas Wasser angerührtem Sauerrahm verfeinern.

VORBEREITUNGSZEIT: ca. 10 Minuten
GARZEIT: je nach Qualität des Fleisches 1–2 Stunden
BEILAGENEMPFEHLUNG: Rotkraut, aber auch gekochte Kohlsprossen, Broccoli, in Butter gebratene Pilze sowie Spätzle, Semmelknödel etc.

Gedünstete Hasenkeule

mit Wurzelrahmsauce

ZUTATEN

- 4 Hasenkeulen à ca. 250 g
- 200 g Wurzelgemüse (Karotten, Petersilienwurzel, Lauch und Sellerie)
- 100 g Zwiebeln
- 150 ml kräftiger Rotwein
- ca. 1 l Rindsuppe oder Wildfond (ersatzweise Wasser)
- 30 g Tomatenmark
- 60–100 ml Sauerrahm, Schlagobers oder Crème fraîche
- 1 EL Mehl
- 5 Wacholderbeeren
- 10 Pfefferkörner
- 2 Lorbeerblätter
- Majoran und Thymian
- Salz, Pfeffer aus der Mühle
- Preiselbeerkompott oder Granatapfelkerne zum Abschmecken
- eventuell Gin, Weinbrand oder Worcestershiresauce
- Öl zum Anbraten
- gebratene Speckscheiben als Garnitur nach Belieben

ZUBEREITUNG

- Das Fleisch rundum gut mit Salz und Pfeffer würzen. Gemüse und Zwiebeln grob schneiden.
- In einer feuerfesten Kasserolle etwas Öl erhitzen, die Hasenkeulen rundum anbraten und wieder herausheben. Im Bratensatz Gemüse und Zwiebeln anschwitzen. Tomatenmark mitrösten, mit Rotwein ablöschen und gut einkochen lassen. Dann Rindsuppe oder Fond zugießen, die Keulen wieder einlegen, sämtliche Gewürze beigeben und abgedeckt am Herd oder im vorgeheizten Backrohr bei 175 °C 1 ½–2 Stunden weich dünsten. Währenddessen bei Bedarf noch etwas Suppe oder Fond nachgießen.
- Ist das Fleisch weich gegart, herausheben und warm halten. Sauce passieren. Mehl mit Sauerrahm glatt rühren, einrühren und kurz sämig einkochen lassen. Mit Preiselbeerkompott oder Granatapfelkernen abrunden. Nach Belieben mit einem Schuss Gin, Weinbrand oder Worcestershiresauce abschmecken. Hasenkeulen anrichten und mit der Sauce beträufeln. Mit gebratenen Speckscheiben garnieren und auftragen.

VORBEREITUNGSZEIT: ca. 3 Minuten
GARZEIT: 1 ½–2 Stunden
BEILAGENEMPFEHLUNG: Erdäpfelkrapferl oder -stangerl, Knödel, Spätzle, Rotkraut

Wildschweinmedaillons in der Nuss- oder Kräuterkruste

ZUTATEN

8–12 zugeputzte Wildschweinsrückenmedaillons (ca. 700 g ohne Haut und Sehnen)

Salz, Pfeffer aus der Mühle

Öl zum Anbraten

FÜR DIE NUSSKRUSTE

100 g weiche Dotterbutter (s. S. 108)

80 g fein geriebene Haselnüsse oder beliebige Nussmischung

50 g Brösel vom entrindeten Weißbrot (ersatzweise Semmelbrösel, Menge dabei etwas reduzieren, da diese mehr Feuchtigkeit aufnehmen)

2 EL fein gehackte Petersilie (oder mit Thymian und Majoran gemischt)

1 TL Walnuss- oder neutrales Öl

Salz, Pfeffer aus der Mühle

FÜR DIE KRÄUTERKRUSTE

100 g Dotterbutter (s. S. 108)

80–90 g Brösel vom entrindeten Weißbrot

1–2 EL frisch gehackte Kräuter (Thymian, Petersilie, Rosmarin, Oregano, Majoran, Salbei, Bärlauch oder Basilikum) oder Kräuterpaste bzw. Gewürzmischung

Salz

Löffelkäse oder Crème fraîche bzw. Brösel nach Bedarf

ZUBEREITUNG

- Zunächst für die Nusskruste alle Zutaten miteinander vermischen. Mit Salz und Pfeffer abschmecken, in eine mit Frischhaltefolie ausgelegte Terrinenform einfüllen und glatt streichen. Gut durchkühlen lassen (evtl. im Tiefkühler). Dann aus der Form stürzen, Folie abnehmen und in dünne Scheiben schneiden.
- (Für die Kräuterkruste ebenfalls alle Zutaten vermengen und würzig abschmecken. Gerät die Masse zu weich, noch etwas Brösel untermengen, ist sie zu fest, etwas Löffelkäse oder Crème fraîche einrühren. Wie oben beschrieben in eine Form füllen und kalt stellen.)
- Backrohr auf maximale Oberhitze vorheizen.
- Wildschweinrückenmedaillons mit Salz sowie Pfeffer würzen. In einer nicht zu heißen Pfanne in Öl beidseits so anbraten, dass sie innen noch blutig sind. Auf ein Blech legen, die Nuss- oder Kräutermasse in dünne Scheiben schneiden und jedes Medaillon mit ein oder zwei Scheiben (je nach Größe) belegen.
- Im vorgeheizten Backrohr bei großer Oberhitze kurz überbacken. Nach Belieben die Medaillons schräg aufschneiden oder im Ganzen servieren.

VORBEREITUNGSZEIT: ca. 25 Minuten
GARZEIT: einige Minuten, je nach gewünschtem Garungspunkt
BEILAGENEMPFEHLUNG: Erdäpfelkroketten, -stangerl oder -krapferl, gekochtes Gemüse, Rotkraut, Rotweinsauce

Österreichische Vielfalt

Vorbei sind die Zeiten, in denen Wild gnadenlos stundenlang niedergegart wurde. Kurz gebraten, heißt die Devise nun auch bei zartem Wildschweinmedaillon. Das Gratinieren mit pikant gewürzter Butter eignet sich für diese Zubereitungsmethode besonders gut, da hier der feine Eigengeschmack des Fleisches mit dem Aroma der Würzbutter ideal harmoniert. Die Nusskruste, die sich übrigens auch auf **REH-, GAMS- ODER HIRSCHRÜCKENMEDAILLONS** hervorragend macht, lässt sich allerdings auch noch beliebig abwandeln. Etwa durch einige Tropfen Bittermandelöl, eine Prise Zimt, Lebkuchenbrösel, in Butter angeschwitzte Pilze, aber auch klein gehackte Dörrfrüchte (Zwetschken, Preiselbeeren, Heidelbeeren, Apfelringe, Orangen, Kumquats etc.). Ein Teil der Nüsse kann auch durch Mohn, Sesam oder Kürbiskerne ersetzt werden. Weniger subtil, sondern würziger geht es bei den Variationsmöglichkeiten der Kräuterkruste zu, die etwa durch Senf, Zitronensaft, Tabasco- oder Chilisauce, Cayennepfeffer, Kren, getrocknete Tomaten, Kapern, Sardellenringe, Oliven oder Tomatenmark zusätzlich aromatisiert werden kann. Fein gemahlene Nüsse, Kürbiskerne, Sesam oder kurz angebratene, klein gehackte Pilze können der Kräuterkruste auch etwas Biss verleihen. Wenn Sie mit der Kräutermasse einmal deftiges Schweinefleisch überbacken, so könnten Sie der Masse auch noch fein geriebenen würzigen Bergkäse oder Gorgonzola zugeben.

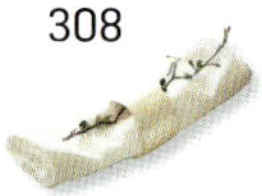

Wildentenbrust mit Orangensauce

ZUTATEN

- 4 Wildentenbrüste (auch Barbarie- oder Flugentenbrüste) à ca. 180 g
- 1–2 Thymian- oder Rosmarinzweige
- 1–2 Lorbeerblätter
- 5 Wacholderbeeren
- einige Pfefferkörner
- 125 ml Rotwein
- eventuell eingelegte Weichseln, Weichselmarmelade
- 2 Orangen
- 40 ml Orangen- oder Weichsellikör
- Salz, Pfeffer aus der Mühle
- Majoran
- eventuell etwas Honig
- eventuell etwas Wildsauce oder -fond (ersatzweise Suppe)
- Maisstärke nach Bedarf
- Butter zum Aufschäumen
- Pflanzenöl oder Butterschmalz zum Anbraten

ZUBEREITUNG

- Orangen gut waschen und in stärkere Scheiben schneiden. Die Haut (nicht das Fleisch!) der Entenbrüste mit einem scharfen Messer rautenförmig einschneiden. Brüste mit Salz, Pfeffer und Majoran würzen.
- Backrohr auf 180–200 °C vorheizen.
- In einer heißen, nicht beschichteten Pfanne (hier erhält man einen guten Bratensatz) etwas Öl erhitzen und die Brüste auf der Hautseite knusprig anbraten. Wenden und ebenfalls braten. Mit der Hautseite nach oben auf ein kleines Blech geben, Kräuterzweige darauf platzieren und im vorgeheizten Rohr je nach gewünschtem Garungsgrad 8–15 Minuten braten. Wieder herausnehmen und mit Folie abgedeckt noch einige Minuten warm rasten lassen.
- In der Zwischenzeit im Bratensatz etwas Butter aufschäumen, Lorbeerblätter, Pfefferkörner und Wacholderbeeren kurz darin anbraten und mit Rotwein ablöschen. Orangenscheiben und Weichseln oder Marmelade zugeben und alles gut einkochen. Nach Bedarf mit etwas Wildsauce oder Fond aufgießen. Sauce abseihen und sämig einkochen. Dabei eventuell mit etwas angerührter Maisstärke eindicken. Würzig abschmecken und mit Likör sowie Honig abrunden.
- Die Entenbrüste in Scheiben schneiden. Ente anrichten, mit etwas Sauce beträufeln und den Rest extra reichen.

GARZEIT: 8–15 Minuten nach dem Anbraten
BACKROHRTEMPERATUR: 180–200 °C
BEILAGENEMPFEHLUNG: Polentaknöderl, Grießschnitten, Kohlsprosserl, Kürbis oder Lauchgemüse

Österreichische Vielfalt

Auch wenn Entenbrüste mittlerweile nicht mehr der exklusive Luxus sind, die sie in früheren Zeiten einmal waren, steht mit ihnen doch immer ein ganz besonderes Gericht auf dem Speiseplan, mit dem sich wunderbar feiern oder Gäste bewirten lässt. Dementsprechend viel Sorgfalt lässt man ihrer Zubereitung angedeihen – und die liegt abgesehen vom punktgenauen Garen der Brüste vor allem im phantasievollen Abschmecken der Sauce. Selbige kann also auch mit Ingwer, Koriander, Kurkuma, Currypulver, Piment oder Fenchel aromatisiert werden. Klein gehackte gedörrte Zwetschken, Datteln, Feigen, getrocknete Wildkirschen, Preisel- oder Holunderbeeren können für angenehme Süße sorgen, unterstützt vom jeweils dazupassenden Likör, etwas Pommery- oder Kremser Senf sowie Soja- oder Worcestershiresauce hingegen für pikante Töne.

Gebratene Fasanenbrüstchen im Speckhemd

Dieses Rezept stammt von Kochbuchautor Willi Haider, der sein Wissen in der „Ersten Steirischen Kochschule" in Kalsdorf weitergab.

ZUTATEN

- **4 ausgelöste Fasanenbrüstchen à ca. 150 g mit Haut**
- **300 ml Rindsuppe oder Fond**
- **100 g weiße kernlose oder entkernte Trauben**
- **30 g Butterschmalz oder Öl zum Braten**
- **8 Speckscheiben**
- **Salz, Pfeffer**
- **Thymianzweig**
- **½ EL Mehl**
- **einige Wacholderbeeren**
- **etwas kalte Butter oder Kräuterbutter zum Montieren**
- **eventuell Gin zum Verfeinern**

ZUBEREITUNG

- Fasanenbrüste mit Salz sowie Pfeffer würzen und jede Brust mit zwei Speckscheiben umwickeln.
- Backrohr auf 165 °C vorheizen.
- In einer nicht beschichteten Pfanne Butterschmalz oder Öl erhitzen und die Fasanenbrüste darin rundum gut anbraten, auf eine feuerfeste Platte legen und im vorgeheizten Backrohr je nach gewünschtem Garungsgrad 10–15 Minuten fertig braten. Aus dem Ofen nehmen und einige Minuten rasten lassen.
- In der Zwischenzeit den Bratensatz mit Mehl stauben, mit Suppe oder Fond aufgießen, Thymianzweig beigeben und sämig einkochen lassen. Zweig wieder entfernen und die Sauce nach Geschmack eventuell mixen. Weintrauben und einige Wacholderbeeren unter die Sauce rühren, kurz kochen und eventuell mit Gin verfeinern. Nach Belieben mit kalter Butter montieren (binden), aber nicht mehr kochen.
- Fasanenbrüstchen auf heißen Tellern anrichten und mit der Sauce umkränzen.

VORBEREITUNGSZEIT: ca. 5 Minuten
GARZEIT: 14–20 Minuten
BACKROHRTEMPERATUR: 165 °C
BEILAGENEMPFEHLUNG: Erdäpfelkrapferl, Erdäpfelknödel, Grieß- oder Polentaschnitten, glacierte Kastanien, Rotkraut, Kürbis- oder Zucchinigemüse

Österreichische Vielfalt

Im Ganzen **GEBRATENER FASAN** wird ebenso kräftig gewürzt und vor dem Braten entweder mit Speck umwickelt oder seine Brust mit Speckstreifen gespickt. Die Bratzeit von 40–60 Minuten richtet sich nach Größe sowie Alter des Fasans. Dazu serviert man traditionellerweise Linsen oder Rotkraut. Als Wildgeflügel hat Fasan leider nicht das ganze Jahr über Saison. Dafür stehen Feinschmeckern allerdings Entenbrüste von guter österreichischer Hausente oder feiner französischen Barbarieente immer zur Verfügung. Einfach **GEBRATENE ENTENBRUST** lässt sich nach demselben Rezept zubereiten, in welche Richtung die Sauce gehen soll, ist wohl Geschmacksache. Von neutral über dezente Schokoladesauce bis hin zu asiatischer Würzung mit Sojasauce – möglich ist, was schmeckt.

Österreich ins Saucentöpfchen getappt

WARME & KALTE SAUCEN
VON DER SCHWAMMERLSAUCE
BIS ZUM APFELKREN

Fischfond I

ZUTATEN

ca. 1 kg Karkassen (Fischgräten, Flossen, Bauchlappen und Köpfe oder ganze „Suppenfische“, also weniger wertvolle Fische)
ca. 2 l Wasser
Gemüse nach Belieben (etwa 100 g Karotten, 80 g Sellerie, 70 g Petersilienwurzel, 80 g Lauch, 80 g Gelbe Rüben oder Pastinaken)
1–2 Lorbeerblätter
6 zerdrückte Pfefferkörner
etwas Thymian und Fenchel
ca. 1 TL Steinsalz
eventuell Pfeffer aus der Mühle
eventuell 1 TL Senfkörner und 1 Dillzweig

ZUBEREITUNG

- Die Karkassen ca. 5 Minuten unter fließendem, kaltem Wasser wässern. Wasser abgießen, mit 2 Liter Wasser in einen Topf geben und zum Kochen bringen. Gewürze in ein Tee-Ei oder -säckchen geben und hinzufügen. Gemüse sowie Kräuter zugeben und 40–50 Minuten ziehen, aber nicht sprudelnd kochen lassen. Währenddessen ab und zu den aufsteigenden Schaum abschöpfen.
- Dann Fischfond durch ein mit einem Passiertuch (feines Tuch oder Baumwollwindel) ausgelegtes Spitzsieb abseihen. Nach Belieben weiterverwenden.

KOCHZEIT: ca. 1 Stunde
VERWENDUNG: als Basis für Fischsuppen und Saucen zu Fischgerichten

Österreichische Vielfalt

An der Qualität der Saucen ist die Perfektion eines Koches rasch auszumachen, folglich sollte man auch dem Fond größte Sorgfalt widmen. Je nach weiterer Verwendung werden daher auch gerne Karotten, Gelbe Rüben, Petersilienwurzel, Petersilien-, Kerbel- oder Liebstöckelstängel, Fenchelknolle, aber auch gut gereinigte Paradeiser- oder Champignonreste zugegeben. Einzig bei einem Zuviel an Wurzelgemüse ist Vorsicht geboten, denn es verleiht dem Fond eine süße Note. Mit Liebstöckel, Fenchelsamen, Thymian, Koriander, Safran, Cayennepfeffer, Curry oder Anis verstärkt man das Aroma zusätzlich. Da sich Fond wunderbar in kleine Säckchen oder Eiswürfelbehälter abfüllen und tiefkühlen lässt, ist es ratsam, gleich eine größere Menge herzustellen.

Fischfond II

ZUTATEN

- **1,5 kg Karkassen (Kopf, Gräten und Fischabfälle von Hecht, Lachs, Lachsforelle, Saibling oder Forelle)**
- **ca. 300 g gewaschene Zwiebeln mit Schale**
- **150 g Stangensellerie**
- **150 g Lauch**
- **450–550 ml trockener Weißwein**
- **4 Lorbeerblätter**
- **20 zerdrückte Pfefferkörner**
- **10 angedrückte Wacholderbeeren**
- **30–50 ml Zitronensaft**
- **Salz**
- **eventuell 3–5 Knoblauchzehen und hausgemachte Suppenwürze**
- **80 ml Sonnenblumenöl**

ZUBEREITUNG

- Karkassen ca. 5 Minuten in fließendem, kaltem Wasser wässern und abtropfen lassen.
- Zwiebeln sowie Gemüse klein schneiden und in Öl kurz anschwitzen. Fischkarkassen beigeben und einige Minuten dünsten lassen. Mit ca. 3 Liter kaltem Wasser und Wein auffüllen, kurz aufkochen lassen und Schaum abschöpfen. Die in ein Teesäckchen gebundenen Gewürze, Gemüse und Zitronensaft untermengen und Fond ca. 45 Minuten leicht simmern, aber nicht wallend kochen lassen. Abschmecken.
- Von der Kochstelle nehmen und nochmals ca. 30 Minuten stehen lassen. Durch ein Sieb oder Tuch seihen und für ein intensiveres Aroma auf die Hälfte einkochen lassen.

KOCHZEIT: ca. 50 Minuten köcheln, 30 Minuten ziehen lassen, danach beliebig lang einkochen
VERWENDUNG: als Basis für Fischsuppen und Saucen zu Fischgerichten

Wildjus Lammjus

Dieses Rezept stammt von Thomas Donleitner, Küchenchef im Hotel Das Traunsee in Traunkirchen.

ZUTATEN

- **1 kg gehackte Rehknochen (oder Lammknochen und -parüren)**
- **300 g Röstgemüse (Karotte, Sellerie, Zwiebel, Lauch)**
- **½ EL Tomatenmark**
- **500 ml Rotwein**
- **Öl**
- **Butter zum Binden**

ZUBEREITUNG

- Die Knochen in Öl anrösten. Sobald diese eine dunkle Farbe haben, grob geschnittenes Röstgemüse dazugeben und weiterrösten. Hat dieses Farbe genommen, Tomatenmark einrühren und kurz anbräunen.
- Dann mit Rotwein ablöschen und mit Wasser bedecken. Etwa 4–5 Stunden leicht köcheln lassen, dabei immer wieder frisches Wasser zugießen.
- Passieren, wieder in den Topf gießen und stark einreduzieren (einkochen lassen).
- Wenn der Jus die gewünschte Konsistenz hat, mit etwas Butter binden.

ZUBEREITUNGSZEIT: 4–5 Stunden
VERWENDUNG: zum Verfeinern von Wildgerichten, Abschmecken von Saucen etc.

Weiße Grundsauce

ZUTATEN

- 500 ml klare Gemüsesuppe oder Wasser
- 300 ml Milch
- 250 ml Schlagobers
- 50 ml Weißwein
- je 60 g Karotten und Zwiebeln
- je 30 g Petersilwurzel und Lauch
- 40 g Sellerie
- 30 g Butter oder Öl
- 5 Wacholderbeeren
- 2 Lorbeerblätter
- 10 Pfefferkörner
- Salz, Pfeffer aus der Mühle
- Muskatnuss
- Mehl-Butter-Kugel, Stärke oder Dotter-Obers-Gemisch zum Binden (siehe auch S. 109)

ZUBEREITUNG

- Wurzelwerk, Zwiebeln und Lauch kleinwürfelig schneiden.
- In einem Topf Butter erhitzen und das Gemüse darin anschwitzen. Mit Weißwein ablöschen, kurz einkochen lassen und mit Suppe, Milch sowie Obers aufgießen. Sämtliche Gewürze zugeben und so lange kochen lassen, bis das Gemüse weich ist.
- Nun abseihen und abermals einkochen lassen.
- Mit Salz, Pfeffer und Muskatnuss abschmecken. Ganz nach Bedarf und weiterer Verwendung mit Mehl-Butter-Kugel oder mit wenig angerührter Stärke binden. (Für die Legierung mit einem Dotter-Obers-Gemisch Topf vom Herd nehmen und die Masse einrühren, aber nicht mehr kochen lassen.)

VORBEREITUNGSZEIT: ca. 5 Minuten
KOCHZEIT: 40–50 Minuten
VERWENDUNG: als Basis für Suppen und Saucen, zum Verfeinern, aber auch als Beilagensauce zu hellem Fleisch (Geflügel) und Fisch

Braune Grundsauce

ZUTATEN

- 1 kg Abschnitte von Kalb-, Rind-, Lamm- oder Wildfleisch
- einige klein gehackte Knochen, am besten mit Fleischresten
- ca. 300 ml Rotwein
- ca. 3 l Rindsuppe oder je nach Vorrat jeweiliger Kochfond (ersatzweise Wasser mit hausgemachter Suppenwürze)
- 150 g Zwiebeln
- 100 g Karotten
- 80 g Sellerie
- 2–3 Lorbeerblätter
- 2 Thymianzweige
- 8 angedrückte Wacholderbeeren
- 10 angedrückte Pfefferkörner
- 60 g Schweineschmalz oder Sonnenblumenöl
- 1–2 EL Tomatenmark
- für Wildfond eventuell Marmelade und Orangensaft sowie -schale

ZUBEREITUNG

- Schmalz oder Öl in einer Bratpfanne oder einem großen Topf erhitzen, Abschnitte und Knochen darin anbraten und so lange rösten, bis sie eine braune Farbe angenommen haben (oder im Backrohr bei ca. 200 °C rösten).
- Gemüse sowie Zwiebeln in mittelgroße Würfel schneiden, beigeben und einige Zeit mitrösten. Eventuell überschüssiges Öl abgießen. Mehrmals wenig Rotwein angießen, den Bratensatz lösen und immer wieder einkochen lassen, bis die Flüssigkeit gänzlich verdampft ist. Dabei sollte sich am Boden wiederholt ein Bratensatz bilden.
- Tomatenmark einrühren, kurz mitrösten, mit Suppe oder Wasser aufgießen und je nach weiterer Verwendung eventuell auch Marmelade, Orangensaft sowie -schale unterrühren. Gewürze zugeben und 2 ½–3 Stunden leicht köcheln lassen. Bei Bedarf noch Flüssigkeit nachgießen.
- Durch ein feines Sieb abseihen, eventuell zusätzlich noch durch ein angefeuchtetes Baumwolltuch passieren und auf die gewünschte Konsistenz einkochen lassen. Nach Wunsch entfetten. Dafür das Fett mit einem Küchenpapier an der Oberfläche aufsaugen oder den Fond abkühlen lassen und die fest gewordene Fettschicht abnehmen.

ZUBEREITUNGSZEIT: ca. 4 Stunden
VERWENDUNG: zum Abschmecken und als Basis für Saucen

Saucenpotpourri

Durch das Hinzufügen von Gewürzen, Aromen und Zutaten lässt sich aus der Weißen Grundsauce eine Vielzahl unterschiedlicher Saucen zubereiten, die nur an die jeweilige Verwendung angepasst werden müssen.

DÖRRPFLAUMENSAUCE: klein gehackte Dörrpflaumen, 20 ml Zwetschkenschnaps und Petersilie; passt besonders gut zu gebratenem Kalbs- oder Schweinsfilet

FISCHSAUCE: anstelle von Gemüsesuppe oder Wasser mit Fischfond zubereiten und mit Gelbwurz sowie Zitronenthymian würzen

GEMÜSESAUCE: beliebiges Gemüsepüree, Würfel von gekochtem Gemüse, Paradeisern, sautiertem Lauch, Fenchel, Zucchini, Kohl, Wurzelgemüse oder gekochten Gurken

KÄSESAUCE (GORGONZOLASAUCE): geriebener Käse, würfelig geschnittener Gorgonzola oder Edelschimmelkäse

KRÄUTERSAUCE: Kräuterpesto oder -pasten, Schnittlauch, Bärlauchpaste, Basilikum, Rosmarin, Bohnenkraut, Safran, Salbei, Kerbel, Dill, Liebstöckel, Brennnessel, Oregano, Petersilie, aber auch Wildkräuter wie Löwenzahn, Schafgarbe, Wegerich, Sauerampfer

KRENSAUCE: frisch geriebener Kren

NUSS-KÄSE-SAUCE: Walnusskerne, fein gehackte Pinienkerne, Petersilie und Ricotta oder anderer Frischkäse (zu Nudelgerichten)

SCHINKEN-KÄSE-SAUCE: geriebener Käse und Schinkenwürfel (passt besonders gut zu Nudeln)

SCHWAMMERLSAUCE (PILZSAUCE): sautierte Schwammerl, Pilze oder Champignons (teils mitgekocht, teils sautiert am Ende zugeben)

SPINATSAUCE: Blattspinat, Knoblauch, Basilikumblätter, Schalottenwürfel und evtl. die fertige Sauce mit frisch geriebenem Käse bestreuen

WEISSWEINSAUCE: Weißweinmenge auf 150–200 ml erhöhen und dabei evtl. die Hälfte des Weißweins durch Noilly Prat oder Wermut ersetzen

ZITRONENSAUCE: Zitronensaft, Crème fraîche und Grappa

Die besten Tipps

zum Binden von Saucen und Fonds

- Butter oder Öl erhitzen, mit Mehl stauben und mit Fond aufgießen.
- Den fertigen Fond mit einer Mehl-Butter-Kugel (s. S. 109) eindicken. Dafür die benötigte Menge von der Kugel direkt in die kochende Sauce reiben – die Sauce bindet diese sofort ab und bildet keine Klumpen.
- Fein geriebenen Rundkornreis zugeben und einkochen lassen.
- Mit Wasser angerührtes Mehl in den fertigen Fond einrühren und dann noch gut kochen lassen, damit die Sauce nicht nach Mehl schmeckt!
- Altbackene Semmelwürfel (Knödelbrot) oder getrocknete Weißbrotscheiben einige Zeit mitkochen lassen, mixen und eventuell passieren.
- Etwas Sauerrahm mit Mehl (auch Dinkelmehl oder Vollkornmehl) und Wasser verrühren und einkochen lassen.
- Eidotter in die heiße Masse einrühren, aber keinesfalls mehr kochen, damit das Ei nicht gerinnt.
- Obers-Dotter-Gemisch aus 2–4 Dottern und 125 ml Obers für ca. 1 l Sauce oder Suppe einrühren und nicht mehr kochen lassen.
- Fein geriebene rohe Erdäpfel in den Fond einkochen, bis die Sauce bindet, dann unbedingt mixen, eventuell passieren (für glatte Saucen eher nicht geeignet).

Rahmsauce

ZUTATEN

- 150–250 ml Braune Grundsauce (s. S. 316)
- 100–150 ml Schlagobers
- 15 g kalte Butter
- eventuell 30 ml geschlagenes Obers
- Salz, Pfeffer aus der Mühle
- eventuell Gin, Weinbrand etc.

ZUBEREITUNG

- Grundsauce und flüssiges Obers sämig einkochen lassen.
- Die kalte Butter einmixen und kurz vor dem Anrichten das geschlagene Obers einrühren.
- Nach Geschmack mit Gin oder Weinbrand, Salz sowie Pfeffer abschmecken.

Österreichische Vielfalt

Fisch und Fleisch mögen noch so einfühlsam gebraten worden sein, ohne feines Sößchen dazu schmeckt alles nur halb so gut. Immerhin gilt die hohe Kunst des Saucenkochens auch als Königsdisziplin in der Küche. Dementsprechend sorgfältig sollte die Geschmacksrichtung der Sauce auf das Hauptgericht abgestimmt werden, das sie begleiten und ergänzen soll. Also wird man für **WILDSAUCE** noch frische Beeren, diverse Kräuter oder Kräutermischungen, Wacholderbeeren, rote Pfefferkörner, eingelegte, grüne Pfefferkörner, Bitterkuvertüre, Balsamicoessig, Alkoholika wie Gin, Weinbrand, Kräuterlikör, Nussschnaps, Pernod, Birnen- oder Apfelschnaps, aber auch gehackte Dörrfrüchte (Heidelbeeren, Aranzini, Feigen, Datteln, Rosinen), Kumquats, Preiselbeeren oder – für besonders abenteuerlustige Gaumen – sogar etwas Kaffee unter die Sauce mengen. Für **PILZSAUCE** werden in Butter angeschwitzte Pilze untergerührt.

Sauce hollandaise

ZUTATEN

- 2 Eidotter (am besten pasteurisiert)
- 1 Ei nach Belieben (am besten pasteurisiert)
- ca. 200 g zerlassene Butter
- Salz, weißer Pfeffer aus der Mühle
- Spritzer Weißwein oder Fond (je nach Verwendung Spargel-, Gemüsefond etc.)
- Zitronensaft

ZUBEREITUNG

- Dotter, nach Belieben auch das Ei, in einem Rührkessel (oder Topf) im Wasserbad über Dampf mit Salz, Pfeffer, einem Spritzer Zitronensaft und Weißwein mit dem Schneebesen oder einem Handmixer hell und schaumig aufschlagen, bis die Masse bindet und sämig geworden ist.
- Parallel dazu die Butter auf ca. 40 °C erwärmen, aber nicht zu heiß werden lassen.
- Nun die Butter in dünnem Strahl unter ständigem Schlagen einrühren (je nach Zugabe von Flüssigkeit oder Butter wird die Konsistenz flüssiger oder kompakter).
- Nochmals abschmecken und auftragen.

ZUBEREITUNGSZEIT: ca. 25 Minuten
VERWENDUNG: als Beilage zu Spargel, aber auch zu kurz gebratenem Fleisch und Fisch oder zum Gratinieren

Béchamelsauce

ZUTATEN (FÜR EINE ZIEMLICH FESTE SAUCE)

- 40 g Butter
- 40 g glattes Weizen- oder feines Dinkelmehl
- ca. 500–600 ml Milch (oder Fond bzw. gemischt)
- 50 g gehackte Zwiebeln
- 1 Lorbeerblatt
- 6 Pfefferkörner
- 3 Wacholderbeeren
- Salz
- Prise Muskatnuss
- Prise Cayennepfeffer

ZUBEREITUNG

- In einem Topf die Butter schmelzen, Mehl kurz darin anschwitzen und wieder erkalten lassen. (Wird die Sauce nicht so dick gewünscht, jeweils nur 25–30 g Butter und Mehl verwenden.)
- Währenddessen die Milch mit den Gewürzen und Zwiebeln etwa 3 Minuten kochen und abseihen. Das angeschwitzte Mehl zugeben und mit der heißen Milch aufkochen. Unter wiederholtem Umrühren mit dem Schneebesen glatt rühren und ca. 10 Minuten kochen, bis die Sauce schön sämig geworden ist. Wird die Sauce zu dickflüssig, noch etwas Wasser oder Fond einrühren.
- Bei Bedarf noch abseihen und nochmals mit Salz, Pfeffer und Muskatnuss abschmecken.
- Je nach Verwendung weiterverarbeiten.

KOCHZEIT: ca. 15 Minuten
VERWENDUNG: als Grundsauce für diverse Saucen und für helle Einmachsauce, wobei hierfür die Milch durch Rindsuppe, Kalbs-, Geflügel-, Fisch-, Lamm- oder Wildfond ersetzt wird

Semmelkren

ZUTATEN

- 4 altbackene Semmeln
- ca. 250 ml Rindsuppe, je nach Trockenheit des Brotes
- 125 ml Schlagobers, Crème fraîche oder Sauerrahm
- 2–3 EL frisch geriebener Kren, je nach gewünschter Schärfe
- 3–4 Safranfäden
- 2 Eidotter
- Salz, Pfeffer aus der Mühle
- Prise Muskatnuss

ZUBEREITUNG

- Die Semmeln eventuell entrinden und in feine Scheiben schneiden.
- Rindsuppe aufkochen und so viel darübergießen, dass ein dicker Semmelbrei entsteht. Safran beigeben und auf kleiner Flamme ziehen lassen, bis die Masse glatt und sämig ist. Bei Bedarf die Konsistenz durch mehr Brot oder etwas Suppe korrigieren.
- Schlagobers und Dotter mit etwas Wasser glatt rühren. Hitze auf ein Minimum reduzieren und Dottermasse unter die Semmelmasse mengen, aber nicht mehr kochen!
- Mit Muskatnuss, Salz und Pfeffer abschmecken und Kren einmengen.

ZUBEREITUNGSZEIT: einige Minuten
VERWENDUNG: klassische Beilage zu gekochtem Rindfleisch, Tafelspitz, gekochter Zunge o. Ä.

Paradeisersauce Paradeisersuppe

ZUTATEN

- 600 g fleischige Paradeiser (oder 1 Dose geschälte Paradeiser)
- 70 g Zwiebelwürfel
- 1–2 gehackte Knoblauchzehen nach Belieben
- eventuell 40 g Tomatenmark oder Ketchup
- 15 g glattes Weizenmehl
- 2 Lorbeerblätter
- 10 grob zerstoßene Pfefferkörner
- 5 Wacholderbeeren
- ca. 2 KL (10 g) Salz
- ca. 1 EL (15 g) Zucker
- ca. 300 ml Suppe oder Gemüsefond (ersatzweise Wasser mit etwas Suppenwürze aus dem Reformhaus)
- 30 ml Sonnenblumen- oder Olivenöl oder Butter
- Schuss Wein nach Belieben

ZUM VERFEINERN JE NACH BEDARF

- frische Kräuter oder Rucola
- fein geriebener Käse

ZUBEREITUNG

- Paradeiser an der Oberseite kreuzweise einschneiden, kurz in kochendem Wasser überbrühen, bis sich die Haut leicht ablösen lässt. Dann kalt abschrecken und die Haut abziehen. Paradeiser in Spalten schneiden.
- Öl in einem Topf erhitzen und Zwiebel- sowie Knoblauchwürfel darin kurz anschwitzen. Tomatenmark einrühren und ebenfalls kurz anschwitzen, Mehl beigeben und mit Suppe sowie nach Belieben auch mit einem Schuss Wein aufgießen. Dabei mit dem Schneebesen fest rühren.
- Gewürze in ein Tee-Ei oder -säckchen geben und mit den Paradeisern beimengen. Anfangs nur mit wenig Salz sowie Zucker würzen und alles bei schwacher Hitze ca. 30 Minuten weich dünsten. Währenddessen wiederholt umrühren, damit sich die Sauce nicht anlegt und eventuell Flüssigkeit nachgießen.
- Sauce nach Belieben durch ein feines Sieb streichen und nochmals abschmecken.
- Je nach Verwendung mit frischen Kräutern, Rucola oder fein geriebenem Käse verfeinern.

VORBEREITUNGSZEIT: 10–15 Minuten
KOCHZEIT: ca. 40 Minuten
VERWENDUNG: passt gut zu Nudeln, gebratenem oder gedünstetem Fisch, Nockerln, Gnocchi und Knödeln

Österreichische Vielfalt

Während die Wiener Küche eine süßliche Komponente in der Paradeisersauce bevorzugt und dafür auf Knoblauch verzichtet, setzt sich in der zeitgemäßen österreichischen Küche auch die mediterrane Spielart durch, die mit Rosmarin, Oregano, Salbei, Majoran, Basilikum oder Thymian Akzente setzt. Dabei wird die Sauce meist ohne Mehl gebunden und nur durch Reduktion (Einkochen) sämig gemacht. Je nach Verwendung kann der Sauce durch Sardellenpaste, klein geschnittene Sardellenringe mit etwas Öl und einigen ansautierten Shrimps allerdings ein völlig neues Aroma verliehen werden. Für fruchtige **PARADEISERSUPPE** wird die Sauce wiederum mit etwas Fond, Suppe oder Wasser verdünnt. Als Einlage passen dann Paradeiserwürfel, Grieß- oder Topfenknöderl, Erdäpfelchips, Fischstückchen, Brotcroûtons oder fein geriebener Bergkäse bzw. ein Löfferl Sauerrahm besonders gut. Für eine **MORGENRÖTESAUCE** mixt man in die Sauce 60 ml Obers ein, erwärmt sie nochmals kurz und bestreut sie mit in Streifen geschnittenem Basilikum.

Kalte Saucen

Kalte Schnittlauchsauce

ZUTATEN

- 50 g weiches, entrindetes Weißbrot (ersatzweise Brösel von entrindetem Weißbrot, s. S. 113, aber keine Semmelbrösel)
- ca. 50 ml Milch, je nach Feuchtigkeit des Brotes
- 120 g Mayonnaise (evtl. mit Topfen oder Sauerrahm vermengt)
- 10 ml Essig
- Salz, Pfeffer
- 1 gekochtes Ei
- Zitronensaft
- Prise Zucker und/oder Chili nach Belieben
- 1–2 EL Schnittlauchröllchen

ZUBEREITUNG

- Weißbrot oder Weißbrotbrösel mit Milch anfeuchten und mit Mayonnaise sowie Essig vermengen.
- Hart gekochtes Ei sehr fein schneiden oder passieren. Unter die Masse rühren.
- Mit Salz und Pfeffer würzen. Nach Belieben auch noch mit einigen Tropfen Zitronensaft, einer Prise Zucker und/oder etwas Chili abschmecken.
- Abschließend den fein geschnittenen Schnittlauch untermengen. (Wird die Sauce nicht sofort serviert, Schnittlauch immer erst kurz vor dem Anrichten zugeben – schmeckt sonst unangenehm.)

ZUBEREITUNGSZEIT: 5–10 Minuten
VERWENDUNG: als Beilage zu gekochtem Rindfleisch, aber auch zu kaltem Braten oder pikanten Strudeln

Cumberlandsauce

ZUTATEN

- 80 g Preiselbeerkompott
- 80 g passierte Ribiselmarmelade
- 80 ml Rotwein (evtl. mit etwas Sherry vermischt)
- 20 ml Cointreau
- je 10 ml Zitronen- und Orangensaft
- fein geschnittene Zitronen- und Orangenschale
- 1 KL Estragonsenf
- Pfeffer aus der Mühle
- Speisestärke nach Bedarf

ZUBEREITUNG

- Den Rotwein mit Zitronen- und Orangensaft sowie den geriebenen Schalen in einem kleinen Gefäß aufkochen und 4–5 Minuten gut einkochen lassen.
- Je nach gewünschter Sämigkeit etwas Speisestärke mit wenig Wasser anrühren, einrühren und kurz mitkochen lassen. Wieder vom Herd nehmen.
- Preiselbeerkompott und Ribiselmarmelade untermengen, mit Cointreau, Senf und Pfeffer abschmecken. Abkühlen lassen.

ZUBEREITUNGSZEIT: ca. 5–10 Minuten
VERWENDUNG: klassische Beilage zu kalten Terrinen, aufgeschnittenem Roastbeef oder kalten Braten, aber auch zum Abrunden von Wild- und Rindsbratensauce

Mayonnaise

ZUTATEN

- 400–600 ml Öl (Sonnenblumen-, Erdnuss-, Raps-, Kern- oder Olivenöl)
- 125 ml Schlagobers oder Milch
- ½–1 EL (10–20 g) Maisstärke (Maizena)
- 3 Eier
- ca. 5 g Salz
- 10 g Senf
- ¼ TL weißer Pfeffer aus der Mühle
- 1 cl Weißweinessig
- eventuell Prise Zucker

ZUBEREITUNG

- Die Eier in eine Tasse oder kleine Schüssel schlagen und bereitstellen.
- Schlagobers in einen Topf gießen und mit dem Schneebesen mit Maizena, Senf, Salz sowie Pfeffer gut verrühren. Unter ständigem Rühren aufkochen lassen.
- Nun einen Mixstab in den Topf stellen, einschalten und die Eier zugeben, dabei ständig weitermixen.
- In eine Rührschüssel oder ein Mixglas umgießen und unter Rühren abkühlen lassen.
- Essig einrühren, nochmals abschmecken und das Öl in feinem Strahl einschlagen bzw. einmixen, bis die Mayonnaise bindet. (Je mehr Öl eingeschlagen wird, desto sämiger wird die Mayonnaise.)

ZUBEREITUNGSZEIT: einige Minuten
VERWENDUNG: zum Garnieren und Verfeinern, aber auch als Basis für weitere Saucen (Knoblauch-, Kräutersauce etc.)

Apfelkren

ZUTATEN

- 250 g säuerliche Äpfel
- 30–40 ml Weißweinessig 6 % oder Zitronensaft
- 10–20 g frisch geriebener Kren, je nach Schärfe und Geschmack
- ca. 2 KL (10 g) Feinkristallzucker (Gelb-, Rohr- oder Rohzucker) oder Honig nach Geschmack
- Prise Salz

ZUBEREITUNG

- Äpfel schälen, entkernen und klein schneiden. Rasch mit Essig vermischen (damit sie sich nicht verfärben) und schnell aufkochen. Bei geringer Hitze kurz weich kochen.
- Frisch geriebenen Kren und Zucker unter die Äpfel mischen und süßsauer abschmecken.
- Entweder auftragen oder noch kochend heiß in vorbereitete, kleine Gläser füllen, gut verschließen und die Gläser auf den Kopf gestellt auskühlen lassen.

ZUBEREITUNGSZEIT: ca. 15 Minuten
VERWENDUNG: klassische Beilage zu gekochtem Rindfleisch (Tafelspitz), aber auch zu kaltem Braten; als Beilage zu Wild mit Apfelschnaps, Orangenlikör oder Rum abschmecken und etwas getrocknete Preisel- oder Heidelbeeren mitkochen

Essigkren

ZUTATEN

- 80 ml Rindsuppe
- 20 g Semmelbrösel oder Brösel von entrindetem Weißbrot
- 1–2 EL Most- oder Apfelessig
- 1 EL Sonnenblumen-, Raps- oder Maiskeimöl
- 10–15 g frisch geriebener Kren
- Salz, Pfeffer aus der Mühle

ZUBEREITUNG

- Rindsuppe erhitzen, vom Herd nehmen und Semmelbrösel einrühren.
- Öl sowie Essig einmengen und mit frisch geriebenem Kren, Salz und Pfeffer pikant abschmecken. Je nach gewünschter Konsistenz mit Suppe verdünnen oder mit Bröseln festigen.

ZUBEREITUNGSZEIT: einige Minuten
VERWENDUNG: als Beigabe zu gekochtem (Rind-)Fleisch, aber auch zu kaltem Braten

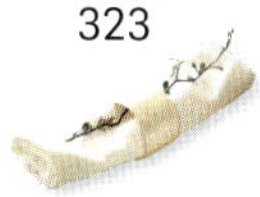

Aus Österreichs Backstube

TORTEN, KUCHEN & KEKSE
VON DER SACHERTORTE
BIS ZUM VANILLEKIPFERL

Linke Seite: Sachertorte

Sachertorte

Dieses Rezept stammt von Andrea Dechant.

ZUTATEN

210 g zimmertemperierte Butter

100 g Feinkristall- oder fein gesiebter Staubzucker für den Abtrieb

9 Eidotter

210 g Schokolade

9 Eiklar

120 g Feinkristallzucker für den Schnee

210 g griffiges Weizenmehl

Prise Backpulver

Butter und Mehl für die Form

ca. 300 g Marillenmarmelade

eventuell Läuterzucker (aufgekochter Zucker und Wasser im Verhältnis 1:1) mit Rum vermischt

FÜR DIE GLASUR

150 g Schokolade

70 g Butter

3 KL Zucker

4 EL Milch

ZUBEREITUNG

- Schokolade am besten über einem heißen Wasserbad schmelzen. Weiche Butter in einer Schüssel mit Zucker sehr schaumig rühren. Dann Dotter nach und nach langsam einrühren. Hell und schaumig aufschlagen, dann die zerlassene Schokolade einrühren.
- Eiklar mit Kristallzucker zu steifem Schnee schlagen. Mehl mit Backpulver vermischen und abwechselnd mit dem Schnee vorsichtig unter die Dottermasse ziehen.
- Backrohr auf 175 °C vorheizen, eine Tortenform mit 26 cm Durchmesser mit Butter ausstreichen und mit Mehl ausstreuen.
- Masse einfüllen und im vorgeheizten Backrohr ca. 1 Stunde backen.
- Torte herausnehmen und abkühlen lassen.
- Die ausgekühlte Torte zweimal durchschneiden und eventuell mit dem Rum-Läuterzucker-Gemisch beträufeln.
  Mit erwärmter Marillenmarmelade bestreichen. Rand und Tortenoberfläche ebenfalls mit Marmelade bestreichen und ca. 15 Minuten kühl stellen.
- Inzwischen für die Glasur alle Zutaten in einem Topf erwärmen und schmelzen lassen. Gut glatt rühren und die Torte damit rundum glasieren. Stocken lassen.

VORBEREITUNGSZEIT: 15–20 Minuten
BACKZEIT: ca. 1 Stunde
BACKROHRTEMPERATUR: 175 °C
GARNITUREMPFEHLUNG: geschlagenes Obers

Foto Seite 324

Österreichische Vielfalt

Wenn Ihnen ein Pâtissier oder Konditor erzählt, dass seine Sachertorte unter Garantie nach dem Originalrezept gebacken wurde, haben Sie allen Grund, misstrauisch zu werden. Selbiges liegt nämlich im Hause Sacher vor jedem Zugriff sicher in einem Tresor verwahrt und wurde bis dato noch niemals veröffentlicht. Allerdings hat sich die süße Zunft mittlerweile ganz gehörig ins Zeug gelegt, um sich jener Schokoladetorte zu nähern, die Franz Sacher als Kochlehrling in Diensten des Fürsten Metternich 1832 ersonnen hat. Urrezept hin oder her – der Erfolg entscheidet, und der sollte mit diesem Rezept sicher sein.

Rhabarbertorte

mit Vanilleschaum

ZUTATEN

- 1 Biskuitboden aus der halben Menge des Grundrezepts S. 409
- 1 Mürbteigboden (s. Grundrezept S. 409 oder durch einen 2. Biskuitboden ersetzen)
- 1 kg geschälter Rhabarber (ersatzweise Äpfel oder Birnen)
- ca. 100 ml Wein, Fruchtsaft oder Wasser
- ca. 250 g Feinkristallzucker
- 5-6 Blatt eingeweichte Gelatine (ersatzweise 1–2 EL Saftbinder)
- Marillen- oder Ribiselmarmelade zum Bestreichen

FÜR DEN VANILLESCHAUM

- 500 ml Milch (oder zur Hälfte mit Obers gemischt)
- 20 g Zucker
- 50 g Vanillepuddingpulver
- 2 Blatt Gelatine
- 4 Eiklar (oder 120 g pasteurisiertes Eiklar)
- 70 g Feinkristallzucker für den Schnee

ZUBEREITUNG

- Die zwei Tortenböden vorbereiten.
- Rhabarber in kleine Stücke schneiden und mit Wein, Fruchtsaft oder Wasser und Kristallzucker kurz kochen. Gelatine einweichen.
- Ausgedrückte Gelatine in der noch heißen Masse auflösen. Abseihen und auskühlen lassen. (Wird Saftbinder verwendet, Masse nun damit eindicken.)
- Für den Vanilleschaum die Milch mit Zucker und Puddingpulver verrühren und unter ständigem Rühren aufkochen. Gelatine in kaltem Wasser einweichen und in der heißen Masse auflösen.
- Eiklar mit Feinkristallzucker sehr steif aufschlagen und unter die noch heiße Puddingmasse rühren.
- Nun den überkühlten Mürbteig (oder Biskuitblatt) dünn mit Ribiselmarmelade bestreichen und Biskuitblatt auflegen. Torte mit einem Reif umstellen, den Rand mit Backpapier auslegen und die fast abgestockte Rhabarberfülle auftragen. Mit Vanilleschaum bestreichen und ca. 2 Stunden kühl stellen.
- Mit Marmelade bestreichen und eventuell abflämmen.

ZUBEREITUNGSZEIT: ca. 30 Minuten bei fertigem Teig, dann 2 Stunden kühl stellen

Linzer Torte

ZUTATEN

- 200 g weiche Butter
- 200 g Feinkristallzucker
- 5 Eier
- 30 ml Rum 60 %
- ½–1 Mokkalöffel Zimtpulver, nach Geschmack auch mehr
- Prise Nelkenpulver
- ½ abgeriebene frische Zitronenschale oder Zitronenschalenpulver
- 200 g glattes Weizenmehl, ersatzweise feines Dinkelmehl
- 130 g fein geriebene, geröstete Haselnüsse (evtl. zum Teil durch Brösel ersetzt)
- 1 Pkg. Backpulver
- 2–3 große Backoblaten
- 250 g Ribiselmarmelade
- eventuell einige Mandel- oder Haselnussblättchen zum Bestreuen
- Staubzucker zum Bestreuen
- Butter und Brösel für die Form

ZUBEREITUNG

- Butter mit Zucker, Gewürzen, Zitronenschale und Rum sehr schaumig rühren. Nach und nach Eier einschlagen und schaumig rühren.
- Mehl mit Backpulver und den geriebenen Haselnüssen vermischen, mit dem Kochlöffel zügig, aber behutsam unterrühren.
- Backrohr auf 165 °C vorheizen. Eine passende Tortenform (mit 26 cm Durchmesser) mit Butter ausstreichen und mit Bröseln ausstreuen.
- Nun den Teig zur Hälfte einfüllen, Oblaten auflegen (dafür bei Bedarf zurechtschneiden) und Ribiselmarmelade aufstreichen. Die restliche Teigmasse in einen Spritzsack füllen und als Gittermuster aufspritzen (oder mit einer Winkelpalette glatt auftragen). Nach Belieben mit Mandel- oder Haselnussblättchen bestreuen. Ins heiße Rohr schieben und 50–60 Minuten backen.
- Herausnehmen und am besten einen Tag kühl durchziehen lassen. Vor dem Auftragen mit Staubzucker bestreuen.

VORBEREITUNGSZEIT: 15–20 Minuten
BACKZEIT: 50–60 Minuten
BACKROHRTEMPERATUR: 165 °C

Österreichische Vielfalt

Ob die original Linzer Torte nun aus gerührtem oder geknetetem Mürbteig zubereitet wird, darüber ließe sich endlos diskutieren. Verbrieft ist nämlich gar nichts, nicht einmal die Anekdote selbst, nach der die Torte von einem nach Linz eingewanderten deutschen Zuckerbäcker im Jahr 1822 erfunden worden sein soll. Folglich kursiert auch eine Menge schmackhafter Abwandlungen: Statt Ribiselmarmelade wird auch Powidl-, Preiselbeer- oder Himbeermarmelade verwendet – manchmal sogar mit Marzipan oder fein gehackten Früchten verfeinert, der Teig wird zu mächtigen Torten oder feinen, kleinen Schnittchen gebacken. Zu Weihnachten gesellt sich Lebkuchengewürz dazu, für eine dunkle Linzer Torte auch etwas Kakaopulver. Nur über ein Faktum sollte man besser nicht streiten: Wer glaubt, Linzer Torte frisch aus dem Backofen servieren zu müssen, hat das Spiel bereits im Vorfeld verloren. Die schmeckt trocken wie Sägespäne – erst das Durchziehen an einem kühlen Ort macht sie zu dem, was sie ist: eine der besten Mehlspeisen des Landes!

Malakofftorte

ZUTATEN

- ca. 400 g Biskotten
- 300 ml Milch
- 30 g Vanillepuddingpulver
- 40 g Feinkristallzucker
- 30 g Vanillezucker
- 3–4 Blatt Gelatine
- 500 ml Schlagobers

ZUM TRÄNKEN

- 250 ml Milch
- 100 ml Rum, Weinbrand oder Kaffee (Löskaffee) oder eine Mischung daraus, eventuell mit etwas Läuterzucker gemischt, je nach gewünschter Intensität

ALS DEKOR

- 150 ml geschlagenes Obers
- einige Biskotten
- Schokoladesauce oder Schokoladespäne zum Garnieren
- eventuell 50 g geröstete Mandelblättchen (oder gemahlene Hasel- oder Walnüsse)

ZUBEREITUNG

- Für die Creme Gelatine in kaltem Wasser einweichen. Milch mit Vanillepuddingpulver, Zucker sowie Vanillezucker unter ständigem Rühren langsam aufkochen und kurz einkochen lassen. Wieder vom Herd nehmen. Gelatine ausdrücken, darin auflösen und Creme auskühlen lassen. Dabei ab und an umrühren.
- Währenddessen Obers nicht ganz fest aufschlagen. Bevor die Creme zu stocken beginnt, Obers unterheben.
- Den Boden einer passenden Torten- oder Springform mit Backpapier auslegen. Für die Tränkflüssigkeit Milch und Rum in einer Schüssel vermischen.
- Nun die Biskotten jeweils kurz durch die Milch ziehen und den Boden damit auslegen.
- Etwas Creme auftragen und mit getränkten Biskotten bedecken. So fortfahren, bis alles aufgebraucht ist, dabei mit Creme abschließen. Mindestens 3 Stunden kühl stellen.
- Torte vorsichtig aus der Form heben, dazu am Rand mit einem Messer lockern. Mit geschlagenem Obers rundum bestreichen und nach Belieben mit Schlagobers-Rosetten verzieren. Biskotten nach Wunsch schräg halbieren, an einem Ende in Schokoladesauce tunken und die Torte damit garnieren. Mit Schokoladespänen und/oder Mandelblättchen bestreuen.

ZUBEREITUNGSZEIT: ca. 20 Minuten, danach 3 Stunden kühl stellen

Topfentorte

ZUTATEN

- 1 heller Biskuitboden (s. S. 409)
- ca. 150 g Feinkristall- oder fein gesiebter Staubzucker, je nach gewünschter Süße
- 20 g Vanillezucker
- etwas fein geriebene Zitronen- oder Orangenschale
- 2 Eidotter
- 6 Blatt Gelatine
- 500 g Topfen
- 160 ml Milch
- 400 ml Schlagobers
- 20 ml Zitronensaft
- 10 ml Rum
- eventuell etwas Beerenpüree oder klein geschnittene Kompottfrüchte
- beliebige Marmelade zum Bestreichen
- Staubzucker zum Bestreuen

ZUBEREITUNG

- Biskuitboden wie beschrieben vorbereiten, abkühlen lassen und einmal durchschneiden. Gelatine in kaltem Wasser einweichen.
- Milch mit Vanillezucker, abgeriebener Zitronen- oder Orangenschale und Zucker aufkochen, vom Herd nehmen und mit dem Schneebesen unter raschem Rühren die Dotter einrühren. Gelatine ausdrücken und in der Eiermilch auflösen. Kurz überkühlen lassen.
- Topfen glatt rühren und gemeinsam mit Rum sowie Zitronensaft unter die Dottermilch mischen. Obers cremig steif schlagen und unter die Topfenmasse ziehen. Nach Belieben Beerenpüree oder klein geschnittene, gut abgetropfte Kompottfrüchte unter die Masse mengen. Kurz kühl stellen, bis die Masse leicht anzieht.
- Den Rand eines Tortenringes innen mit Backpapier auslegen. Biskuitboden hineinlegen, mit Marmelade bestreichen, Topfenmasse auftragen und den zweiten Tortenboden daraufsetzen. Vorsichtig andrücken und mindestens 3, besser 4 Stunden kühl stellen.
- Gut durchgekühlte Torte aus der Form nehmen, Papier abziehen und mit Zucker bestreut servieren.

ZUBEREITUNGSZEIT: ca. 15 Minuten bei fertigem Teig, dann 3–4 Stunden kühl stellen
GARNITUREMPFEHLUNG: Beeren und frische Früchte

Mohn-Topfen-Torte mit Himbeeren

Dieses Rezept stammt von Kevin Gamper aus Schwanenstadt.

ZUTATEN

- **100 g Butter**
- **30 g fein gesiebter Staubzucker**
- **4 Eier**
- **90 g Feinkristallzucker**
- **150 g gemahlener Mohn**
- **70 g gemahlene Haselnüsse**
- **1 Pkg. Vanillezucker**
- **Prise Zimt und Salz**
- **Butter und Mehl für die Form**
- **Kristallzucker zum Bestreuen**

FÜR DIE TOPFENCREME

- **250 g Topfen**
- **100 g fein gesiebter Staubzucker**
- **Saft von 1 Zitrone**
- **Schale von ½ Zitrone**
- **1 Pkg. Vanillezucker**
- **Prise Salz**
- **5 Blatt Gelatine**
- **500 ml Schlagobers**

FÜR DIE GLASUR

- **300 g Himbeeren**
- **1 TL Staubzucker**
- **3 Blatt aufgelöste Gelatine**

ZUBEREITUNG

- Eier trennen. Butter, Staubzucker, Vanillezucker, Salz und Zimt cremig rühren. Dotter nach und nach zugeben.
- Eiklar und Kristallzucker zu cremigem Schnee schlagen und ein Drittel unter die Dottermasse rühren. Restlichen Schnee mit Mohn und Haselnüssen unterheben.
- Backrohr auf 170–180 °C vorheizen, eine Form mit Butter ausstreichen und mit Mehl ausstreuen. Masse einfüllen und ca. 40 Minuten backen.
- Dann mit Kristallzucker bestreuen, stürzen und auskühlen lassen.
- Für die Creme Staub- und Vanillezucker mit Salz, Zitronensaft und -schale sowie Topfen glatt rühren. Obers schlagen, ein Drittel davon in die Topfenmasse rühren. Eingeweichte Gelatine in wenig heißem Wasser auflösen, zugeben und restliches Obers vorsichtig unterheben.
- Mohnboden mit einem Tortenreifen umstellen, Ränder mit Backpapier auskleiden, Creme darauf verteilen und glatt streichen. 2–3 Stunden kühl stellen.
- Für die Glasur Himbeeren pürieren, Staubzucker einrühren, aufgelöste Gelatine zugeben und die Torte mit Glasur überziehen. Glatt streichen und nochmals kurz kühlen.

VORBEREITUNGSZEIT: ca. 10 Minuten
BACKZEIT: ca. 40 Minuten
BACKROHRTEMPERATUR: 170–180 °C

Schwarzwälder Kirschtorte

ZUTATEN

- 1 dunkler Biskuitboden (s. S. 409)
- 1 Glas Kompottweichseln oder Sauerkirschen (mit Saft ca. 680 g, abgetropft ca. 350 g)
- 250 ml Weichselsaft
- 50 g Feinkristallzucker
- Prise Zimt
- 40 g Vanillepuddingpulver
- eventuell 30 ml Kirschschnaps oder -likör
- 100 g geschmolzene Schokolade oder Kuvertüre
- 750 ml Schlagobers
- 8 halbierte kandierte Kirschen und ca. 80 g Schokoladespäne als Dekor

ZUM TRÄNKEN

- 30 g Zucker
- 40 ml Wasser
- 10–20 ml Rum

ZUBEREITUNG

- Tortenboden wie beschrieben vorbereiten, auskühlen lassen und zweimal durchschneiden.
- Für die Tränkflüssigkeit Zucker mit Wasser aufkochen und abkühlen lassen. Dann Rum einrühren.
- Sauerkirschen abseihen und den Saft in einem Topf mit Zucker, Zimt sowie Puddingpulver verrühren. Unter wiederholtem Rühren aufkochen, Weichseln zugeben und auskühlen lassen. Eventuell mit Likör oder Schnaps verfeinern.
- Schlagobers nicht zu steif aufschlagen. Etwa 200 g mit dem Schneebesen unter die geschmolzene, etwas überkühlte Schokolade rühren, damit das Obers nicht zu flüssig wird.
- Den ersten Tortenboden mit etwas Tränkflüssigkeit beträufeln, Schokoladeobers aufstreichen, die Hälfte der Kirschen darüber verteilen und den zweiten Boden auflegen. Wiederum mit Flüssigkeit befeuchten und gut die Hälfte des weißen Obers aufstreichen. Die restlichen Kirschen darauf verteilen und mit dem letzten Boden abdecken. Etwas befeuchten, einen Teil des Obers in einen Spritzsack mit gezackter Tülle füllen und mit dem restlichen Obers die Torte oben sowie am Rand einstreichen.
- Auf die Torte Schlagobers-Rosetten spritzen, mit kandierten Kirschen und Schokoladespänen dekorieren.

ZUBEREITUNGSZEIT: ca. 30 Minuten bei fertigem Tortenboden

Böhmische Apfeltorte

ZUTATEN

- 9 Eier
- 160 g Feinkristallzucker
- 200 g geschälte, entkernte, fein geriebene Äpfel (netto gewogen)
- 50 g Kakaopulver
- 200 g fein geriebene Haselnüsse
- 110 g feiner Kindergrieß
- 150 g Marillen- oder Ribiselmarmelade zum Bestreichen
- 250 g Fondant oder andere Glasur nach Belieben
- Mehl und Butter für die Form

ZUBEREITUNG

- Backrohr auf ca. 165 °C vorheizen. Eine passende Tortenform mit Butter ausstreichen und mit Mehl ausstreuen.
- Die Eier trennen. Eidotter mit der Hälfte des Zuckers schaumig rühren.
- Eiklar mit restlichem Zucker steif aufschlagen. Abwechselnd mit geriebenen Äpfeln, Nüssen, Grieß und dem Kakaopulver unter die Masse mengen.
- Ins vorgeheizte Backrohr schieben und ca. 45 Minuten backen.
- Herausnehmen und überkühlen lassen.
- Mit leicht erwärmter Marmelade bestreichen und mit Fondant oder Glasur überziehen.

VORBEREITUNGSZEIT: ca. 15 Minuten
BACKZEIT: ca. 45 Minuten
BACKROHRTEMPERATUR: 165 °C

Marmorgugelhupf

ZUTATEN

- 250 g zimmerwarme Butter
- 200 g Feinkristallzucker, ersatzweise Staub-, feiner Roh- oder Gelbzucker
- 250 g glattes Weizen- oder feines Dinkelmehl
- 5–6 Eier
- 100 g Haushaltsschokolade oder Kuvertüre (oder 2–3 EL Kakaopulver)
- Prise Backpulver
- etwas Zitronenschale
- Prise Salz
- 2 EL Rum, Zitronensaft oder Fruchtsirup
- 10 g Vanillezucker
- Butter und Mehl für die Form
- Staubzucker zum Bestreuen

ZUBEREITUNG

- Butter rechtzeitig aus dem Kühlschrank nehmen und weich werden lassen. Dann mit Zucker sehr schaumig aufschlagen. Eier nach und nach langsam hineinschlagen und dazwischen immer wieder gut vermengen. (Sollte die Masse gerinnen, sofort etwas Mehl zugeben und weiterrühren.) Rum, Zitronenschale, Prise Salz sowie Vanillezucker einmengen und zuletzt das Mehl mit Backpulver einrühren.
- Backrohr auf 160 °C Heißluft vorheizen und die in Stücke gebrochene Schokolade im Wasserbad schmelzen lassen. Gugelhupfform mit Butter ausstreichen und mit Mehl ausstreuen.
- Etwa ein Drittel der Masse mit der zerlassenen Schokolade verrühren. Nicht ganz die Hälfte der hellen Masse in die Form füllen, dunkle Masse auftragen und mit dem restlichen hellen Teig bedecken. Für das typische Muster eine Gabel oder Spießchen wellenartig durch den Teig ziehen. Im heißen Backrohr etwa 45 Minuten backen.
- Gugelhupf herausnehmen, kurz überkühlen lassen und nach etwa 10–15 Minuten stürzen. Mit Staubzucker bestreut auftragen.

VORBEREITUNGSZEIT: ca. 15 Minuten
BACKZEIT: ca. 45 Minuten
BACKROHRTEMPERATUR: 160 °C Heißluft

Österreichische Vielfalt

Als eine der wesentlichen Säulen des österreichischen Mehlspeishimmels wird der Gugelhupf je nach Region und Geschmack in unterschiedlichsten Varianten gebacken. In Wien erfreut sich etwa der **KAISERGUGELHUPF** besonderer Beliebtheit, wenngleich man sich nicht ganz sicher zu sein scheint, was dem Kaiser heute wohl so schmecken würde. Die Bandbreite reicht da vom saftigen, mit Mandelblättchen umhüllten Germgugelhupf bis hin zum Gugelhupf mit viel Nüssen, Rosinen und Schokolade, der seine Flaumigkeit vor allem dem aufgeschlagenen Schnee verdankt. Im Waldviertel mengt man für einen **MOHNGUGELHUPF** 100 g fein gemahlenen Mohn unter die ausschließlich helle Masse, in der Steiermark für **KÜRBISKERNGUGELHUPF** 100 g fein gemahlene Kürbiskerne und ersetzt 50 g Butter durch dieselbe Menge Kürbiskernöl. Gegen Weihnachten hin hat der aromatische **GEWÜRZGUGELHUPF,** der mit Zimt, Lebkuchengewürz, Kardamom, Nelken oder Ingwer aromatisiert wird, ebenso Hochsaison wie der **FRÜCHTEGUGELHUPF.** Dafür werden ca. 100 g klein geschnittene kandierte oder getrocknete Früchte in den Teig eingemengt, der allerdings dann nicht dunkel eingefärbt wird. Das ganze Jahr hindurch Saison haben **ZITRONENGUGELHUPF** (statt Rum Zitronensaft und fein geriebene, unbehandelte Zitronenschale untermengen), **NUSSGUGELHUPF** (ca. 100 g grob gehackte oder fein gemahlene Nüsse einarbeiten) oder **ROSINENGUGELHUPF.** Für diesen werden 100 g in Rum eingeweichte, gut abgetropfte Rosinen unter den hellen Teig gemischt.

Biergugelhupf

Dieses Rezept stammt von Familie Schimpl vom Gasthof Kräuter-Wirt in Gutenbrunn.

ZUTATEN

- **8 Eier**
- **100 g weiche Butter**
- **80 g Staubzucker**
- **100 g Biskuitbrösel**
- **80 g geriebene Mandeln**
- **125 ml Bier**
- **Rum**
- **100 g Rosinen**
- **Schale von ½ Zitrone**
- **je 1 Prise Salz und Zimt**
- **80 g Kristallzucker**
- **20 g Stärke**
- **Butter und Brösel für die Form**
- **Staubzucker zum Bestreuen**

ZUBEREITUNG

- Die Eier trennen, Bier mit einem Schuss Rum vermischen und die Rosinen darin eine kleine Weile marinieren.
- Weiche Butter mit Staubzucker schaumig schlagen und Eidotter nach und nach langsam einrühren. Biskuitbrösel und Mandeln zugeben, dann die Rosinen mitsamt der Flüssigkeit unterrühren.
- Backrohr auf 180 °C vorheizen und eine Gugelhupfform mit Butter ausstreichen und mit Bröseln ausstreuen.
- Eiklar mit Kristallzucker und einer Prise Salz steif schlagen, die Stärke vorsichtig unterrühren und den Schnee unter die Buttermasse ziehen. Geriebene Zitronenschale und Zimt einrühren.
- Masse in die vorbereitete Form füllen und im vorgeheizten Backrohr ca. 40 Minuten backen.
- Herausnehmen, auskühlen lassen und mit Staubzucker bestreut servieren.

VORBEREITUNGSZEIT: ca. 15 Minuten
BACKZEIT: ca. 40 Minuten
BACKROHRTEMPERATUR: 180 °C

Zwetschkenstrudel

ZUTATEN

- 250 g Blätterteig oder gezogener Strudelteig, s. S. 410
- 700 g entkernte Zwetschken (am besten Hauszwetschken)
- 50 g geriebene Nüsse oder Krokant
- 50–80 g Feinkristall-, Gelb-, Roh-, Rohr- oder Vollzucker
- 10 g Vanillezucker
- Zimt
- Ca. 70 g Semmelbrösel
- 20 ml Zwetschkenschnaps oder Rum nach Belieben
- 1 verquirltes Ei zum Bestreichen
- Butter für die Form
- Staubzucker zum Bestreuen

ZUBEREITUNG

- Blätterteig ausrollen.
- Zwetschken je nach Größe noch vierteln und mit Nüssen oder Krokant, Bröseln, Zucker, Vanillezucker, Zimt und eventuell Rum in einer Schüssel vermischen.
- Backrohr auf 175–190 °C vorheizen und ein Backblech mit Butter ausstreichen oder mit Backpapier auslegen.
- Zwetschken in der Mitte des Teiges auftragen, die Teigenden darüberschlagen und sanft andrücken. Mit verquirltem Ei bestreichen. (Strudelteig wie beschrieben ausziehen, Fülle auf einem Teil des Teiges auftragen, den Rest mit flüssiger Butter bestreichen, dicke Ränder wegschneiden und mit Hilfe des Tuches zu einem Strudel einrollen. Mit flüssiger Butter bestreichen.)
- Im heißen Backrohr 30–35 Minuten backen. Überkühlt portionieren und mit Staubzucker bestreut servieren.

VORBEREITUNGSZEIT: ca. 15 Minuten bei fertigem Teig
BACKZEIT: ca. 30–35 Minuten
BACKROHRTEMPERATUR: 175–190 °C
GARNITUREMPFEHLUNG: Eis nach Geschmack oder Vanille- oder Zimtsauce

TIPPS

- Da die marinierten Zwetschken rasch Flüssigkeit verlieren, muss der Strudel sofort gebacken werden. Andernfalls würde der Teig aufgeweicht werden.
- Sind die Zwetschken sehr weich und saftig, so vermengen Sie einfach etwa 10 g Vanille- oder Schokoladepuddingpulver mit dem Zucker und mischen ihn unter die Zwetschken.

Österreichische Vielfalt

Die berühmten Wachauer Marillen sowie ihre nicht „markengeschützten“ Verwandten aus den Obstgärten im restlichen Österreich lassen sich für einen saftigen **MARILLENSTRUDEL** nach demselben Rezept verarbeiten. Ob nun statt geriebenen Nüssen Mandelblättchen, süße Butterbrösel, Kokosflocken oder gar kandierte Ingwerstückchen unter die Füllmasse gemengt werden, ist ebenso vom persönlichen Geschmack abhängig wie die Zugabe von Sauerrahm, Topfen oder Crème fraîche.

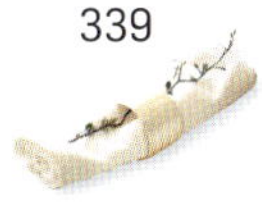

Mohnstrudel Nussstrudel

Dieses Rezept stammt von Manfred Flickinger, Buchautor und Lehrbeauftragter am Gastronomischen Institut Wien.

ZUTATEN

125 ml Milch
20 g Germ
250 g Mehl
50 g Staubzucker
40 g Öl
eine Prise Salz, geriebene Zitronenschale, Rum
Ei zum Bestreichen
Butter für das Blech

FÜR DIE MOHNFÜLLE

200 ml Milch
65 g Kristallzucker
130 g gemahlener Mohn
25 g Grieß
80 g Rohmarzipan
1 Eiklar
geriebene Zitronenschale
Vanillezucker
Zimt

FÜR NUSSSTRUDEL

ca. 500 g Nussmasse s. Nussgolatschen S. 352

ZUBEREITUNG

- Für den Teig Milch auf ca. 30 °C erwärmen. Germ in der halben Milchmenge auflösen und mit etwas Mehl zu einem dickbreiigen Teig verrühren. Ein wenig Mehl darüberstauben und das Dampfl zugedeckt an einem warmen Ort (ca. 30 °C) aufgehen lassen.
- Dann in der restlichen Milch Staubzucker, Öl sowie eine Prise Salz, etwas Zitronenschale und Rum erwärmen. Das reife Dampfl (erkennbar an groben Rissen an der Mehloberfläche) mit Mehl und der Milch zu einem glatten Teig verarbeiten. In zwei 250 g schwere Stücke teilen, diese zu Kugeln schleifen (mit den Handballen durcharbeiten) und auf einer bemehlten Arbeitsfläche zugedeckt ca. 20 Minuten rasten lassen.
- Für die Mohnfülle Milch mit Kristallzucker, geriebener Zitronenschale, Vanillezucker und Zimt aufkochen. Mohn und Grieß einrühren und einige Minuten weich kochen. Rohmarzipan beimengen und auskühlen lassen. Zuletzt das Eiklar einrühren.
- Nun die Teigstücke auf einer bemehlten Arbeitsfläche rechteckig (ca. 4 mm stark) ausrollen. Je 250 g Mohn- oder Nussfülle (sollte diese zu fest sein, mit etwas Milch verdünnen) auf den Rechtecken verstreichen und die Teigflächen von oben nach unten einrollen. Auf ein mit Butter bestrichenes oder mit Backpapier ausgelegtes Blech (oder in eine Kastenform) legen und an einem warmen Ort nochmals ca. 20 Minuten aufgehen lassen.
- Backrohr auf 170 °C vorheizen. Strudel mit Ei bestreichen, mit einer Gabel fünfmal stupfen (einstechen, um Blasenbildung zu vermeiden) und im vorgeheizten Backrohr ca. 35 Minuten backen.

VORBEREITUNGSZEIT: 1–1 ½ Stunden
BACKZEIT: ca. 35 Minuten
BACKROHRTEMPERATUR: 170 °C Heißluft

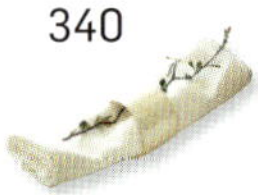

Apfelstrudel Birnenstrudel

ZUTATEN

- Strudelteig s. S. 410 oder (Blätterteig)
- 50 g Semmel- oder Kuchenbrösel
- 50 g zerlassene Butter für die Butterbrösel
- eventuell geriebene Hasel- oder Walnüsse
- 60 g zerlassene Butter zum Bestreichen
- verquirltes Ei bei Bedarf (zum Bestreichen bei Blätterteig)

FÜR DIE FÜLLE

- 800–900 g geschälte, blättrig geschnittene Äpfel oder Birnen (Nettogewicht)
- 50 g Feinkristall- oder Gelierzucker
- Zimt
- 20 g Vanillezucker
- 30 g in Rum eingeweichte Rosinen
- 2 cl Rum
- 1 cl Zitronensaft

ZUBEREITUNG

- Den Teig wie beschrieben vorbereiten und rasten lassen.
- Währenddessen die Brösel in zerlassener Butter kurz anrösten. Vom Herd nehmen und nach Belieben mit geriebenen Nüssen vermengen. Die blättrig geschnittenen Äpfel mit Zucker, Zimt, Vanillezucker, Rosinen, Rum sowie Zitronensaft vermengen.
- Backrohr auf 165 °C vorheizen und eine Backform (oder ein Backblech) mit Backpapier auslegen oder mit Butter bestreichen.
- Dann den Strudelteig auf einer gut bemehlten Arbeitsfläche zuerst mit dem Rollholz ausrollen und wie beschrieben dünn ausziehen. Mit zerlassener Butter bestreichen und etwa zwei Drittel der Teigfläche mit den gerösteten Butterbröseln bestreuen. Apfelfülle darauf verteilen, die dicken Teigränder abschneiden und mit Hilfe des Tuches zu einem Strudel einrollen. (Blätterteig ausrollen, Fülle auftragen und die Teighälften übereinanderschlagen. Enden gut verschließen.)
- Auf das Backblech setzen, mit Butter (Blätterteig mit Ei) bestreichen und im vorgeheizten Backrohr 35–40 Minuten hellbraun backen. Währenddessen nochmals mit Butter bestreichen.
- Herausheben, überkühlen lassen und mit Staubzucker bestreut auftragen.

VORBEREITUNGSZEIT: 20–30 Minuten bei fertig ausgezogenem Teig
BACKZEIT: ca. 35–40 Minuten
BACKROHRTEMPERATUR: 165 °C
GARNITUREMPFEHLUNG: Schlagobers mit Zimt abgeschmeckt

Esterházyschnitte

Dieses Rezept stammt von Andrea Dechant.

ZUTATEN

- **6 Eiklar**
- **180 g Feinkristallzucker**
- **150 g geröstete, geriebene Haselnüsse**
- **30 g glattes Weizen- oder feines Dinkelmehl**
- **Zimt**
- **Vanillezucker**
- **Butter und Mehl für das Backblech**
- **Mandelblättchen zum Bestreuen**
- **ca. 100 g Fondant**
- **Wasser, Sirup oder Alkohol bei Bedarf**
- **zerlassene Schokolade oder Nutella zum Verzieren**
- **ca. 80 g Ribisel- oder Marillenmarmelade**
- **bei Bedarf Läuterzucker (aufgekochter Zucker und Wasser im Verhältnis 1:1) mit Rum vermischt**

FÜR DIE CREME

- **ca. 100 g Feinkristallzucker, je nach Geschmack**
- **30 g Maisstärke**
- **250 ml Milch**
- **2 Eidotter**
- **1 Pkg. Vanillezucker**
- **120–150 g zimmertemperierte Butter**
- **eventuell Rum, Kirschschnaps oder Weinbrand**

ZUBEREITUNG

- Eiklar mit Zucker und Vanillezucker zu cremig-steifem Schnee schlagen. Mehl, Zimt und Haselnüsse mit einem Kochlöffel unterrühren.
- Backrohr auf 175–185 °C vorheizen, ein Backblech mit Butter bestreichen und mit Mehl bestreuen (oder mit Backpapier bzw. Silikonbackmatte auslegen).
- Masse mit einer Winkelpalette oder Tortenschaufel gleichmäßig dick auf das Backblech streichen und 15–20 Minuten hellbraun backen. Noch heiß in 4 Bahnen schneiden und sofort vom Blech lösen.
- Für die Creme Milch mit Zucker sowie Vanillezucker aufkochen, zuvor wenig Milch mit Stärke abrühren, mit dem Schneebesen in die kochende Milch einrühren, Hitze reduzieren und Dotter noch heiß unterrühren. Mit einem Schuss Alkohol aromatisieren. In einen Rührkessel gießen und kalt rühren (so lange rühren, bis die Masse kalt ist). Dann nach und nach Butter einrühren. Hell und dickschaumig aufschlagen.
- Nun drei Teigplatten jeweils mit der vorbereiteten Creme bestreichen und zusammensetzen. Das oberste Blatt mit leicht erwärmter Marmelade bestreichen. (Sind die Teigbahnen zu trocken geraten, vorher noch jeweils mit etwas Rum-Läuterzucker-Gemisch beträufeln.)
- Fondant in einem Topf auf ca. 40 °C erwärmen, bei Bedarf mit etwas Wasser, Sirup oder Alkohol verdünnen und mit dem Schneebesen glatt rühren. Auf das Deckblatt auftragen. Geschmolzene Schokolade in einen kleinen Spritzbeutel füllen und auf das Deckblatt dünne Linien auftragen. Die Schokoladelinien mit einem kleinen Stäbchen wellenartig nach unten bzw. oben ziehen, wodurch das typische Esterházymuster entsteht.
- Seitlich mit gehobelten Mandel- oder Haselnussblättchen bestreuen und kühl durchziehen lassen.

VORBEREITUNGSZEIT: ca. 10 Minuten, Vollenden ca. 20 Minuten
BACKZEIT: 15–20 Minuten
BACKROHRTEMPERATUR: 175–185 °C Heißluft

Biskuitroulade

ZUTATEN

7 Eidotter
20 g Kristall- oder Staubzucker für den Abtrieb
5 Eiklar
80 g Kristallzucker für den Schnee
80 g glattes Mehl
Prise Salz
frisch geriebene Zitronen- oder Orangenschale nach Belieben
Zucker für die Unterlage
beliebige Marmelade zum Füllen
Staubzucker zum Bestreuen

Foto linke Seite

ZUBEREITUNG

- Zunächst in einer Schüssel Dotter mit Zucker schaumig rühren. Salz und eventuell Zitronenschale zugeben.
- Eiklar mit Kristallzucker steif aufschlagen und abwechselnd mit dem Mehl locker unter die Dottermasse mengen.
- Backrohr auf 165 °C Heißluft vorheizen, das Backblech mit Backpapier oder Silikonmatte belegen.
- Masse rechteckig aufstreichen und ca. 10 Minuten (auf Sicht) backen.
- Herausnehmen und auf eine gezuckerte Unterlage (Baumwolltuch oder Backpapier) stürzen. Backpapier vorsichtig abziehen und entweder noch warm mit Marmelade bestreichen und einrollen oder (beim Bestreichen mit Buttercremen etc.) bis zur weiteren Verwendung abdecken (am besten mit Silikonmatte oder Backpapier und einem angefeuchteten Tuch darauf), damit die Roulade nicht austrocknet. Auskühlen lassen. Dann mit Marmelade bestreichen und einrollen.
- Mit Staubzucker bestreuen und aufschneiden.

VORBEREITUNGSZEIT: 5–10 Minuten
BACKZEIT: ca. 10 Minuten
BACKROHRTEMPERATUR: ca. 165 °C Heißluft

Sandkuchen

Dieses Rezept stammt von Ingrid Pernkopfs Tochter Claudia Klosterer aus Wiener Neustadt.

ZUTATEN

4 Eier
190 g Feinkristallzucker
10 g Vanillezucker
190 g glattes Weizen- oder feines Dinkelmehl
160 g heiße Butter
50 ml Milch
Prise Backpulver und Salz
etwas unbehandelte, fein geriebene Zitronenschale
eventuell 150 g passierte Marillen- oder Ribiselmarmelade sowie Fondant bzw. Schokoladeglasur zum Bestreichen oder Staubzucker zum Bestreuen
Butter, Mehl oder Brösel für die Form
beliebige kandierte Früchte zum Garnieren

ZUBEREITUNG

- Eier, Zucker, Milch, Salz, Zitrone und Vanillezucker mit dem Schneebesen zuerst warm und dann kalt (auch in der Küchenmaschine) schlagen. Mehl mit Backpulver vermengen sowie heiße Butter einrühren.
- Backrohr auf 165–175 °C vorheizen, eine Kuchen- oder Gugelhupfform mit Butter ausstreichen und mit Mehl oder Bröseln ausstreuen. Masse einfüllen und ca. 45 Minuten (je nach Größe) backen. Dabei nach 10 Minuten Backzeit die Kruste mit einem gefetteten Messer der Länge nach einschneiden.
- Kuchen noch warm aus der Form stürzen und nach Belieben rundum mit Marmelade bestreichen, dünn mit Fondant oder Schokoladeglasur überziehen und mit diversen Früchten garnieren. (Oder nur mit Staubzucker bestreuen.)

VORBEREITUNGSZEIT: ca. 20 Minuten
BACKZEIT: ca. 45 Minuten
BACKROHRTEMPERATUR: 165–175 °C

Obstkuchen

ZUTATEN

- 1–1,3 kg beliebige Früchte (Marillen, Zwetschken, Kirschen, Heidelbeeren etc.)
- 250 g weiche Butter
- 220 g Feinkristall-, Gelb- oder Rohzucker
- 4 Eier
- 250 g glattes Weizen- oder feines Dinkelmehl (evtl. 50 g Mehl durch geriebene Haselnüsse, Mandeln, Kürbiskerne, Walnüsse, Kokosette oder Schokolade ersetzen)
- Prise Backpulver
- Salz
- 20 g Vanillezucker
- Butter für das Backblech
- Heiße Marmelade bzw. Tortengelee zum Überziehen oder Staubzucker zum Bestreuen

ZUBEREITUNG

- Obst je nach Sorte entkernen.
- Butter rechtzeitig aus dem Kühlschrank nehmen und weich werden lassen. Mit Zucker sehr schaumig rühren (dafür den Zucker eventuell vorher in der Küchenmaschine cuttern).
- Die Eier nach und nach zugeben und gut aufschlagen.
- Abschließend Mehl, eventuell Nüsse, eine Prise Salz und Backpulver einmengen.
- Backrohr auf ca. 165 °C Heißluft vorheizen und ein Backblech mit Butter ausstreichen.
- Masse auf das Blech auftragen und die entkernten Früchte mit der Schnittseite nach oben dicht nebeneinander darauflegen. Im heißen Backrohr ca. 45 Minuten backen.
- Herausheben und überkühlen lassen. Nach Belieben mit heißer Marmelade oder vorbereitetem Tortengelee überziehen oder mit Staubzucker bestreuen.

VORBEREITUNGSZEIT: ca. 10 Minuten
BACKZEIT: ca. 45 Minuten
BACKROHRTEMPERATUR: ca. 165 °C Heißluft

Rehrücken

Dieses Rezept stammt von Michael Pernkopf.

ZUTATEN

- 140 g Butter
- 140 g Feinkristallzucker
- 7 Eidotter
- 7 Eiklar
- Prise Salz
- 1 Pkg. Vanillezucker
- 120 g Zartbitterkuvertüre
- 150 g geröstete, fein gemahlene Mandeln oder Haselnüsse
- 70 g Semmelbrösel
- ca. 150 g passierte Ribisel- oder Marillenmarmelade zum Bestreichen
- 50 g gestiftelte Mandeln zum Spicken
- dunkle Ganacheglasur oder Schokoladeglasur zum Glasieren
- Butter und Semmelbrösel für die Form

ZUBEREITUNG

- Butter mit etwa zwei Drittel Zucker, Salz und Vanillezucker schaumig rühren. Nach und nach Dotter zugeben. Kuvertüre schmelzen und unter die Buttermasse rühren.
- Eiklar mit restlichem Zucker aufschlagen. Mandeln mit Bröseln vermischen und abwechselnd mit dem Schnee unter den Abtrieb heben.
- Backrohr auf 165–175 °C vorheizen, eine Rehrückenform mit Butter ausstreichen und mit Bröseln ausstreuen. Masse einfüllen und 50–60 Minuten backen.
- Herausheben, auskühlen lassen und stürzen. Mit Marmelade bestreichen, etwas antrocknen lassen und mit Schokoladeglasur überziehen. Mit gestiftelten Mandeln spicken und ca. 2 Stunden kühl stellen.

VORBEREITUNGSZEIT: ca. 10 Minuten
BACKZEIT: 50–60 Minuten
BACKROHRTEMPERATUR: 165–175 °C

Marillenkuchen Zwetschkenkuchen

ZUTATEN

- ca. 600 g vorbereitete Marillen oder Zwetschken (Kirschen, Heidelbeeren, Birnen- oder Apfelspalten)
- 130 g feiner Maisgrieß (Polenta) oder Weizengrieß
- 150 g weiche Butter
- 200 g Feinkristall-, Gelb- oder fein gesiebter Staubzucker
- 5 Eier
- 50 g glattes Weizen- oder feines Dinkelmehl
- 130 g fein gemahlene Haselnüsse oder Mandeln
- ½ TL Backpulver
- abgeriebene Schale von 1 unbehandelten Zitrone
- Butter und Mehl für die Form
- Gelee oder Staubzucker nach Belieben

ZUBEREITUNG

- Weiche Butter mit Zucker in einer Rührschüssel mit dem Schneebesen oder in der Küchenmaschine schaumig schlagen.
- Eier nach und nach zugeben und jeweils gut verrühren. Maisgrieß und Zitronenschale einrühren. Mehl mit Nüssen und Backpulver vermischen und ebenfalls unter den Abtrieb rühren.
- Backrohr auf 165–170 °C Heißluft vorheizen. Eine Kuchen- oder Tortenform mit Butter ausstreichen und mit Mehl ausstreuen oder mit Backpapier auslegen.
- Den Teig einfüllen, die vorbereiteten Früchte mit der Schnittfläche nach oben auflegen (oder Teig zur Hälfte einfüllen, Früchte auflegen und mit Teig abdecken) und im vorgeheizten Backrohr 50–60 Minuten backen.
- Gebackenen Kuchen herausheben und überkühlen lassen. Früchte mit Tortengelee überziehen oder Kuchen mit Staubzucker bestreuen.

VORBEREITUNGSZEIT: ca. 10 Minuten
BACKZEIT: 50–60 Minuten
BACKROHRTEMPERATUR: 165–170 °C Heißluft

Rotweinkuchen

ZUTATEN

- 250 g weiche Butter
- 200 g Feinkristallzucker
- 5 Eier
- 220 g glattes Weizen- oder feines Dinkelmehl
- 100 g fein geriebene Schokolade oder Schokoladestreusel
- 20 g gesiebtes Kakaopulver
- ½ Mokkalöffel Zimt
- 20 ml Rum
- Prise Nelkenpulver
- 20 g Vanillezucker
- Prise Zitronenschalen- oder Orangenschalenpulver
- ½ Pkg. Backpulver
- 100 ml herber Rotwein (Most oder Glühwein)
- Butter und Mehl oder Brösel für die Form
- Staubzucker zum Bestreuen

ZUBEREITUNG

- Backrohr auf ca. 165 °C vorheizen. Eine passende Kuchenform mit Butter ausstreichen und mit Mehl oder Bröseln ausstreuen.
- Butter mit Zucker, Vanillezucker, Zitronenschale und Gewürzen sehr schaumig rühren.
- Eier nach und nach zugeben und die Masse schaumig rühren.
- Rotwein und Rum zugießen. Mehl mit Kakao, geriebener Schokolade und Backpulver vermengen und abschließend unterrühren. In die vorbereitete Form füllen und 50–60 Minuten backen.
- Herausheben, abkühlen lassen und vor dem Servieren mit Staubzucker bestreuen.

VORBEREITUNGSZEIT: ca. 15 Minuten
BACKZEIT: 50–60 Minuten
BACKROHRTEMPERATUR: ca. 165 °C Heißluft

Kärntner Reinling

ZUTATEN

550 g glattes Weizen- oder feines Dinkelmehl
60 g zerlassene Butter
1 Ei
2 Eidotter
50 g Feinkristall- oder fein gesiebter Staubzucker
20 g Vanillezucker
ca. 250 ml warme Milch
1 Pkg. Trockengerm oder ½ Pkg. Frischgerm
Prise Salz
fein geriebene Zitronenschale
Butter zum Bestreichen
nach Belieben Staubzucker, Marmelade, Zuckerglasur oder Fondant zum Vollenden

FÜR DIE FÜLLE

80 g zerlassene Butter
ca. 60 g Feinkristallzucker
80 g Honig
100–120 g grob gehackte Walnüsse
100 g in Rum oder Weinbrand eingelegte Rosinen, je nach Belieben
1 KL Kakaopulver oder 1 EL fein geriebene Schokolade
1–2 KL Zimt

ZUBEREITUNG

- Milch mit Zucker und Germ glatt rühren, mit allen anderen Zutaten vermengen und mit dem Kochlöffel oder in einer Rührschüssel der Küchenmaschine mit dem Knethaken zu einem glatten, seidigen Teig abschlagen. An einem warmen Ort gut abgedeckt um das Doppelte aufgehen lassen.
- Inzwischen für die Fülle die zerlassene Butter mit Honig und Zimt verrühren.
- Teig wieder zusammenschlagen und auf einer leicht bemehlten Arbeitsfläche rechteckig ausrollen. Zimtbutter mit einem Pinsel auf dem Teig verstreichen. Zucker, Nüsse sowie Rosinen darauf verteilen und mit Kakao oder Schokolade bestreuen. Teig einrollen und in eine gut mit Butter bepinselte Rein, Torten- oder Gugelhupfform schneckenförmig einlegen. Abgedeckt nochmals aufgehen lassen.
- Backrohr auf 165–175 °C vorheizen.
- Nun Teigoberfläche mit flüssiger Butter bestreichen und im vorgeheizten Backrohr 40–50 Minuten backen.
- Herausheben, auskühlen lassen und nach Belieben mit heißer Marmelade, Zuckerglasur oder Fondant bestreichen bzw. einfach mit Staubzucker bestreuen.

VORBEREITUNGSZEIT: ca. 1 ½ Stunden
BACKZEIT: 40–50 Minuten
BACKROHRTEMPERATUR: 165–175 °C

Österreichische Vielfalt

Nur Nichtkärntner sprechen von einem Kärntner Reinling. Im Land rund um Drau und Glan ist lediglich vom Reinling die Rede, der speziell zu Ostern Hochsaison hat. Da wird der Germteigkuchen bereits am frühen Morgen verspeist und traditionell von saftigem Osterschinken und deftigen Osterwürsteln begleitet. Für **STRIEZEL (GERMTEIGSTRIEZEL)** werden die Rosinen gleich in den Teig eingearbeitet, der Teig nach dem Aufgehen nochmals zusammengeschlagen und in Form von 3 Strängen zu einem Striezelzopf geflochten. Verquirltes Ei obenauf sorgt für goldenen Glanz, aufgestreuter Hagelzucker für hübsche Optik und knusprige Süße.

Topfengolatschen

Nussgolatschen

ZUTATEN

Germteig s. Mohnstrudel, S. 340
Ei zum Bestreichen
Butter für das Backblech

FÜR DIE TOPFENFÜLLE

250 g Topfen
50 g weiche Butter
50 g Feinkristallzucker
½-1 EL Grieß
1 Ei
1 EL in Rum eingeweichte Rosinen
je 1 Prise Vanillezucker, Zimt, Salz
Spritzer Zitronensaft

FÜR DIE NUSSFÜLLE

150 ml Milch
90 g Kristallzucker
200 g geriebene Walnüsse
70 g Biskuitbrösel
Rum
Zimt
geriebene Zitronenschale

ZUBEREITUNG

- Den Teig wie beschrieben vorbereiten und gehen lassen.
- Für die Topfenfülle die weiche Butter mit Topfen, Zucker, Grieß, Ei, den eingeweichten Rosinen, Vanillezucker, einem Spritzer Zitronensaft und je einer Prise Zimt sowie Salz gut vermengen.
- (Für die Nussfülle Milch mit Kristallzucker aufkochen. Geriebene Walnüsse zugeben und gut durchrühren. Biskuitbrösel beimengen, überkühlen lassen und die Geschmackszutaten einrühren.)
- Backrohr auf 175 °C Heißluft vorheizen. Den Teig dünn ausrollen und in regelmäßige Quadrate von etwa 8 x 8 cm Größe schneiden. In die Mitte jeweils etwas Topfen- oder Nussfülle platzieren. Ecken mit verquirltem Ei bestreichen und die gegenüberliegenden Ecken jeweils diagonal übereinanderschlagen. Leicht andrücken und mit Ei bestreichen. Nochmals etwas gehen lassen.
- Auf ein mit Butter bestrichenes oder mit Backpapier ausgelegtes Backblech legen und im heißen Backrohr je nach Größe 14–18 Minuten backen.
- Herausheben und überkühlen lassen.

VORBEREITUNGSZEIT: 10 Minuten bei fertigem Teig
BACKZEIT: ca. 14–18 Minuten
BACKROHRTEMPERATUR: 175 °C Heißluft

Österreichische Vielfalt

Die böhmische Herkunft der Golatschen, oft auch Kolatschen geschrieben, führt diese saftige Mehlspeise gleich im Namen, bedeutet doch das tschechische „kolá " nichts anderes als „kleiner Kuchen". Als solcher bevölkert er auch die Mehlspeisvitrinen der Wiener Kaffeehäuser und erfreut sich regen Zuspruchs. Außer Topfen- oder Nussgolatschen schätzen die Wiener vor allem **POWIDLGOLATSCHEN,** wofür schlicht Powidl mit der süßen Teighülle umgeben wird. Für **MOHNGOLATSCHEN** hingegen wird saftige Mohnfülle (siehe dazu Mohnstrudel) in den Teig eingeschlagen.

Osterpinze

Dieses Rezept stammt von Manfred Flickinger, Buchautor und Lehrbeauftragter am Gastronomischen Institut Wien.

ZUTATEN FÜR 2 PINZEN

100 g geschälte, mehlige Erdäpfel
3/16 l (ca. 190 ml) Milch
30 g Germ
550 g Mehl
10 g Erdäpfelmehl (Kartoffelstärke)
100 g weiche Butter
100 g Staubzucker
3 Eidotter
8 g Salz
2 EL Rum
Ei und Butter zum Bestreichen

ZUBEREITUNG

- Erdäpfel in leicht gesalzenem Wasser weich kochen. Abseihen, etwas ausdampfen lassen und noch heiß passieren. Auskühlen lassen.
- Milch auf ca. 30 °C erwärmen. Germ darin auflösen und mit etwas Mehl zu einem dickbreiigen Teig verrühren. Wenig Mehl darüberstauben und zugedeckt an einem warmen Ort (ca. 30 °C) aufgehen lassen.
- Sobald das Dampfl an der Oberfläche Risse zeigt, mit passierten Erdäpfeln, weicher Butter und den restlichen Zutaten zu einem glatten Teig verarbeiten. Den Teig auf einer bemehlten Arbeitsfläche zugedeckt ca. 15 Minuten gehen lassen.
- Nun den Teig in zwei Teile schneiden, zu Kugeln schleifen (mit den Handballen durcharbeiten) und an einem warmen Ort abermals ca. 30 Minuten aufgehen lassen.
- Backrohr auf 170 °C vorheizen und ein Backblech mit Butter bestreichen oder mit Backpapier belegen.
- Teigkugeln mit Ei bestreichen, mit einer Schere, die zuvor in heißes Wasser getaucht wurde, von der Mitte aus zum Rand hin dreimal einschneiden (ergibt die typische Pinzenform) und im vorgeheizten Backrohr ca. 40 Minuten backen.

VORBEREITUNGSZEIT: ca. 1 ½ Stunden
BACKZEIT: ca. 40 Minuten
BACKROHRTEMPERATUR: 170 °C

Mandelmakronen Nussmakronen

ZUTATEN

- 200 g fein gesiebter Staubzucker
- 200 g fein gemahlene Mandeln oder Haselnüsse
- 80 g Wasser
- 180 g Feinkristallzucker
- 5 Eiklar
- Prise Salz
- 1 ausgekratzte Vanilleschote
- ¼ Mokkalöffel Maisstärke

FÜR DIE BUTTERCREME

- 100 ml Milch
- 15–20 g Puddingpulver (mit beliebigem Geschmack, je nach Weiterverwendung)
- 70 g Feinkristallzucker
- 200 g zimmerwarme Butter
- eventuell 1 Dotter
- nach Belieben etwas Kaffeepulver oder 80 g fein gemahlene Pistazien, Mohn, Nüsse oder Schokoladestücke zur Geschmacksgebung

ZUBEREITUNG

- Staubzucker und Mandeln oder Nüsse vermischen und sieben, noch besser in einer Küchenmaschine (Cutter) zu einem feinen Pulver vermahlen.
- Wasser und Kristallzucker in einem kleinen Topf auf den Herd stellen, ohne zu rühren aufkochen lassen und bis 115 °C (Thermometer ist unbedingt erforderlich) kochen.
- In der Zwischenzeit 3 (!) Eiklar mit einer Prise Salz und Stärke zu Schnee schlagen.
- Sobald der Zucker die Temperatur erreicht hat, vom Herd nehmen und in dünnem Strahl unter den Schnee schlagen. Etwa 5 Minuten weiterrühren, bis der Schnee etwas abgekühlt ist.
- Die Mandelmischung mit restlichem Eiklar und ausgekratzter Vanilleschote zu einer glatten Masse verrühren. Ein Drittel der Schneemasse mit einer Teigkarte unter die Mandelmasse heben, danach den Rest unterheben.
- Backblech mit Backpapier oder Silikonmatte belegen. Die Masse in einen Spritzsack mit glatter Tülle von ca. 8 mm Durchmesser füllen und mit etwas Abstand kleine Busserl von 3–4 cm Durchmesser auftragen. Das Backblech mit den Busserln leicht auf der Arbeitsfläche aufklopfen und bei Raumtemperatur ca. 40 Minuten antrocknen lassen.
- Dann Backrohr auf 155–160 °C Heißluft vorheizen und die Busserl 12–14 Minuten backen. Herausnehmen, überkühlen lassen und mit der vorbereiteten Buttercreme füllen.
- Für die Buttercreme Milch mit Zucker und Puddingpulver verrühren und unter ständigem Rühren mit dem Schneebesen aufkochen. Von der Kochstelle nehmen und Dotter mit dem Schneebesen zügig einrühren. Heißen Pudding in eine Rührschüssel geben oder mit dem Handmixer unter Rühren etwas überkühlen lassen. Zur noch nicht ganz kalten Puddingmasse die klein geschnittenen Butterstückchen dazugeben und schaumig aufschlagen. Gewünschten Geschmacksträger beigeben (außer Kaffeepulver, das wird bereits in der Milch mitgekocht).

VORBEREITUNGSZEIT: 30 Minuten
ZUBEREITUNGSZEIT: 40 Minuten trocknen, 12–14 Minuten backen
BACKROHRTEMPERATUR: 155–160 °C Heißluft

Vanillekipferl

ZUTATEN

- 300 g glattes Weizen- oder feines Dinkelmehl
- 250 g kühle Butter
- 140 g fein gemahlene Haselnüsse (Mandeln, Kürbiskerne oder eine Mischung aus Hasel- und Walnüssen)
- 80–100 g Feinkristallzucker oder fein gesiebter Staubzucker
- 20 g Vanillezucker
- Prise Salz
- Staubzucker vermischt mit Vanillezucker zum Bestreuen

ZUBEREITUNG

- Mehl mit Butter, Nüssen, Zucker, Vanillezucker sowie einer Prise Salz in einer Schüssel oder auf einer Arbeitsfläche händisch vermischen und rasch zu einem Teig verarbeiten. Ist der Teig für die Weiterverarbeitung zu weich, mit Frischhaltefolie abgedeckt im Kühlschrank 1–2 Stunden rasten lassen, bei Verwendung von kühler Butter kann der Teig meist sofort weiterverwendet werden.
- Aus dem Teig längliche, 3 cm dicke Röllchen formen und mit der Teigkarte kleine Stücke abstechen. Mit der flachen Hand ca. 3 cm lange Rollen formen und zu Kipferln biegen.
- Backrohr auf 165–175 °C vorheizen, ein Backblech mit Backpapier auslegen oder mit Butter bestreichen.
- Kipferl auf das Backblech legen und im vorgeheizten Backrohr 10–12 Minuten (unter Aufsicht) hell backen.
- Die noch heißen Kipferl auf dem Blech mit dem Staub-Vanillezucker-Gemisch bestreuen. Auskühlen lassen und mit einer Palette vorsichtig vom Blech nehmen und gut verschlossen aufbewahren.

VORBEREITUNGSZEIT: 5–10 Minuten für den Teig, eventuell 1–2 Stunden rasten lassen
BACKZEIT: 10–12 Minuten
BACKROHRTEMPERATUR: 165–175 °C Heißluft

Kokosbusserl

ZUTATEN

- 3 Eiklar
- 150 g Feinkristallzucker
- 10 ml Zitronensaft
- eventuell etwas fein geriebene, unbehandelte Zitronenschale
- 30 g Honig oder Glukose
- 200 g Kokosflocken

ZUBEREITUNG

- Eiklar mit Zucker, Zitronensaft sowie -schale und Honig sehr schaumig aufschlagen. Kokosflocken daruntermengen.
- Inzwischen Backrohr auf 165–180 °C vorheizen und ein Backblech mit Backpapier oder Silikonbackmatte auslegen.
- Masse, ohne rasten zu lassen, rasch in einen Spritzsack mit glatter Tülle füllen und kleine Busserl aufspritzen. (Steht die Masse zu lange, lässt sie sich nur noch sehr mühsam aufdressieren bzw. nur mit einem Löffel formen.)
- Vor dem Backen eventuell 1 Stunde rasten lassen. Im vorgeheizten Backrohr (eventuell leicht geöffnet) 10–12 Minuten hellbraun backen.

VORBEREITUNGSZEIT: ca. 10 Minuten ohne Stehenlassen
BACKZEIT: 10–12 Minuten
BACKROHRTEMPERATUR: 165–180 °C

Ischler Taler Linzer Augen

ZUTATEN

- **Vanillekipferl-Mürbteig, siehe links (für Ischler Taler)**
  Mürbteig, s. S. 409 (für Linzer Augen)
- **Dotter zum Bestreichen**
- **Marmelade zum Bestreichen**
- **Schokoladeglasur nach Belieben als Dekor**

ZUBEREITUNG

- Teig wie beschrieben vorbereiten. Auf einer bemehlten Arbeitsfläche 2–3 mm dick ausrollen und beliebige Formen ausstechen (Sterne, Kreise, Scheiben). Die Hälfte davon nach Belieben mit einem Loch in der Mitte.
- Backrohr auf 165–175 °C vorheizen, ein Backblech mit Backpapier auslegen oder mit Butter bestreichen. Kekse auf das Backblech legen, mit Dotter bestreichen und im vorgeheizten Backrohr 10–13 Minuten unter Aufsicht hellbraun backen.
- Herausheben, kurz überkühlen lassen und jeweils 2 Taler (davon eines mit Loch) mit Marmelade zusammensetzen. Nach Belieben mit Schokoladeglasur verzieren.

VORBEREITUNGSZEIT: 5–10 Minuten für den Teig, eventuell 1–2 Stunden rasten lassen
BACKZEIT: 10–13 Minuten
BACKROHRTEMPERATUR: 165–175 °C Heißluft

Husarenkrapferl

ZUTATEN

- **Vanillekipferl-Mürbteig, siehe links**
- **ca. 200 g Marmelade nach Belieben (Ribisel-, Himbeer-, Orangen-, Marillen-, Preiselbeermarmelade etc.)**

ZUBEREITUNG

- Teig wie beschrieben vorbereiten. Zu kleinen Rollen formen und mit einem Sägemesser (Wellenschliffmesser) ca. 4 mm breite Stücke abschneiden.
- Backrohr auf 165–175 °C vorheizen, ein Backblech mit Backpapier auslegen oder mit Butter bestreichen.
- Kekse auf das Blech legen. Mit einem bemehlten Kochlöffelstiel eine Vertiefung in die Mitte drücken und im vorgeheizten Backrohr 11–12 Minuten (auf Sicht) hellbraun backen.
- Herausheben, Marmelade in die Vertiefung der heißen Kekse geben und trocknen lassen. Erst wenn die Marmelade nicht mehr klebt, in Behälter schlichten. Dabei am besten immer nur eine Lage einlegen, damit die Kekse nicht zusammenkleben.

VORBEREITUNGSZEIT: 5–10 Minuten für den Teig, eventuell 1–2 Stunden rasten lassen
BACKZEIT: 11–12 Minuten
BACKROHRTEMPERATUR: 165–175 °C Heißluft

Spritzgebäck

ZUTATEN

- 220 g zimmertemperierte Butter
- 130 g fein gesiebter Staub- oder Feinkristallzucker
- 2 Eier
- 20 g Vanillezucker
- Prise Salz
- etwas unbehandelte, fein geriebene Zitronen-, Limetten- oder Orangenschale
- 10 ml Zitronensaft, Rum, Orangenlikör oder beliebiger Schnaps
- 370 g glattes Weizen- oder feines Dinkelmehl
- 80 ml Milch
- Marillen-, Himbeer-, Orangen- oder Ribiselmarmelade
- Schokoladeglasur (hell oder dunkel) und gemahlene Nüsse, Mandeln, Kürbiskerne, Schokostreusel, Kokosflocken, Zuckerperlen etc. zum Verzieren
- Butter für das Backblech

VARIANTE DUNKLES SPRITZGEBÄCK

- 30 g Mehl durch fein gesiebten Kakao ersetzen

ZUBEREITUNG

- Backrohr auf 165–180 °C vorheizen und ein Backblech mit Backpapier auslegen oder mit Butter bestreichen.
- Butter mit Zucker hell und schaumig rühren. Ein Ei nach dem anderen unterrühren, Vanillezucker, Salz, Zitronensaft und Zitronenschale zugeben und zuletzt Milch und Mehl untermengen.
- Masse rasch in einen Spritzsack mit runder oder gezackter Tülle füllen (wird bei längerem Stehen fest und kann nur mehr sehr schwer mit dem Spritzsack verarbeitet werden) und kleine Kipferl oder Stangerl auf das vorbereitete Backblech spritzen.
- Im vorgeheizten Backrohr ca. 12 Minuten hellbraun backen.
- Die Hälfte der Kekse auf der glatten Unterseite mit Marmelade bestreichen und mit den restlichen Keksen zusammensetzen. Die Spitzen in Schokoladeglasur tunken und nach Belieben noch zusätzlich mit Kokosflocken, Nüssen, Zuckerperlen etc. bestreuen bzw. verzieren.
- Trocknen lassen.

VORBEREITUNGSZEIT: ca. 10 Minuten
BACKZEIT: ca. 12 Minuten
BACKROHRTEMPERATUR: 165–180 °C

Hippen

ZUTATEN

50 g fein gesiebter Staubzucker

50 g glattes Weizen- oder feines Dinkelmehl

40 g flüssige Butter

1 Eiklar

Butter und Mehl für das Backblech

ZUBEREITUNG

- Staubzucker mit Mehl, flüssiger Butter und Eiklar gut verrühren. Masse etwa 10 Minuten rasten lassen.
- Backrohr auf ca. 175 °C Heißluft vorheizen. Ein Backblech mit Backpapier oder Silikonmatte auslegen oder mit Butter ausstreichen und mit Mehl bestreuen.
- Nun eine Schablone (aus dickem Karton bzw. selbst gemachtem Plastikdeckel oder im Fachhandel gekauft) mit der gewünschten Form (Kreise, Rechtecke, Blätter etc.) auflegen, die Masse mit einer Winkelpalette oder Tortenschaufel dünn aufstreichen und die Schablone nach oben hin vorsichtig abnehmen. (Ist die Masse zu zäh, mit wenig flüssiger Butter, Milch oder Schlagobers verdünnen.) Restliche Masse ebenso auftragen.
- Im vorgeheizten Backrohr 6–10 Minuten unter Aufsicht so lange backen, bis sich die Hippen leicht färben.
- Herausnehmen, Hippen ablösen und jeweils sofort über ein Stanitzelholz oder einen Kochlöffel rollen und so in Form biegen. (Das gelingt nur, solange die Masse noch weich ist.) Etwas abkühlen lassen, von der Form nehmen und so fortfahren, bis alle Hippen oder Stanitzel in Form gebracht worden sind. Deshalb nicht zu viele Hippen auf einmal backen, damit sie gut verarbeitet werden können.
- Je nach Verwendung weiterverarbeiten oder in luftdichtem Behälter gut verschlossen aufbewahren.

VORBEREITUNGSZEIT: ca. 15–20 Minuten
BACKZEIT: ca. 6–10 Minuten
BACKROHRTEMPERATUR: 175 °C Heißluft
VERWENDUNG: als Garnitur für Eisbecher, Desserts, aber auch mit Schlagobers, Cremen etc. gefüllt und mit beliebigen Früchten verfeinert, als eigenständiges Dessert

Kalte Cremen & Kompotte

Grießflammeri

ZUTATEN

- 500 ml Milch
- 1 Vanilleschote
- 1 Zimtstange
- 100 g Zucker
- 80 g Grieß
- 4 Blatt Gelatine
- Saft von 1 Orange und 1 Zitrone
- 500 ml geschlagenes Schlagobers

ZUBEREITUNG

- Milch mit Vanilleschote, Zimtstange und Zucker erwärmen. Gewürze entfernen, Grieß unter ständigem Rühren einrühren und aufkochen lassen. Zu dicklicher Konsistenz einkochen, wieder vom Herd nehmen.
- Gelatine in kaltem Wasser einweichen, ausdrücken, unter die noch warme Masse rühren und auflösen. Mit Orangen- und Zitronensaft abschmecken. Abkühlen lassen.
- Kurz bevor die Masse zu stocken beginnt, das geschlagene Obers unterheben.
- In kleine Formen oder in eine größere, mit Frischhaltefolie ausgelegte Terrinenform füllen und mindestens 3 Stunden kühl stellen.

ZUBEREITUNGSZEIT: ca. 3 ½ Stunden inkl. Kühlstellen
GARNITUREMPFEHLUNG: frische Beeren, marinierte Beeren, Hollerröster etc.
Foto rechte Seite

Joghurtcreme

ZUTATEN

- 330 g Joghurt
- 50–100 g Staubzucker (Gelb-, Roh- oder Vollzucker)
- 4 Blatt Gelatine
- 30 ml Zitronen- oder Orangensaft
- 170 ml Schlagobers

ZUBEREITUNG

- Gelatineblätter in kaltem Wasser ca. 10 Minuten einweichen. Obers cremig aufschlagen.
- Staubzucker mit Zitronensaft verrühren. Etwas (ca. 20 g) Joghurt (oder Zitronensaft) erwärmen und die ausgedrückte Gelatine darin auflösen. Restliches Joghurt unter den Zucker rühren und aufgelöste Gelatine mit dem Schneebesen zügig in die Joghurtmasse mengen. Zuletzt geschlagenes Obers unterziehen.
- In eine mit Frischhaltefolie ausgelegte Form füllen und im Kühlschrank 3–4 Stunden durchkühlen lassen. In Scheiben schneiden oder mit einem heißen Löffel kleine Nockerl abstechen.

ZUBEREITUNGSZEIT: ca. 4 Stunden inkl. Kühlstellen
GARNITUREMPFEHLUNG: frische Früchte, Beeren, Obstragout oder Fruchtröster

Schokolademousse Schokoladeterrine

ZUTATEN

- 100 ml Milch
- 150 g dunkle Kuvertüre oder Kuvertürelinsen
- 1 Blatt Gelatine (2–3 Blatt für die Terrine)
- 250 ml Schlagobers

ZUM GARNIEREN

- Beeren, Röster, Fruchtpüree etc.

ZUBEREITUNG

- Gelatine in kaltem Wasser einweichen, Schokolade in Stücke brechen. Milch aufkochen, von der Kochstelle nehmen und die Schokolade darin auflösen. Dabei schön glatt verrühren und bei Bedarf nochmals kurz auf den Herd stellen, aber nicht über 60 °C erhitzen bzw. keinesfalls kochen!
- Gelatine darin auflösen und abkühlen lassen, bis die Masse leicht dickflüssig wird.
- Obers nicht zu steif aufschlagen und mit einer Teigkarte nur wenig davon abnehmen und mit einem Schneebesen zügig unter die Schokolademasse rühren. Dann restliches Schlagobers unterrühren.
- In eine große Schüssel oder kleine Portionsschalen bzw. -gläser füllen, dabei nach Belieben Beeren oder Beerenragout abwechselnd mit der Mousse einfüllen. (Für eine Schokoladeterrine in eine Terrinenform füllen.) Abgedeckt 2–3 Stunden kalt stellen.
- Nach Belieben im Glas servieren oder einen Löffel in heißes Wasser tauchen, abtrocknen und mit dem warmen Löffel aus der Masse Nockerl stechen. Auf Tellern anrichten und mit Früchten, Röster oder Fruchtpürees nach Belieben garnieren.

ZUBEREITUNGSZEIT: ca. 15 Minuten ohne Kühlstellen
VERWENDUNG: als Dessert, aber auch als Füllcreme für Torten

Malzmousse

Dieses Rezept stammt von Armin Lenz, Berufsschullehrer in Altmünster.

ZUTATEN

- 200 g Kochschokolade
- 4 Eiklar
- Prise Salz
- 1–1,5 EL Malzextrakt (Apotheke oder im gut sortierten Gewürzfachhandel erhältlich)
- 250 ml geschlagenes Schlagobers (evtl. aus der ISI-Flasche)
- Erd- und/oder Heidelbeeren zum Garnieren
- Staubzucker zum Bestreuen

ZUBEREITUNG

- Schokolade über heißem Wasserbad schmelzen. Eiklar steif schlagen und geschmolzene Schokolade unterziehen. Das Malzextrakt gut einrühren und das geschlagene Schlagobers unterheben. Mit Frischhaltefolie gut abgedeckt mindestens 12 Stunden durchkühlen lassen.
- Mit einem heißem Löffel schöne Nockerl formen und auf kalten Tellern anrichten. Mit halbierten Erdbeeren und/oder Heidelbeeren garnieren. Vor dem Servieren mit Staubzucker bestreuen.

ZUBEREITUNGSZEIT: ca. 15 Minuten, 12 Stunden kühl stellen

Kastaniencreme

ZUTATEN

- **150 g Kastanienpüree aus der Dose oder tiefgekühlt**
- **30 ml Rum oder Kirschschnaps**
- **30–40 g fein gesiebter Staubzucker**
- **250 ml Schlagobers**
- **1 Blatt Gelatine**
- **10 g Vanillezucker**

ZUBEREITUNG

- Gelatine in kaltem Wasser einweichen. Obers mit Staubzucker nicht zu steif aufschlagen. Kastanienpüree mit Vanillezucker verrühren.
- Gelatine ausdrücken, mit Rum gut erwärmen und zügig unter das Püree rühren. Rasch eine Teigkarte voll Obers unterrühren, dann das restliche Obers einmengen (die Masse stockt beim Einrühren der Gelatine relativ schnell).
- In eine große Schüssel oder mehrere kleine Förmchen füllen und im Kühlschrank fest werden lassen.
- In den Förmchen auftragen oder mit einem in heißes Wasser getauchten, abgetrockneten Löffel kleine Nockerl abstechen und auf Tellern anrichten.

ZUBEREITUNGSZEIT: 5–10 Minuten, dann kühl stellen
GARNITUREMPFEHLUNG: Schokoladesauce, Weichseln, Beerenragout oder Preiselbeeren

Österreichische Vielfalt

Als Fertigprodukt ist Kastanienpüree zwar das ganze Jahr über verfügbar, die Hochsaison der gleichermaßen schmackhaften wie auch sättigenden Edelkastanie ist allerdings nach wie vor die kalte Jahreszeit. Als g'schmackiger Aufputz zu feinen Wildgerichten werden die (in diesem Fall ganzen) Kastanien gekocht (dafür auf der gewölbten Seite kreuzweise eingeschnitten und nach dem Kochen geschält) und in Butter geschwenkt.
Für **MARONIREIS (KASTANIENREIS)** wird das Kastanienpüree mit etwas Zucker und Rum vermengt, durch eine Erdäpfelpresse gedrückt und mit Schlagobers als Dessert serviert.

Most-Obers-Creme

ZUTATEN

250 ml Most (Wein oder beliebiger Fruchtsaft)
100 g Feinkristallzucker
20 ml Zitronen- oder Orangensaft
2 Eier oder 3 Eidotter
350 ml Schlagobers
3–4 Blatt Gelatine

ZUBEREITUNG

- Gelatine in kaltem Wasser ca. 10 Minuten einweichen.
- Most mit Zucker aufkochen, von der Kochstelle nehmen, Mixstab hineinstellen und die Dotter oder Eier bei eingeschaltetem Mixstab zügig einmixen.
- Die ausgedrückte Gelatine in der heißen Masse auflösen, Zitronensaft zugeben und in einer Küchenmaschine oder mit dem Handmixer so lange rühren, bis die Masse anfängt, leicht zu gelieren.
- Nun Schlagobers cremig, aber nicht zu steif aufschlagen. Eine Teigkarte voll davon zügig unter die Creme mengen, restliches Obers ebenfalls behutsam unterrühren.
- In kleine Förmchen oder in eine mit Frischhaltefolie ausgelegte Terrinenform füllen und 2–3 Stunden im Kühlschrank stocken lassen. (Für noch schnelleres Abstocken in den Tiefkühler stellen.)

ZUBEREITUNGSZEIT: ca. 20 Minuten
VERWENDUNG: als Dessertcreme

Österreichische Vielfalt

Diese unkompliziert zuzubereitende Creme eignet sich auch als **FÜLLCREME FÜR TORTEN**, etwa einer Malakofftorte. Dafür muss die Creme allerdings statt mit Most mit Milch zubereitet werden. Zudem lässt man den Zitronensaft weg, schmeckt anstelle von Rum mit Weinbrand ab und rührt eventuell noch etwas Löskaffeepulver unter. Für eine beeindruckende **MOSTCREME-CHARLOTTE** wird eine Charlotten- oder Terrinenfom mit einem Biskuitrouladenblatt oder Biskotten ausgelegt, die Masse eingefüllt und zum Stocken kühlgestellt. Danach darf mit geschlagenem Obers, frischen Beeren und Fruchtspiegel nach Herzenslust garniert und dekoriert werden.

Parfait Grundrezept

ZUTATEN
FÜR DIE GRUNDMASSE

- 4 Eidotter (am besten pasteurisiert)
- 3 Eier (am besten pasteurisiert)
- 130–160 g Feinkristallzucker
- 500 ml Schlagobers
- eventuell 2 EL Rum, Kirschschnaps, Orangenlikör etc.

FÜR DAS MOHN- ODER NUSSPARFAIT

- 60 ml Milch
- 40 g gemahlener Mohn oder Nüsse
- 20 g Honig
- Prise Zimt
- eventuell etwas unbehandelte Zitronenschale
- eventuell etwas Mohn- oder Nussöl

FÜR DAS SCHOKOLADE-RUM-PARFAIT

- 20 g fein oder grob geriebene, dunkle oder helle Schokolade
- 30–50 g in Rum eingelegte Rosinen

ZUBEREITUNG

- Für die Grundmasse zunächst Dotter, Eier und Zucker in eine Rührschüssel geben und über einem Wasserbad hell und dickschaumig aufschlagen. Nach Belieben auch Alkohol zugeben.
- Vom Wasserbad nehmen und kalt rühren.
- Dann das Obers nicht zu steif aufschlagen und unterheben.
- Nach Belieben die neutrale Masse in eine passende, mit Frischhaltefolie ausgelegte Form füllen, glatt streichen, Form etwas anklopfen, damit sich die Masse gut in der Form verteilt, mit Folie abdecken und mindestens 3 Stunden tiefkühlen. Oder die Masse dritteln, ein Drittel neutral belassen, die anderen beiden geschmacklich abwandeln.
- Für das Mohn- oder Nussparfait Milch aufkochen, Mohn bzw. Nüsse zugeben und mit Honig, Zimt sowie Zitronenschale und Öl nach Belieben abschmecken. In ein Drittel der Grundmasse behutsam einmengen.
- Für das Schokolade-Rum-Parfait die Grundmasse mit Schokolade und den Rumrosinen vermengen. Wie beschrieben in vorbereitete Formen füllen, abdecken und tiefkühlen.

VORBEREITUNGSZEIT: 30–40 Minuten
ZUBEREITUNGSZEIT: mindestens 3 Stunden tiefkühlen
Foto rechte Seite

Zwetschkenröster Hollerröster

ZUTATEN

- 500 g halbierte, entkernte Zwetschken (oder Hollerbeeren, aber auch Marillen, Pfirische, Heidelbeeren oder Rhabarber)
- 70–100 g Feinkristall- oder Gelierzucker
- 1 Pkg. Vanillezucker
- 10 ml Zitronensaft
- Prise Zimt
- 20 ml Rum

ZUBEREITUNG

- Die halbierten, entkernten Zwetschken in einen Topf geben und mit Zucker, Vanillezucker, Zimt sowie Zitronensaft ca. 4 Minuten kochen.
- Wieder vom Feuer nehmen und nach Belieben mit Rum abschmecken.
- Überkühlen lassen, auftragen oder in heiß ausgespülte Einmachgläser füllen und mit etwas hochprozentigem Alkohol beträufeln. Anzünden und gut verschließen.

ZUBEREITUNGSZEIT: ca. 5 Minuten
VERWENDUNG: als Garnitur für viele Mehlspeisen, wie etwa Kaiserschmarren, Topfenknödel

Beerenröster

ZUTATEN

300 g frische Beeren (ersatzweise Tiefkühlware)	
140 ml Rotwein (Weißwein, Most, Trauben- oder Apfelsaft)	
10 g Butter	
50 g Rohzucker (ersatzweise Gelb- oder Feinkristallzucker)	
10 g Vanillezucker	
10–20 ml Rum, Maraschino oder Orangenlikör	
20 ml Zitronensaft	
20 ml Orangensaft	
Prise Zimt und Nelken	
eventuell Maisstärke oder Vanillepuddingpulver zum Eindicken	

ZUBEREITUNG

- Butter schmelzen und Zucker darin karamellisieren.
- Mit Rotwein und Orangen- sowie Zitronensaft ablöschen.
- Gewürze und Vanillezucker zugeben, etwas einkochen und eventuell mit wenig angerührter Stärke oder Vanillepuddingpulver binden.
- Die vorbereiteten Beeren einmengen und mit Rum aromatisieren.
- Warm oder kalt servieren.

ZUBEREITUNGSZEIT: wenige Minuten

Österreichische Vielfalt

Ein altes Sprichwort sagt, dass Obst dann am besten schmeckt, wenn es am billigsten ist. Und das ist naturgemäß zur Haupterntezeit der Fall. Folglich wird der Reichtum an reifem Obst auch gerne genützt, um die aromatischen Düfte der heißen Jahreszeit in die kalten Monate hinüberzuretten. Abgesehen von feinen Fruchtmarmeladen sind Röster da eine herrlich unkomplizierte Variante, die freilich nicht nur aus Beeren, Zwetschken oder Holler, sondern aus vielen anderen Obstsorten zubereitet werden können.
MARILLENRÖSTER beispielsweise wird nach demselben Rezept zubereitet, wobei man in diesem Fall besser Weißwein verwendet und mit Marillenschnaps abschmeckt. Für erfrischende **BEERENSULZ** werden 3 Blätter Gelatine eingeweicht, in wenig warmem Alkohol aufgelöst und unter die Beerenmasse gemischt. Dann muss die Sulz nur noch gut durchkühlen, damit sie auch die nötige Standfestigkeit bekommt.

Apfelröster Birnenröster

ZUTATEN

- 900 g Apfel- oder Birnenwürfel
- 70 g Feinkristallzucker oder Honig
- 20 ml Wasser oder Fruchtsaft
- 200 ml Orangensaft
- 250 ml Weißwein
- ca. 10 g Maizena oder Vanillepuddingpulver
- 20 g Zitronensaft
- etwas Lebkuchengewürz, Muskatnuss und Orangenzucker
- 20–30 ml Rum, Orangen- oder beliebiger Likör
- hochprozentiger Alkohol (80 % Vol.) nach Bedarf

ZUBEREITUNG

- Zucker mit Wasser vermengen und in einem Topf zu hellem Karamell kochen. Mit Orangensaft sowie Weißwein ablöschen und einige Minuten kochen, bis sich der Karamell gänzlich aufgelöst hat.
- Mit etwas angerührter Stärke eindicken und nochmals kurz kochen lassen.
- Nun die Äpfel einmengen, Zitronensaft sowie Gewürze zugeben und so lange weich dünsten, bis der Röster die gewünschte Konsistenz erreicht hat. Mit Rum oder Likör abschmecken.
- Für eine längere Lagerung den Röster kochend heiß in kleine vorbereitete Gläser füllen, mit einigen Tropfen hochprozentigem Alkohol beträufeln, anzünden und sofort verschließen.

ZUBEREITUNGSZEIT: ca. 20 Minuten

Apfelkompott Apfelmus

ZUTATEN

- 500 g geschälte und entkernte Äpfel
- 125–300 ml Wasser oder Apfelsaft oder Weißwein
- 40–60 g Kristallzucker
- etwas Vanillezucker oder Vanilleschote
- Schuss Zitronensaft
- eventuell Prise Zimt

ZUBEREITUNG

- Die geschälten Äpfel in kleine Spalten schneiden.
- In einen Topf geben und mit Wasser, Apfelsaft oder Wein, Zucker und Vanilleschote oder -zucker sowie einer Prise Zimt zugedeckt weich dünsten.
- Für Apfelkompott nicht zu weich dünsten, für Apfelmus hingegen durchaus weicher kochen und mixen.
- Mit Zitronensaft abrunden.

ZUBEREITUNGSZEIT: nur wenige Minuten, je nach Sorte auch länger
VERWENDUNG: als Beilage zu warmen Mehlspeisen wie Kaiserschmarren, Topfenknödel etc., aber auch als eigenständiges Dessert

Süße Sünden

ÖSTERREICHISCHE
WARME MEHLSPEISEN
VOM KIPFERLSCHMARREN
BIS ZUM POWIDLTASCHERL

Linke Seite: Heidelbeerschmarren

Palatschinken mit Marmelade

Grundrezept

ZUTATEN FÜR 10–11 STÜCK

- ca. 300 ml Milch
- 140 g glattes Weizen- oder feines Dinkelmehl
- 3 Eier
- 10 g zerlassene Butter nach Belieben
- Prise Vanillezucker
- Prise Salz
- Butter oder Öl zum Herausbacken
- Marmelade zum Bestreichen
- Staubzucker zum Bestreuen

ZUBEREITUNG

- In einer Schüssel die Milch mit einer kleinen Prise Salz sowie Vanillezucker und dem Mehl zu einem glatten Teig verrühren. Etwa 30 Minuten stehen lassen. Dann zerlassene Butter nach Belieben zugeben und die Eier nur kurz unterrühren, aber nicht völlig glatt verschlagen. (Je nach Bedarf zu dünnen Teig mit etwas Mehl, zu dicken mit etwas Milch korrigieren.)
- Eine (am besten beschichtete) Pfanne sehr gut erhitzen, mit etwas Butter oder Öl auspinseln und gerade so viel Teig eingießen, dass der Boden gut bedeckt ist. Anbacken, sobald die Unterseite goldgelb ist wenden (oder schupfen) und die zweite Seite ebenfalls fertig backen.
- Herausheben, mit Marmelade bestreichen und nach Belieben zusammenrollen oder zweimal zusammenschlagen. Mit Staubzucker bestreut servieren.

VORBEREITUNGSZEIT: ca. 35 Minuten inkl. Rastenlassen
BACKZEIT: 2–3 Minuten pro Palatschinke *Foto rechte Seite*

Omelett mit Marmeladefülle

ZUTATEN FÜR 2 PORTIONEN

- 5 Eiklar
- 2 Eidotter
- 100 ml Milch
- 70–90 g Feinkristallzucker
- 80 g glattes Weizenmehl
- 20 g Butter
- Vanillezucker
- Marillenmarmelade oder beliebige Marmelade
- Staubzucker zum Bestreuen

ZUBEREITUNG

- Eiklar mit Zucker zu schmierig-steifem Schnee schlagen.
- Milch, etwas Vanillezucker, Dotter und Mehl mit einem Schneebesen glatt rühren und locker unter den Eischnee ziehen.
- Das Backrohr auf 185–200 °C vorheizen.
- Zwei feuerfeste Pfannen von je ca. 24 cm Durchmesser erhitzen, Butter darin zerlassen und die Pfannen damit ausstreichen. Masse einfüllen und gleichmäßig verteilen, im vorgeheizten Backrohr 12–15 Minuten goldbraun backen.
- Aus dem Rohr nehmen und die Unterseite mit beliebiger Marmelade bestreichen. Zusammenklappen, leicht anzuckern und sofort servieren.

VORBEREITUNGSZEIT: ca. 5 Minuten
BACKZEIT: ca. 12–15 Minuten
BACKROHRTEMPERATUR: 185–200 °C

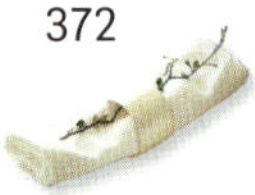

Österreichische Vielfalt

Palatschinken und Omeletten – man beachte den feinen Unterschied zwischen Teigen mit oder ohne aufgeschlagenem Eiweiß – spielen in der österreichischen Mehlspeisküche eine sehr wesentliche Rolle. Palatschinken werden meist ganz klassisch mit Marmelade gefüllt, für sündhafte **SCHOKOLADE-NUSS-PALATSCHINKEN** füllt man die Palatschinken mit gesüßten geriebenen Haselnüssen und garniert üppig mit warmer Schokoladesauce sowie Schlagobers.
Für **STEFANIE-OMELETT** werden aus Omelettenteig (also mit Eischnee) duftige Omeletten gebacken, diese mit Früchten belegt und großzügig mit Schokoladesauce überzogen.

Topfenpalatschinken

ZUTATEN
FÜR DEN TEIG

ca. 180 ml Milch
125 g glattes Weizen- oder feines Dinkelmehl
2 Eidotter
1 Ei
125 ml Schlagobers
Prise Salz
50 g zerlassene, lauwarme Butter
Butter oder Öl zum Herausbacken

FÜR DIE TOPFENFÜLLE

400 g Topfen
60 g weiche Butter
125 ml Sauerrahm
3 Dotter
3 Eiklar
80 g Feinkristallzucker
40 g in Läuterzucker oder Rum eingeweichte Rosinen
30 ml Zitronensaft
Prise Salz
etwas Vanillezucker

FÜR DIE EIERMILCH

300 ml Milch (oder zur Hälfte mit Sauerrahm vermischt)
2–3 Eier
30 g Staubzucker
1 EL Vanillezucker

ZUBEREITUNG

- Wie im Grundrezept beschrieben (s. S. 372) aus den angegebenen Zutaten einen glatten Teig anrühren und zu Palatschinken backen. Übereinandergestapelt warm halten.
- Für die Topfenfülle die weiche Butter mit Vanillezucker schaumig rühren. Dotter, Rosinen, Zitronensaft, Topfen, Prise Salz und Sauerrahm einrühren. Eiklar mit Zucker zu steifem Schnee schlagen und unter die Topfenmasse ziehen.
- Backrohr auf 165–175 °C vorheizen.
- Jeweils eine Palatschinke mit etwas Fülle bestreichen, zusammenrollen oder zweimal zusammenlegen und in eine mit Butter ausgestrichene Form einordnen.
- Für die Eiermilch die Milch mit den Eiern versprudeln und mit Staubzucker sowie Vanillezucker aromatisieren. Über die Palatschinken gießen und ca. 20 Minuten überbacken.

VORBEREITUNGSZEIT: ca. 40–45 Minuten inkl. Palatschinkenbacken
BACKZEIT: ca. 20 Minuten
BACKROHRTEMPERATUR: 165–175 °C

Liwanzen (Dalken)

Dieses Rezept stammt von Familie Ott aus Seitenstetten.

ZUTATEN

140 g glattes Weizen- oder feines Dinkelmehl
ca. 150 ml Milch
½ Pkg. Trockengerm oder 15 g Frischgerm
1 Eidotter
Prise Salz
20 g Vanillezucker
Zitronenschale
10 ml Rum
1 Eiklar
20 g Feinkristallzucker
Öl oder Butterschmalz zum Backen
Staub- oder Zimtzucker zum Bestreuen
Marmelade, Powidl, gesüßtes Schlagobers oder Topfencreme nach Belieben zum Füllen

ZUBEREITUNG

- Milch lauwarm erhitzen, Vanillezucker einrühren und Germ darin auflösen.
- Mehl mit Dotter, aufgelöster Germ, einer kleinen Prise Salz, einem Schuss Rum sowie geriebener Zitronenschale zu einem glatten Teig verrühren. Abgedeckt ca. 30 Minuten warm gehen lassen.
- Dann Eiklar mit Zucker zu cremigem Schnee aufschlagen und locker unter die Masse ziehen. Nochmals etwas gehen lassen.
- In einer Liwanzen- bzw. Dalkenpfanne (Pfanne mit kleinen Vertiefungen) oder einer beschichteten Pfanne Öl oder Butterschmalz erhitzen. Mit einem Löffel etwas Teig ins heiße Fett setzen, zu ca. 5 cm großen Kreisen flach drücken bzw. formen und auf kleiner Hitze beidseits goldgelb backen. (Oder anbacken und im vorgeheizten Rohr fertig backen.)
- Herausheben und auf Küchenpapier abtropfen lassen. Nach Belieben je 2 Liwanzen mit Marmelade, Powidl, gesüßtem Schlagobers oder gezuckerter Topfencreme füllen. Mit Staub- oder Zimtzucker bestreut servieren.

ZUBEREITUNGSZEIT: 8–10 Minuten
GARNITUREMPFEHLUNG: frische Beeren, Zwetschken- oder Hollerröster, Schokoladesauce

Österreichische Vielfalt

Wie so viele köstliche Mehlspeisen gelangten auch die Liwanzen über böhmische Köchinnen, die während der Monarchie in Wiener Haushalten für das leibliche Wohl betuchter Bürger sorgten, nach Österreich. Auch unter dem Synonym „Dalken" bekannt, erfreuten sie sich größter Beliebtheit und wurden mit den unterschiedlichsten Füllungen serviert. Aus Frankreich hingegen stammt die Sitte, kleine, feine Canapés mit pikanten Leckereien zu reichen – womit uns die würzige Variante der Liwanzen wiederum begegnet. Diesmal freilich aus ungesüßtem Teig zubereitet, dafür gefüllt mit Räucherlachs, Kaviar oder aromatischem Kräuteraufstrich: kulinarische Völkerverbindung zum Anbeißen!

Topfenstrudel

ZUTATEN

- 1 ausgezogener Strudelteig (s. S. 410)
- 80 g Butter
- 30 g Gelb-, Feinkristall- oder fein gesiebter Staubzucker
- 2 Eidotter
- 200 g Sauerrahm
- 270 g Topfen
- Prise Salz
- geriebene Schale einer unbehandelten Zitrone
- 1 Pkg. Vanillezucker oder Mark von 1 Vanilleschote
- 40 g in Rum eingelegte Rosinen
- eventuell eine Prise Zimt
- 2 Eiklar
- 50 g Feinkristallzucker für den Schnee
- 20 g glattes Weizen- oder feines Dinkelmehl
- flüssige Butter zum Bestreichen
- Staubzucker zum Bestreuen
- 1 Kasten- oder Terrinenform

GUSS NACH BELIEBEN

- 200 ml Milch
- 2 Eier
- 50 g Crème fraîche
- 30 g Vanillezucker

Foto linke Seite: Topfenstrudel mit Marillen

ZUBEREITUNG

- Butter rechtzeitig aus dem Kühlschrank nehmen und weich werden lassen. Mit Zucker und Aromen schaumig rühren. Ein Dotter nach dem anderen einrühren, danach Sauerrahm und Topfen einmengen.
- Eiklar mit Feinkristallzucker sowie einer Prise Salz zu nicht allzu festem Schnee schlagen und abwechselnd mit Mehl und Rosinen unter die Topfenmasse ziehen.
- Eine passende Back- oder Kastenform (kein Backblech verwenden, damit der Strudel in Form bleibt) mit Butter ausstreichen, das Backrohr auf 175–185 °C vorheizen.
- Den ausgezogenen Strudelteig auf ein bemehltes Tuch legen und auf einem Drittel die Topfenmasse auftragen. Den restlichen Teig mit zerlassener Butter beträufeln und mit Hilfe des Tuches locker zu einem Strudel einrollen. Enden dabei einschlagen und Strudel in die Form setzen. Mit zerlassener Butter bestreichen und 40–45 Minuten goldgelb backen.
- Nach Belieben für den Guss alle Zutaten vermengen und den Strudel nach der halben Backzeit damit übergießen.
- Fertig gebackenen Strudel aus dem Rohr nehmen, mit Staubzucker bestreuen und am besten lauwarm servieren.

VORBEREITUNGSZEIT: ca. 20 Minuten bei fertigem Teig
BACKZEIT: 40–45 Minuten
BACKROHRTEMPERATUR: 175–185 °C
GARNITUREMPFEHLUNG: Vanillesauce, Zwetschkenröster

Österreichische Vielfalt

Die ursprünglich aus dem Osmanischen Reich stammenden Strudel der österreichischen Mehlspeisküche haben im Lauf ihrer langen Tradition unglaublich viele Spielarten entwickelt. So auch der Topfenstrudel. Er kann kalt oder warm gegessen, mit oder ohne Vanillesauce serviert und mit oder ohne Milchguss gebacken werden. In der Wachau mischt man gerne Marillenstückchen unter die Masse, andernorts im Sommer auch frische Kirschen, Weichseln oder Heidelbeeren. In Wien wird der legendäre **MILLIRAHMSTRUDEL (MILCHRAHMSTRUDEL)** verpflichtend mit Vanillesauce serviert und die Füllmasse meist durch in Milch eingeweichtes Weißbrot flaumiger zubereitet.

Kaiserschmarren

Heidelbeerschmarren

ZUTATEN FÜR 2 PORTIONEN

- ca. 250 ml Milch
- 120 g glattes Weizenmehl oder glattes Dinkelmehl
- 4–5 Eier
- etwas Zucker
- Prise Salz
- 30 ml Öl mit etwas Butter gemischt
- Kristallzucker zum Karamellisieren
- Staubzucker zum Bestreuen

FÜR DEN HEIDELBEERSCHMARREN

- 60–80 g Heidelbeeren

Foto Heidelbeerschmarren Seite 370

ZUBEREITUNG

- In einer Schüssel die Milch mit Mehl und Zucker glatt abrühren. Die (ganzen) Eier nur kurz unterheben, aber nicht verschlagen, da sonst der Teig nicht flaumig wird. Mit einer kleinen Prise Salz würzen.
- Für den Heidelbeerschmarren noch Heidelbeeren unterrühren.
- Etwas Öl und Butter in einer (am besten beschichteten) Pfanne erhitzen und den Teig eingießen. Kurz mit einem Deckel abdecken, wenden und fertig backen (oder im vorgeheizten Backrohr fertig backen).
- Nun den Schmarren mit einem Holzspatel in Stücke zerreißen, dabei eventuell etwas Kristallzucker in die Pfanne streuen und den Schmarren karamellisieren.
- Auf Tellern anrichten und mit Staubzucker bestreuen.

VORBEREITUNGSZEIT: ca. 3 Minuten
BACKZEIT: ca. 8 Minuten
GARNITUREMPFEHLUNG: Zwetschkenröster, Marillenkompott etc.

Österreichische Vielfalt

Man muss kein eingefleischter Monarchist sein, um die netten Legenden, die sich um diesen Mehlspeisklassiker ranken, hochzuhalten. Ob er nun von leutseligen Kasern, sprich Sennern, Kaiser Franz Joseph bei einem Ausflug auf die Alm offeriert wurde oder vom Kaiser höchstpersönlich als solcher bezeichnet wurde, als man seiner Gattin Kaiserin Elisabeth ein etwas misslungenes Dessert auftischte – der Schmarren schmeckt ebenso köstlich wie er rasch zubereitet ist. Kein Wunder also, dass Kaiserschmarren auch oft als süßes Hauptgericht auf den Tisch kommt. Da es in diesem Fall durchaus etwas raffinierter zugehen darf, werden die Eier mitunter auch getrennt und als Dotter sowie geschlagener Eischnee unter den Teig gemischt. Eingerührte geriebene Nüsse und/oder nach dem ersten Anbacken darübergestreute in Rum eingeweichte Rosinen machen das Gericht zusätzlich feiner. Für einen **KIPFERLSCHMARREN** wiederum werden (für eine kleinere Portion) zwei Kipferl in Scheiben geschnitten, mit wenig gezuckerter Milch befeuchtet, in Butter kurz angeröstet und mit der Schmarrenmasse übergossen. Ob im Backrohr (ca. 15 Minuten) oder in der Pfanne wie oben beschrieben flaumig fertig gebacken – echt kein Schmarren, dieser Schmarren.

Topfenschmarren mit Mohn oder Nüssen

ZUTATEN FÜR 1 PFANNE MIT CA. 32 CM DURCHMESSER

- 125 g Topfen
- 3 Eier
- 50 g gemahlener Mohn oder Nüsse (ersatzweise geriebene Kürbiskerne)
- 80 ml Milch
- 50 g glattes Weizen- oder feines Dinkelmehl
- Prise Salz
- 80 g Feinkristallzucker oder fein gesiebter Staubzucker
- 30 g Butter oder Butterschmalz
- eventuell Prise Zimt, Vanille-, Orangen- oder Zitronenzucker
- Butterflocken und Staubzucker zum Vollenden

ZUBEREITUNG

- Die Eier trennen. Dotter mit Topfen, Milch, Mohn oder Nüssen und Mehl verrühren. Nach Belieben mit Zimt, Vanille etc. aromatisieren.
- Eiklar mit einer Prise Salz steif schlagen, dabei Zucker nach und nach einrieseln lassen. Eischnee vorsichtig unter die Topfenmasse heben.
- In einer großen feuerfesten Pfanne Butter oder Butterschmalz erhitzen, Masse eingießen und bei sehr kleiner Stufe goldbraun anbacken.
- Inzwischen Backrohr auf 170 °C vorheizen. Schmarren wenden und im vorgeheizten Backrohr ca. 10 Minuten fertig backen.
- Mit zwei Gabeln in kleine Stücke reißen. Butterflocken und Staubzucker darüber verteilen und unter Schwenken karamellisieren.
- Mit Staubzucker bestreut servieren.

VORBEREITUNGSZEIT: 5–8 Minuten
ZUBEREITUNGSZEIT: insgesamt ca. 12 Minuten
BACKROHRTEMPERATUR: 170 °C
GARNITUREMPFEHLUNG: Holler- oder Zwetschkenröster

Apfelschmarren mit Walnüssen

ZUTATEN FÜR 2 PORTIONEN

- ca. 250 ml Milch
- 120 g glattes Weizenmehl oder glattes Dinkelmehl
- 4–5 Eier
- 1 Apfel
- 30 g gehackte Walnüsse
- Zucker nach Geschmack
- Prise Salz und Zimt
- Butter
- Kristallzucker zum Karamellisieren
- Staubzucker zum Bestreuen

ZUBEREITUNG

- Apfel in feine Spalten schneiden. Butter aufschäumen, Apfelspalten zugeben, mit Zucker sowie Zimt würzen und kurz dünsten. Wieder herausheben und warm stellen.
- Inzwischen Milch mit Mehl und Zucker glatt rühren. Eier nur kurz unterheben, aber nicht verschlagen und Walnüsse zugeben. Mit einer kleinen Prise Salz würzen.
- Masse wie beim Kaiserschmarren beschrieben (s. S. 380) backen und karamellisieren.
- Auf Tellern anrichten, mit den Äpfeln belegen und mit Staubzucker bestreuen.

VORBEREITUNGSZEIT: ca. 10 Minuten
BACKZEIT: ca. 8 Minuten

Grießschmarren Polentaschmarren

ZUTATEN

- 700 ml Milch (evtl. mit Wasser gemischt)
- 250 g Grieß oder Polenta (Maisgrieß)
- 20 g Vanillezucker
- 1 Eidotter nach Belieben
- Prise Salz
- Zitronenschale oder Zitronenschalenpulver
- 40–100 g in Rum eingeweichte Rosinen
- 60–100 g Butter oder Butterschmalz
- Staubzucker zum Bestreuen

ZUBEREITUNG

- Milch mit Salz, Vanillezucker, abgeriebener Zitronenschale oder Pulver sowie Butter aufkochen. Grieß oder Polenta einrühren und unter ständigem Rühren so lange einkochen, bis die Masse eindickt. Zuletzt Rosinen, für eine schöne gelbe Farbe auch noch ein Dotter unterrühren.
- Backrohr auf 165–180 °C vorheizen.
- Butter oder Butterschmalz in einer beschichteten (feuerfesten) Pfanne erhitzen, die Grießmasse flach darin verteilen und im vorgeheizten Backrohr ca. 30 Minuten backen. Währenddessen den Schmarren etwa alle 10 Minuten mit einer Spachtel zerteilen, damit sich lockere kleine Bröckchen mit so genannten knusprigen „Rammerln" bilden können. (Oder Grießmasse auskühlen lassen, grob zerteilen und in einer Pfanne mit Butter am Ofen rösten.)
- Schmarren herausheben und vor dem Servieren mit Zucker bestreuen.

VORBEREITUNGSZEIT: ca. 5 Minuten
BACKZEIT: ca. 30 Minuten
BACKROHRTEMPERATUR: 165–180 °C
GARNITUREMPFEHLUNG: Zwetschkenröster, Apfelmus oder -kompott, aber auch Birnen-, Marillenkompott etc.

Österreichische Vielfalt

Sich mit Fleisch mehrmals wöchentlich satt zu essen, ist eine Ernährungsgewohnheit unserer Zeit. Bis vor zwei, drei Generationen standen – vor allem im ländlichen Bereich – vorwiegend sättigende Gerichte auf Getreidebasis auf dem alltäglichen Speiseplan. Dementsprechend gefordert war der Einfallsreichtum, mit dem Schmarren und Brei möglichst abwechslungsreich zubereitet werden konnten. So wurden manchmal Äpfel, Birnen, Beeren oder sonstiges Obst unter den Schmarren gemischt, ungesüßt zubereitet kam er mitunter auch mit Käse oder Speck auf den Teller. Für steirische oder burgenländische **TÜRKENTOMMERL** wird die Masse aus Polenta zubereitet, die Hälfte davon in einer mit Butter ausgestrichenen Pfanne verteilt, mit Apfelspalten oder halbierten Zwetschken belegt, etwas angezuckert und mit der restlichen Polentamasse bestrichen. Gebacken wird wie im Rezept beschrieben, wobei nach der halben Backzeit etwas Eiermilch darübergegossen werden kann. Für **TÜRKENSTERZ** wiederum lässt man die eingedickte Polentamasse zugedeckt am Herd ausdünsten. Deckel abnehmen und im Topf mit einer großen Gabel mehrmals auflockern bzw. zerreißen. Zerlassene Butter, früher wurde dafür meist Schweineschmalz verwendet, darübergießen und am Herd mit einer Spachtel gut durchrösten.

Salzburger Nockerl

ZUTATEN

- 6 Eiklar
- 30 g Feinkristallzucker
- 4 Eidotter
- 20 g oder 1 Pkg. Vanillezucker
- 20 g (1 EL) glattes Weizenmehl
- 10 g (1/2 EL) Weizenstärke
- Prise Salz
- eventuell ½ fein geriebene Zitronenschale oder 1 Spritzer Zitronensaft
- Butter für die Form
- 2 EL Schlagobers oder Milch für die Form
- eventuell 1–2 EL Preiselbeermarmelade nach Belieben
- Staubzucker zum Bestreuen

ZUBEREITUNG

- Backrohr auf 175–185 °C Heißluft vorheizen.
- Eiklar mit Weizenstärke und einer Prise Salz aufschlagen und unter langsamer Zugabe von Zucker sehr schaumig aufschlagen. Vanillezucker ebenfalls nach und nach einschlagen.
- Dotter mit etwas geschlagenem Schnee und Zitronenschale glatt rühren. Restlichen Schnee und Mehl locker unter die Masse ziehen, aber nicht völlig vermischen (es sollen einige Schlieren sichtbar bleiben).
- Butter in einer passenden Auflaufform schmelzen, dafür einfach kurz ins heiße Rohr stellen. Schlagobers oder Milch eingießen und nach Geschmack auch Preiselbeermarmelade in der Form verrühren.
- Die Masse in Form von drei großen Nocken pyramidenförmig hineinsetzen (am besten mit einer etwas größeren Teigkarte formen) und im vorgeheizten Backrohr je nach gewünschter Festigkeit 15–18 Minuten backen.
- Aus dem Ofen nehmen und mit Staubzucker bestreut in der Form rasch servieren.

VORBEREITUNGSZEIT: 10 Minuten
BACKZEIT: 15–18 Minuten
BACKROHRTEMPERATUR: 175–185 °C Heißluft

Schneenockerl

ZUTATEN

- 3 Eiklar
- 80–100 g Feinkristallzucker
- 400 ml Milch (aber auch Glühmost oder -wein)
- 10 g Vanillezucker oder eine ½ aufgeschnittene Vanilleschote
- ½ TL Weizenstärke nach Belieben
- Zimt zum Bestreuen
- Prise Salz

ZUBEREITUNG

- Eiklar mit Zucker sowie einer Prise Salz zu einem cremigen, nicht zu steifen Schnee schlagen. Für eine kompaktere Masse Weizenstärke mitschlagen.
- In einem Topf Milch mit Vanillezucker oder Vanilleschote aufkochen und Hitze wieder reduzieren.
- Aus dem Schnee mit zwei Esslöffeln Nockerl formen, in die heiße Milch einlegen, abdecken und ca. 3 Minuten zugedeckt unter dem Siedepunkt ziehen lassen. Vorsichtig umdrehen und noch ca. 2 Minuten fertig garen. Die Milch soll dabei nicht kochen.
- Behutsam herausnehmen, anrichten und nach Belieben mit Zimt bestreuen.

VORBEREITUNGSZEIT: ca. 5 Minuten
GARZEIT: ca. 5 Minuten
GARNITUREMPFEHLUNG: Vanille- oder Schokoladesauce, Beerenmark oder sonstiger Fruchtspiegel

Österreichische Vielfalt

Zweifelsfrei hat die französische Küche ihre Meriten, gilt sie doch als die feinste von allen. Beim genauen Hinsehen entdeckt man in der österreichischen Küche allerdings durchaus vergleichbare Köstlichkeiten. Wie etwa Schneenockerl, die auf frankophilen Speisekarten als „Ile flottante" auftauchen. Damit sie ihrem Namen – übersetzt bedeutet das „schwimmende Insel" – auch entsprechen, werden sie in Frankreich oft in einem Teller voller üppiger Vanillesauce mit Unmengen von Schlagobers serviert. Da punktet doch die österreichische Variante, die die zarten Nockerl entweder ganz dezent nur mit schlankem Fruchtspiegel garniert oder mittels kleinem Spritzsack eine winzige Portion fruchtiger Marmelade in die Nockerl „injiziert". Aus der beim Kochen übrig gebliebenen Milch bereitet man am besten gleich die Vanillesauce zu, mit der die Nockerl dann mindestens so gut schmecken wie in Paris.

Apfelknödel

Nach einem Rezept aus dem Gasthaus Pöll in Kirchham.

ZUTATEN FÜR CA. 7 KNÖDEL

- 2 Äpfel
- 500 g glattes Weizen- oder feines Dinkelmehl
- 50 g zerlassene Butter oder Margarine
- 2 Eier
- 25 g Germ
- 250 ml Milch
- 1 EL Zucker
- Zucker und Zitronensaft für die Äpfel
- Salz
- 30 g geklärte oder braune Butter zum Beträufeln
- Zimt- oder Mohnzucker zum Bestreuen

ZUBEREITUNG

- Germ mit etwas lauwarmer Milch, Zucker sowie etwas Mehl zu einem Dampfl ansetzen. Gehen lassen. Dann mit dem restlichen Mehl, zerlassener Butter, Eiern, Milch und einer Prise Salz zu einem nicht zu festen Teig verarbeiten. Zugedeckt ca. 30 Minuten gehen lassen.
- Inzwischen die Äpfel hobeln, mit etwas Zucker und Zitronensaft vermengen. Dann unter den Teig mischen und abermals 1 weitere Stunde rasten lassen.
- Nun mit einer Spachtel Knödel ausstechen und über Dampf ca. 15 Minuten garen. Anrichten, mit brauner Butter übergießen und mit Zimt- oder Mohnzucker bestreuen.

VORBEREITUNGSZEIT: 1 ½–2 Stunden
GARZEIT: ca. 15 Minuten
GARNITUREMPFEHLUNG: Vanillesauce (evtl. mit Rum aromatisiert), Apfelröster

Gebackene Apfelknödel

Dieses Rezept stammt von Albin Hawel, Gasthof Mitter in Stadt Haag.

ZUTATEN

- 500 g ca. 1 cm große Apfelwürfel
- 50 g Butter
- 50 g geriebene Haselnüsse
- 50 g Semmelbrösel
- 30 g Rosinen
- 50 g Feinkristallzucker
- etwas Zimt
- etwas unbehandelte, fein geriebene Zitronenschale
- 2 Eier
- Mehl, Eier und Brösel zum Panieren
- Öl zum Backen
- Apfelspalten zum Garnieren

ZUBEREITUNG

- Butter zerlassen und Brösel sowie Nüsse vorsichtig darin rösten. Überkühlen lassen.
- Mit den restlichen Zutaten gut vermengen, abschmecken und ca. 15 Minuten ziehen lassen. (Bei sehr saftigen Äpfeln die Brösel- oder Nussmenge etwas erhöhen.)
- Aus der Masse kleine Knöderl formen, in Mehl, verquirltem Ei und Semmelbröseln wälzen und in ca. 155 °C heißem Öl ca. 4 Minuten goldgelb herausbacken.

ZUBEREITUNGSZEIT: ca. 20 Minuten
BEILAGENEMPFEHLUNG: mit Sauerrahm, Zucker und etwas geschlagenem Obers vermengte Preiselbeeren, aber auch Vanillesauce etc.

Germknödel

ZUTATEN FÜR CA. 10 KNÖDEL

- 500 g glattes Mehl
- 25 g Germ oder 1 Pkg. Trockengerm
- 30 g Butter
- 60 g Zucker
- 2 Eier
- 1 Eidotter
- ca. 200 ml lauwarme Milch
- Prise Salz
- abgeriebene Zitronenschale
- ca. 150 g Powidl, Kirschen- oder Himbeermarmelade zum Füllen
- Rum oder Schnaps
- geriebener Mohn und Staubzucker zum Bestreuen

ZUBEREITUNG

- Germ in lauwarmer Milch auflösen und mit Mehl, Eiern, Dotter, weicher Butter, Zucker und etwas Zitronenschale zu einem nicht zu festen Teig verarbeiten. Nun eine Prise Salz beigeben und abschlagen, bis sich der Teig vom Kesselrand löst. Etwa 1 Stunde abgedeckt warm gehen lassen.
- Dann vom Teig kleine Stücke abnehmen, etwas auseinanderdrücken, mit beliebiger Fülle füllen und gut „Zusammendrehen" (zu einem runden Knödel formen) und dabei die Verschlussstelle gut zusammendrücken. Auf ein mit wenig Mehl bestreutes Backblech setzen, mit einem Küchentuch abdecken und nochmals gehen lassen.
- In einem großen Topf reichlich Salzwasser mit einem Schuss Rum oder Schnaps aufkochen lassen. Knödel mit der oberen Seite nach unten einlegen, zudecken und 7–10 Minuten ziehen lassen. Dann umdrehen und nochmals 7–10 Minuten ziehen lassen. (Oder über Dampf auf einem gefetteten Siebeinsatz ca. 15–20 Minuten garen; im Dampfgarer bei 100 °C und 100 % Dampf).
- Mit einem Lochschöpfer herausheben und mit einer Gabel mehrmals einstechen, damit der Dampf entweichen kann. Rasch servieren oder bis zum Verzehr über Dunst oder im offenen Rohr warm stellen.
- Mit Mohn und Zucker bestreut auftragen.

VORBEREITUNGSZEIT: 1 ½–2 Stunden mit Rastenlassen
GARZEIT: 14–20 Minuten je nach Größe der Knödel

Österreichische Vielfalt

Als Dessert wurden Germknödel in der bäuerlichen Küche selten serviert. So wie viele andere österreichische Mehlspeisen – man denke nur an gebackene Mäuse, Pofesen, Kaiserschmarren und ähnliche Leckereien – standen sie unter der Woche oft als sättigende Hauptmahlzeit auf dem Speiseplan. So auch **DAMPFNUDELN.** Dafür werden mit einem Esslöffel kleine Germteigstücke abgetrennt und in 250 ml Milch (aufgekocht mit 1 Esslöffel Zucker und 1 Pkg. Vanillezucker) nebeneinandergesetzt. Die Nudeln werden zugedeckt ca. 25 Minuten im vorgeheizten Backrohr bei 165 °C gebacken. Dazu reicht man traditionellerweise warme Vanillesauce.

Topfenknödel süß und pikant

ZUTATEN

- 600 g Topfen
- 70 g Feinkristallzucker
- ca. 120 g entrindete, altbackene (keine frischen!) Semmeln, Weißbrot- oder Toastbrotwürfel
- 2 Eier
- 1 Eidotter
- Prise Salz
- 40 g sehr weiche oder zerlassene Butter
- 10 ml Zitronensaft
- etwas unbehandelte, fein geriebene Zitronen-, Limetten- oder Orangenschale
- Schuss Rum
- Butterbrösel zum Wälzen
- Staubzucker zum Bestreuen

ZUBEREITUNG

- Butter mit Eiern und Dotter gut verrühren. Topfen zugeben und mit den restlichen Zutaten gut zu einem geschmeidigen Teig vermengen. Abgedeckt unbedingt 3–4 Stunden (noch besser über Nacht) rasten lassen (Knödel zerfallen sonst!).
- Nun in einem großen Topf reichlich leicht gesalzenes Wasser aufkochen.
- Aus der Masse mit leicht befeuchteten Händen kleine Knödel formen. Eventuell einen Probeknödel kochen und bei Bedarf noch etwas Semmelbrösel zugeben. Knödel in kochendes Salzwasser einlegen, Hitze reduzieren und je nach Größe 12–15 Minuten mehr ziehen als wallend kochen lassen. Vor dem Herausnehmen nochmals kurz aufkochen lassen (macht die Knödel besonders luftig).
- Herausheben, auf Küchenpapier abtropfen lassen und in Butterbröseln wälzen. Mit Staubzucker bestreut servieren.

VORBEREITUNGSZEIT: ca. 3 Stunden inkl. Rastenlassen
KOCHZEIT: 12–15 Minuten
GARNITUREMPFEHLUNG: Holler- oder Zwetschkenröster, Kompotte

Österreichische Vielfalt

Lässt man bei diesem Traum von Topfenflaum die süßen Ingredienzen weg und ersetzt diese durch Salz, Pfeffer, Muskatnuss und fein gehackte Kräuter, so passen die **PIKANTEN TOPFENKNÖDEL** nicht nur wunderbar zu Ragoutgerichten, sondern geben, etwa in Begleitung von feiner Kräutersauce und Salat, auch eine veritable Hauptspeise ab. Bleibt man in der süßen Abteilung, so kann die Masse auch durch eingearbeitete geriebene Nüsse, Kürbiskerne oder Mohn verfeinert werden. Kakaopulver macht sich für dunkle Topfenknödel gut, doch eines sollte nie in der Masse landen: frische Brotwürfel. Die haben nämlich zu wenig Saugkraft und würden im Nu den Knödeltraum platzen lassen.

Marillenknödel

Obstknödel aus Topfenteig

ZUTATEN FÜR DEN TOPFENTEIG

(oder Erdäpfelteig s. S. 133)
250 g Topfen
40 g zerlassene Butter
70 g feiner oder grober Weizengrieß (oder Dinkelgrieß)
70 g griffiges Weizenmehl (ersatzweise glattes Weizenmehl, feines Dinkel- oder Vollkornmehl)
1 Ei
Prise Salz
eventuell 20 g Vanillezucker
Zitronenschale oder Orangenschalenpulver
Butterbrösel mit Zimt
Staubzucker zum Bestreuen
eventuell Würfelzucker oder Marzipan statt der Kerne
Marillen, Erdbeeren, Zwetschken, Ringlotten etc. nach Belieben (aber auch Nougatstückchen, Nuss- oder Dörrfruchtmasse)

ZUBEREITUNG

- Für den Teig Topfen mit Ei und zerlassener Butter verrühren. Mit Grieß, Mehl, einer Prise Salz, abgeriebener Zitronenschale sowie eventuell auch Vanillezucker zu einem glatten Teig verarbeiten. Abgedeckt ca. 3 Stunden im Kühlschrank rasten lassen.
- Inzwischen Obst nach Belieben und Bedarf entkernen (etwa Zwetschken oder Marillen) und stattdessen ein Stück Würfelzucker oder Marzipan einsetzen.
- Teig zu einer Rolle formen, jeweils eine Scheibe abschneiden, mit bemehlten Händen flach drücken und die Marillen damit umhüllen. (Oder Teig auf einer bemehlten Arbeitsfläche ausrollen und mit einem Ausstecher Kreise ausstechen.)
- Knödel gut festdrücken und relativ rasch weiterverarbeiten, damit der Teig durch die Früchte nicht aufgeweicht wird.
- Inzwischen in einem Topf reichlich Salzwasser aufkochen, Knödel einlegen und 10–15 Minuten ziehen lassen, bis sie an die Oberfläche steigen. Das Wasser darf dabei nicht wallend kochen.
- Mit einem Lochschöpfer herausheben und nach Belieben in mit Zimt aromatisierten Butterbröseln wälzen, anrichten und mit Staubzucker bestreuen.

VORBEREITUNGSZEIT: ca. 1 ½ Stunden
GARZEIT: 10–15 Minuten

Mohnnudeln Schupfnudeln

ZUTATEN

Erdäpfelteig	(siehe S. 133)
flüssige Butter oder Butterschmalz zum Wälzen	
4 EL gemahlener Mohn	
Staubzucker	

ZUBEREITUNG

- Erdäpfelteig wie im Grundrezept beschrieben vorbereiten und zu länglichen Stangen formen. Davon kleine Stückchen abtrennen und diese wiederum zu daumengroßen Nudeln „wuzeln".
- In einem großen Topf Salzwasser aufkochen, die Nudeln einlegen und knapp unter dem Siedepunkt ziehen lassen, bis alle aufgestiegen sind.
- Abseihen und abtropfen lassen.
- Für süße Mohnnudeln Mohn mit etwas Zucker vermengen, in die heiße Butter einrühren und die Nudeln darin schwenken. Anrichten und nochmals mit Staubzucker bestreuen. Neutrale Schupfnudeln in heißer Butter oder Butterschmalz schwenken.

VORBEREITUNGSZEIT: ca. 15 Minuten
GARZEIT: 2–3 Minuten zum Kochen
VERWENDUNG: süße Mohnnudeln als Dessert sowie als süße Hauptspeise, neutrale Schupfnudeln als Beilage sowie ebenfalls auch als Hauptgericht, etwa von Salat begleitet

Österreichische Vielfalt

Handgewuzelte Schupfnudeln erfreuen sich seit dem Wiederaufleben der neuen Regionalität sogar in urbanen Szenelokalen größter Beliebtheit. Ob süß, ob sauer – die fingerdicken Nüdelchen aus lockerem Erdäpfelteig finden reißenden Absatz. Neben den oben erwähnten Mohnnudeln treten von der süßen Fraktion auch oft **NUSSNUDELN** auf den Speiseplan, die einfach statt mit Mohn mit geriebenen Nüssen zubereitet werden. Davor könnten **PIKANT ÜBERBACKENE SCHUPFNUDELN** gewählt werden, wofür die gekochten Schupfnudeln mit einem gewürzten Überguss aus 150 g Sauerrahm und 2 Eiern übergossen und ca. 25 Minuten goldgelb überbacken werden. Mit frischem Schnittlauch und ausgelassenen Speckwürfeln bestreut kommen sie dann auf den Tisch. Wer wollte da nicht jeden Tag Nudeltag haben, wie es ein altes oberösterreichisches Lied vorschlägt?

Powidltascherl

Dieses Rezept stammt von Ilse Gutmann, Wirtin im Gasthaus Gutmann in Zöbing.

ZUTATEN
FÜR DEN TEIG

- **ca. 270 g griffiges Weizenmehl**
- **500 g trockener Brösel- oder Bauerntopfen (oder Topfen über Nacht in einem Sieb gut abtropfen lassen)**
- **2 Eier**
- **120 g flüssige Butter**
- **Prise Salz**

FÜR DIE FÜLLE

- **ca. 200 g Powidl**
- **Rum und Zimt**
- **eventuell verquirltes Ei zum Bestreichen**
- **Butterbröseln zum Wälzen (s. S. 413)**
- **Staubzucker zum Bestreuen**

ZUBEREITUNG

- Bereits am Vortag für den Teig Eier mit Salz und Butter verrühren. Topfen untermengen und mit dem Mehl zu einem glatten Teig vermengen. Mit Frischhaltefolie abgedeckt im Kühlschrank über Nacht rasten lassen.
- Am nächsten Tag den Teig auf einer leicht bemehlten Arbeitsfläche ca. 3 mm dick ausrollen und Kreise mit einem Durchmesser von ca. 8 cm ausstechen.
- Powidl mit Aromen verrühren. Jeweils einen Löffel Fülle in die Mitte der Teigscheiben geben. Den Rand eventuell mit verquirltem Ei bestreichen, Teig zu einem Halbkreis zusammenschlagen und gut andrücken. Eventuell mit einer Gabel fest zusammendrücken oder wie Kasnudeln „krendln".
- Tascherl in kochendes Salzwasser einlegen und je nach Größe 10–12 Minuten unter dem Siedepunkt ziehen lassen. Mit einem Lochschöpfer aus dem Wasser heben, gut abtropfen lassen und mit Butterbröseln bestreuen oder darin wälzen. Mit Staubzucker bestreut servieren.

VORBEREITUNGSZEIT: Teig über Nacht rasten lassen
GARZEIT: 10–12 Minuten

Mohr im Hemd

ZUTATEN

- 70 g zimmertemperierte Butter
- 20 g Feinkristallzucker
- 4 Eidotter
- 70 g Schokolade (oder Kuvertüre)
- 70 g geriebene Haselnüsse
- 10 g Brösel von entrindetem Weißbrot oder Semmelbrösel
- 4 Eiklar
- 40 g Feinkristallzucker für den Schnee
- Butter und Kristallzucker für die Förmchen
- Prise Salz

ZUBEREITUNG

- Butter mit Zucker, Salz und Dottern sehr schaumig aufschlagen. Schokolade (am besten über einem heißen Wasserbad oder kurz in der Mikrowelle) zerlassen.
- Währenddessen Eiklar mit Zucker zu schmierigem Schnee schlagen. Geschmolzene Schokolade unter die Dottermasse mengen. Brösel sowie Nüsse einrühren und zuletzt den Schnee unterheben.
- Kleine Portionsförmchen mit Butter ausstreichen, mit Kristallzucker ausstreuen und die Masse gut zu zwei Drittel in die Form einfüllen. Im Dampfofen je nach Größe der Formen 40–50 Minuten dämpfen oder eine Blechwanne mit Zeitungspapier auslegen, heißes Wasser 2 Finger hoch einfüllen und die Förmchen hineinstellen. Bei ca. 170 °C 40–50 Minuten backen (oder auf dem Herd in einem Wasserbad pochieren).
- Fertig gegarte Mohren am Rand mit einem spitzen Messer leicht lösen und stürzen.

VORBEREITUNGSZEIT: ca. 15 Minuten
BACKZEIT: 40–50 Minuten
BACKROHRTEMPERATUR: 170 °C
GARNITUREMPFEHLUNG: warme Schokoladesauce, geschlagenes Obers

Mostschober

ZUTATEN

- 5 Eier
- 150 g Feinkristall- oder Gelbzucker
- 170 g glattes Weizen- oder feines Dinkelmehl
- 70 g fein geriebene Nüsse
- Prise Salz
- 30 ml Wasser
- Butter und Mehl für die Form
- Schlagobers zum Garnieren

ZUM TRÄNKEN

- 550 ml Most oder Wein
- 70–100 g Feinkristall- oder Gelbzucker
- 500 ml Orangensaft
- 100 ml Rum
- 20 ml Zitronensaft
- eventuell Zimt, Lebkuchengewürz, Vanillezucker

ZUBEREITUNG

- Eier mit Zucker, Salz und Wasser hell und schaumig aufschlagen. Nüsse und Mehl behutsam untermischen.
- Backrohr auf 165–175 °C vorheizen. Kleine Förmchen oder eine Gugelhupfform mit Butter ausstreichen und mit Mehl ausstreuen.
- Masse einfüllen und ca. 35 Minuten backen.
- Für die Tränke alle Zutaten außer Rum aufkochen, vom Feuer nehmen und Rum zugießen.
- Auflauf aus dem Rohr nehmen und auf tiefe Teller stürzen. Mit der Tränke übergießen. Die dabei ablaufende Flüssigkeit nochmals darübergießen, damit der Kuchen die Tränke zur Gänze aufnehmen kann. Mit geschlagenem Obers garnieren.

VORBEREITUNGSZEIT: ca. 10 Minuten
BACKZEIT: ca. 35 Minuten
BACKROHRTEMPERATUR: 165–175 °C

Scheiterhaufen

ZUTATEN

- **200 g Semmeln oder Brioche (Weiß- oder Toastbrot, Krapfen etc.)**
- **50–100 g Feinkristallzucker (je nach gewünschter Süße)**
- **50 g grob gehackte Hasel- oder Walnüsse (oder Mandeln)**
- **200 g Apfel- oder Birnenwürfel**
- **50 g in Rum eingeweichte Rosinen**
- **400–500 ml Milch, eventuell mit Schlagobers gemischt**
- **4 Eier**
- **etwas abgeriebene, unbehandelte Zitronenschale**
- **1 Pkg. Vanillezucker**
- **Butter und Brösel oder Zucker für die Form**
- **Staubzucker zum Bestreuen**

FÜR DIE SCHNEEHAUBE

- **2 Eiklar**
- **60 g Feinkristallzucker**

ZUBEREITUNG

- Semmeln oder Brioche in kleine Würfel oder Scheiben schneiden. Mit Apfelwürfeln, Haselnüssen und Rosinen vermischen. Milch mit Eiern, Zitronenschale und Zucker versprudeln und über die Semmeln gießen. Nach Belieben noch etwas Zucker beigeben und die Masse einige Zeit ziehen lassen.
- Inzwischen das Backrohr auf 170–180 °C vorheizen. Eine passende Auflaufform mit Butter ausstreichen und mit Bröseln oder Zucker ausstreuen.
- Die Masse einfüllen, in eine größere Wanne oder hohe Backform, die ca. 2 Finger hoch mit heißem Wasser gefüllt ist, stellen und 25–35 Minuten backen.
- Währenddessen Eiklar mit der Hälfte des Zuckers zu Schnee schlagen, restlichen Kristallzucker zugeben und cremig steif ausschlagen.
- Gebackenen Scheiterhaufen herausnehmen und den Schnee auf den heißen Auflauf auftragen. Eventuell einen Teil der Masse in einen Spritzsack füllen und Muster aufdressieren (oder mit einer Zackenteigkarte Streifen ziehen). Bei ca. 220 °C Oberhitze hellbraun überbacken.

VORBEREITUNGSZEIT: ca. 20 Minuten
BACKZEIT: 25–35 Minuten backen, dann einige Minuten überbacken
BACKROHRTEMPERATUR: 170–180 °C auf 220 °C Oberhitze steigend

Österreichische Vielfalt

In Oberösterreich wird dieser flaumige Auflauf liebevoll auch **OFENSCHLUPFER**, in der Steiermark **OFENKATER** genannt. Diese Namen erinnern daran, dass viele bäuerliche Gerichte früher einfach in den ohnehin warmen holzbefeuerten Ofen gestellt und dort belassen wurden, bis man wieder vom Feld oder im Falle des festlichen Sonntagsbratens vom Gottesdienst zurückkam. Die zeitgemäße Küche geht da lieber auf Nummer sicher und gart den Scheiterhaufen schonend im Wasserbad. Eine Methode, die beim Backen in einer großen Form zwar nicht unbedingt nötig ist, dafür aber bei der Garung von portionsweise abgefüllten, kleinen dekorativen Förmchen unbedingt zu empfehlen ist. Außer Äpfeln und Birnen fühlen sich auch Zwetschken, Marillen oder Heidelbeeren in dieser Mehlspeise wohl, die auch ohne Schneehaube, aber dafür kräftig mit Staubzucker bestreut, ganz vorzüglich schmeckt.

Gebackene Apfelringerl Hollerstrauben

ZUTATEN

- Backteig, s. S. 412
- ein Schuss Rum oder Zwetschkenschnaps
- eventuell Vanillezucker und Zitronenschale nach Belieben
- 3–4 Äpfel
- eventuell etwas Zitronensaft zum Beträufeln
- etwas Mehl zum Wenden
- Pflanzenöl oder Schmalz zum Herausbacken
- Staubzucker zum Bestreuen

FÜR HOLLERSTRAUBEN

- Hollerblüten (Holunderblüten) nach Bedarf

ZUBEREITUNG

- Backteig wie beschrieben vorbereiten und mit Rum oder Zwetschkenschnaps, Vanillezucker und Zitronenschale nach Belieben aromatisieren.
- Die Äpfel schälen, das Kerngehäuse ausstechen und die Äpfel in Scheiben schneiden. Eventuell mit etwas Zitronensaft beträufeln und kurz in Mehl wenden. (Für gebackene Hollerstrauben die Blüten waschen, abtropfen lassen und bei Bedarf zu lange Stiele kürzen.)
- Reichlich Fett erhitzen (ca. auf 150 °C). Apfelscheiben oder Hollerblüten in den vorbereiteten Backteig tauchen und in heißem Fett schwimmend goldbraun backen. Mit einem Siebschöpfer herausheben, auf einem Küchenpapier gut abtropfen lassen und mit Staubzucker bestreut servieren.

ZUBEREITUNGSZEIT: einige Minuten
GARNITUREMPFEHLUNG: warme Vanillesauce, frische Früchte oder Beeren, aber auch Eis

Wiener Wäschermädel Schlosserbuben

ZUTATEN

- Backteig, s. S. 412
- 12 vollreife Marillen (am besten Kerngeher)
- 150–200 g Marzipan
- 1 Schuss Marillenschnaps
- Pflanzenöl oder Schmalz zum Herausbacken
- Staubzucker und Vanillezucker oder Zimt zum Bestreuen

FÜR SCHLOSSERBUBEN

- statt Marillen 18–24 Zwetschken
- Zwetschkenschnaps
- geriebene Schokolade zum Bestreuen

ZUBEREITUNG

- Backteig wie beschrieben vorbereiten.
- Marillen vorsichtig waschen, gut abtropfen lassen und mit einem Kochlöffelstiel den Kern herausdrücken. Marzipan mit Schnaps aromatisieren und aus der Masse kleine Kügelchen formen. In die Marillen füllen. (Für Schlosserbuben Marzipan mit Zwetschkenschnaps aromatisieren und die Zwetschken damit füllen.)
- Reichlich Öl erhitzen (auf ca. 150 °C). Marillen oder Zwetschken durch den Teig ziehen und in heißem Öl schwimmend backen. Mit einem Schaumlöffel herausheben und abtropfen lassen. Wäschermädel mit einer Mischung aus Staubzucker und Zimt oder Vanillezucker, die Schlosserbuben mit geriebener Schokolade und Staubzucker bestreuen.

ZUBEREITUNGSZEIT: einige Minuten

Faschingskrapfen Gebackene Mäuse

ZUTATEN FÜR CA. 35 KRAPFEN

- 450 ml lauwarme Milch
- 1 Würfel Frischgerm oder 2 Pkg. Trockengerm
- 1 kg glattes Mehl
- 140 g zerlassene Butter
- 100 g Zucker
- 20 g Vanillezucker
- geriebene Zitronenschale
- 2 Eier
- 6 Eidotter
- 10 g Salz
- 60–70 ml Rum
- Öl oder Schmalz zum Herausbacken
- Marillenmarmelade (evtl. mit Rum aromatisiert)
- Staubzucker zum Bestreuen (Zimtzucker für die gebackenen Mäuse)

ZUBEREITUNG

- Lauwarme Milch mit Zucker und Germ verrühren. Restliche Zutaten (Salz erst nach kurzem Abschlagen) in einen Rührkessel geben und mit der Milch kräftig abschlagen, bis sich der Teig vom Kesselrand löst und eine glatte Oberfläche hat. Zugedeckt 30 Minuten rasten lassen.
- Für Krapfen vom Teig jeweils 40–60 g schwere Stücke abtrennen und mit der Handfläche zu Krapfen schleifen. Auf ein leicht bemehltes Tuch oder geöltes Blech setzen, mit der Hand oder einem bemehlten Glasboden flach drücken und mit Frischhaltefolie oder einem bemehlten Baumwolltuch abgedeckt nochmals gehen lassen.
- Inzwischen in einem großen Topf reichlich Öl oder Schmalz (auf ca. 155 °C) erhitzen. Krapfen mit der Oberseite nach unten einlegen, zugedeckt 2–3 Minuten backen, umdrehen und nochmals 2–3 Minuten ohne Deckel fertig backen. (Für gebackene Mäuse vom Teig mit einem Esslöffel kleine Nocken abstechen und in heißem Fett wenige Minuten rundum goldgelb backen.)
- Krapfen oder gebackene Mäuse herausheben, auf ein Gitter legen und das Fett abtropfen lassen.
- Für die Krapfen inzwischen die Marmelade in einen Dressiersack füllen und seitlich in die noch heißen Krapfen füllen. Mit Staubzucker bestreut lauwarm oder kalt servieren. (Gebackene Mäuse ebenfalls mit Staub- oder Zimtzucker bestreuen und heiß auftragen.)

VORBEREITUNGSZEIT: ca. 1 ½ Stunden
BACKZEIT: 4–6 Minuten
BEILAGENEMPFEHLUNG: für gebackene Mäuse als süße Hauptmahlzeit warme Vanillesauce oder Zwetschkenröster etc.

TIPP
Fertig gebackene Krapfen können auch gut eingefroren werden.

Österreichische Vielfalt

Flaumige Faschingskrapfen haben – ihrem Namen entsprechend – vor allem zwischen Neujahr und Aschermittwoch Saison und gehen auf ein uraltes heidnisches Brauchtumsgebäck zurück. Das ganze Jahr hindurch werden hingegen **BAUERNKRAPFEN** gebacken, die zu größeren, flachen Scheiben geformt und nach dem Backen in der Mitte obenauf mit einem erfreulich großzügigen Tupfer Marmelade gefüllt werden. Die in diesem Rezept angegebene etwas größere Menge empfiehlt sich, wenn aus einem Teil des fertig aufgegangenen Teiges Krapfen gebacken und der Rest zu gebackenen Mäusen verarbeitet wird. Darüber hinaus lassen sich die bereits gebackenen Krapfen bzw. gebackenen Mäuse übrigens gut tiefkühlen.

Buchteln mit Powidl

Dukatenbuchteln

ZUTATEN

- 500 g glattes Weizen- oder feines Dinkelmehl
- 1 Würfel Germ oder 1 Pkg. Trockengerm
- 60–100 g Staubzucker
- ca. 250 ml lauwarme Milch
- 3 Eidotter (oder 1 Ei und 2 Eidotter)
- 30 g zerlassene Butter
- Prise Salz
- Prise geriebene Zitronenschale
- Prise Vanillezucker
- Schuss Rum
- zerlassene Butter zum Bestreichen
- Staubzucker zum Bestreichen
- Vanillesauce für die Dukatenbuchteln

ZUM FÜLLEN

- Powidl, Marmelade nach Geschmack, aber auch Topfen-, Nuss- oder Mohnfülle

ZUBEREITUNG

- Germ in Milch auflösen und mit den anderen Zutaten zu einem mittelfesten Germteig verkneten. Zugedeckt an einem warmen Ort um das Doppelte aufgehen lassen.
- Teig wieder zusammenschlagen. Nun entweder ausrollen, mit einem runden Ausstecher Scheiben ausstechen, in die Mitte die Fülle geben und wie einen Knödel zusammendrehen, oder mit einem eingefetteten Löffel kleine Stücke abstechen, etwas auseinanderdrücken, Fülle in die Mitte platzieren und zusammendrehen. Zu kleinen Kugerln schleifen bzw. formen. (Für Dukatenbuchteln sehr kleine, münzengroße Buchteln formen und ungefüllt backen.)
- Buchteln in zerlassener Butter wälzen oder mit einem Pinsel rundum gut einstreichen. In eine passende (runde) Form oder Pfanne schlichten und nochmals aufgehen lassen.
- Backrohr auf 170 °C vorheizen und die Buchteln ca. 30 Minuten hellbraun backen.
- Herausheben und mit Staubzucker bestreuen. Dukatenbuchteln mit warmer Vanillesauce auftragen, Powidlbuchteln warm oder kalt servieren.

VORBEREITUNGSZEIT: ca. 1 ½ Stunden
BACKZEIT: ca. 30 Minuten (Dukatenbuchteln etwas kürzer)
BACKROHRTEMPERATUR: 170 °C

Österreichische Vielfalt

Buchteln sind eine Wucht. Mitunter wird diese Mehlspeise, deren Name übrigens auf das tschechische Wort „buchta" für Germteiggebäck zurückgeht, in so gewaltigen Dimensionen serviert, dass ein oder zwei Exemplare davon als veritables Hauptgericht durchgehen würden. Das Gegenteil ist beim **BATZERLGUGELHUPF** der Fall. Dafür werden eher kleine Stücke Germteig mit möglichst vielen unterschiedlichen Füllmassen (Powidl, Marmelade, Topfen-, Nuss- oder Mohnfülle) gefüllt, zusammengedreht, in bunter Reihenfolge eng nebeneinander in eine Gugelhupfform eingeschlichtet und nach einem nochmaligen Aufgehen goldgelb gebacken. Solch eine „Batzerei" lässt man sich gerne gefallen!

Arme Ritter Pofesen

ZUTATEN

- Backteig, s. S. 412
- 16 Scheiben altbackenes Briochegebäck, Semmelscheiben oder Weißbrot
- Rum und Milch zum Beträufeln
- nach Belieben etwas Marmelade, Powidl, Nuss- oder Mohnfülle (s. Golatschen) zum Füllen
- Staubzucker zum Bestreuen

ZUBEREITUNG

- Backteig wie beschrieben vorbereiten.
- Die Hälfte der Gebäckscheiben mit Marmelade, Powidl oder Füllmasse bestreichen. Mit einer Scheibe abdecken und sanft andrücken.
- Reichlich Öl erhitzen (ca. auf 150 °C).
- Pofesen eventuell mit einem Gemisch aus Milch und Rum (oder nur mit Milch) kurz beträufeln, durch den Backteig ziehen und im heißen Fett goldgelb herausbacken. Herausheben und mit Staubzucker bestreut servieren.

ZUBEREITUNGSZEIT: einige Minuten

Grießkoch

ZUTATEN

- 500 ml Milch
- 70–80 g feiner oder grober Weizengrieß (aber auch Kindergrieß)
- Prise Salz
- zerlassene Butter und/oder geriebene Schokolade
- Zucker zum Bestreuen

ZUBEREITUNG

- Milch und eine Prise Salz in einem Topf erhitzen.
- Grieß mit einem Schneebesen einrühren, dabei ständig rühren, damit sich die Masse nicht am Boden anlegt. Bis zur gewünschten Konsistenz mehr oder weniger cremig einkochen. (Je länger man die Masse am Feuer belässt, umso dicker wird sie.)
- In Tellern anrichten, mit zerlassener Butter beträufeln und mit fein geriebener Kochschokolade sowie Zucker nach Belieben bestreuen.

ZUBEREITUNGSZEIT: einige Minuten

Milchreis

ZUTATEN

- 160 g Rundkornreis
- 550–600 ml Milch
- 40–60 g Feinkristall-, Gelb- oder Rohzucker
- 1–2 EL Butter nach Belieben
- ca. 10 g Vanillezucker oder ½ aufgeschnittene Vanilleschote
- je 1 Prise Salz, Zimt und abgeriebene Zitronen- oder Orangenschale
- geriebene Schokolade und/oder gebräunte Butter nach Belieben

ZUBEREITUNG

- Milch mit einer kleinen Prise Salz, Vanilleschote oder Vanillezucker, etwas Zimt, abgeriebener Zitronenschale sowie nach Belieben auch etwas Butter aufkochen. Reis zugeben und unter wiederholtem Rühren weich dünsten, dabei bei Bedarf noch etwas Milch zugießen. (Oder im vorgeheizten Backrohr bei 165–175 °C weich dünsten.)
- Je nach gewünschter Süße nochmals mit Vanillezucker und/oder Zucker abschmecken.
- Auf Tellern anrichten und nach Geschmack mit geriebener Schokolade bestreuen und/oder mit brauner Butter beträufeln.

ZUBEREITUNGSZEIT: ca. 30 Minuten je nach Reisart

Österreichische Vielfalt

So schick selbst die kuriosesten Varianten von pikant gewürztem Risotto sind, so sehr gerät der gute alte Milchreis zu Unrecht etwas in Vergessenheit. Dabei gibt in Milch gegarter Reis bei entsprechend großzügiger Portionierung eine gleichermaßen sättigende wie schmackhafte süße Hauptspeise ab, umso mehr, als er oftmals auch mit feinen Gewürzen wie Sternanis, Fenchel, Kardamom oder Lebkuchengewürz zusätzlich aromatisiert wird. Süße Schleckermäulchen freuen sich über eingerührte Schokoladelinsen oder -stückchen. Für **REIS TRAUTTMANSDORFF,** einen Klassiker unter den kalten Cremen, werden unter die erkaltete Reismasse 125 g Joghurt und 125 g aufgeschlagenes Obers gemengt. Möglichst dekorative Gläser oder kleine Schalen werden danach abwechselnd mit eingedicktem Beeren- oder Fruchtragout sowie kaltem Reis gefüllt. Eine Garnitur aus gerösteten Mandelsplittern, Pistazien oder Pinienkernen sowie ein Tupfen Schlagobers setzen den süßen Schlusspunkt.

Biskuitboden Biskuittorte

ZUTATEN

- 6 Eier
- 180 g Feinkristallzucker (dunkle Masse s. u.)
- 180 g glattes Weizen- oder feines Dinkelmehl (dunkle Masse s. u.)
- eventuell 30 g Öl oder zerlassene Butter
- Butter und Mehl für die Form
- Marmelade nach Bedarf

VARIATION FÜR DUNKLE MASSE

- 180 g Feinkristallzucker
- 160 g glattes Weizenmehl
- 20 g fein gesiebter Kakao

ZUBEREITUNG

- Backrohr auf 165–175 °C Heißluft vorheizen.
- Eier mit Zucker sehr schaumig rühren, Mehl (bei dunkler Masse auch Kakao) unterheben und zuletzt Öl bzw. Butter einmengen.
- Einen Tortenreifen (oder eine Springform) mit Butter ausstreichen, mit Mehl ausstreuen und den Teig einfüllen.
- Im vorgeheizten Backrohr 35–45 Minuten backen.
- Herausheben und überkühlen lassen. Nach Belieben halbieren, mit Marmelade oder Füllcreme füllen oder anderweitig weiterverarbeiten.

VORBEREITUNGSZEIT: 5 Minuten
BACKZEIT: 35–45 Minuten
BACKROHRTEMPERATUR: 165–175 °C Heißluft

Mürbteig

ZUTATEN

- 130 g kühle Butter
- 80–130 g Feinkristallzucker (oder gesiebter Staubzucker, Rohr-, Roh- oder Gelbzucker) je nach gewünschter Süße
- 240 g glattes Weizenmehl oder feines Dinkelmehl
- 1 Dotter oder 1 Ei (50 g)
- etwas Vanillezucker
- Prise Salz
- fein geriebene Zitronenschale oder ähnlich beliebiges Aroma

ZUBEREITUNG

- Butter in Stücke schneiden und mit Zucker, Mehl, Ei oder Dotter vermischen. Mit einer Prise Salz, Vanillezucker sowie je nach weiterer Verwendung mit Zitronenschale oder anderem Aroma abschmecken.
- In einer Schüssel mit der Hand oder in einer Küchenmaschine mit dem Knethaken kurz abarbeiten. (Oder auf einer kühlen Arbeitsfläche anfangs den Teig mit einer Teigkarte abbröseln, damit er nicht zu warm wird, und dann händisch weiterarbeiten.) Der Teig darf keinesfalls zu lange bearbeitet bzw. geknetet werden, da er dadurch seine Bindung verliert und „brandig" wird.
- Ist der Teig kühl genug, kann er sofort weiterverarbeitet werden, ist er zu weich, zu einer Kugel formen und abgedeckt im Kühlschrank 1–2 Stunden rasten lassen.

VERWENDUNG: für Teegebäck, Tortenböden, Schnitten etc.

Strudelteig

ZUTATEN

- 200 g glattes Weizenmehl (Typ 700) oder feines Dinkelmehl
- 20 g Öl (Sonnenblumen)
- ca. 110 ml lauwarmes Wasser
- eventuell ½ TL Essig, Weißwein oder Most
- Prise Salz
- Öl zum Bestreichen

ZUBEREITUNG

- Sämtliche Zutaten in einer Schüssel vermengen und am besten mit einer Teigkarte gut durchmischen. Ist der Teig einigermaßen glatt, auf die Arbeitsfläche geben und mit beiden Handballen kräftig durchkneten, bis er geschmeidig ist und Blasen wirft.
- Nun zu einer Kugel formen, mit Öl bestreichen und auf einen Teller legen. Mit Frischhaltefolie abdecken und ca. 30 Minuten bei Raumtemperatur rasten lassen.
- Dann auf einem bemehlten Strudeltuch (großes Baumwolltuch) mit einem Rollholz gleichmäßig der Länge und der Breite nach dünn ausrollen.
- Mit den Händen (Handrücken nach oben) unter den Teig greifen, Teig hochheben und mit dem Handrücken behutsam von der Mitte nach außen zur Tischkante hin ausziehen. Der Teig sollte so dünn ausgezogen werden, dass er durchscheinend ist.
- Dicke Ränder wegschneiden, nach Belieben füllen.

Topfenmürbteig

ZUTATEN

- 250 g glattes Weizen- oder feines Dinkelmehl
- 130 g Topfen
- 110 g Butter
- Prise Salz
- ½–1 TL Backpulver

ZUBEREITUNG

- Mehl mit Backpulver vermischen, mit Topfen, Butter sowie einer Prise Salz zu einem glatten Teig verarbeiten. Zu einer Kugel formen, in Frischhaltefolie hüllen und im Kühlschrank 1 Stunde rasten lassen.
- Auf einer bemehlten Arbeitsfläche zu einem Rechteck ausrollen. Überschüssiges Mehl mit einem Mehlbesen oder Pinsel abkehren und wie einen Blätterteig falten. Dazu den Teig zu je einem Drittel übereinanderschlagen, ausrollen und nochmals zusammenschlagen sowie ausrollen. Eventuell vor der weiteren Verwendung nochmals ca. 2 Stunden kühl rasten lassen.
- Je nach Verwendung weiterverarbeiten.

ZUBEREITUNGSZEIT: ca. 3 ½ Stunden mit Rastenlassen
VERWENDUNG: für Strudel und gefülltes Gebäck, Kekse, aber auch für pikante Strudel

Sauerrahmteig

ZUTATEN

- 150 g glattes Weizen- oder feines Dinkelmehl
- eventuell ¼ TL Backpulver
- 1 Eidotter
- 40 g weiche Butter
- 70 g Sauerrahm oder Crème fraîche

ZUBEREITUNG

- Alle Zutaten in einer Schüssel mit den Händen (Einweghandschuhe), Kochlöffel oder in einer Küchenmaschine mit dem Knethaken rasch zu einem Teig verkneten. In Folie gehüllt ca. 30 Minuten im Kühlschrank rasten lassen.
- Dann den Teig auf einer leicht bemehlten Arbeitsfläche möglichst dünn rechteckig ausrollen und je nach weiterer Verwendung verarbeiten.

ZUBEREITUNGSZEIT: ca. 40 Minuten inkl. Rastenlassen
VERWENDUNG: für süße und pikante Strudel, aber auch als Hülle für Tascherl, Knödel etc.

Blätterteig

ZUTATEN

- 500 g glattes Weizenmehl (oder feines Dinkelmehl)
- 50 g zerlassene Butter
- Prise Salz
- ca. 250 ml lauwarmes Wasser
- 1 cl Essig, Schnaps oder Rum

FÜR DEN BUTTERZIEGEL

- 450 g zimmertemperierte Butter
- 50 g glattes Mehl

ZUBEREITUNG

- Für den Vorteig die zerlassene Butter in einer Küchenmaschine (mit Knethaken) mit Mehl, Wasser, einem Schuss Essig oder Rum sowie einer Prise Salz gut verarbeiten. Teig herausnehmen und schleifen, d. h. mit den Handballen gründlich durcharbeiten. Mit einem Messer kreuzweise einschneiden, mit einem feuchten Tuch abdecken und ca. 20 Minuten rasten lassen.
- Inzwischen für den Butterziegel die Butter mit Mehl ebenfalls im Kessel mit Knethaken (oder händisch) gut vermengen und zu einem Ziegel formen.
- Nun den Vorteig auf einer bemehlten Arbeitsfläche von der Mitte ausgehend wie ein vierblättriges Kleeblatt ausrollen. Den Butterziegel darauflegen und Teig einschlagen. Wieder ausrollen und zu einer einfachen Tour zusammenschlagen, also noch einmal ausrollen und zu einer doppelten Tour zusammenschlagen. Gut in Frischhaltefolie (oder ein feuchtes Tuch) gehüllt etwa 20 Minuten kühl rasten lassen.
- Dann nochmals eine einfache und eine doppelte Tour „legen", d. h. zweimal ausrollen und wieder zusammenschlagen, und abermals 20 Minuten rasten lassen. Bei den einzelnen Touren das Mehl mit einem Mehlbesen oder Pinsel jeweils abkehren.
- Zur weiteren Verarbeitung etwa 5 mm dick ausrollen.

ZUBEREITUNGSZEIT: ca. 2 Stunden mit Rastenlassen
VERWENDUNG: für gefüllte Täschchen, Schnecken, Strudeln etc.

Backteig

ZUTATEN

2 Eidotter
2 Eiklar
150 g glattes Weizen- oder feines Dinkelmehl
1 TL Stärkemehl
20 g Feinkristallzucker
125 ml Weißwein (Most, Milch, aber auch Bier)
Salz
Rum, Schnaps, Vanillezucker und Zitronenschale nach Belieben

ZUBEREITUNG

- Dotter mit Mehl, Weißwein und einer Prise Salz zu einem glatten Teig verrühren.
- Eiklar mit Kristallzucker und Stärke zu cremigem Schnee aufschlagen.
- Nach Belieben mit Rum, Schnaps, Vanillezucker und/oder Zitronenschale aromatisieren.

VERWENDUNG: für gebackene Apfelspalten, Früchte in Backteig, aber unter Weglassen der süßen Aromen und entsprechender Würzung auch für pikante Gerichte

Warme Schokoladesauce

ZUTATEN

250 g Schokolade oder Kuvertüre (hell, dunkel oder gemischt)
ca. 40 g Zucker oder Honig
20 g Kakaopulver
150–300 ml Wasser oder Milch (je nach gewünschter Konsistenz auch Schlagobers)
Rum, Zimt, Ingwer oder Likör nach Belieben

ZUBEREITUNG

- Wasser oder Milch mit Zucker bzw. Honig aufkochen.
- Kakaopulver und Schokolade darin auflösen und nach Geschmack aromatisieren.

VERWENDUNG: als Beigabe zu warmen Mehlspeisen wie etwa Mohr im Hemd, Nusspalatschinken, Soufflés etc.

Vanillesauce

ZUTATEN

- 500 ml Milch
- 20 g Vanillepuddingpulver
- 30 g Zucker
- 10 g Vanillezucker
- eventuell Rum, Cointreau oder Weinbrand zum Aromatisieren

ZUBEREITUNG

- Wenig Milch mit Puddingpulver glatt rühren.
- Restliche Milch mit Zucker und Vanillezucker aufkochen.
- Angerührtes Puddingpulver in die kochende Milch unter ständigem Rühren einkochen. Nach Belieben noch mit Rum, Cointreau oder Weinbrand aromatisieren. Je nach Verwendung warm servieren oder mit Frischhaltefolie abgedeckt auskühlen lassen.

ZUBEREITUNGSZEIT: einige Minuten
VERWENDUNG: vor allem als Beilage zu warmen Mehlspeisen wie Topfenstrudel, Dukatenbuchteln etc.

Schokoladeglasur

ZUTATEN

- 200 g dunkle Kuvertüre oder Schokolade
- 10–20 g Kokosfett oder Butter

ZUBEREITUNG

- Kuvertüre bei ganz milder Hitze über einem Wasserbad schmelzen (darf aber nicht zu heiß werden!). Kokosfett oder Butter darin auflösen und unterrühren.
- Unter Rühren mit dem Kochlöffel auf die gewünschte Konsistenz abkühlen lassen und Torten, Kuchen oder Schnitten damit glasieren.

Süße Butterbrösel

ZUTATEN

- 100 g Butter oder Butterschmalz
- 130–200 g Semmelbrösel
- ca. 60 g Feinkristallzucker, je nach gewünschter Süße
- 10 g Vanillezucker
- etwas Zimt

ZUBEREITUNG

- Butter zerlassen, die Semmelbrösel zugeben und kurz Farbe nehmen lassen.
- Vom Feuer nehmen und Zucker einmengen.
- Mit Vanillezucker und Zimt aromatisieren.

VERWENDUNG: zum Verfeinern von warmen Mehlspeisen wie Obst- oder Topfenknödel, Powidltascherl etc.

Kulinarisches Österreich

Typisch österreichische Ausdrücke und Begriffe rund ums Kochen, die man kennen sollte

Abschmalzen – mit heißem Schmalz oder Fett übergießen

Abschrecken – mit kaltem Wasser übergießen und so den Kochvorgang abrupt stoppen

Abtrieb (abtreiben) – etwas, vor allem Butter, mit weiteren Zutaten schaumig rühren

Anschwitzen – klein geschnittene Zutaten wie Zwiebeln, Gemüse etc. in heißem Fett bei nicht zu großer Hitze anbraten

Bäckerei (Teebäckerei) – kleine Plätzchen, Makronen etc., aber auch das Geschäft, in dem Brot verkauft wird

Backhend(er)l – in Mehl, Ei sowie Bröseln panierte und in Fett knusprig herausgebackene Hühnerteile

Bähen (aufbähen) – Brot oder Gebäck aufbacken oder in der Pfanne rösten

Beinfleisch – Bezeichnung aus der Wiener Siedefleischküche für ein saftiges Stück Rindfleisch aus dem Vorderviertel, das wie Tafelspitz gekocht und mit den klassischen Gemüsebeilagen serviert wird

Beiried – ausgelöstes Rindsrippenstück, das in Scheiben geschnitten gerne für Rostbraten verwendet, aber auch im Ganzen gebraten wird

Beugerl (Biegerl) – Hühnerkeule

Beusche(r)l – pikant gewürztes Ragout aus den Innereien (Lunge und Herz) von Kalb, Lamm oder Kitz, mitunter aber auch oft vom Fisch (Fischbeuschelsuppe)

Biskotten – Löffelbiskuit

Blanchieren – kurzes Überbrühen in heißem Wasser zwecks kurzer Vorgarung

Blunzen – Blutwurst, auch Schimpfwort für eine dumme Frau

Brauner (kleiner oder großer) – Kaffee mit etwas Milch oder flüssiger Schlagsahne

Bries – Innerei (Thymus, Kalbsmilch) meist vom Kalb, die paniert oder gebraten wird

Brösel – Semmelbrösel, Paniermehl

Bruckfleisch – ursprünglich mit Blut leicht süßlich abgeschmecktes Alt-Wiener Ragoutgericht aus Fleischresten, das nur mehr selten, dann aber meist mit Powidl zubereitet wird

Buchtel (auch Wuchtel) – Ofennudel, kleines Germ(Hefe)gebäck, das ungefüllt oder mit Powidl, Marmelade etc. gefüllt werden kann und warm oder kalt gegessen wird

Bummerlsalat – Eisbergsalat

Busserl – wörtlich „kleiner Kuss" und Bezeichnung für kleine, runde Kekse (Plätzchen)

Cuttern – in einer Küchenmaschine etwas mixen oder sehr fein zerkleinern

Dalken (Liwanzen) – kleine, einem Mini-Omelett nicht unähnliche warme Mehlspeise aus Germteig (Hefeteig), die in einer eigenen Dalkenpfanne herausgebacken wird

Dämpfen – über Wasserdampf garen (mit Hilfe eines Siebeinsatzes)

Dampfl – angesetzter Vorteig für Germ(Hefe-)teig

Debreziner – ursprünglich ungarische stark paprizierte Brühwurst

(Ei-)Dotter – Eigelb

Dünsten – unter Hinzufügen von wenig Flüssigkeit abgedeckt weich garen

Eierspeis (Eierspeise) – Rührei

Eierschwammerl – Pfifferlinge

Eiklar – Eiweiß

Einbrenn – braune Mehlschwitze

Eingemachtes – mit Mehlschwitze zubereitetes Ragout von Fleisch und/oder Gemüse

Einkochen – Flüssigkeit stark reduzierend kochen (für sämige Sauce etc.), aber auch Bezeichnung für das Zubereiten von Konfitüre

Einmach – helle Mehlschwitze

Erdapfel (Mz. Erdäpfel) – österr. Bezeichnung für Kartoffel, die vor allem im Osten Österreichs gebräuchlich ist

Extrawurst – beliebte Wurstsorte, der Lyoner ähnlich, scherzhaft auch für ausgefallene Sonderwünsche

Faschieren/ Faschiertes – durch den Fleischwolf drehen bzw. Hackfleisch

Fischbeuschelsuppe – pikante Suppe aus Fischinnereien (Rogen etc.)

Fisolen – grüne Bohnen

Fleckerl – kleine Nudeln in Form von etwa 1 cm großen Quadraten, etwa für Schinkenfleckerl oder als Beilage

Fleischhauerei – im Osten Österreichs übliche Bezeichnung für Metzgerei

Fogosch (Fogasch) – vor allem im Osten Österreichs gebräuchliche Bezeichnung für Zander, auch Schill

Frankfurter – Wiener Würstchen

Frittaten – Suppeneinlage aus feinnudelig geschnittenen Palatschinken (Pfannkuchen)

Gelbe Rübe – Möhre

Germ – Hefe

Gerstl (Rollgerstl) – Graupen

Geselchtes – geräuchertes Fleisch, wenn nicht näher definiert, meist vom Schwein

G(e)lundner Käse – Kärntner Kochkäse-Spezialität

Golatsche (auch Kolatsche) – süßes Gebäckstück aus Plunder- oder Blätterteig, meist mit Topfen, Powidl oder Mohn gefüllt

Grammeln – Grieben

Gratinieren – bei großer Oberhitze im Backrohr überbacken

Grüner Speck – ungeselchter Speck

G'spritzter – mit Soda- oder Mineralwasser aufgespritztes Getränk, wenn nicht näher bezeichnet, meist für Wein

Gugelhupf – Napfkuchen

Had'n (Heiden) – Buchweizen

Halbe – Maßeinheit für 0,5 Liter Bier

Haschee – Hackfleisch

Häuptel – Kopf (für Salat- oder Krautkopf)

Häuptelsalat – Salat vom Kopfsalat

Heidelbeeren – Blaubeeren

Heiden (Had'n) – Buchweizen

Hend(er)l – (meist junges) Huhn, Hähnchen

Herrenpilz – Steinpilz

Heurige – Frühkartoffeln

Heuriger – junger Wein oder Wiener Buschenschank

Hieferscherzel (Hieferschwanzel) – besonders beliebte Stücke vom Rindfleisch zum Sieden

Holler – Holunder

Jause – kleiner Imbiss zwischendurch

Junges – Enten-, Hühner- oder Gänseklein (Flügerl, Magen, Hals etc.), das vor allem für Suppen oder die Zubereitung von Saucen verwendet wird

Jungfernbraten – Schweinslungenbraten (-filet)

Kaiserfleisch – geräuchertes fettes Schweinefleisch (meist Bauchfleisch)

Kalbsvögerl – besonders saftiges Stück Kalbfleisch von der Hesse

Karfiol – Blumenkohl

Karotte – Mohrrübe

Karree – Rippenstück

Kavalierspitz – beliebtes Stück aus der Rindsschulter, das meist gekocht wird

Keks, Kekserl (das) – kleine Plätzchen

Kelch – Wiener Ausdruck für Kohl (Wirsing)

Kernfett – kaum mehr gebräuchliches Rinderfett

Kerntemperatur – Temperatur im Inneren eines Stück Fleisches (oder Backgutes), die mit Hilfe eines Bratenthermometers gemessen wird

Kilogramm (kg) – übliche Gewichtsbezeichnung für 2 Pfund

Kipferl – Hörnchen

Kipfler – festkochende Kartoffeln, die sich besonders gut für Kartoffelsalat eignen

Kitz – junge Ziege, mitunter auch für junges Lamm

Klacheln – meist fälschlich für Schweinsfüße („klacheln" bedeutet ursprünglich „klappern, versprudeln")

Kletzen – gedörrte Birnen

Klobasser – Brühwurst

Knacker (Knackwurst) – kurze, der Extrawurst ähnliche 3–5 cm dicke Wurst, die kalt (Wurstsalat) oder heiß gegessen wird

Knödel – Kloß

Knödelbrot – altbackene Semmelwürfel

Koch (das) – dem Auflauf ähnliche Süßspeise (etwa Grießkoch)

Kochfond – nach dem Kochen von Gemüse etc. zurückbleibendes Kochwasser, das zum Aufgießen von Saucen verwendet werden kann

Kohl – Wirsing

Kohlsprosserl – Rosenkohlröschen

Krapfen – in Fett herausgebackenes Germ(Hefe-)teiggebäck, das meist mit Marmelade gefüllt und mit Zucker bestreut wird (Faschingskrapfen)

Krapferl – allgemeine Bezeichnung für ein kleines, rundes Stück (Erdäpfelkrapferl, Fischkrapferl etc.)

Kraut – Weißkohl

Kren – Meerrettich

Krenfleisch – eher fettes gekochtes Schweinefleisch, das mit frisch geriebenem Kren (Meerrettich) bestreut serviert wird

Kruspelspitz – Fleisch von der Rindsschulter zum Sieden

Kukuruz – Mais

Kutteln – Kaldaunen

La(i)berl (Laibchen) – kleiner runder Krapfen (Brot- oder faschierte Laiberl)

Leberkäse – Fleischkäse

Liptauer – mit Paprikapulver gewürzter Aufstrich aus Butter und Brimsen (Schaffrischkäse)

Liwanzen – siehe Dalken
Lungenbraten – Filet von Rind oder Schwein, manchmal auch Lamm
Lustock – Kärntner Ausdruck für Liebstöckel, auch Maggikraut
Mageres Meisel – fettarmer vordere Schulterblattmuskel des Rinds für Tafelspitz oder anderes Siedefleisch
Marille – Aprikose
Marmelade – Konfitüre
Maroni – Edelkastanie
Mehlspeis(e) – Sammelbegriff für warme und kalte Süßspeisen
Melange – Kaffee mit aufgeschäumter Milch
Melanzani – Aubergine
Most – Apfelwein
Neugewürz – Piment
Nierndln – Niere von Kalb oder Schwein
Nockerl(n) – Spätzle, kleine Teigklößchen, aber auch Sammelbegriff für kleine, oval geformte Speisen (Salzburger Nockerl)
Nudelwalker – Rollholz
Obers – Kurzform für Schlagobers, Schlagsahne
Ochsenschlepp – Ochsenschwanz
Omelette – Eierkuchen
Palatschinke – Pfannkuchen aus eher dünnflüssigem Teig
Panad(e)lsuppe – Brotsuppe
Panier – Panade
Panieren – in Mehl, Ei und Bröseln wenden
Paradeiser – vor allem im Osten Österreichs gebräuchliche Bezeichnung für Tomate
Petersil (der) – Petersilie
Pfiff – Maßeinheit für ca. 0,15 Liter Bier
Pinze – Germteiggebäck, das vor allem zu Ostern gebacken wird (Osterpinze)
Pofesen – zusammengelegte, meist mit Powidl oder Marmelade gefüllte Weißbrote, die in Fett knusprig herausgebacken werden
Polenta – Maisgrieß
Porree – Lauch
Potize – Germteiggebäck, das mit Nuss-, Mohn- oder anderer Füllmasse gefüllt wird
Powidl – Pflaumenmus
Quargel – Harzer Käse, auch Schimpfwort für etwas Unsinniges
Rahm – Kurzform für Sauerrahm (saure Sahne), selten ist damit auch „süßer" Rahm, also Schlagsahne gemeint
Reibgerst(e)l – Rollgerste, Graupe
Rein (Reindl) – ländliche Bezeichnung für Bratenpfanne oder Kasserolle und in Folge auch Speisename (Jägerpfandl etc.)
Reinling – Kärntner Mehlspeise aus Germteig, die dem „Reinl", in dem sie gebacken wird, ihren Namen verdankt
Ribisel – Johannisbeere
Rieddeckel – Rindfleisch aus der Zwerchrippendecke
Ripperl – Rippenstück oder -speer, vor allem vom Schwein, aber auch Rind oder Lamm, das häufig gebraten oder gegrillt wird
Ringlotte – Reneklode
Röster – gedünstetes Obst, etwa Holler-, Marillen- oder Zwetschkenröster
Rostbraten – Rindfleischschnitte (Hohes Roastbeef, Hochrippe) zum kurzen Braten oder längerem Dünsten
Rote Rübe – Rote Bete
Rotkraut – Rotkohl
Saftbinder – Bindemittel für Flüssigkeiten oder flüssige Massen (im Fachhandel erhältlich)
Sauerkraut – Sauerkohl
Sauermilch – Dickmilch
Sauerrahm – saure Sahne
Scherzel – meist erstes oder letztes Stücke eines Brotlaibs, aber auch unterschiedliche Rindfleischstücke zum Sieden (weißes Scherzel s. dort)
Schilcher – Roséwein aus der steirischen Rebsorte Blauer Wildbacher
Schlagobers (Obers) – süße Sahne
Schlögel (Schlegel) – Stück Fleisch aus der Keule
Schmalz – ausgelassenes Fett vom Schwein, aber auch Butterschmalz
Schmarren – meist Süßspeise aus gebackener, in Stücke gerissener Omelettenmasse (Kaiserschmarren), aber auch Schimpfwort für etwas Unnützes
Schöberl – kleine Suppeneinlage aus Biskuitteig
Schopfbraten – durchzogenes Stück Schweinefleisch vom Schweinekamm, das gerne für saftigen Schweinsbraten verwendet wird
Schulterscherzel – kurzfaseriges, saftiges Stück aus der Rindsschulter für Siedefleisch
Schwammerl – Sammelbegriff für Pilze, vor allem aber Eierschwammerl
Schwarzer – Espresso (schwarzer Kaffee ohne Milch)
Seid(e)l – Maßeinheit für 0,3 Liter Bier
Selchspeck – Räucherspeck
Selchkarree – geselchte (geräucherte) Rippchen
Semme(r)l – Brötchen
Spätzle – kleine Teigklößchen, Nockerl
Spanferkel – junges (Milch-)Schwein
Sprudeln (Sprudler) – mit Hilfe des auch „Quirler" genannten Sprudlers (Küchengerät mit Metallschleifen) etwas aufschäumen oder einschlagen

Stanitzel – spitz zulaufende Tüte
Stauben – etwas (meist mit Mehl) bestreuen
Staubiger – noch kaum vergorener, trüber Jungwein
Staubzucker – Puderzucker
Stelze – Eisbein
Sterz – dicker Brei, etwa aus Maisgrieß, der vor allem in der steirischen Küche früher eine sehr wichtige Rolle spielte und oft mit Suppe serviert wurde (Schwammsuppe mit Sterz)
Strankerl – grüne Bohne, Brechbohne
Striezel – zu einem Zopf geflochtenes Gebäck, meist aus Hefeteig (Rosinenbrot)
Sturm – Federweiße, halb vergorener Wein
Sulz – Sülze, Presssack
Surfleisch (Surbraten) – gepökeltes Fleisch
Tafelspitz – der saftigste Teil des Rindsknöpfels (Rinderkeule) für den Klassiker der Wiener Siedefleischküche
Türkenmehl – Maismehl
Topfen – Quark
Topfentorte – Sahnequarktorte, Käsekuchen
Versprudeln – verquirlen oder verrühren
Vogerlsalat – Feldsalat
Wadschinken (Wadschunken) – ausgelöste Rinderhesse für Siedefleisch
Waller – Wels, festfleischiger Fisch
Wasserbad – mit Wasser gefülltes Gefäß (Wanne oder Kessel), über oder in dem empfindliche Massen aufgeschlagen bzw. gegart werden; beim Aufschlagen über einem Wasserbad darf das Gefäß mit der Masse nicht mit dem heißen Wasser in Berührung kommen; im Wasserbad werden z. B. Aufläufe (am besten im Backrohr) gegart
Weckerl – kleines, längliches Gebäck, Brötchen
Weichsel – Sauerkirsche
Weißes Scherzel – beliebtes Rindfleisch vom hinteren Schwanzstück für die Siedefleischküche
Weißkraut – Weißkohl
Windbäckerei – Gebäck (speziell zu Weihnachten) aus Baisermasse
Wurzelwerk – Suppengemüse (meist ein Bündchen aus Mohrrüben, Möhren, Sellerie und Petersilienwurzel mit etwas Petersilgrün)
Würstel – Sammelbegriff für Würstchen, meist für Frankfurter (Wiener) Würstchen
Zander – Hechtbarsch, Schill, im Burgenland auch Fogosch
Zuckererbsen – Erbsen- oder Kaiserschoten
Zwetschke – Zwetschge, Pflaume

Register

ALPHABETISCHES REGISTER

REGISTER NACH SACHGEBIETEN

JAUSENGERICHTE & KALTE VORSPEISEN

ÖSTERREICHISCHE SUPPEN

BEILAGEN

WARME IMBISSE & ZWISCHENGERICHTE

DIE FISCHKÜCHE

FLEISCHGERICHTE

WARME & KALTE SAUCEN

TORTEN, KUCHEN & KEKSE

KALTE CREMEN & KOMPOTTE

ÖSTERREICHISCHE WARME MEHLSPEISEN

SÜSSE GRUNDTEIGE & SAUCEN

Kochvideos sowie Termine für Koch- bzw. Kinderkochkurse in Ingrid Pernkopf's Genusskochschule sind auf unserer Homepage abrufbar.

Dieses Buch widmen wir unseren Familien.
Für Franz, Michael mit Marlene, Claudia, Schwiegersohn Michael, Katharina, Maximilian, Konstantin und Sebastian

Dank

Renate Wagner-Wittula, die dieses Buch wieder mit mir verfasst und mit Ihren Beiträgen bereichert hat.

Meinen Mitarbeitern aus der Küche, ohne die die Rezepte nicht so perfekt abgestimmt wären.

Allen Freunden, Gästen, Wirtekollegen, Lieferanten und Bauern für die Rezepte und Produkte.

Berufsschuloberlehrer Peter Fischer und Gattin Gerlinde, die immer mit Rat und Tat zur Seite stehen.

Peter Barci für die brillanten Fotos sowie Alexander Knakal und Peter Fischer für das Foodstyling.

Den Mitarbeitern des Verlages, welche in bewährter Weise für die Drucklegung des Buches verantwortlich zeichnen. Dr. Johannes Sachslehner für die Lektoratsbetreuung und Bruno Wegscheider für die Buchgestaltung.

Und nicht zuletzt unseren Gästen, denn erst sie erfüllen den Gasthof mit Leben und bestärken mich immer wieder in meiner Arbeit.

Mein besonderer Dank gebührt all jenen, welche mir durch den Kauf der Kochbücher das Gefühl geben, dass mein Bemühen um eine gute, leicht nachvollziehbare Küche geschätzt und keinesfalls umsonst ist.

Was wären meine Bücher ohne die vielen ermunternden Zurufe und Reaktionen. Sie sind jene Aromen, wodurch so manch Geschriebenes erst seine typische „Würze" erhält.

In vielen persönlichen Gesprächen werde ich oftmals aufs Neue ermuntert, unterschiedliche Themen zu bearbeiten, Althergebrachtes, mitunter Vergessenes in den Vordergrund zu bringen und falls nötig, Rezepte dem heutigen Zeitgeist anzupassen.

Ihre in den vergangenen Jahren so große Treue und Zustimmung zu meiner Arbeit sehe ich als meinen größten Antriebsmotor, aber auch als Verpflichtung, das „kulinarische Ohr" bei Ihnen bzw. beim Gast stets offen zu halten.

Mein Bestreben wird auch weiterhin davon geprägt sein, Bücher zu schreiben, welche verständlich, leicht nachkochbar und im Hinblick auf den Wareneinkauf für jede Familie tragbar bleiben.

Möge es mir auch weiterhin gelingen, Ihr Vertrauen, welches Sie mir und meinen Büchern auf so eindrucksvolle Weise entgegenbringen, unter Beweis zu stellen.

Ingrid Pernkopf

Ingrid Pernkopf
Willi Haider

DIE VORRATSKAMMER
Die 450 besten Rezepte
vom Einlegen bis zum Räuchern

320 Seiten, 17 x 24 cm
durchg. Farbe, Hardcover mit SU
€ 29,95 · ISBN 978-3-85431-545-2

Ingrid Pernkopf
Christoph Wagner

KNÖDELKÜCHE
Die 250 besten Rezepte
von pikant bis süß

240 Seiten, 17 x 24 cm
durchg. Farbe, Hardcover mit SU
€ 24,95 · ISBN 978-3-85431-526-1

Ingrid Pernkopf
Renate Wagner-Wittula

STRUDELKÜCHE
Die 250 besten Strudelrezepte
von pikant bis süß

264 Seiten, 17 x 24 cm
durchg. Farbe, Hardcover mit SU
€ 24,99 · ISBN 978-3-85431-590-2

Ingrid Pernkopf
Renate Wagner-Wittula

DAS GROSSE
MEHLSPEISENKOCHBUCH
Warme und kalte Süßspeisen
aus Österreich

312 Seiten, 17 x 24 cm
durchg. Farbe, Hardcover mit SU
€ 29,99 · ISBN 978-3-85431-557-5

Ingrid Pernkopf
Christoph Wagner

DIE OBERÖSTERREICHISCHE
KÜCHE
520 klassische Rezepte

448 Seiten, 17 x 24 cm
durchg. Farbe, Hardcover mit SU
€ 34,90 · ISBN 978-3-7012-0032-0

Ingrid Pernkopf

SÜSSES ZUR
WEIHNACHTSZEIT
Kekse · Punsche · Stollen
Pralinen · Zelten

248 Seiten, 17 x 24 cm
durchg. Farbe, Hardcover mit SU
€ 24,95 · ISBN 978-3-85431-498-1

Ingrid Pernkopf · Gerda Melchior
Volker Schütz

INGRID PERNKOPF KOCHT MIT
KIM, DEM WILDEN ENGELCHEN
Rezepte für Kochspaß mit Kindern

180 Seiten, 19 x 19 cm
durchg. Farbe, lam. Pappband
€ 19,95 · ISBN 978-3-85431-544-5

Ingrid Pernkopf · Renate Wagner-
Wittula

MÜRBTEIG
1 Teig = 100 Rezepte
Pikantes und Süßes

96 Seiten, 19 x 19 cm
durchg. Farbe, lam. Pappband
€ 14,95 · ISBN 978-3-85431-546-9

Oben: Kochen mit Kindern.
© Gerald Y. Plattner, Wien, www.worx.tv
Mitte: Kochschule im Landhotel Grünberg am See.
© Norbert Tutschek
Unten: Kochen in der Sendung „heute leben", ORF 2, ab 17.30 Uhr. *© Christine Würflinger*

Foto Seite 428 oben:
© Ralph Fischbacher, http://werbefotograf.at

Lieferanten und Partner

Küchengeräte: Gaggenau **GAGGENAU**
Mitglied der Kenwood Kochakademie,
www.kenwoodworld.com **KENWOOD**
Monatliche Kochsendung „Salzi & Pfeffer" auf
www.salzi.tv
Möbelhaus Leiner, Vöcklabruck: *www.leiner.at*
FM Küchen, *www.fm-kuechen.at*
www.finisfeinstes.at
Kochzeit: Jahreszeitenkochbuch ORF
http://kundendienst.orf.at/publikationen/kochzeit.html
http://www.worx.tv/slidez/kochzeit/index.html
GEG Expert Händler Gmunden, *www.geg.co.at*
Paradies für Koch- und Küchenutensilien: Linz,
www.glas-porzellan-redl.at oder
Fa. Rechberger, Linz, *www.rechberger.at*
Fa. Fessler, Silikonformen, Konditoreibedarf, u.v.m.
www.fessler.at
Fa. Süwag, Wien, Fam. Reimer, Konditoreibedarf,
www.suewag.at
Fa. Riess Kelomat, Ybbsitz, *www.riess.at*
Gärntnerei, Gartengestaltung, Kräuter-Boruta, Schwechat,
www.boruta.at
Kochrezepteforum und Kochschule in Wien,
www.ichkoche.at
Wiff Mairhofer & Co. KG, Salzburg, *www.wiff-essen.at*
Gmundner Keramik, *www.gmundner.at*
Salzkammer, Produkte rund ums Salz,
www.salzwelten.at
Die Seer, *www.dieseer.at*
Abendteuer Wald, *www.SchuleWald.com*
Erlebnis Natur, *www.verein-naturfuehrer.at*
Slow Food Österreich, *http://www.slowfoodaustria.at/*
Meislmichl, Graz, Erich Falschegger,
http://www.meislmichl.at/
Michlbauer, Rohschinken, Familie Winter, Pfaffstätt,
http://www.michl-bauer.at
Gmundner Molkerei, *www.gmundner–milch.at*
Weinlaubenhof Kracher, Illmitz, *www.kracher.at*
Weingut Proidl, Senftenberg, *www.proidl.com*
Weingut Kolkmann, Fels am Wagram, *www.kolkmann.at*
Weingut Weinrieder, Kleinhadersdorf/Poysdorf,
www.weinrieder.at
Weingut Walter Skoff, Gamlitz, *www.skofforiginal.com*
Weingut Reinisch, Tattendorf, *www.j-r.at*
Hofmolkerei Staufer, Zipf, *www.staufer-milch.at*
Schaffleisch, Familie Beiskammer, Kirchham/Vorchdorf,
http://www.schafe-ooe.at/direktvermarktung.html
Schafkäse, Familie Mössl, Vorchdorf, *fam.moessl@aon.at*
Hochland Imker Honig, *www.diehochlandimker.at*
Holzinger Josef, Plättenbauer,
http://bootsbau-holzinger.stadtausstellung.at/home

Lohninger Gerhard, Heidelbeeren, Seewalchen, *www.lohningers-heidelbeergarten.at*
Bio Bauernhof Pankrazhof, Franziska Zimmer, *http://www.pankrazhof.at/contact*
Sauwald Erdäpfel, *www.sauwalderdaepfel.at*
Salzkammergutwildfangfisch, *www.wolfgangsee-fischerei.at*
Frischfangfischerei Seewalchen am Attersee, *www.finestfish.at*
Hasenfit, Familie Voglsam, Hofkirchen, Biofruchtsäfte, *www.hasenfit.at*
Traunseewirte Schnapsbrenner, Familie Reisenberger, *www.hocheck.at*
Naturhof Reiter, Säfte, Most und Ziegenkäse, Laakirchen, *http://www.salzkammergut-bauernmarkt.at/bauernhof/familie-reiter-hermine-und-josef*
Trawöger-Dorfner, Fischerei in der Fischerbucht *Altmünster, karin.trawoeger@traunseenet.at*
Gemüse Lackner, Eferding, lackner-*gemuesehandel@aon.at*
Eferdinger Spargel und Feldgemüse, Familie Mayer, *www.spargelhof.at*
Eferdinger Landl Erdäpfel, *www.landl-erdaepfel.at*
Fleischerei Leibetseder, Rohrbach, *www.essenvombesten.at*
Konditorei und Bäckerei Hinterwirth, Gmunden, *www.backhaus-hinterwirth.at*
Konditorei und Lebzelter Lubinger, Freistadt, *www.konditorei.lubinger.at*
Österreichische Bergkräuter, Hirschbach, *www.bergkraeuter.at*

Weitere Kooperationen, interessante Adressen und Ausflugsziele

www.kultiwirte.at · www.boeg.at
www.salzkammergut.fischrestaurants. at
www.schloesseradvent.at · www.genussland.at
www.landhotels.at · www.traunsee.at
www.traunseeschifffahrt.at · www.gutesvombauernhof.at
www.oberoesterreich.at · www.landesausstellung.at
www.ama.at/Genussregionen · www.genussland.at
www.genuss-region.at ·
Österreichs 1. Kindererlebnishof Funtasia, www.kindererlebnishof.at

Traunseewirte: *www.traunseewirte.at*
Die Traunseewirte bereiten traditionelle Gerichte aus regionalen Produkten zu. Nach dem Motto „natürlich regional – die beste Art, unsere Landschaft zu erhalten", werden viele Zutaten für die abwechslungsreichen Spezialitäten direkt bei den Landwirten gekauft. Und das schmeckt man!

Kollegen

Restaurant s' Schulhus, Krumbach, Fam. Strahammer, *www.schulhus.com*
Gasthaus zum guten Rat, Gstaig, Jürgen Hametinger und Birgit Brandmayr, *www.gstaig.at*
Hois'n Wirt, Gmunden, Fam. Schallmeiner, *www.hoisnwirt.at*
Bittermann - Vinarium Göttlesbrunn, Adi Bittermann, *www.bittermann-vinarium.at*
Gasthaus Fink- Haberl, Hans Peter Fink, Ilz, *www. finks-haberl.at*
Armin Oberndorfer, *www.esskultur.co.at*
Landgasthaus Holzpoldl, Gerhard Fehrer, *www.holzpoldl.at*
Seehotel Das Traunsee, Familie Gröller, Thomas Donleitner, *www.dastraunsee.at*
Interalpen Hotel, Christoph Zangerl, nahe Seefeld in Tirol, *www.interalpen.com*
Stefan Lastin, Schlosshotel Velden, *www.falkensteiner.com/Schloss-Velden*
Patrik Fürst, Küchenchef bei Toni Mörwald, *www.moerwald.at*
Höllerwirt, Höller Markus, Altmünster, *www.hoellerwirt.at*
Gasthof Mitter, Albin Havel, Haag. *www.mitter-haag.at*
Werner Matt, www.chefstable.at, *www.reitersburgenlandresort.at*
Gerd Wolfgang Sievers, *sievers@drei.at*
Gasthaus Pöll, Kirchham, *www.gasthauspoell.at*
Andi Wojta, Minoritenstüberl Wien, *andreas.wojta@A1.NET*
Fleischhauerei Pöll Vorchdorf, *www.poell-vorchdorf.at*
T.O.M am Kochen, Tom Riederer, Leutschach, *www.trac.at*
Hotel 3 Sonnen, Franz und Irene Lechleitner, Serfaus, *www.dreisonnen.com*
Hotel Castel, Christian Pernkopf, Serfaus, *www.castel.at*
Armin Lenz, Berufschule Altmünster, *http://schulen.eduhi.at/bs.altmuenster/*
Willi Haider, Graz, *www.kochschule.at*
Ilse Gutmann, Zöbing, *www.gasthaus-gutmann.com*
Familie Ott, Mostviertlerwirt Seitenstetten, *http://mostviertlerwirt-ott.at/*
Manfred Flickinger, Gastronomisches Institut Wien
Kräuterwirt, Familie Schimpl, Hirschbach im Mühlkreis, *www.kraeuter-wirt.at*
Restaurant Mesnerhaus, Josef Steffner, Mauterndorf, *www.mesnerhaus.at*
Bernhard Senkmüller, *http://www.naturschauspiel.at*
Kevin Gamper, Groß-Grillerei Gamper, Schwanenstadt, *www.gamperhendl.at*

Mit freundlicher Unterstützung der

ASA Selection GmbH
www.asa-selection.com

IMPRESSUM

ISBN 978-3-85431-610-7

Bücher aus der Verlagsgruppe Styria gibt es
in jeder Buchhandlung und im Online-Shop

styriabooks.at

Fotos: **Peter Barci**
Foodstyling: **Alexander Knakal/Peter Fischer**

Lektorat: **Josef Weilguni**
Buchgestaltung: **Bruno Wegscheider**

Bildbearbeitung: **Manfred Kostal/Pixelstorm, Wien**
Druck und Bindung: **Druckerei Theiss GmbH**
St. Stefan im Lavanttal
7 6 5 4 3 2